HY COLLECTION 036

시민사회, 제3섹터, 비영리섹터, 사회적경제 개정판

CIVIL SOCIETY, THIRD SECTOR, NONPROFIT SECTOR, SOCIAL ECONOMY

COLLECTION 036

시민사회, 제3섹터, 비영리섹터, 사회적경제

개정판

CIVIL SOCIETY, THIRD SECTOR, NONPROFIT SECTOR, SOCIAL ECONOMY

주성수 지음

한양대학교 출판부

서문

시민사회(제3섹터)는 국가와 시장과 어떤 관계로 함께할 것인가

촛불 시민혁명이 그토록 기대해온 '민주주의의 봄날'은 과연 찾아올 것인가? 2019년? 아니면 2020년 봄날쯤일까? 2018년 1월 처음 이 책을 내면서 이렇게 물었고, 지금 2020년에도 아래와 같이 답할 수 있다. 우리는 민주주의의 봄날이 올 것이라는 막연한 전망을 가지고 기대로만 부풀어 있는 것은 아닌지도 모르겠다. 세계적으로는 오히려 암담하다는 얘기들이 더 많다. 반세계화와 경제불황과 함께 반자유주의(illiberalism)가 지배하며 민주주의 규범이 약화되고 있다는 것이 시민사회 현장과 학자들의 한목소리로 모아지고 있다, 미국 원조기관(USAID)도 세계적인 "경쟁적 선거 과정, 시민권과 정치 자유, 투명성" 퇴보를 알려준다. 개발, 민주주의, 거버넌스 작동을 방해하는 민주주의 퇴보 현상이다. 게다가 코로나19는 더욱 국가 주도의 경제와 사회로 세계질서를 뒤바꿔 놓고 있지 않은가? 중심축이 국가 경제로 쏠리면서 시민사회의 핵심 역할은 다소 위축되겠지만, 안전과 복지 정책 시행에서 정부와 시민사회의 협력이 더 강화되어야 할 것이다.

한국의 시민사회는 다를 것이라는 기대는 넘치지만 민주주의의 꽃이 활짝 필 것인지는 법과 제도와 정책의 지속가능성을 지켜보고 판단할 문제인 것 같다. 코로나19를 이겨낸 위대한 시민들이 새로운 한국 시민사회의 패러다임을 이끌고 있지 않은지 평가해본다. '시민주권' 시대에 호응하는 공익 증진활동에 정부와 시민사회가 협력하는 새로운 혁신이 필요한 것 같다.

민주항쟁 이후 지난 30여 년간, 세계와 한국의 시민사회는 글로벌 세계화의 변혁에 휩쓸리며 국가와 시장과 맞서는 대립과 갈등의 시기도 겪었다. 동시에 사회문제 해결과 공익증진을 위해 함께하는 협력과 공조의 시기도 있었다. 경제위기와 복지국가 위기가 지속되는 시대상황에서 '사회적경제'가 급성장하는 큰 변화가 있었다. 주창 활동의 전통이 강한 한국 시민사회도 사회적경제의 서비스 활동이 주류 동향으로 자리매김 하는 변혁을 맞았다. 또 사회적기업, 자활기업, 사회적협동조합 등이 새롭게 대거 등장하는 급변이 있었다. 정부의 입법과 지방분권화 정책과 더불어 재정지원 등이 주요 공급 요인들이 되었다. 또 지역사회와 마을공동체 차원에서 주민참여와 일자리와 복지 서비스 욕구 증대 등 수요 요인들도 시민사회의 서비스 활동의 활성화를 재촉하였다.

그래서 지금의 한국 시민사회 또한 전통적인 주창 활동과 시민회원 조직들뿐 아니라 복지서비스 조직들과 새롭게 조직된 사회적경제 조직들이 한 울타리의 시민사회에서 국가와 시장으로부터 구별되는 제3섹터 지형을 형성하고 있다. 전국적인 연대조직도 지금은 전통적인 시민사회단체들 따로, 사회적경제조직들 따로 활동하는 모습이지만 국가(정부)와 시장(기업)과 상대하는 전국적인 통합형 재단이나 네트워크 또는 플랫폼으로 새롭게 위상을 갖출 필요도 있다. 국정과제인 〈시민사회발전법〉 안에도 전통적인 시민사회단체들과 사회적경제 조직들이 함께하는 넓은 의미의 시민사회 개념정의가 제시되어 있다. 그런데 시민사회의 개혁입법 과제인 '시민사회발전기본법', '사회적경제기본법', '사회적가치법'은 '사회'를 거부하는 정치공세에 막혀 입법되지 못했다. 국정과제이지만 여야 합의의 거버넌스 실패가 낳은 민주주의의 취약점을 보여준 것 같다. 그럼 21대 국회에서는 입법이 될까?

이 책 『시민사회, 제3섹터, 비영리섹터, 사회적경제』는 저자의 30년 학술활동을 총정리한 시민사회 개론서다. 저자와 함께해온 네 개 개념을 지금 시대를 대표하는 주연으로 무대의 중앙에 나란히 올려놓는다. 저자는 1987년 박사학위논문(복지국가 노인정책의 정치경제론) 이후, 『정치와 시장』(1989) 번역서, 『사회민주주의와 경제민주주의』(1992) 저서로 학술활동을 시작했다. 1997년 한양대 제3섹터연구소를 창설하면서 연구활동이 본격화되었고, 이 책의 많은 부분에 여러 저술 내용들이 재인용되었다. 이 책은 저자의 책 『NGO와 시민사회』(2004)의 내용 일부를 수정해 재인용하였다. 전체 11장 가운데 제2장의 일부, 제3장과 4장 대부분, 제5장의 일부, 그리고 제7, 8, 9, 10, 11장의 일부가 재인용되었다.

이 책의 특징은 시민사회(제3섹터)의 의미와 영역의 논의를 새로운 시대상황에 맞춰 확장해, 경험적 실제를 자료로써 분석한 것이다. 한국뿐 아니라 미국, 영국, EU 시민사회 논의를 자료와 함께 소개하며, 특히 사회적 가치와 임팩트, 사회혁신과 결과지불 등 최근의 패러다임 변화를 논의하였다. 한국에서도 사회적 가치와 임팩트를 지향하는 시민사회, 또 사회혁신과 결과지불의 시민사회로 패러다임 전환이 가능한지, 앞으로 상당 기간 열띤 논쟁이 일어날 것으로 보인다. 국가와 시장과의 관계 정립이라는 큰 틀에서 윤곽이 잡힐 것으로 보여지며, 시민사회가 국가와 시장과 어떤 관계로 함께해 민주주의 봄날을 오게 할 것인지 많이 기대된다.

지난 30년 긴 세월을 사랑하는 아내와 딸과 아들의 든든한 지지로 학술활동에 매진할 수 있음에 감사하며, 이 책의 출판을 위해 수고하신 한양대학교출판부 선생님들께도 감사드린다.

2020년 4월

주성수

차례

서문 _5

제1장 시민사회(제3섹터)란 무엇인가 _19

1. 시민사회, 제3섹터, 비영리섹터 _21
2. 시민사회(제3섹터), 비영리섹터, 사회적경제 _26

제2장 시민사회(제3섹터)의 역사적 발전 _35

1. 시민사회(제3섹터)의 역사적 의미 _37
2. 시민사회조직(NGO)과 사회적경제의 역사 _43
3. 글로벌 시민사회 혁명 _59
4. 한국 시민사회: 1987~2020 _66

제3장 시민사회의 이론적 논의 _85

1. 다원주의와 사회운동 _87
2. 이론적 논의의 다원성 _93
3. 역사제도주의 이론 _99
4. 시민사회의 이념적 시각 _102
5. 시민사회(제3섹터)의 다양한 얼굴 _112

제4장 시민사회(제3섹터) 모델 _127
1. 국가, 시장, 시민사회 _129
2. 3대 섹터 모델 _135
3. 4대 섹터 모델 _140
4. 5대 섹터 모델 _145
5. 사회적경제 파트너십 모델 _150

제5장 시민사회조직(NGO, NPO, CSO) _159
1. NGO, NPO, NPI, CSO _161
2. 시민사회(NGO)의 정당성 _172
3. 시민사회(NGO)의 특성 _178
4. 시민사회(NGO)의 기능 _191
5. 시민사회(NGO)의 유형 _196

제6장 시민사회(제3섹터) 지표와 임팩트 _203
1. 시민사회(제3섹터)의 현황 _205
2. 주요국 시민사회 유형과 현황 _213
3. 시민사회지표 _225
4. 시민사회의 사회적 가치와 임팩트 _247

제7장 시민사회와 국가(정부) _265
1. 국가와 시민사회 관계 _267
2. 정부와 NGO 관계 모델 _274
3. 공공정책과 시민사회 _287
4. NGO의 정책 영향력 _295

제8장 시민사회와 시장(기업) _311
1. 시장과 시민사회 관계 _313
2. 기업과 시민사회 파트너십 _326
3. 기업시민정신과 사회공헌 _334
4. 공유가치창출(CSV)과 사회적 임팩트 _343
5. 공익추구 비즈니스(mission-led business) _357

제9장 시민사회와 거버넌스 _365
1. 거버넌스와 시민사회 _367
2. 공공정책과 거버넌스 _378
3. NGO 역할의 조건과 한계 _390
4. 사회혁신의 파트너십 _400

제10장 시민사회와 NGO 이슈들 _421
1. 참여민주주의의 성장 _423
2. 권익주창과 정치화 _434
3. 재정자립과 상업화 _443
4. 시민없는 시민운동 _450
5. 한국 시민사회와 정부 _459

제11장 글로벌 시민사회와 NGO _471
1. 글로벌 NGO 혁명 _473
2. 글로벌 거버넌스와 NGO _487
3. UN과 글로벌 NGO _503
4. 글로벌 시민사회와 NGO _521

참고문헌 _540
찾아보기 _562

표 1-1	제3섹터에 포함되는 조직/기관: EU 전역의 합의	_31
표 1-2	제3섹터 활동에 포함되는 비공식/개인 활동	_32
표 2-1	정치개혁, 경제개혁, 사회개혁 입법(1987~2017)	_72
표 3-1	정파에 따른 시민사회의 시각	_106
표 3-2	시민사회에 대한 정파적 시각과 이론가	_108
표 4-1	국가, 시장, 시민사회의 기본 메카니즘	_133
표 4-2	3대 섹터의 조직특성: 공급 모델	_137
표 4-3	3대 섹터의 휴먼서비스제공: 수요 모델	_139
표 4-4	반 틸(Van Til)의 4대 섹터 모델	_143
표 4-5	워렌의 사회관계와 사회조정 수단 모델	_149
표 5-1	시민사회 결사체 용어들의 목록	_169
표 5-2	시민사회 결사체 유형 분류	_171
표 5-3	공익(비영리) 법인 인정의 법적 근거: 미, 영, 독, 일, 한국 비교	_188
표 5-4	영국과 일본의 법률상의 '공익' 활동 목록	_189
표 5-5	한국 '공익증진을 위한 시민사회발전법'(안)의 공익활동 목록	_190
표 5-6	NGO의 사회적 기능의 유형과 사례	_196
표 5-7	UN의 비영리조직(Non-Profit Institution: NPI) 유형	_198
표 5-8	CSO의 5대 기능과 유형	_199
표 6-1	영국의 지역사회 이해회사(CIC: Community Interest Company)	_215
표 6-2	미국 비영리섹터의 유형과 성장(2003~13)	_216
표 6-3	한국 법률상 시민사회조직에 해당되는 조직	_224
표 6-4	시민사회지표: 시민참여, 조직수준, 가치실천, 영향수준, 외부환경	_226
표 6-5	시민사회지표 조사결과: 한국과 일본 비교	_232
표 6-6	시민사회의 시민참여: 한국과 일본 비교	_233
표 6-7	시민사회의 조직 수준: 한국과 일본 비교	_233
표 6-8	시민사회의 가치실천, 영향수준, 외부환경: 한국과 일본	_236
표 6-9	시민단체에 대한 시민과 전문가의 '긍정적' 의견	_238
표 6-10	시민단체에 대한 시민과 전문가의 '부정적' 의견	_239
표 6-11	비영리섹터의 핵심가치 지표	_248
표 7-1	정부-제3섹터 관계 4대 유형	_276
표 7-2	제도적 다원주의 8대 유형	_279
표 8-1	사회기관에 대한 신뢰도: 45개국과 한국	_320
표 8-2	Oxfam의 글로벌 10대 식품사의 가치사슬 평가 점수(2016년)	_332
표 8-3	기업이 사회에 미치는 긍정적, 부정적 영향 비교: EU 29국, 2013	_341

표 8-4 B Corp과 사회적가치 지표 _362

표 9-1 영국의 정부-시민사회 컴팩트(Compact) _401
표 9-2 영국의 '사회적 가치' 법 _407
표 9-3 미국의 사회혁신기금(SIF) 추진 성과: 2010~2015년 _413
표 9-4 미국 사회적 임팩트 파트너십 법의 목적 _414

표 10-1 미국 비영리조직의 로비/주창 활동: 연간 활동 비율 _442
표 10-2 미국 비영리조직의 주창/로비활동 이유 _442

표 11-1 UN의 글로벌 회담에 참여한 NGO: 1968~2003 _509
표 11-2 UN 경제사회이사회에 등록한 NGO(1948~2017) _512
표 11-3 글로벌 기관들의 여성 포용 정책 _528
표 11-4 시민사회와 여성의 참여 _528
표 11-5 Jubilee 2000 글로벌 운동 이후 최빈국의 부채탕감 성과 _530
표 11-6 착취공장을 퇴출시킨 NIKE, GAP, Levi Strauss _535

그림 1-1 비영리섹터와 사회적경제 _28
그림 1-2 제3섹터, 사회적경제, 비영리조직(NPI) 및 무보수 참여활동 _30

그림 4-1 페스토프(Pestoff)의 삼각관계 모델 _136
그림 4-2 빌리스(Billis)의 4대 섹터 모델 _141
그림 4-3 바우어(Bauer)의 다양다색 모델 _142
그림 4-4 재노스키(Janoski)의 4대 섹터 모델 _144
그림 4-5 디킨(Deakin)의 5대 섹터 모델 _146
그림 4-6 시민사회, 정치사회, 경제사회 모델 _149
그림 4-7 사회적경제: 상호작용 접근법 _151
그림 4-8 사회적경제의 일반경제, 공공경제, 기업경제 관계 _155

그림 6-1 EU 29개국 제3섹터 임직원(풀타임 종사자): 2014년 _206
그림 6-2 EU 제3섹터 종사자: 전체 고용 비중, 2014년 _206
그림 6-3 EU 제3섹터(NPI) 고용과 전체 고용의 변화: 12개국, 2000~2013* _206
그림 6-4 EU 제3섹터 인적 구성: 상근 종사자와 자원봉사자 _208
그림 6-5 EU 제3섹터의 인력 구성: NPI, 협동조합/상조회, 자원봉사/직접행동 _208
그림 6-6 제3섹터 수입원: EU 20개국, 2014 _209
그림 6-7 제3섹터의 주창/표현과 서비스 활동 인력: EU 20개국, 2014 _210
그림 6-8 NPI의 GDP 기여도와 주창/표현과 서비스 활동: 16개국 _211
그림 6-9 NPI의 재정 수입원: 회비/수수료, 정부보조, 모금 _212
그림 6-10 영국의 시민사회 조직유형: 인력(명)과 수입(10억 파운드), 2016년 _214
그림 6-11 미국 비영리기관의 수입원 _218
그림 6-12 한국 시민사회(제3섹터)= 비영리법인 + 비영리단체 + 사회적경제 _219
그림 6-13 한국 비영리단체의 성장: 1950년대~2016 _221
그림 6-14 한국 사회적기업과 협동조합의 성장: 2007~2017 _222
그림 6-15 한국 시민사회지표(CSI) 다이어몬드 _227
그림 6-16 시민단체의 사회적 기여에 대한 '긍정적' 평가 _240
그림 6-17 자국의 민주주의 원칙의 개선 또는 악화: 유럽 28개국, 2016 _243
그림 6-18 정부의 인권과 민주주의 가치에 대한 지원: 유럽 28개국, 2016 _243
그림 6-19 유럽 시민사회의 정부정보 접근과 부정부패 고발, 2016년 _245
그림 6-20 유럽 시민사회가 당면하는 주요 이슈들 _246
그림 6-21 비영리섹터의 핵심가치 증진의 성과: 미국, 2012년 _248
그림 6-22 정부와 비교한 비영리섹터의 핵심가치 증진: 미국, 2012년 _249
그림 6-23 기업과 비교한 비영리섹터의 핵심가치 증진: 미국, 2012년 _249
그림 6-24 결과기반의 지원 현황: 미국 비영리조직 사례 _252
그림 6-25 결과기반의 자료 활용: 미국 비영리조직 사례 _252
그림 6-26 결과기반지불(PbR)의 재정적 리스크로 경쟁력 저하: 영국 지방 조사 결과, 2013 _254
그림 6-27 결과기반지불(PbR)이 서비스 질을 개선할 것인가? 영국 지방 조사 결과, 2013 _254

그림 8-1 신자유주의 모델: 기업 지배 _324
그림 8-2 거버넌스 모델: 시민(NGO) 주도 _325
그림 8-3 기업 사회공헌의 4대 유형 _329
그림 8-4 기업이 사회적 책임을 수행하도록 누가 주도적 역할을 해야 하는가? _342
그림 8-5 기업시민정신의 발전단계: 관여-혁신-통합-전환 모델 _343

그림 9-1 국가 거버넌스(national governance)의 8방 분산 _375

그림 11-1 국제 사회에서 활동하는 INGO의 활성화: 1945~2015 _477
그림 11-2 NGO/CSO의 세계은행 프로젝트 참여(1990~2012) _485
그림 11-3 EITI 채취산업 투명성 가치사슬 _532

제1장

시민사회(제3섹터)란 무엇인가

이 책의 주제가 되는 시민사회(civil society), 제3섹터(third sector), 비영리섹터(non-profit sector)는 각기 어떻게 구분되며, 또 최근 가장 많은 주목을 받고 있는 사회적경제(social economy)와는 어떤 관련성이 있는지, 우선 주요 개념들의 의미에 초점을 맞춘다.

1. 시민사회, 제3섹터, 비영리섹터

시민사회는 시민들의 자발적인 공익활동을 기초로 이뤄진다. 영역으로서 시민사회는 국가와 시장 영역이 아닌 비정부, 비영리 영역이다. 시민사회(civil society)란 무엇인가? 또 시민사회와 밀접히 관련된 제3섹터(third sector)와 비영리섹터(non-profit sector)는 어떤 개념적 특성으로 구분되는가?

국제표준안을 제시하는 UN에 따르면, "시민사회는 정부와 기업이 아닌 사회의 '제3섹터'로, 시민사회조직(CSO)과 비정부조직(NGO)을 포함한다(Civil society is the "third sector" of society, along with government and business. It comprises civil society organizations and non-governmental organizations)."[1]

---

1 http://www.un.org/en/sections/resources/civil-society/

1) 시민사회 = 제3섹터

먼저 UN의 개념정의에서 '시민사회 = 제3섹터'로 통용한다. 시민사회의 다른 이름이 제3섹터라고 볼 수 있다. 학계에서도 시민사회 = 제3섹터를 제시해왔기 때문에 UN도 이를 따른 것으로 보여진다. 학계를 대표해서 UN과 공조해 글로벌 차원의 시민사회 표준안을 제시하는 시민사회연구소(Center for Civil Society Studies)[2]의 연구보고서들에서 이를 확인해볼 수 있다(Salamon et al. 2014, 2016).

또한 영국의 정부와 시민사회를 대표하는 총리실과 NCVO(전국시민사회협회)에서도 시민사회 = 제3섹터로 통용해 왔다. 영국 총리실의 '시민사회부'(Ministry for Civil Society)는 이전에 제3섹터실(Office for Third Sector)을 확대한 조직으로 영국 정부기관들은 지금도 시민사회 = 제3섹터로 통용한다. 또 1998년 영국 정부와 시민사회가 공익증진을 위해 공동으로 채택한 협약(Compact)의 명칭은 '정부-자원/공동체 섹터'(voluntary and community sector)와 '정부-제3섹터 협약'(third sector)을 사용하다, 2009년 이후부터는 '정부-시민사회 협약'(civil society)으로 개칭되었다(제6장 3절, 제9장 4절 참조). 시민사회가 제3섹터보다 더 보편적으로 통용되는 개념이기 때문에 이를 반영한 개칭인 것이다. 영국 국가감사원(UK National Audit Office 2009)과 재무성(UK Treasury 2004) 또한 제3섹터를 a) 비정부(non-governmental) 조직으로, b) 주목적이 영리보다는 사회적, 환경적, 문화적 목표를 추구하는 가치지향적(value-driven) 조직, 그리고 c) 원칙적으로 수익을 사회적, 환경적, 문화

---

2 http://ccss.jhu.edu/

적 목표 추구에 재투자하는 조직이라 정의한다.

2) 시민사회조직: NGO, NPO, CSO

다음으로 UN의 '시민사회' 개념정의는 시민사회가 CSO와 NGO로 구성된 것으로 기술하고 있다. 사실 NGO 개념은 UN이 1945년 UN헌장을 도입하면서 제71조에 "NGO와 협의할 수 있다"라는 조항을 추가하면서, 이후 약칭 NGO로 널리 통용되어 왔다. UN이 정부들의 연합조직이라는 점에서 비정부조직으로서 NGO와도 협력 관계를 가질 필요가 있다는 규정이다. 그런데 CSO 개념은 비정부조직인 NGO뿐 아니라 다른 시민사회에 소속된 조직인 CSO들을 포용하는 광의의 개념으로 소개한다. UN에는 2017년말 현재 3만개 가량의 CSO들이 자발적으로 등록해 활동하고 있는데, 그 중 4,990개만이 UN의 ECOSOC(경제사회이사회)의 협의적 지위를 인정받아 활동한다. UN에서 활동하는 CSO 유형(등록 단체수)은 NGO(Non-governmental organization, 30,171)를 비롯해서 협회(Association, 2651), 재단(Foundation, 1324), 학술단체(Academics, 1538), 기관(Institution, 440), 미디어(Media, 201), 노동조합(Trade union, 101), 원주민조직(Indigenous Peoples Organizations, 2531), 장애, 개발, 주창조직(Disability, Development and Rights Organizations, 805), 고령화단체(Working Group on Ageing, 136), 협동조합(Cooperative, 143) 등이다.[3]

---

3 http://esango.un.org/civilsociety/login.do

이상과 같이 협회, 재단, 학술단체, 미디어, 노조, 협동조합 등을 NGO와 다른 CSO로 구분하는 특징이 있다. 그럼에도 UN의 NGO와 CSO 구분은 여전히 모호하기 때문에 학계에서는 둘을 동의어로 보고 구분하지 않는다(제5장 1절 참조). 둘 다 같은 조직적 특성을 공유하고 있기 때문인데, 국제적으로 통용되는 NPO(Non-profit organization)와 함께 NGO, CSO, NPO 모두가 같은 특성을 공유한다고 볼 수 있다. OECD(2011)는 CSO가 NGO와 같은 개념으로 제시하면서, CSO에는 사회적경제 조직들이 포함되어 있다고 설명한다. CSO에는 "지역사회 기반의 조직들과 마을공동체, 환경단체, 여성권리집단, 농민협회, 종교기반의 조직, 노동조합, 협동조합, 전문협회, 상공회의소, 독립적인 연구기관과 비영리 미디어" 등이 포함된다고 설명한다. 영국의 공식적인 CSO 개념에도 사회적기업과 협동조합이 포함된 것으로 소개한다(HM Government 2010).

3) 시민사회(제3섹터) = CSO + 시민 공익활동

UN의 시민사회 = 제3섹터 개념정의에는 시민사회의 주역인 시민의 자발적인 공익활동이 생략되어 있다. UN 등의 기관들이 국가나 NGO, CSO 등 조직 차원의 공조 관계를 중심으로 하기 때문에 시민들의 활동이 개념 정의에서 생략된 것이다. 그럼에도 UN 전문기구 등 대부분은 시민들의 자발적인 기부와 자원봉사 등 공익활동 참여에 크게 의존하고 있다. 예를 들면 UNV(UN Volunteers)는 UN 기관들의 개발협력 활동에 세계 각지에서 모집된 자원봉사자들의 공익활동을 연계시켜주는 중요한 역할을 전담한다(www.unv.org).

따라서 시민사회연구소 연구진(Salamon and Sokolowski 2014)은 시민사회(제3섹터)는 국가도 시장도 아닌 비정부조직 또는 비영리조직들로 구성되며, 여기에 시민들의 자발적인 무보수 공익활동이 바탕을 이루는 영역이라 정의한다. 이는 국제노동기구(ILO)가 2011년에 제시한 '자원봉사'(volunteering) 개념에 기초한 개념정의이다. ILO(2011)에 따르면, 자원봉사는 "자원봉사자 자신의 가계나 친지가 아닌 타인의 이익을 위해 법적 강제에 의하지 않고 금전적 지급이나 보상이 없는 활동"이다. 또 2013년 ILO 회의에서 전문가들의 합의안에서 '자원봉사'는 15세 이상 노동인구의 "타인을 위한 재화를 생산하거나 서비스를 제공하는 모든 무급, 비의무적 활동"으로 정의된다. 여기에서 i) '모든 활동'이란 최소 1시간 이상의 활동을 의미하며, ii) '무급'이란 이뤄진 활동에 대한 현금 또는 현물의 대가가 없는 것이며, iii) 비강제적이란 공동체 차원과 문화적, 종교적 속성의 사회적 책임의 수행과 다른 시민적, 법률적, 행정적 요건들이 없는 상태를 의미한다. ILO의 제안은 이제 UN과 OECD에서도 통용되는 국제표준안으로 정착되고 있다(OECD 2015: 194).

실제로 UN 뿐 아니라 각국의 시민사회 영역에서 시민의 기부와 자원봉사 등의 시민참여 활동은 시민사회의 근본 바탕이 되는 핵심 영역이자 활동이다. 따라서 시민사회의 개념에는 시민사회조직(CSO 또는 NGO 또는 NPO)뿐 아니라 시민 자원활동을 반드시 포함시켜야 한다. 시민 공익활동이 무엇이며, 여기에 어떤 활동이 포함되는지를 EU에서 제시된 활동 목록을 참고해볼 수 있다(표 1-2).

2. 시민사회(제3섹터), 비영리섹터, 사회적경제

시민사회와 제3섹터는 동의어로 이제부터 괄호안에 표기하며, 다음으로 시민사회(제3섹터)가 비영리섹터와는 어떻게 구분되는지, 개념정의에 접근해볼 수 있다. 이에 관해서는 다시 UN과 긴밀히 협력해 국제NPO분류(ICNPO)를 제시하는 샐러먼 등의 연구를 참고해볼 수 있다.

1) 비영리섹터와 비영리조직(NPI)

'비영리섹터'(non-profit sector)는 미국식 개념으로, 이제 세계적으로도 통용되는 글로벌 개념이 되고 있다. 미국식이라는 의미는 미국의 전통, 특히 세법상 '비영리조직'(non-profit organization: NPO)에 대한 정부(세무당국 Internal Revenue Service: IRS)의 세제 혜택을 받기 위해서는 NPO들이 등록절차를 걸쳐 공시의무를 이행한다. 따라서 전국 NPO의 규모, 유형, 세입과 세출 등 회계정보도 비교적 정확하게 공시되고 있다(제6장 3절 참조).

'비영리조직'은 이윤을 배분하지 않는 '비영리' 조직으로, 이는 사회적경제와 근본적으로 다른 좁은 의미의 개념 정의로 볼 수 있다(제5장 1절 참조). 이 개념은 이윤배분을 하는 협동조합을 비영리섹터에서 배제한다.

그런데 UN의 '비영리섹터' 개념은 다음 다섯 가지 특성을 가진 비영리기관(Non-profit institution: NPI)들로 구성된 영역으로 정의된다(UN 2003).

(a) 공식적 조직(organizations)으로 자율적 규정 등을 갖추고,

(b) 비영리(non-profit) 조직으로, 법이나 관습에 의해서, 조직을 소유하거나

통제하는 관계자에게 이윤을 분배하지 않는 조직이며,

(c) 제도적으로 정부로부터 독립적인 비정부(non-governmental) 조직이고,

(d) 자치적으로 운영되며(self-governing),

(e) 정부 등 외부 강요에 의하지 않은 (non-compulsory) 자율적 특성을 가진다.

NPI는 정부와 기업 섹터의 조직들의 특성과 두드러지게 다른 아래와 같은 생산 기능과 기타 특성들을 가지고 있다. 이런 특성들 때문에 NPI 국제표준안 개발이 중요하다고 볼 수 있다(UN 2003: 14-15).

(a) 조직의 운영에서 발생하는 이윤의 배분 금지의 특성으로, 영리적 기업들과 전혀 다른 기능이다.

(b) 조직이 생산하는 사적 재화 이외에도 공공 재화의 생산 관여.

(c) 상당 수준의 자발적인 시간과 금전의 기부로 이뤄지는 수입 구조.

(d) 임금직원 이외에 자원봉사자 활용.

(e) 수익배분 금지에 따른 지분 자본에 대한 접근 제한.

(f) 특별한 세제 혜택이 많은 국가에서 시행.

(g) 거버넌스, 리포팅 요건, 정치적 참여와 관련 사항들에 관한 특별한 법률적 규정.

(h) 공공재화 공급에 관여하지만 주권적인 정부 권한 행사 제한.

정부로부터 독립적인 조직의 특성은 UN(2003)의 NPI 국제표준안에 수용되고 있다. 정부로부터 '독립적'인 조직은 "국가 또는 지방 정부의 어떤 부서의 도구적 조직이 아니며, 따라서 정부의 권위 행사를 하는 것도 아니

다.” 국가에 의해 위임된 권위를 행사할 수도 있고 국가가 규정한 규정들을 시행할 수도 있지만 조직 그 자체가 주권적 권위를 갖고 있는 것은 아니다 (UN 2003: 19).

2) 비영리섹터와 사회적경제

최근까지 ‘시민사회’ 개념과 관련해서 가장 심각한 논의는 ‘사회적경제’와의 관련성이다. 사회적경제는 유럽에서 만들어진 용어로 세계 어느 곳

그림 1-1 비영리섹터와 사회적경제

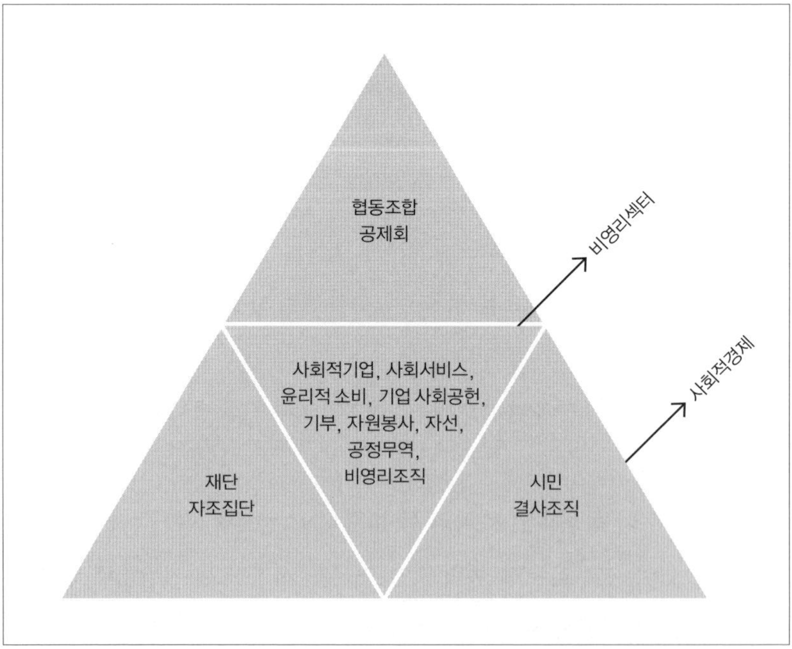

보다 유럽에서 널리 통용되고 있다. 시민사회 개념을 대신할 정도로, 시민사회와의 관련성이 밀접하다. 이에 관해서는 샐러먼 등의 ICNPO 연구진의 연구결과를 우선 참고해볼 만하다.

먼저 샐러먼(Salamon 2006)은 〈그림 1-1〉과 같이 '비영리섹터'를 좁은 의미로 정의하며, 비영리섹터에 협동조합, 공제회, 재단, 자조집단 등을 포함한 영역을 '사회적경제'로 제시한다. 따라서 유럽식 사회적경제 영역은 미국식 비영리섹터를 포용하는 광범한 영역을 대표한다고 볼 수 있다. 여기에서 경제 활동을 하지 않기 때문에 사회적경제 조직에 해당되지 않는 NGO, CSO들을 포용하는 영역이 시민사회(제3섹터)라 볼 수 있다.

3) 시민사회(제3섹터), 비영리섹터, 사회적경제

이상의 논의를 종합해, 시민사회(제3섹터)와 비영리섹터, 사회적경제를 하나의 그림으로 정리해보면 〈그림 1-2〉와 같다. 이 그림은 EU에서 상당 기간의 논의를 거쳐 사회적경제를 포함하는 제3섹터 영역과 유형을 예시해준다(Salamon and Sokolowski 2014, 2016). 존스홉킨스 대학의 시민사회연구소의 연구진과 유럽 각 지역(북구, 동구, 남구 등)의 대학연구소들과 시민사회 중간지원조직들과 장기적인 논의를 거쳐 합의된 결과를 제시한 것으로, 유럽 전체의 시민사회 개념과 조직 유형을 대표하는 것으로 볼 수 있다(표 1-1).

제3섹터에는 〈그림 1-2〉와 같이 무수한 비영리조직들(NPIs: Non-Profit Institutions)을 비롯해 그림의 좌측의 협동조합과 상조회, 우측의 사회적기업 등 수익활동을 하며 사회적 목적을 추구하는 소셜 벤처들 뿐 아니라, 또한 이 조직들과 다른 개인들의 무보수 공익적인 자원봉사활동으로 구성된

■ **그림 1-2** 제3섹터, 사회적경제, 비영리조직(NPI) 및 무보수 참여활동

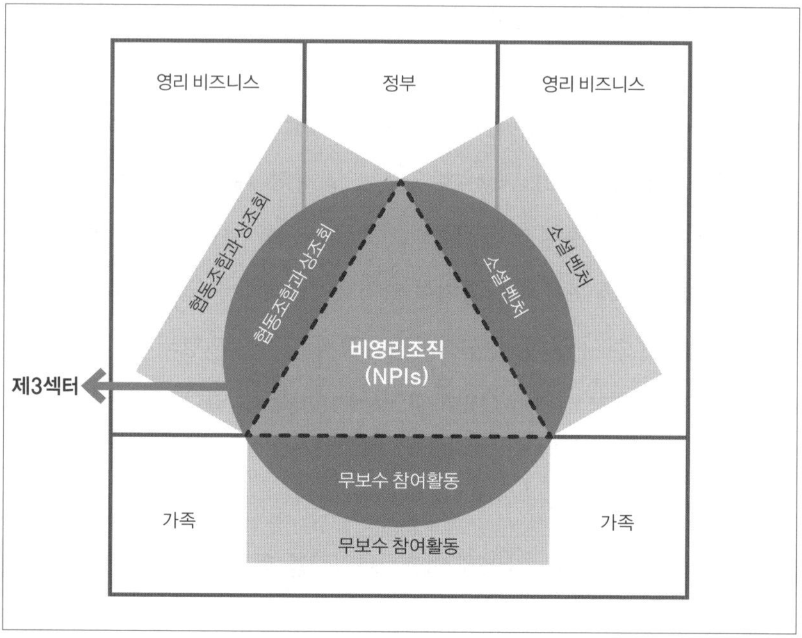

자료 Salamon and Sokolowski (2014), p.20.

다. NPI는 UN이 파악한 비영리조직들로 여기에는 일부 비영리적 협동조합, 상조회, 사회적기업, 소셜 벤처 등이 포함될 수 있기 때문에 중앙의 삼각형 피라미드를 형성하는 NPI 영역이 점선으로 나타나 있다. 또 삼각형 하단은 NPI에서 부보수 자원봉사활동이 이뤄지고 있기 때문에 같은 점선 표시가 된 것이다.

■ **표 1-1** 제3섹터에 포함되는 조직/기관: EU 전역의 합의

제3섹터에 포함된 조직	제3섹터에 포함 가능 조직	제3섹터에 포함 불가 조직
	1. 비영리기관(NPI), 협회, 재단	
NGO		GONGO
비영리법인	자영 기관*	정부/정부기관의 국제기관(UN 등)
시민/사회조직	재난예방/민간방위조직	자율적 공공기관(중앙은행, 통계청 등)
비상업적 재단	상업적 재단	
아마추어 문화조직(극장, 앙상블 등)	민간 문화기관	공공문화기관(박물관 등)
종교기반 조직		공식 국가관리 교회
	민간보건케어 공급기관	공공보건케어 공급기관
	민간사회지원 공급기관	공공사회지원 공급기관
자원봉사진흥조직		
	정당	
노동조합		
전문협회		
고용주협회		
사교/취미클럽		
아마추어레포츠협회		
지역사회공익협회		
멤버십협회		
	명목상 비영리조직이나 실제 수익을 분배	
비영리소액대출기관	공제회 등록 금융중간기관	상업적 금융중간기관
	2. 협동조합과 공제회	
비영리 협동조합	주택협동조합	농업협동조합
사회적협동조합	건축소사어티	생산자협동조합
	보험협동조합	소비자협동조합
	신용조합/신용협동조합	노동자협동조합
	교육협동조합	소매협동조합
	보험상조회	
	상조건강기금	
	3. 사회적기업	
NPI 등록의 사회적기업	사회목적조직의 사회적기업	영리비즈니스의 사회적기업

* 'self-owning institution'으로, 관료조직을 '자영' 서비스기관으로 전환시켜 계약상 성과지불제로 운영되는 조직(덴마크 복지기관 등).

자료 Salamon and Sokolowski(2014), pp.26-28.

표 1-2 제3섹터 활동에 포함되는 비공식/개인 활동

포함되는 활동	배제 가능한 활동	배제되는 활동
어떤 조직이든 조직을 통한 무보상의 활동(15세 이상)	기업의 근무시간을 활용한 무상의 활동(근무 관련 활동의 연장)	법률적으로 의무화된 사회봉사(public service) 활동
불특정 다수를 위한 무상의 활동 또는 조직에 의해 강제되지 않은 타인을 위한 무상의 활동(15세 이상)	비규칙적이거나 다른 활동에서 파생된 무상의 활동	의무적 교육으로 수행되는 사회봉사(public service) 활동
전문조직에서 수행되는 모든 무상의 프로보노 활동(15세 이상)	주로 수행자에게 이득이 되는 공적 활동	직업적 기술을 습득하기 위한 인턴십, 도제훈련 등 무상의 활동
사회운동이나 주창 활동 참여(15세 이상)	일부 불법적 활동(시민불복종 등)	범죄적 활동

자료 Salamon and Sokolowski(2014), pp.29–30.

4) 제3섹터 조직(NPI, 사회적경제 조직)

이상과 같이 유럽에서 합의된 제3섹터 개념에는 상세한 정보가 있다. 재단 중에서도 기업의 상업적 재단과 구분되는 비상업적 재단, 문화조식 중에는 민간 기업 지원의 재단과 구분되는 아마추어 문화조직, 소액대출기관 중에는 비영리 소액대출기관, 다양한 협동조합 유형 중에서 비영리 또는 사회적협동조합, 그리고 사회적기업 중에는 비영리 사회적기업만이 제3섹터 고유의 조직으로 인정받고 있다. 이는 영국의 정부와 전국시민사회협회(NCVO)가 모든 공제회, 협동조합, 사회적기업을 시민사회 또는 제3섹터 조직으로 공식적으로 인정하는 것과는 다른, 좁은 의미의 비영리에 초점을 맞춘 '비영리' 개념 정의라 볼 수 있다.

또한 유럽에서는 시민사회(제3섹터) 개념에는 조직뿐 아니라 '시민 개인' 활동이 중시되고 있기 때문에, 개인의 '제3섹터 활동'에 포함되는, 배제 가능한, 배제되는 활동으로 구분해 제시한다. 특히 의무적 교육의 사회봉사를 배제하는 것은 당장 한국에도 해당되는 주요 사안이다.

제2장

시민사회(제3섹터)의 역사적 발전

'시민사회' 개념은 국가와 시장과의 관계에서 나타나는 특징을 중심으로 정의하는 것이 일반적이다. 따라서 비국가(비정부), 비시장(비영리) 특성의 제3섹터 개념이 현대적 의미의 시민사회의 개념으로 정착되는 동향이다. 비영리섹터와 사회적경제가 포함되는 광의의 시민사회 개념이다. 아래에서는 먼저 '시민사회'(civil society)의 역사적 의미를 어원과 중세와 근대적 의미부터 현대적 의미까지 살펴본다. 이어서 시민사회조직을 대표하는 NGO와 사회적경제의 역사, 그리고 글로벌 시민사회와 한국 시민사회의 역사를 차례로 정리해본다.

1. 시민사회(제3섹터)의 역사적 의미

'시민사회'는 어떤 역사적 의미를 갖고 있는가? 먼저 오랜 전통적 의미부터 '현대적' 의미로 구분해 살펴볼 필요가 있다(주성수 2004: 12-17).

1) 시민사회의 근대적 의미

'시민사회' 용어의 등장배경을 살펴보면, 아리스토텔레스의 '정치공동체'(politike koinonia) 의미를 라틴어로 번역해 사용해온 역사적 전통이 있다(Edwards & Foley 1998: 6). 정치공동체는 지배자와 피지배자, 국가와 사회 사이의 기본적인 정체성을 규정하는 의미로, 이것이 현대적 의미의 시민사회를 뜻하는 것은 아니다. 또 라틴어 'civilis societas'는 "국가의 법률 이상으로 그것을 초월하는 규범에 따르는 공동체"를 의미한다(North-South Institute 2000: 2).

시민사회는 홉즈(Hobbes)의 『리바이어던』에서, 로크(Locke)의 『시민정부론』에서 국가(commonwealth)와 동의어로 제시되기도 했다(김상준 2003: 11-2). 또 시민사회에 대해 퍼거슨(Ferguson), 헤겔(Hegel), 마르크스(Marx), 토크빌(Tocqueville), 베버(Weber) 등이 다양한 해석을 해서 시민사회의 의미가 심각한 혼란상태에 처해 왔지만, 이런 상이한 해석 중에서 한 가지 일치하는 시각이 있다. 그것은 시민사회가 "국가로부터 구분되는 자율적인 사회영역을 형성하는 다소 형식화된 제도"라는 것이다(EC 2000a: 2). 현대적 의미의 효시가 되는 시민사회는 "18세기 새로 탄생한 그리고 이미 존재하는 결사체들이 절대주의자나 급진적 공화주의자의 절대화 주장에 비교적 자유로운, 자신들만의 목표를 추구할 수 있는 사회적 공간을 확보하려는 투쟁에서 성장되었다"(Edwards & Foley 1998: 6).

다양한 문화권으로 초점을 맞춰보면, 시민사회의 의미는 다양다색의 특성을 보여준다. 서구권과 여러모로 상이한 남미, 동구, 아시아 등지의 시민사회의 의미가 대조적으로 부각된다. 서구에서는 시민성의 회복과 시민참여의 전통을 복구하려는 비정치적이고 문화적인 특성이 강하다면, 비서구에서는 전제적이거나 권위주의적 정권과 통치에 대한 저항과 투쟁에서 발전되어 정치화된 모습이 부각된다(Barber 1998: 14; EC 2000a: 2). 따라서 전자를 '시민사회 I' 유형, 후자를 '시민사회 II' 유형으로 구분하기도 한다(Foley & Edwards 1996: 39). 다양한 문화권에서 풍미되는 시민사회 현상에 대해 에드워즈와 폴리(1998: 5-6)는 다음과 같이 정리한다.

> 시민사회의 현대적 의미는 중세 말기의 상업적 질서에서 지배적인 무수한 중개단체들의 영향으로부터의 해방을 의미한다. 시민사회는 국가와 시민 사이의 직접적인 관계를 구축하려는 절대주의와 근대주의의 주장에 맞서

는 사회질서의 기초를 재고하려는 자유국가의 초기 노력에서 태동되었다. 시민사회는 19세기에 계급투쟁, 입헌적 질서, 민주주의 국가의 의미에 빛이 가려졌다가 1970년대에 와서 새롭게 등장하였다. 폴란드와 동구 전역에서는 전체주의 국가에 대한 비판으로, 서구에서는 (좌파가 주도하는) 복지국가에 대한 비판으로, 그리고 남미에서는 군사독재에 대한 투쟁의 과정에서 재등장하였다. 시민사회의 용어는 18세기 말에는 당시 등장한 자유주의(liberalism)와 같은 의미로 간주되었고, 현대의 새로운 의미로는 다원주의(pluralism)에 대한 좌파의 재평가와 밀접히 관련된다. 최근에는 현대 국가에 대한 포퓰리스트(populist)와 좌파의 비판과 깊은 관계를 갖고 있음에도 (또는 그렇기 때문에) 서구 우파의 반국가주의(antistatist) 어젠다를 보충해주는 용어로 사용되기도 하고, 또한 경제학에서는 신자유주의(neoliberalism)의 재기와 관련된 것으로 볼 수 있다(Foley & Edwards 1996: 6).

18세기 시민사회 옹호자들은 근대화를 추구하는 절대주의자와 급진적 공화주의자에 맞서 국가와 시민 사이를 연결시키는 중개기관으로 다양한 결사체의 활동 공간을 마련하는 노력을 기울였다. 중세사회의 질서를 결사체의 자유에 기초하는 근대 질서로 바꾸는 개혁을 주창한 사상가들은 스코틀랜드 계몽주의자들이었다. 이들은 결사의 자유가 사회질서의 기초가 되며 국가만이 유일한 질서의 원칙이라는 지배논리에 반박하며 절대주의자와 급진적 공화주의자에 맞섰다(Edwards & Foley 1998: 6).

2) 시민사회의 현대적 의미

위의 인용문에서처럼 시민사회의 현대적 의미는 한편으로는 반국가주의와 신자유주의의 특징으로 설명되고 있다. 신자유주의자는 시민사회를 "일종의 정치적 자유방임 유형" 또는 "신자유주의의 정치적 동의어"로 간주한다(Anheier et al. 2001: 11). 신자유주의자는 시민사회를 "사회에 대한 국가 역할의 최소화를 의미하는 것으로, 국가 권력을 제한시키는 메카니즘이자 국가의 많은 기능들에 대한 대안"으로 간주한다는 것이다. 그럼에도 시민사회 활동가 입장에서는 시민사회가 국가의 역할을 제한시키기보다 정치제도들의 민주적 호응성의 증대를 의미하는 것이다. 그들에게는 시민사회가 "민주주의의 급진화와 정치권력의 재분배"라는 정치적 이념을 가진 개념으로 이해되고 있다(앞글: 11).

현시대적 의미의 시민사회는 서구가 아닌 제3세계에서 민주화 과정을 통해 재발견된 데서 그 뿌리를 찾을 수 있다. 1970년대 말과 80년대를 통해 남미와 동구에서는 시민사회가 민주화운동의 장이며 사회운동의 원동력으로 작용했고, 이런 민주화운동으로서 시민사회 발전론이 1990년대 초부터 미국과 유럽에 이식되면서 '사회개혁', '사회적경제', '공동체 건설', '파트너십 전략' 등으로 확대, 응용되어 온 것이 특징이다(Ehrenberg 1999; Walzer 1998).

먼저 동구와 남미의 민주화에 주목해볼 필요가 있다. 동구 민주화운동의 시발이 되었던 폴란드의 솔리다리티(Solidarity) 운동은 공산정권의 위로부터의 개혁과 민중의 아래로부터의 항쟁 사이에서 '제3의 길'로서 시민사회 연대전략으로 민주화를 이끌었다(주성수 2002a). 또 동독의 지식인 중심의 무수한 포럼들과 주민자치 모임들도 시민사회 지평을 넓히며 통독에 기여하는 역할을 했다. 1981년 계엄령이 발표되면서 세계의 이목이 집중되었던 폴란드에서는 노동자, 학생, 지식인, 언론, 교회, 독서모임 등 무수한 결사체들이 시민사회를 "국가에 맞서는 자율적인 사회정치적 공간"으로 발전시켜 가면서, 시민사회 관련 논문, 기사, 저서 등 출판물이 홍수처럼 발간되기도 했다(Schechter 2000: 1). 같은 민주화 투쟁에서 다른 동구 국가들의 시민사회 운동가들은 시민사회의 이념에 점차 시장경제를 관련지으며, "자유로운 결사체들의 다원성을 가능하게 하는 개인의 권리와 법의 지배의 중요성을 강조하게 되었다"(Sullivan 1999: 36).

1980년대 말, 사회주의 붕괴 이후의 동구권의 변혁을 관찰했던 사회학자 다렌도르프(Dahrendorf 1997)는 저서, 『1989년 이후』(*After 1989*)를 집필한 시점에 동구의 혁명이 "제약받지 않는 토론, 평등 및 근본적인 민주주의의 새로운 세계"를 갖다 주는 희망인지를 아직 확신할 수 없지만(앞글: 12), 확실한 것은 "시민권과 시민사회가 선거나 시장보다 더 중대한 진전을 보여준다"라는 점이라고 평가하였다(앞글: 60). 그는 지역공동체의 "풀뿌리 주도력"에 의해 시민사회의 뿌리가 내려진다고 강조하였다.

한편 남미의 민주화 과정에서는 시민사회가 군부독재라는 "억압적인 국가권력에 맞서 정면 투쟁했던 사회영역"을 뜻했으며, 동시에 "기존의 무기력한 정당들의 자리를 대신하는 독립영역"으로도 이해되었다(Edwards & Foley 1998: 7). 민주화 이후 아시아와 한국에서도 시민사회(NGO)가 무력한 정당의 역할을 일부 대신하는 '준정당적' 기능을 한다는 논의도 제시되었다(Clarke 1998: 40-1; 조현연, 조희연 2001: 296).

동구 등 제3세계의 시민사회가 국가 대항적인 '이분법' 시각에 입각한다면, 서구에서는 국가에 대한 대항세력이 아니라 국가, 시장, 시민 사이를 중개하는 중개 역할을 하는 영역이나 기관이라는 '삼분법' 시각이 지배적이다. 시민사회는 국가와 시장이 역할을 할 수 없는 중요한 사회적 기능들을 담당한다. 이 기능들은 토크빌과 풋남(Putnam)에게는 사회자본 기능으로, 또 하버마스(Habermas)에게는 커뮤니케이션에 의한 사회공론 기능으로 부각된다. 시민사회를 기능적으로 이해하는 시각에서는, 국가와 시장의 실패에 대한 공공행동의 대응으로 시민사회가 발전하며, 이 행동은 국가나 시장에 대한 저항과 압력의 행사로 나타난다(Janike 1996).

유럽에서는 시민사회에 대한 관심의 초점이 경제 분야로 집중된 동향을 보여준다. 1980년대 중반부터 지속된 복지국가의 위기, 대량실업의 확대 등 일련의 경제위기가 진행되는 상황에 대한 새로운 대안으로 '사회적경제'(social economy)가 등장한 것이다. 다른 한편에서는 정부, 기업, 노조 등 거대 조직들 사이의 제도적 협력을 도모하는 신조합주의(neo-corporatism)의 모순과 병폐가 심각하게 제기되면서, 시민사회가 "이런 신조합주의적 정치협의가 이뤄지는 현상유지에 대한 대항"으로 개념화되기도 하였다(Edwards & Foley 1998: 8). 사실 많은 서구 국가들과 통합유럽(EU)의 사회통합의 심각한 과제로 제기되고 있는 시민사회 논의가 이런 구조조정에 초점을 맞추고 있는 것도 특이한 추세이다. 이렇듯이 시민사회는 "새로운 사회적, 문화적 조직들과 기관들을 창설하기 위해 사회 내에 행동공간을 확보함으로써, 시민사회 대표자들은 공동선을 성취하기 위한 새로운 방안들과 전통적인 국민대표의 형태에 기본적으로 비판적인 민주주의 개념화를 정립시키는 노력을 기울였다"(Edwards & Foley 1998: 5). 이는 대의민주주의에 대한 참여민주주의의 도전이다(제10장 1절 참조).

그런데 세계 도처에서 시민사회는 국가에 저항하며 상당한 시련에 처해 있는 상황이 지속되고 있다. 튀니지, 이집트 등지의 민주화, 아프리카와 아시아 민주화를 이끌었던 시민사회가 상당한 국가의 억압에 직면해 있는 것이다(CIVICUS 2016b, 2017a, 2017b). 동유럽, 중앙유럽, 남유럽의 시민사회 또한 정부와의 갈등 관계가 끊이지 않아 성장의 정체기에 처해 있는 듯하며, 서유럽과 북유럽의 시민사회도 경제 침체와 난민과 이민자 증가 등의 혼란 속에 일부 국가들의 재정지원 삭감이나 규제정책 등으로 어려운 시련기를 맞고 있다는 보고들이 늘고 있다(CIVICUS 2016a, 2017b; 제6장 4절 참조).

2. 시민사회조직(NGO)과 사회적경제의 역사

시민사회(제3섹터)를 구성하는 시민사회조직(NGO, CSO)과 사회적경제조직(사회적기업, 협동조합, 상조회 등) 또한 오랜 역사적 전통을 이어오고 있다. 먼저 시민사회조직(NGO)의 역사적 발전을 살펴본 다음, 사회적경제의 근대, 현대적 발전을 차례로 정리해본다.

1) 시민사회조직(NGO)의 역사

시민사회의 의미는 시민사회를 구성하는 조직(NGO)의 역사적 의미를 통해 더욱 구체적으로 살펴볼 만하다. NGO의 역사적 의미는 국가와 정부의 성장의 역사에서 살펴볼 수 있다(주성수 2004: 60-66). 고대 로마와 그리스, 중세 시대, 18~19세기 산업혁명 시대, 현대 국제사회의 발전역사로 구분해 각 시대를 대표하는 NGO와 그 특징을 차례로 정리해볼 수 있다(Archer 1998; Seary 1998). 여기에서 NGO의 의미는 정부로부터 독립적이고 자율적인 '비정부조직'을 지칭한다. 따라서 현대적 의미의 NGO 또는 NPO와는 다소 다를 수 있는 넓은 의미의 개념이다.

고대와 중세

국가와 정부의 출현과 동시에 NGO의 존재를 확인할 수 있다. 정부의 역할이 주로 외부의 침략과 내부의 치안 유지에 치중된 고대와 중세에는, 현대적 의미의 공공업무 대부분은 일반 가정과 정부의 직접적인 통제를 받지 않은 사회집단들의 몫으로 맡겨졌다. 고대 로마와 그리스에서는 그 역할이 종교기관에 맡겨졌다. 당시에는 정부가 종교기관들을 통제하려 했지만 종교기관과 정부 사이에 일정한 견제와 긴장 관계가 존재할 정도로 비정부 사회단체들의 일정한 역할이 있었다.

중세 시대부터 종교개혁 이전까지, 유럽 대부분의 국가에서 가톨릭 교회는 가장 영향력 있는 비정부조직이었다. 이탈리아 등지에서는 가톨릭 교회가 중앙집중적 조직에 의해 막강한 영향력을 발휘하며 점차 국가의 기능을 맡았다. 이처럼 종교적 영역과 세속적 영역의 구분이 모호해진 것이 중세 시대의 특징이었고, 이후 종교개혁으로 국가와 종교의 영역이 명확히 구분됨으로써 교회의 비정부적 역할이 더욱 두드러지게 나타났다. 병약자, 빈민자 구제 등 사회복지 서비스 제공이 주된 사업이었다. 또 다른 중세 시대의 특징은 무수한 길드(guilds)의 등장이다. 길드는 상인과 기술직 노동자들을 지원하는 네트워크 조직으로, 사회적 안정과 경제적 복리에 기여했다. 길드는 정부의 통제를 받지 않았다는 점에서 비정부적 조직이며, 또 정부와의 교환관계를 통해 돈과 세금을 납부한 대가로 특별한 권리와 특혜를 받았다.

산업혁명과 복지국가 시대

18세기와 19세기 산업혁명 시대에 와서는 NGO의 조직과 활동은 이전 시대와는 전혀 다른 특징을 보여준다. 산업화와 도시화가 급진전되면서 노동자들을 위한 각종 우정단체와 복지단체 및 조합들이 등장한 것이다(Archer 1998: 1504). 기초보험을 제공하는 우정단체들, 저축클럽, 노동조합 등이 대표적인 단체들이다. 특히 노동조합은 유럽 대륙뿐 아니라 미국의 대도시에도 급속히 확대되었다.

산업혁명으로 물질적 풍요와 부를 축적한 서구 국가들은 시민의 사회경제적 생활에 더 많은 관심을 갖고, 시민의 사회경제적 삶의 보장을 위해 복지국가를 추진하였다. 교회와 길드 등 비정부조직들이 맡았던 공공복지의 책임을 국가 주도로 제도화한 것이다. 그럼에도 복지국가의 등장이 NGO의 역할과 기능을 축소했다고 볼 수는 없다. 전통적인 교회와 우정단체 등이 중심이 되었던 복지서비스 단체들이 새로 등장한 현대적 의미의 NGO들에게 그 역할을 넘겨준 것이다. 복지국가는 지속적으로 복지서비스의 영역을 확대함으로써 확대된 영역에서 서비스를 제공하고 프로그램을 보조하는 역할이 현대 NGO의 주요 역할 중 하나가 되고 있다.

복지국가의 발전은 다른 한편으로는 무수한 이익집단과 전문단체의 출현을 가능하게 했다. 노조, 의사협회, 변호사협회 등 구성원들의 사적 이익을 추구하는 집단들과 복지수혜자들과 일반시민의 공익을 위해 활동하는 공익집단으로서 NGO와의 구분이 필요한 시대를 맞은 것이다(주성수 2003b: 151-2).

19세기부터 유럽에서는 일부 국가들에서 활동하는 국제적인 비정부단체인 국제 NGO(INGO)가 등장하기 시작했다. 무역과 상업, 여행과 교통, 보건의료뿐 아니라 인도주의적 NGO들로 반노예세계연맹, 국제적십자사가 국제적으로 활발한 활동을 하기 시작했다(Archer 1998: 1504). 19세기말까지 이미 100여 개가 넘는 INGO들이 활동하고 있었고, 1900~4년 기간에 61개, 1905~9년 기간 131개, 1910~4년 기간 112개 등 20세기로 넘어오면서 INGO의 창설이 크게 불어났다(Seary 1998: 28).

19세기부터 현대적 의미의 INGO가 최초로 등장한 것으로 볼 수 있다. 1855년에 창설되어 벨기에, 영국, 프랑스, 독일, 네덜란드, 스코틀랜드, 스위스, 미국에서 활동했던 YMCA 세계연맹을 꼽기도 하지만, 그보다 앞선 19세기 초기에 영국과 미국, 유럽 등지에서 활동했던 "영국 및 해외 반노예 소사어티"를 꼽기도 하고, 국제적십자위원회(ICRC)를 꼽는 학자들이 많다(Seary 1998: 15-6). 1859년 앙리 두낭이 솔페리노 전쟁에서 부상자들을 도운 경험을 바탕으로 제네바에서 국제 소위원회를 구성한 것이 오늘날의 국제적십자위원회의 시초가 되었다. 1863년에 제네바 국제위원회가 소집되었고, 그 후 10년 사이에 22개국에 적십자위원회들이 설치되었다.

20세기 초기를 통해 제1차 세계대전 직후까지도 적지 않은 INGO들이 창설되어 국제사회에 많은 영향을 미쳤다. "마약거래금지를 위한 앵글로-오리엔탈 소사어티"는 반마약운동의 국제화를 성사시키면서 1912년 헤이그 마약회담에 막대한 영향을 미쳤다. 그 후 등장한 INGO들은 1920년의 아동구호국제연맹(Save the Children International Union), 국제연맹의 창설을 후원하는 국제연맹협회 등이다(Seary 1998: 17). 이후 1920년과 1939년에 이르는 20년 기간에 INGO의 수는 400개에서 700개로 크게 불어난다.

이처럼 초기 기간에 INGO들이 성장하게 된 배경은 무엇인가? 여러 요인들이 꼽힐 수 있지만 무엇보다도 중산층 시민 영역의 확대를 우선 꼽을 수 있다. 산업혁명이 일찍이 진전된 영국에서는 18세기 중엽부터 귀족과 신흥계급 중심의 새로운 모임인 위원회, 클럽, 소사어티 등이 출현하면서 시민들의 시민사회 활동이 본격화되었다. 또 유럽 대륙에서는 조금 뒤늦은 19세기에 와서 그런 시민사회 조직들이 등장했다. 실제로 이 시기는 절대왕조가 위세를 떨치고 있는 가운데 상업자본가와 산업자본가 그리고 지식인 계층들이 제3의 신분으로 불리는 중산층 또는 시민으로 부상한 시기였다. 이들이 경제력을 바탕으로 자발적인 조직들에 참여하는 시간을 갖게 되고 교육을 통해 깨우치게 되면서 회비 납부 등을 통한 재원 조성으로 단체활동을 활성화한 것이다. 결국 이들이 현대적 의미의 비정부, 비영리, 시민사회단체들로 발전한 것이라 볼 수 있다.

20세기 초와 국제연맹

19세기말의 유럽은 각종 국제회의로 부산했고, 각국 정부는 자국의 NGO들이 국제회의를 유치해오도록 지원금을 제공하는 일도 생겼다. 1889년에는 노동재해, 부동산거래, 치과, 공익자선, 사진, 여성문제 등 11개 국제회의가 있었고, 1900년에는 노동법, 전시구호 등에 관한 10개 회의가 파리에서 속속 개최되었다.

1908년에 브루셀에 본부를 두는 최초의 INGO 연합체인 국제조직중앙사무국이 창설되어 1910년에 세계총회를 개최했다. 13개 정부 대표들과 132개 NGO들이 참여한 세계총회는 오늘날의 국제결사체연맹(UIA)의 결성을 결의하며, 그 후 1913년에 개최된 2차 세계총회에는 22개국 정부 대표들과 169개 NGO 대표들이 회동했다. 3차 회담은 제1차 세계대전의 발발로 취소되었으나, UIA는 주요 사업으로 국제연맹의 창설을 위한 NGO 활동을 활발하게 전개해갔다. 1920년대에 제네바에서의 국제연맹 회담은 1926년까지 30회, 1929년까지 60회로 급증하였는데, 여기에 국제노동기구(ILO) 및 각종 평화, 인권, 인도적 구호를 목적으로 하는 INGO들이 대거 참여한다. 1929년에는 또 다른 INGO 연합체가 되는 국제제도연합(FII)이 제네바에서 창설되면서 1938년에 이르러 42개의 INGO들을 회원단체들로 확보했다.

그럼에도 공식적인 측면에서 볼 때 국제연맹 내 NGO의 참여는 매우 제한적이었다. 공식적 차원에서의 국제연맹과 NGO의 관계는 소극적이었다 하더라도 비공식적 차원에서 이들의 참여를 인정하는 일은 관행이었다(Seary 1998: 22). NGO들은 여러 국제연맹 회의에 초대되었으며 1932년 군축회의 때부터는 이들에게 자리나 문서를 제공하는 등 특별한 편의를 마련해주었다. 또 많은 NGO들이 국제연맹의 각종 위원회에 참석해 보건, 경제, 여성과 아동인권 등과 관련한 위원회에서 활발히 활동했다.

제2차 세계대전 이후 UN 시대

제2차 세계대전이 종료되기 직전인 1945년 4월 샌프란시스코에서는 50개국 대표들이 모인 가운데 UN 창설을 위한 회의가 열렸다. UN헌장의 기초작업이 이루어진 이 회의에는 정부 대표뿐 아니라 많은 NGO 대표들이 참여해 자신들의 요구를 관철하기 위해 노력하였으며, 그 결과 경제사회이사회와 NGO간의 협의관계를 제도화하였다. '국제 NGO'들만이 UN내에서 역할을 인정받을 수 있다는 것이 통념이었으나 국내 NGO들도 포함한다는 내용이 추가되었다.

마침내 UN헌장 제71조가 채택되었으며, 이후 경제사회이사회와 NGO간의 관계발전은 이에 근거하게 되었다. "경제사회이사회는 그 권한 내에 있는 사항과 관련이 있는 NGO와의 협의를 위해 적절한 협정을 체결할 수 있다. 그 협정은 국제기구와 체결할 수 있으며 적절한 경우에는 관련

UN 회원국과의 협의를 거쳐 국내기구와도 체결할 수 있다"(UN헌장 제71조).

현대적 의미의 NGO는 1990년대 이후의 현상이다. 1990년대 냉전 체제의 붕괴로 국내외에서 NGO는 양적으로 팽창하였다. 국제사회에서 NGO의 영향력은 급성장해서, 1990년대를 "글로벌 결사체 혁명"(global associational revolution)의 시대라 부르기도 한다(Salamon 1994). 탈냉전의 도래는 정책결정자들이 냉전적 사고로부터 자유로워질 수 있도록 만들었다. 그 결과 NGO들은 정부의 대외 정책에 대한 발언권을 확대할 수 있게 되었으며, 이는 UN에서의 영향력 증가로 이어지게 된다. 국제정치의 변화 이외에도 ICT의 발전 역시 1990년대 NGO의 성장에 중요한 요인이다. 인터넷과 팩스 등 정보통신의 발달로 국경의 의미가 퇴색되고 있으며, 이에 따라 NGO에 대해 적대적인 국가라 해도 이를 통한 정보의 흐름을 통제하기 어렵게 되었다. 동시성, 초공간성의 특성을 지니는 인터넷의 발달은 공동의 가치와 목적에 기반을 둔 공동체의 출현을 불러와 그 자체가 하나의 새로운 세력이 되어 NGO 활동에 든든한 후원자가 되고 있다.

지난 70년간의 UN과 NGO 관계의 역사를 통계로 살펴보면, 경제사회이사회(ECOSOC)와 협의적 관계를 맺은 NGO의 수가 1948년 41개에 불과하던 것이 1968년 317개, 1992년 868개, 2003년 2,379개, 2017년 4,990개로 급증했다. 양적 팽창에서 뿐 아니라 질적 성장에서도 UN과 NGO의 파트너십은 눈부신 성과를 거두어 왔다. UN과 NGO의 공조활동 영역은 지구촌 구석구석에 미치고 있으며, 그 분야도 인도적 구호, 환경, 인권, 식량, 주거, 교육, 인구, 군축 및 평화, 여성, 아동, 노인, 마약 및 범죄, 지속가능한 개발, 그리고 선거와 평화유지 등 거의 모든 글로벌 이슈를 포함하고 있다. 이러한 UN과 NGO의 활동은 세계 여러 분쟁지역뿐 아니라 난민 캠프에서도 활발히 이루어지고 있다.

그뿐 아니라 UN이 주최하는 각종 글로벌 회담에 대한 NGO들의 관심과 역할의 증가도 UN과 NGO의 관계가 긴밀한 파트너 관계로 발전되고 있다는 사실을 뒷받침해준다. NGO들은 지구촌의 가장 심각한 빈곤, 의료, 교육, 환경 문제 해결에 세계 전체가 합의해 추진했던 MDG(Millennium Development Goals)에 파트너 역할을 했고, 이어 2016~30년 기간에 추진중인 지속가능개발목표 SDG(Sustainable Development Goals) 달성에도 공조활동을 하고 있다(UN과 NGO는 제11장 참조).

2) 사회적경제의 역사적 발전

한편 '사회적경제'의 역사 또한 오랜 전통을 유지하고 있다. 그 기원은 산업화나 근대국가 이전까지 거슬러 올라간다. 사람들이 집단으로 일하고 노동의 결과물을 공유하던 시대부터 사회적경제의 역사가 시작되었지만, 현대적 의미의 사회적경제 조직의 등장은 근대 국가 형성 이후로, 다음과 같이 요약될 수 있다(주성수 2010: 13-17).

복지국가의 탄생과 사회적경제

근대 국가의 탄생과 더불어 사회의 제도로서 사회적경제 조직들이 본격적으로 등장하게 되었다. '사회적 열기'의 시기로 알려진 18세기는 국민국가의 원칙과 방향에 관한 사회적 논의와 함께 사회적 이해를 방어하려는 무수한 사회조직들의 설립을 허용하는 새로운 시민권에 관한 사회적 논의도 활성화되었다(Fontan and Schragge 2000: 3). '결사의 권리'는 개인들이 단체를 통해 집단적 행동을 할 수 있는 자유를 보장함으로써 사회적경제 조직들의 조직화에 크게 기여하였다.

또 다른 혁명적인 변화는 농업경제가 산업경제로 바뀌면서, 노동이 개인이나 가족 또는 길드 단위에서 시장 단위로 확대됨으로써 사회적경제가 더불어 성장한 것이다. 산업화가 한창 진행되며 새로운 사회적 욕구가 충족되어야 했던 19세기의 협동조합 운동은 교회나 기업의 자선이나 왕가의 시혜 의존에서 벗어나 노동자들의 자조에 의해 부족한 재화와 서비스를 보충하고 빈곤과 실업 등의 문제해결에 나섰다는 점에서 역사적 의의가 있다(Austrian Institute 2007: 12). 스칸디나비아에서는 국가주도의 복지국가 발전이 두드러졌고 동구와 남구에서는 사회주의 영향으로 사회적경제가 거의 자취를 감추기도 했지만 최근에 와서는 일제히 사회적경제의 부활을 목격하고 있다. 또 덴마크에서는 복지국가의 한계와 개별화된 서비스 요구 사이의 갭을 메우는데 사회적경제가 독특한 역할을 한다. 최근까지 유럽에서 진행된 사회적경제는 공공지원금의 제한과 효율성 중시라는 시장지향적 성향 때문에 '사회적 목적 추구'라는 원래의 목표를 조율해야 하는 심각한 도전을 받고 있다(앞글: 12).

20세기에 와서 '사회적경제'가 공식적인 명칭을 갖게 되었다. 그 역사적 발단은 1900년 파리 세계박람회에서 지드(Charles Gide)가 모든 유형의 결사체들을 박람회의 한 장소로 배정한 데서 비롯된다(Defourny and Develtere 1999: 11). 이후 프랑스에서는 1970년대 협동조합, 공제회, 결사체들이 공동의 사회운동을 전개하며 자신들의 공통된 영역을 '사회적경제'로 지칭했고, 프랑스 정부는 1981년 사회적경제부를 조직하는 제도화를 시작하였다. 그러나 20세기 초에 들어서며 사회적경제의 기반은 크게 흔들렸다. 사회개혁의 핵심은 산업국들의 경제적 성장에 의해 좌우되었기 때문이다. 사회적 진보가 경제성장에 의해 수반되고 또 지원되었다. 사회, 경제, 정치의 분리는 각 영역의 자율로 변화되었다. 경제, 사회, 정치의 통합으로 사회운동을 주도했던 급진적인 사회적경제조직들은 자취를 감추었고, 협동조합이나 공제회는 경제의 일부로 간주되었다. 급진적 노동자운동도 점차 쇠퇴하면서 개혁주의 노동조합들이 자리를 대신하며 노동자임금, 노동환경 등 현실적 이해를 대변하는 역할을 중시하였다. 이와 더불어 경제성장으로 가능해진 많은 종교적, 비영리적 조직들의 등장으로 사회영역은 이들의 '사회적경제'의 무대로 북새통을 이뤘다.

이후 제1차 세계대전 종말부터 1970년대까지 사회적경제는 별다른 성장을 보이지 않은 채 현상유지 내지 쇠퇴에 머물렀다. 그 가운데 협동조합 정도가 성장을 거듭해, 소비, 저축, 신용, 농업 분야에서 두드러진 발전을 하였다. 협동조합은 일부가 사회민주당 등 개혁세력과의 정치적 유대를 갖고 있었다. 그러나 제2차 세계대전 이후 유럽에서 확대된 복지국가의 영향으로 많은 복지서비스 혜택이 국가 중심으로 이뤄지는 상황에서 사회적경제의 역할에는 일정한 한계가 있었다. 복지국가 중심으로 국가의 특성이 뚜렷이 정립되는 시기였다(Fontan and Schragge 2000: 5).

유럽에서 사회적경제는 1970년대 말부터 다시 부활하였다. 어떤 유토피아 사상이나 급진적 운동에 의해서가 아니라 또 개인이나 어떤 사회집단이나 시민사회가 주도한 게 아니라 경제위기에 처한 국가가 선택한 것이다. 1980년대 초부터 프랑스와 벨기에 정부가 정부정책으로 논의하기 시작했고, 1980년대 말에는 유럽연합이 유럽 전체의 어젠다로 상정해 사회경제적 위기의 타개를 위해 전략적으로 접근해왔다. 그 논의의 핵심은 사회적 변화를 추구하는 '사회적' 목적보다 실업 등 '경제적' 위기를 극복하기 위한 경제타개책으로 제시되었다. 또 복지국가의 서비스 축소 등 구조적 문제가 겹치면서 사회적경제 논의는 협동조합이나 공제회의 '경제적 활동'에 국한된 문제가 아니라 시민사회 전체가 목소리를 내며 대안을 모색하는 새로운 변화를 맞게 되었다. 사회적경제는 1989년 마침내 유럽에서 정부들의 협의를 통해 공식적인 용어로 인정받으며, 2002년에 '사회적경제 유럽헌장'이 발표되기도 했다(장원봉 2007: 16).

복지국가의 위기와 사회적경제의 성장

사회적경제의 역사는 특히 '복지국가'의 역사에 초점을 맞춰 이해하게 된다. 사회적경제는 복지국가 출현 이전부터 존재해온 오랜 역사를 갖고 있지만, 20세기 복지국가의 확대로 제도적으로 흡수되거나 심각하게 쇠퇴된 경험을 갖고 있다. 이런 쇠퇴의 시기는 복지국가가 번성하는 1970년대 말까지 지속되다, 그 이후 경제구조조정, 대량실업, 빈곤확대 등으로 복지국가가 심각한 위기에 처하면서 다시 사회적경제에 주목하는 새로운 변화를 맞이한 것이다. '새로운' 사회적경제의 발전이다. 사회적경제가 전혀 새로운 형태와 내용으로 등장한 게 아니라 국가와 시장에 의존해온 신자유주의(neoliberalism) 노선이 빚어낸 대량실업과 빈곤 등 사회적 배제의 확대를 처방하기 위한 전략적 대안으로 사회적경제 접근법을 적극 활용한 것으로 볼 수 있다. 새로운 '사회적기업', '공정무역', '윤리적 소비' 등은 새로운 사회적 경제 활동으로 부상한다. 사례로서 캐나다 퀘벡의 사회적경제 역사도 복지국가의 위기와 관련되어 진행되어 왔다(Shragge et al. 2001). 1970년대 오일쇼크 경제위기가 심화되어 실업이 점차 확대되는 상황에서 보편적 권리를 인정했던 복지국가의 심각한 구조조정이 일어났다. 사회복지 지원보다 노동시장정책으로 급전환한 것이다. 고용의 위기와 복지국가 위기라는 이중의 위기는 빈곤과 배제를 심화시켜 사회분열을 낳고 정치적 혼란도 초래했다.

사회적경제란 국가와 시장과의 결별을 의미하며, 비영리조직을 통해 빈곤과 실업 두 마리 토끼를 함께 잡는 전략적 접근을 한다. 국가실패와 시장실패 다음의 '제3의' 대안이 된 것이다. 국가와 시장이 공급하지 않고 또 그런 의지가 없는 일자리 창출과 사회서비스 제공을 위해 비영리조직의 역량으로 지역사회 자원을 동원하고 활용하는 전략이다. 사회적경제는 빈곤과 실업을 동시에 해결해야 할 목표로 추구하며 사회적 배제를 극복하고 시민권을 강화하며 회복하는 대안이 되고 있다. 시민사회도 더불어 변화한다. 시민운동은 그간 시민참여나 정치교육에 치중했지만, 이제 사회적 배제층의 빈곤과 실업타개에 동참하는 서비스 제공자 역할을 확대하고 있다. 정부는 시민사회조직과 전략적인 파트너십을 확대해 정부를 대신하는 서비스 제공 역할을 위임한다.

또 다른 변화는 국가나 시장이 제공했던 다양한 서비스가 이제 국가의 책임에서 사회적경제로 위임되는 새로운 변화이다. 정부 재정지원에 의한 공공서비스 전달의 대행은 많은 사회적경제 조직들이 용역에 기초한 대행사업이다(Salamon 1995). 이처럼 새로운 복지국가의 정책, 실업의 위기상황, 새로운 공공서비스의 공급은 새로운 사회적경제 영역을 개척하고 있다. 지역사회 기반의 새로운 사회적경제 영역이 점차 거대한 '비영리' 시장을 형성하며, 식당, 재활용, 마이크로 크레딧, 공동체개발 등 많은 분야에서 새로운 조직들의 등장을 조장한다. 사회적경제는 노동시장으로부터의 배제에 맞서 기업가적 비즈니스 활동으로 빈곤과 실업을 타개하는 새로운 기업 활동이라는 평가를 받고 있다. 그럼에도 국가의 지원으로부터 자율적인 영역과 조직을 유지하며 시장의 기업들과 경쟁력을 갖춘 비즈니스 활동을 할 수 있을지, 그 존립에 관한 많은 의문을 제기하고 있다.

경제위기와 사회적경제의 '사회적 임팩트'

2019-20년 코로나19는 세계대공황 이래 가장 심각한 글로벌 경제, 사회위기를 초래해 세계질서를 재편하고 있다. 2008년의 금융위기 때처럼 사회적경제의 견실한 파트너십 역할이 다시 주목을 받을 것이다. 2008년 금융위기 이후 경제위기의 지속 추세는 새로운 변혁을 요청했는데, 그것은 정부와 기업과 시민사회 모두에서 공통적인 '혁신'(innovation)이라는 특징이 있다(주성수 2017b: 20-21). 경제위기의 여파로 심각한 수준에 달한 사회통합의 문제를 해결하기 위해서는 전통적인 주류 처방으로 의존해왔던 방식들이 이제는 한계에 이르렀다. 공공부문의 확대가 초래한 재정적 한계와 글로벌 경제의 새로운 복잡성과 불안정성이 초래된 심각한 결과이다. 국가는 더 이상 사회정의와 경제자유 사이의 균형을 유지하게 하는 유일한 가능한 공급자로 간주되고 있는 것은 아니다(EC 2013a: 13).

실제로 유럽의 사회적경제는 금융위기와 경제위기의 상황에서 중요한 '사회적 임팩트'를 생산한 것으로 평가받고 있다. 경제개발과 삶의 질에 대한 사회적경제의 기여는 경제위기 대응에서도 확증되고 있다는 여러 근거들이 제시되고 있다(앞글: 52-4). 협동조합 은행들은 상업적 은행들과 달리 지금의 금융위기를 초래한 리스크가 큰 금융사업에 관여하지 않았고, 투기적 금융상품 투자보다는 실물 경제에 집중하는 지속가능성을 보여주었다. 또 금융위기와 경제위기 기간에는 상업적 은행들이 대출을 제한시킨 것과는 달리 사회적경제 은행들은 대출을 지속해 신뢰를 확보했다는 것이다.

또 금융위기로 밝혀진 또 다른 사실은 사회적경제 조직들이 투자자 소유의 기업들에 비해 위기극복에 더 강한 대응력을 갖고 있다는 점이다. ILO의 연구보고서는 역사적으로 협동조합은 경제위기 상황에서 소득과 고용을 보존하고 경제적 고통을 완화시키는 데 가장 효과적인 방법이라는 연구결과를 제시해 보여준다(Birchall and Ketilson 2009). 연구보고서에는 세계대공황 시기의 미국과 스웨덴, 그리고 1970년대와 80년대 산업구조 조정기에 들어간 서구에서 경제위기 상황에서의 협동조합의 사회적, 경제적 임팩트를 분석한 결과들이 제시되어 있다. 협동조합은 농업, 노동자 소유 등 모든 유형들이 중요한 임팩트를 생산한다는 연구결과를 주목해볼 만하다.

경제위기뿐 아니라 글로벌 경제시스템의 불안, 식량공급의 불안, 소득불평등의 증대, 급진적인 기후변화와 환경피해 등에도 사회적경제 모델이 상당한 임팩트를 제시한 것으로 평가받고 있다(Trembley 2012: 23). 그래서 세계화와 신자유주의를 대신하는 대안적 경제 또는 사람 중심의 경제(people-centered economy)가 제시되고 있다. "사회적, 보건, 경제적, 생태적 조건의 불평등 증대를 해결하고, 신자유주의 주도의 세계화의 실패에 대한 대안적 처방을 제시하고, 나아가 공동체의 사회적 자본의 약화를 차단하기 위한 처방으로 사회적경제의 개념과 프레임워크를 진전시키는 '글로벌 운동'이 확대되고 있다(앞글: 14-5)."

사회적경제 조직들은 사회적 가치 증진의 장점을 보여준다. 이들의 공통적인, 전통적인 기업들로부터 구분되는 가장 중요한 특징은 이윤추구와 소유주에 대한 수익배분을 중시하지 않는 활동을 궁극적인 목표로 한다는 점이다. 실제로 사회적경제 조직들이 추구하는 핵심 목표는 자신들의 구성원들과 지역사회에 필요한 (고용을 비롯한) 재화와 서비스의 제공, (공익에 부합하는 서비스의 제공 등의 사회 전체에 혜택이 되는 활동 등) 공익을 위한 목표 추구 등이다. 공익 서비스는 기본 욕구의 충족, 사회적 포용, 경제성장, 환경보호 측면에서 지속가능한 경제적, 사회적 개발에 기여하는 핵심적인 역할을 한다. 공익 서비스는 기본적인 권리의 향유를 위한 기본전제가 되며, 유럽에서는 유럽식 사회 모델의 한 기둥이자 유럽 시민권의 필수 요소로 간주되고 있다.

사회적경제는 경제 규모 측면에서 성장을 지속하고 있다. EU 사회적경제는 약 2백만 개의 사회적경제 기업들이 1,450만명의 직원을 두고 있다. 이는 EU 27개국 전체 노동력의 6.5%, EU 15개국에서는 7.4%에 해당되며, EU GDP의 8%에 달한다(EC 2017a). 사회적경제조직에서 1,910만 명의 일자리가 제공되고 회원은 2억3,200만 명에 달한다(EC 2019).

사회적경제 조직은 경제위기에도 일자리를 늘리는 특징을 보여준다. 임금노동자 인구 비중에서 2002-3년 기간 6%에서 2009-10년 기간 6.5%로 늘었다(EC 2013). 1,100만명에서 1,450만명으로 늘어난 것이다. 그 가운데 가장 많은 비중을 차지하는 것은 협회 등의 결사체와 재단으로 259만개가 넘으며, 협동조합 유형들은 20만개에 달하며, 상조회는 전체 1% 비중을 차지한다.

사회적경제 조직은 국가별로는 영국과 독일이 각기 87만5천개와 51만3천개로 가장 많다. 정부의 정책이나 기업과 시민사회의 공조적 활동이 활성화된 결과로 나타난 것이다. 그 다음으로 오랜 전통을 가진 스페인(20만개), 프랑스(19만2천개), 핀란드(13만4천개), 오스트리아(11만8천개), 체코 공화국(10만1천개) 등으로 파악된다(EC 2017a: 46).

또 부가가치 성장에서도 사회적경제의 경제적 성과는 적지 않다. 협동조합은 2006-10년 기간 부가가치 성장률에서 기업에 비해 네 배 더 높은 비율을 이룩했다(24.7% 대 6.5%). 같은 기간에 노동자의 임금은 협동조합의 경우 29.5% 증가한 반면에 일반 기업의 경우 12.7%에 그쳤다(앞글: 53). 스페인에서도 협동조합이 일반 기업에 비해 고용 회복과 성장이 더 빠른 것으로 분석되고 있다.

한국의 사회적경제도 초기 도입기를 지나 이제 성장기로 진입하면서 사회적, 경제적 성과를 내고 있다. 사회적경제기업 고용비중은 1.4%(총 고용인원 25,936천명 대비 사회적경제기업 종사자수 368,268명)에 불과해, EU에 크게 뒤진 실적이다(일자리위원회 2017: 2). 정부 주도하에 사회적경제기업이 양적 성장을 이루고 있으나, 아직 사회적경제 활성화는 미흡한 것으로 평가된다.

사회적경제가 일자리 마련뿐 아니라 사회적 임팩트가 강한 혁신을 주도한다는 평가를 주목해볼 만하다(EC 2016a: 11-15). 첫째는 사회적 포용과 빈곤 해소다. 많은 사회적기업들은 시민들에게 공익 관련 사회서비스 제공에서 핵심적 역할을 맡는다. 취약층에 대한 상담, 치료 등의 복지서비스 제공은 사회적경제의 독특한 역할이다. 사회적기업들은 노인층과 장애인의 주택, 보건, 복지서비스 등 욕구 충족에서 그리고 취약층의 사회적 포용에서도 독특한 역할을 맡는다. 아동 케어, 고용훈련에서도 공공기관의 보충적인 역할을 하며 사회적 배제와 빈곤 해소에 중요한 역할을 한다. 노동통합 사회적기업(Work Integration Social Enterprises: WISE) 정책이 빈곤과 사회적 배제에 맞서는 핵심이 된다. 장애인 등 취약층의 사회적, 전문기술적 통합에서 확고한 미션을 갖고 다양한 사업으로 두드러진 성과를 내고 있다.

둘째는 지역사회 기반의 경제이다. 사회적경제와 사회적기업은 대부분 시민들이나 지역 주민들의 자발적인 활동에 기반하는 지역사회기반의 경제라고 볼 수 있다. 사회적경제는 지역사회가 당면한 문제해결과 주민들의 욕구 충족에 우선적인 활동이나 사업을 추진한다. 사회적경제나 사회적기업이 지역사회의 핵심 역할을 하는 이유는 지자체 등의 정부기관들이 지역사회 문제들에 대한 "새로운 아이디어, 해결방안 및 접근법"의 혜택을 누리기 때문이다. 이 때문에 지방정부기관들은 사회적경제나 사회적기업을 진흥하는 제도나 정책 마련 등의 환경 조성에 직접적인 이해를 갖고 있다.

3. 글로벌 시민사회 혁명

지금의 '시민사회의 시대'의 연대기는 글로벌 차원의 시민사회 혁명이 있었던 30여 년 전으로 거슬러 올라가 살펴볼 수 있다. 한국에서는 1987년 민주항쟁 이후, 세계적으로는 1989년 동구 사회주의의 붕괴 직후부터 지금의 시민사회의 시대가 개막된 것으로 볼 수 있다. 바꿔 얘기하면, 한국에서는 민주항쟁이, 세계적으로는 사회주의의 붕괴가 지금의 시민사회의 시대의 개막을 가능하게 했던 역사적 전환점이 되었다.

1) 글로벌 시민사회 혁명의 배경

글로벌 '시민사회의 시대'에 대해 샐러먼(Salamon 1994) 교수는 글로벌 '결사체 혁명'(associational revolution)이라 설명한다. 그는 "지금 지구촌에서 일고 있는 일대 변혁 가운데 하나는 조직화된 자원봉사활동이며, 개인, 비영리 또는 비정부조직들의 창설이다"라며 다음과 같이 설명한다. "북미, 유럽 및 아시아의 선진국가들로부터 아프리카, 남미 및 구소련권 국가들에 이르기까지 휴먼서비스를 전달하고 지역 경제발전을 촉진시키고 환경을 보호하고 시민권리를 수호하며 국가가 무관심하거나 방치해둔 그밖에 수천여 문제들을 해결하려고 협회를 만들고 있고, 재단과 그밖에 유사한 조직들을 창설하고 있다."

'글로벌 결사체 혁명'은 '와싱톤 합의'(Washington consensus)의 실패에서 비롯된 것이라는 샐러먼 등(Salamon et al. 1999: 4)의 설명을 참고해볼 만하다.

"북부 선진사회의 대부분에서는 전통적인 사회복지 정책에 대한 심각한 의문에서, 남부 개발도상국의 많은 사회에서는 국가주도의 개발의 진전에 대한 실망에서, 남유럽과 동유럽에서는 국가사회주의의 실험의 실패에서, 그리고 세계 도처 어디에서나 인간의 건강과 안전을 끊임없이 위협하는 환경파괴에 대한 관심에서 명백해지고 있는 위기인 것이다. 이런 국가에 대한 의문은 시장정향적 경제정책에 대한 지지를 유도해오면서 세계 도처에서 작동하고 있는 시민사회단체들에 대해 새로운 관심과 새로운 기대를 집중시켜 왔다. 또 이들의 숫자와 규모가 수직 성장을 하고 있다는 사실 때문에도 이 단체들에 대한 관심이 이끌리면서 세계 도처에서 실제적인 '글로벌 결사체 혁명', 즉 조직화된 사적, 자발적 활동의 대규모 폭증 추세가 진행중인 것으로 보여진다."

글로벌 '시민사회 시대'의 개막에 대해 샐러먼(Salamon 1994)은 2대 혁명(경제성장과 커뮤니케이션 혁명), 3대 실패(시장실패, 정부실패, 자원섹터 실패), 4대 위기(복지국가, 개발, 환경, 사회주의의 위기), 3대 압력(위로부터, 아래로부터, 밖으로부터의 압력)이라는 이론적 시각을 제시한다. 그에 따르면, 시민사회는 경제성장과 IT혁명 덕분에 글로벌 차원으로 발전될 수 있는 유리한 환경을 갖게 되었고, 여기에 전통적인 시장실패와 정부실패, 그리고 자원섹터 실패가 시민사회의 등장을 정당화시키는 이론적, 정책적 배경으로 부각된 것이다. 또 서구에서는 복지국가의 위기가, 제3세계에서는 개발의 위기가, 동구에서는 사회주의 위기가, 그리고 글로벌 차원에서는 환경의 위기가 국가 주도적인 거버먼트(government)의 시대를 국가와 시장과 시민사회가 공조해야 하는 새로운 거버넌스(governance)의 시대로 전환시켜 놓았다. 또 국내 상황에서는 위로부터는 리더십의 의지가, 아래부터는 시민의 지지가, 밖으로부터는 타국과 국제사회의 영향력이 삼박자 지지와 압력으로 시민사회 시대의 개막을 이끌었다(제9장 〈그림 9-1〉 참조).

실제로 지구촌은 1990년대에 들어서면서 동구 사회주의의 붕괴, IT혁명, 세계화(globalization) 등으로 급변하였다. 이런 추세에서 시민사회는 "국제정책 토의에서나 글로벌 문제해결의 중심부"에 자리를 차지할 정도로 위상이 높아졌다(Edwards 2001: 1). 서구뿐 아니라 동구, 아시아, 아프리카, 심지어는 중국과 중동서도 시민사회 논의가 무르익고 있다. 미국, 영국, 서구의 시민사회뿐 아니라, 아프리카 시민사회, 중동 시민사회, 심지어는 중국 시민사회에 관한 논문과 저서들이 봇물처럼 쏟아져 나오고 있다. 그런데 세계적으로 시민사회가 확대되며 민주화에 상당한 기여를 하면서도 국가 권력의 횡포에 가로막혀 시련기에 처해 있는 것이 많은 개발도상국의 실정이다(CIVICUS 2017a, 2017b).[4]

2) 글로벌 거버넌스와 UN

사회주의 혁명 이후 혼란에 빠진 글로벌 질서를 '글로벌 거버넌스'(global governance)로 유지하기 위한 노력은 UN을 중심으로 합의가 이뤄져갔다. 코피 아난(Kofi Annan) UN사무총장은 '글로벌 시민사회'의 정립이 UN과 더불어 지구촌 문제해결에 막중한 역할을 할 것으로 기대하며, '글로벌 시민사회' 시대의 의미를 다음과 같이 강조하였다(UNSG 1998: 2). "비국

---

4 www.civicus.org/

가(non-state) 행위자들은 세계 도처에서 공공생활의 필수적인 차원이 되고 있다. 따라서 UN의 개혁과 구조조정은 세계를 휩쓸고 있는 세계화의 힘에 대응하는 새로운 참여적 국제체제의 등장과 일치하는 것이다."

NGO들의 영향력과 역할의 증대는 변화하는 국제환경의 증표이자 동시에 운동이 되어 왔다. 아난 사무총장에 따르면, "UN은 그간 다양한 정도, 다양한 방법으로 이 추세에 적응하고 시민사회에 문호를 개방하려는 노력을 기울여오면서, 1990년대 전반부에 개최된 일련의 세계정상회담과 회의들에서 가장 가시적인 성과를 이뤘고, 또 이 성과들을 이어나가기 위해 모든 UN체계에서 그리고 UN의 거의 모든 활동에서 NGO들과의 상호협력을 강화하는 조치들이 취해져 왔다"(앞글: 3).

NGO의 시대를 지구촌 전역에 확대시킨 결정적인 계기는 1992년의 리우 환경개발회담이었다. 각국 정부들의 공식적인 대표에 의존하는 UN이 NGO와의 공식적인 협의 관계를 본격적으로 개시한 것이다. 이후 93년 비엔나 인권회담, 94년 카이로 인구와 개발 회담, 95년 코펜하겐 사회개발회담과 북경 여성회담, 2003년 요하네스버그 지속가능개발 회담에서 왕성한 활동을 해온 NGO들은 UN과 국제기관들과 또 정부 대표들과 더욱 긴밀하고 동등한 지위를 누리며 국제사회의 주역으로 부상한다.

UN 기관인 UNDP는 NGO의 역할을 정부정책에 제도화시키는 '거버넌스' 논의에 선도적 역할을 해왔다. 1992년부터 매년 『인간개발보고서』를 통해 정부 중심의 개발전략의 문제를 제기하며, 시민사회와 NGO의 역할에 의존하는 새로운 개발 패러다임으로 제시해왔다. 세계은행도 거버넌스 개발정책에 공조하는 역할을 하지만, '신자유주의' 패러다임을 만드는 산실 역할에 더 주력했다. 92년 글로벌 거버넌스 위원회(Commission on Global Governance)가 비정치적 비정부적 국제협의체로 조직되며 양극체제의 붕괴 이후의 지구촌 위기와 문제해결을 위한 글로벌 거버넌스 어젠다들을 제시했다(CGG 1995, 2000). 그것들은 빈곤, 인권, 금융위기, UN과 IMF 등의 국제기관의 개혁 어젠다들이며, 여기에서 NGO들은 세계 공론의 주도자이며 정책결정의 이해당사자로 중시된다.

3) 시민의 시민사회 참여 확대

시민사회의 시대에는 또한 '시민'의 성장을 주목해볼 만하다. 세계화, 탈냉전 등의 글로벌 동향의 중심에는 시민사회뿐 아니라 '시민'이 중요한 행위 주체로 부상하고 있다. 정부와 정치에 무관심하거나 무력한 시민이 아니라 정부와 정치에 '비판적'이며, NGO 등의 자발적 시민사회단체에 참여하는 '자발적' 시민의 등장은 시민사회 시대의 주요 특징이다.

OECD(2000)는 OECD 국가들의 동향을 분석한 보고서에서, 시민들이 소비자보호, 환경보호, 소외층 옹호 등 실질적인 사회문제 해결과 공익추구를 바라는 '자주적 시민'(emancipated citizens)으로 등장한 것이 거버넌스 시대의 특징이라 설명한다. 또 지구촌 시민사회조직들의 구심체 역할을 하고 있는 시비쿠스(CIVICUS)는, "주제와 관심사는 장소에 따라 또 시간에 따라 다양하게 다르지만 시민운동이 이제는 지속적인 글로벌 현상이다."고 전제하면서, 다음과 같이 '시민'의 등장을 강조한다(de Oliveria & Tandon 1994: 2).

> 지난 20여 년 기간에 다양한 계급, 종교 및 인종의 배경을 가진 모든 사람들이 민주주의와 인권을 수호하고 더욱 형평적인 개발과 더욱 안전한 환경을 위해, 또는 더 간단히 얘기하면 자신들의 이웃과 지역사회에서 도움을 필요

로 하는 사람들을 돕고 일상 삶의 질을 향상시키기 위해 조직들을 구성하였다… 오늘날 두드러지게 나타나고 있는 특징은 이같은 연대와 공공영역에 대한 책임의 미덕을 글로벌 차원으로 확대시켜가고 있다는 점이다… 더욱 광범위한 시민참여와 더욱 강력한 시민영향력을 지향하는 대규모, 거의 보편적인 운동이 하나의 새로운 현상으로, 어떤 단일의 포괄적인 구조에 의해 조장되고 있는 것도 아니고, 어떤 고정된 주소도 없으며, 어떤 종교적 개종이나 정치적 교전을 추구하는 것도 아니며, 또 국가권력에 타깃을 맞춘 것도 아니다. 그 중심에는 시민이라는 인물이 있으며, 또 다양한 얼굴과 다원적 관심사 그리고 오늘의 세계에서의 영감의 원천들을 가진 많은 시민들이 있다.

4) 시민사회의 성장과 지속가능성

이처럼 지난 20여 년간 시민사회는 각국에서 시민참여로 활성화되어 민주주의 가치 증진에 기여하며 지속가능성을 갖고 있는가? 이에 대해서는 긍정적인 평가와 함께 부정적인 평가도 상당하다는 것을 알 수 있다. 글로벌 시민사회 연대의 네트워크 CIVICUS가 조사한 일련의 연보, 설문조사, 모니터링 등을 참고해보면 다음과 같이 문제들이 심각한 이슈들로 드러나 있다(CIVICUS 2016a, 2016b, 2017a, 2017b).

첫째, 세계적으로 시민사회가 가장 발달한 것으로 알려진 유럽에서도 시민사회의 활동에 결사, 집회, 표현의 자유 제한 등과 함께 정부의 규제 정책들이 장애로 제기되고 있다. 유럽 시민사회 전반적인 시민사회와 시민활동의 여건은 시민사회 대표들의 설문에서 '나쁨'과 '좋음'이 각각 41%로 나타나, 심각한 정체 상태로 보여진다(제6장 4절 참조).

둘째, 동유럽의 시민사회의 활동 환경은 더 악화되어 있다. 시민사회 활동의 여건 또는 환경이 '나쁨'(55%)이 '좋음'(44%)보다 훨씬 많은 설문 결과를 보여준다. 1980년대 말 한국과 거의 동시에 민주화 이후 '시민사회 시대'를 열었던 동유럽에서 시민사회의 지속가능한 성장에 장애가 적지 않다는 것을 보여주는 조사 결과이다.

셋째, 금융위기로 인한 경제 침체, 내전으로 인한 난민 증가, 식량 위기 등으로 시민사회의 지원 역할이 중요하지만, 오히려 활동 여건은 정부의 규제 정책 등으로 악화된 추세이다. 세계 도처에서 정부에 저항하는 집회와 시위가 끊이지 않고 있는 실정이다(주성수 2017d). 미국의 트럼프 대통령 취임 후에 늘어난 시위, 유럽 각국에서의 극우단체, 노조, 시민사회단체(NGO)의 시위들도 줄지 않고 있다. 세계적으로는 2010년 이후 시위의 수와 시위 참여자수가 크게 늘어, 한 조사에 따르면 2006~13년 기간에 59개에서 112개로 늘었다(Ortiz et al. 2013). 유럽에서는 종교와 계급 등 전통적인 사회계층의 구분이 모호해진 요인, 기술적으로도 사회적 관여로부터의 이탈, 시민사회의 정치 부패와 기타 부정적 평판 등이 거론되고 있다(Cordenillo and Staak 2014: 12). 이는 시민들의 사회와 정치에 대한 관심이 줄어들고 있다는 점을 시사하지만, 최근 집회와 시위의 시민참여 증가세와는 다소 모순된 해석이 될 수 있다. 글로벌 차원에서 늘어나는 시위들의 일반적인 공통점은 처음에 작은 또는 지협적인 이슈들로 시작되지만 이를 정부가 적절히 답변하지 못하는 책무성(accountability) 문제가 발생하면서 더욱 정부 불신만 키워 결국 거버넌스, 민주주의, 인권 등의 국가적 이슈로 확장되는 특성이 있다(CIVICUS 2016b: 5).

4. 한국 시민사회: 1987~2020

글로벌 차원에서는 1989년 베를린 장벽의 붕괴로 동구에 민주화가 찾아와, 그 핵심에서 활동하는 NGO가 전제적인 국가에 맞서 시민사회를 열어가고 있었다. 동구 민주화 이전의 한국, 남미, 아시아의 민주화도 이런 시민사회의 공론과 투쟁의 장을 확보하는 사회운동으로 진행되었다는 점에서 일치한다. 한국의 시민운동도 87년 한국여성민우회, 88년 공해추방연합, 89년 경실련의 창설과 소비자운동으로 큰 걸음을 내딛고 있었다. 이 시점은 동구뿐 아니라 지구촌 전역에 시민사회와 NGO의 시대가 개막되는 시기와 일치한다는 점에서 한국 시민운동은 시대적 요청을 받아 끊임없이 발전하는 시대의 행운아가 되었다. 지난 30년 기간의 한국 시민사회의 역사는 다음과 같이 간략히 요약해본다(주성수 2017a: 22-33).

1) 87년 민주항쟁 이후의 시민사회 시대

1987년의 민주항쟁은 새로운 '시민사회의 시대'를 열었다. 민주화운동으로 추동된 시민사회의 운동역량으로 헌법 개정을 이끌어내며 시민의 정치적 자유와 시민권리를 회복해 시민의, 시민에 의한, 시민을 위한 새로운 시대, 시민사회의 시대를 열어갔다. 여야 합의로 전격적인 헌법개정이 이뤄졌고 대통령 직선제가 실시되며 이후 집권한 노태우 정부도 군사정권의 연장이었지만 개혁입법을 일부 수용했다. 뒤이은 진보적인 김영삼, 김대중, 노무현 정부는 각기 문민정부, 국민의 정부, 참여정부를 국정의 기치로 정치, 경제, 사회 민주화를 추진하면서 시민사회를 국정의 파트너로 수용하는

'시민사회의 시대'를 선도하는 리더십을 발휘하였다.

1987년 한국의 민주항쟁은 1989년 글로벌 차원의 사회주의의 붕괴라는 혁명적 변혁을 맞았다. 이후 한국과 지구촌은 전대미문의 정치사회적 혼란 속에서도 하나의 뚜렷한 공통의 시대, '시민사회의 시대'로 진입해 갔다. 글로벌 '시민사회의 시대'의 3중 압력은 한국에서도 민주화 이후의 시민사회의 동향에서 뚜렷하게 부각된 시대적 동향이 되었다. '위로부터의 압력'은 리더십의 지지로, 김영삼 정부를 거쳐 김대중 정부와 노무현 정부에 이르는 진보적 정부들의 리더십은 시민사회의 성장을 지원하는 확고한 지지기반이 되었다. 문민정부, 국민의 정부, 참여정부는 시민사회를 개혁의 파트너로 삼아 공조하며 정치, 경제, 사회 전반의 개혁을 추진해갈 수 있었다. 김영삼 대통령은 금융실명제의 전격도입 등 개혁입법과 제도의 기초를 마련하는 리더십을 발휘했고, 김대중 대통령은 외환위기와 함께 찾아온 경제위기 극복에 전념하면서도 시민사회의 정치활동에 적극적인 지지를 보내며 시민사회의 성장을 지원하였다. 김대중 대통령은 2000년 총선시민연대의 활동을 공개적으로 지지했고, 환경단체들의 '동강댐 건설 반대운동'에 손을 들어주며 댐건설을 백지화시켰으며, 심지어는 시민사회의 개혁 요청에 정부가 보조를 맞출 것을 지시하였다.

또 '아래로부터의 압력'은 시민의 지지로, 시민사회와 시민사회단체(NGO)에 대한 시민의 지지는 절대적이며 지속일관적이었다. 법을 무시하는 '불복종운동'을 했던 총선시민연대의 활동에 대한 시민들의 지지는 각종 여론조사에서 꾸준히 2/3 이상을 유지했다. 또 여론의 지지를 가늠하는 한 척도로서 언론의 대대적인 보도만으로도 NGO에 대한 '아래로부터의 압력'은 절대적이었다고 평가할 수 있다(주성수 외 2003; 주성수 2017a: 62-67).

한편 '밖으로부터의 압력'은 국제사회의 압력으로, 한국 시민사회의 활동에 대한 국제사회의 지지와 한국 정부에 대한 압력은 결코 경시될 수 없을 정도로 대단했다. 1999년에 UN의 세계NGO대회를 서울에서 개최하였고, 또 2002년 제3차 ASEM대회도 서울에서 개최되면서 국제사회와 국제 NGO들의 관심과 지지가 한국 시민사회의 정치적 역량 강화에 적지 않게 기여하였다. 정부 대표와 NGO 대표들이 인권, 환경 등 UN 회의나 국제행사에 나란히 참여하는 기회가 확대되면서 정부가 NGO를 대하는 태도가 우호적으로 변화된 것도 새로운 '시민사회 시대'의 한 특징이 되었다. 국제사회가 NGO를 주요 이해관계자 또는 파트너로 인정하는 만큼, 한국 정부와 사회도 이같은 세계화의 추세에 보조를 맞춰가는 변혁을 맞이했다.

한국은 1991년 남북한이 동시에 UN에 가입한 이후 UN을 중심으로 국제사회활동을 확대해갔고, 동시에 시민사회의 국제활동도 더불어 증대되었다. 2006년 반기문 외교부 장관이 UN사무총장으로 선출되었고 이후 다시 5년을 연임하며 한국의 글로벌 위상을 크게 격상시켰다. UN 가입 당시 국제기구에 근무하는 한국인은 17개 기구에서 139명 수준에 불과하였으나, 20여 년이 지난 2013년에는 59개 기구에서 479명이 활동해 국제기구 진출이 크게 늘었고, 또 인권이사회를 포함한 국제기구에서 이사와 위원, 국제형사재판소 등의 재판권, UN 식량농업기구(FAO) 등의 국제기구 고위직에 진출한 한국인은 무수하다(외교부 2014, 외교백서). 또 한국 정부와 시민사회대표들은 UN의 여성, 아동, 장애인, 난민, 이민자 등 취약계층의 인권보호와 증진을 위한 국제회의에 참석하여 인권증진의 대응 방안을 국제사회와 공유하고, 국제적인 인권보호 메커니즘을 강화해 나가는 데 기여하는 역할도 수행했다(앞글: 235).

한국의 ECOSOC 협의적 지위를 가진 단체들은 2018년초 현재 70개이며, 그 중 NGO는 58개에 머물러 있다. '일반'(general) 지위의 NGO는 굿 네이버스가 유일하며, 대부분이 '특별'(special) NGO이며, 명부(roster) NGO는 4개가 있다.[5] UN의 NGO위원회가 결정한 '협의적 지위'(consultative status)를 가진 NGO들은 2016년에 신청 NGO 중 약 40%만이 지위를 확보할 정도로 쉽지 않은 과정을 거친다. 939개가 신청해서 394개만이 협의적 지위를 획득했는데, 2010년의 경우 더 까다로워서 495개가 신청해서 131개만이 지위 획득에 성공하였다. 2017년에 524개가 신청해서, 어느 정도가 지위 획득을 할지는 아직 알려지지 않고 있다(Symank 2017: 19).

2) 정부와 시민사회: 시민사회의 제도화

한국 시민사회의 성장은 정부를 통한 제도화, 시민사회의 운동 역량, 시민 참여의 지지 등 세 차원의 삼박자 지지가 중요하다는 것을 앞서 살펴보았다. 먼저 정부를 통한 제도화의 배경은 다음과 같이 요약될 수 있다(주성수 2017a: 27-30).

87년 민주항쟁은 정치와 경제와 사회의 개혁을 주창하며, 실제로 헌법 개정을 비롯한 개혁 입법과 개정을 이끌어냈고, 나아가 정부 제도와 정책의 혁신을 압박하였다. 또 다른 측면은 이같은 시민사회의 압력과 요청을 법과 제도와 정책으로 수용해 개혁을 추진한 정부의 리더십과 정책 혁신이라는 공급측의 변혁도 있었다.

포스트모던(post-modern) 시대에 '삶의 질'에 대한 요구가 급증하고 환

---

5 UN http://esango.un.org/civilsociety/displayConsultativeStatusSearch.do

경과 소비자 보호 등 각종 규제정책의 수용을 압박하는 사회적 요구가 늘어남에 따라 정부는 이를 수용해 정책으로 추진한 결과 정부의 확대라는 결과를 초래하였다. 이런 공공정책의 확대는 새로운 행정조직과 프로그램의 확대로 나타나며, 이를 집행하기 위한 방안으로 시민사회의 역할에 의존하지 않을 수 없다. 정부의 프로그램 확대는 시민사회단체의 참여를 필요로 하고 또 시민사회단체는 정부에 대해 새로운 프로그램을 요청하며 더 많은 역할을 하게 된다. 정책에 적극적으로 참여하는 NGO는 더 많은 프로그램을 통해 시민의 이해를 증진시키게 되며, 시민사회단체가 적극적으로 참여함으로써 공공정책은 더욱 투명해지고 책무성을 갖게 된다.

또 정부 프로그램에 의한 재정지원은 시민사회단체의 신설에 유용한 종잣돈이 되고 있다. 환경부나 여성부가 신설된 것은 환경단체들과 여성단체들의 꾸준한 압력이 결정적인 역할을 했고, 또 환경부와 여성부는 환경단체들과 여성단체들과 더불어 환경정책과 여성정책을 협의해 추진하는 '정책 거버넌스'를 갖춰왔다. 정권교체 또한 적지 않은 변화를 갖다 주었다. 김영삼 정부의 출범으로 NGO에 대한 재정지원이 점차 확대되었고, 김대중 정부에 와서는 '비영리민간단체지원법'을 제정해서 매년 NGO의 사업을 공모형식으로 지원해주는 제도화가 정착된 계기가 마련되었다. 반면에 이명박 정부에 와서는 2008년 촛불집회로 인해 시민사회와 적대적 관계로 악화되면서 시민사회 재정지원 규모를 낮추고 대상단체도 촛불집회 참여단체를 배제시킴으로써 블랙리스트 정치를 개시하였다. 뿐만 아니라 국가정보원은 대기업과 공기업의 자금을 동원해 수구단체들이 시민사회단체들의 비판에 맞불집회나 시위를 하도록 지원하며 사주하는 화이트리스트 정치도 서슴지 않았다. 박근혜 정부 또한 이런 블랙리스트, 화이트리스트 정치를 계승, 발전시키는 국정농단 때문에도 탄핵을 받았다.

민주화기에 와서 정부의 보조금 지원사업의 확대는 시민사회의 성장에 적지 않은 영향을 미친 것으로 볼 수 있다. 정부의 복지프로그램의 확대는 먼저 복지단체 등의 급증을 유도했고, 또 정부의 정책집행을 보조하는 무수한 서비스전달 단체들을 양산해냈다. 서비스전달 단체들은 지역사회 단위로, 동시에 의료, 간호 등 전문영역별로 분화된 특징이 있다. 한국에서도 가장 급증하는 시민사회단체들은 정부의 서비스 수혜단체인 복지단체들이며, 사회복지 분야는 교육 분야와 더불어 한국 비영리부문에서 가장 성장하는 분야를 대표한다.

의회도 정책결정과 관련된 법과 제도의 시행에 주도적인 역할을 맡는다. 행정부가 확대됨에 따라 의회의 조직도 확대되었고, 의회조직의 확대는 NGO 활동의 무대를 넓혀주었다. 수시로 여야의 정치적 마찰로 개혁입법이 이뤄지지 못하는 등 파행이 끊이지 않았지만, 헌법과 선거법 개정 등 정치개혁이나 금융실명제 도입과 환경 규제 등의 경제개혁, 인권, 양성평등 등의 사회개혁을 추진하는 상임위원회의 신설, 시민사회 대표들의 입법청원 등은 크게 확대되었다. 의제설정 단계부터 NGO들의 문제제기와 입법제안은 의제설정과 정책결정에 적지 않은 영향을 미쳤고, 또 그런 과정을 거쳐 도입된 정책을 집행하는 과정에도 NGO들의 참여가 점차 확대되어 왔다.

그밖에도 국가인권위원회, 반부패위원회, 지속가능개발위원회 등이 신설되며 정책과정에 NGO의 참여가 개방되었다. 또 이 기관들과 또 노무현 정부에 신설된 중앙부처의 고위 정책결정층에 적지 않은 수의 NGO 대표들이 자리를 맡게 된 것도 미국의 사례와 유사한 추세로 볼 수 있다. 반면에 보수 성향의 이명박, 박근혜 정부 기간에는 '복지 포퓰리즘' 등의 논의에도 불구하고, 국민의 복지욕구 증대에 따라 새로운 복지제도의 도입과 확

표 2-1 정치개혁, 경제개혁, 사회개혁 입법(1987~2017)

	정치개혁	경제개혁	사회개혁
노태우 정부 (1987~92)	헌법·개정(1987) 국가보안법 개정(1991) 집시법 개정(1989,91)	남녀평등고용법(1988) 남녀평등고용법 개정(1989) 토지초과이득세법(1990) 환경범죄처벌법(1991)	장애인복지법개정(1989) 영유아보육법(1991) 지방교육자치법(1991) 자유총연맹육성법(1989) 한국국제협력단법(1991)
김영삼 정부 (1992~97)	집시법 개정(1997) 518특별법(1995) 정보공개법(1996)	금융실명제(1993) 부동산실명제(1995) 노동조합및노동관계조정법(1997) 소비자보호법 개정	성폭력법(1993) 가정폭력법(1997) 위안부지원법(1993) 여성발전기본법(1995) 기부금모집규제법(1995) 소비자생협법(1998)
김대중 정부 (1997~2002)	집시법 개정(1999) 의문사규명법(2000) 민주화운동보상법(2000) 정보공개법(2001) 국가인권위원회(2001) 부패방지법(2002)	정리해고와근로자파견법(1998) 제조물책임법(1999) 남녀차별금지법(1999) 의료법 개정	국민기초생활보장법(2000) 비영리단체지원법(2000) 국민의료보험법(1997) 노인복지법 개정(1997) 지방교육자치법 개정 사회단체등록법 폐지 공동모금회법(1997) 북한이탈주민지원법(1997)
노무현 정부 (2002~07)	집시법 개정(2004) 사회안정법 폐지 과거사법(2005) 친일반민족규명법(2004) 친일반민족규명법 개정 군의문사규명법(2005) 주민투표법(2003) 주민소환법(2006)	자유무역협정법(2005)	사립학교법 개정(2005) 지방교육자치법 개정 SOFA 개정 교통약자이동권법(2005) 유아교육법(2003) 문화유산과자연환경 국민신탁법(2006) 사회적기업법(2007) 호주제 폐지(2005) 성매매금지법(2004) 장기요양보험법(2007) 기부금품모집법(2006) 자원봉사기본법(2006) 지속가능발전법(2007)
이명박 정부 (2007~12)	친일반민족규명법 개정 의문사법 폐지(2009)	한미 자유무역협정법 (2011)	국제개발협력법(2010) 공익신고자보호법(2011) 대한노인회법(2011) 협동조합법(2012) 사회서비스이용법(2011) 소비자기본법 개정 공동모금회법 개정
박근혜 정부 (2012~17)	정보공개법 개정		기초연금법(2014) 아동학대방지특례법(2014) 세월호특별법(2014) 부정청탁과금품수수금지법(2016)

자료 주성수 2017a, p.76.

대되며 사회적경제 등의 시민사회조직들의 사업과 활동이 크게 확대되는 추세에 있다.

1987년 민주항쟁 이후 노태우, 김영삼, 김대중, 노무현 정부에 이르는 20년간 시민사회의 정치, 경제, 사회 부문의 민주화 운동은 지속되었다. 민주화운동의 핵심에는 '개혁입법'이 있었다. 개혁이란 "보다 더 큰 사회적, 경제적 또는 정치적 평등의 방향에로의 변화와 사회와 정치체제로의 참여 확대"(Huntington 1968: 344)라고 정의될 수 있다. 한국 시민사회의 개혁입법 운동은 개혁을 지향하는 광범위한 실질적인 민주주의의 달성을 추구해 갔다. 〈표 2-1〉에서 볼 수 있듯이 개혁입법은 김영삼, 김대중, 노무현 정부 기간에 집중되어 국가보안법과 집시법을 제외한 다른 정치, 경제, 사회 분야에서 어느 정도 진전을 이뤄, 한국의 '진보주의 시대'(Progressive Era)를 개막한 것으로 평가해볼 수 있다. 집시법의 경우, 김영삼, 김대중, 노무현 정부에 걸쳐 일부 개정이 이뤄진 이후에도 이명박, 박근혜 정부 기간에도 지속적인 개정운동이 있었다. 문재인 정부에 와서는 2017년 〈사회적 참사 진상규명 특별법〉이 제정되어, 세월호 참사와 가습기살균제사망 진상규명이 즉각 시행되었다.

3) 시민사회의 역량증대

시민사회의 성장은 한편으로는 정부 제도와 정책의 확대 그리고 정치적 기회의 확대에 기인하면서도 다른 한편으로는 정책의 실패와 정부에 대한 불신에서 비롯된 것으로도 볼 수 있다. 후자의 시각이 시민사회 내부의 시각이다(주성수 2017a: 30-31). 반전운동, 환경운동, 소비자운동 등이 공공정책을 비판하는 반정부 성향의 '권익주창' 운동을 대표한다. 특히 법적 소송을 통한 새로운 시민운동의 방식은 한국에서도 참여연대가 주요 운동전략으로 추진해온 방식이다. 참여연대는 1994년 창설되어 초기부터 추진해온 공익소송운동을 창립 20년간의 주요 특징으로 꼽아 소개한다(참여연대 2014).

따라서 공공정책이 시민사회단체의 활성화에 공급 측 역할을 한다면, 시민사회단체의 개혁지향적인 주창 활동은 정부정책의 개혁을 요구하는 수요 측에 해당된다. 1990년대 말 외환위기로 인한 대량실업과 빈곤을 극복하기 위한 국정의 일환으로 고용과 복지 관련 사업과 프로그램들이 대폭 늘었다. 여기에 정부의 지원을 받은 무수하고 다양한 비영리법인들과 복지단체들과 시민사회단체들이 신설되거나 활동을 확대하는 전환기를 맞이하였다. 이후 2007년 사회적기업법, 2012년 협동조합법 시행 등 사회적경제를 지원하는 일련의 법시행과 정책 추진으로 이제 한국의 사회적경제도 시민사회에서 핵심 이해관계자 그룹으로 부각되고 있다.

또 시민사회의 역량증대는 시민을 대상으로 하는 다양한 서비스 활동에도 두드러지게 나타난다. 복지국가의 제도와 정책이 미흡한 한국 사회에서 민간 복지기관들과 시민사회단체들의 역할은 복지정책을 뒷받침해주거나 보완해주는 정책 파트너십에서 찾아볼 수 있다. 실제로 시민사회와의 파트너십은 복지정책의 집행에서 크게 확대되어 왔다. 복지국가의 제도화가 미흡한 상황에서 정부는 시민사회의 정책 거버넌스 파트너 역할에 크게 기대해온 것이다. 1990년대말 외환위기가 닥쳤을 때 실업자와 노숙자 보호 등 위기수습을 위해 정부-시민사회 파트너십이 추진되어 많은 성과를 거두었다. 언론과 시민사회단체가 주도한 실업극복국민운동이 출범했고, 시민사회단체가 지역사회 차원에서 공적 사회안전망의 보충적인 현물지원을 하기 위한 민간사회안전망 사업이 추진되었다. 1998년에는 45개 시민사회단체들이 연대해서 국민기초생활보호법의 제정 입법청원을 함으로써 여야의 합의에 의해 입법화가 이뤄져 2000년부터 법이 시행되었다.

또 국민기초생활보장에서도 시민사회의 역할이 늘어나고 있다. 자활후견사업에 있어서 시·군·구별로 사회복지관과 시민사회단체 1천여 곳을 업그레이드형 자활근로사업 수탁기관으로 지정해서 이들이 근로능력이 있는 실직자를 대상으로 일자리를 마련해서 소득을 올리도록 도움을 주도록 하였다. 일손이 부족한 영역들, 예를 들면 집수리, 간병도우미, 심부름센터 업무, 도시락제작 및 배달, 출장세차 등에서 소규모 창업도 이뤄지며 일자리 창출에 기여해왔다. 이는 정부가 직접 추진하지 않고 지역사회 사정을 잘 알고 실직자와 오랫동안 관계를 유지하며 이들의 욕구와 특성을 잘 파악하고 있는 지역 복지지관과 시민사회단체들이 나섬으로써 가능한 일이라고 볼 수 있다.

또한 시민사회의 경우, 권익주창 활동뿐 아니라 빈곤층과 실업자를 직접 대상으로 하는 사회서비스 제공 역할을 확대해 왔다. 사회복지 주창 활동도 지속적으로 필요한 것이 한국의 실정이지만 빈곤과 소득분배의 왜곡현상이 팽배한 상황에서 사회서비스 활동도 중요하다. 시민사회단체들은 정부와 기업과의 대립과 갈등 관계를 '생산적 긴장관계'로 모색해서 사회복지 파트너십에 동참하며, 지역사회 주민의 기부와 자원봉사활동을 자원으로 동원해 사회복지 지지층을 구축해, 또 자체 전문성 제고를 통해 창의적인 사회복지 프로그램의 개발과 운영에 기여할 수 있다.

4) 시민참여의 시민사회 시대

한국 시민사회 역사에서 자발적인 시민들은 시민사회단체보다 더 중요한 역할을 해왔다. 특히 촛불 집회와 시위는 시민참여 운동의 핵심으로 정착되고 있는 것도 한국 시민사회의 독특한 특징이다. 2016년말 대통령 탄핵을 이끌던 촛불집회 시위는 1987년 6·10 민주항쟁 시기 광장으로 쏟아져 나온 시민들의 수준을 뛰어넘어, 새 역사의 기록을 남긴 '시민혁명'이었다. 주권자 시민들의 '대통령 탄핵' 명령을 국회의원 절대 다수와 헌법재판관 전원이 받아 결정했기에 평화로운 '시민혁명'이 되었다.

시민들은 2002년부터 저항의 촛불을 켜들기 시작했다. 미군장갑차에 치어 사망한 두 여중생 사건에 무기력했던 정부와 미국에 저항했고, 2004년에는 노무현 대통령 탄핵에 저항했으며, 2008년에는 먹거리 안전을 위협하는 미국산 쇠고기 수입에 반대하는 장기간의 촛불집회로 맞섰다(주성수 2017a: 353-4). 박근혜 정부 기간에는 2014년 세월호 참사를 방치한 정권의 무능과 직무유기에 절규했고, 2016년에는 국정농단을 일으킨 대통령에 탄핵의 촛불로 맞서 민주주의 수호에 앞장섰다. 시민 주도의 촛불집회와 시위는 준법, 평화 시위로 정착되었고, 노조나 시민사회단체 주도 활동에 치우치지 않고 각계각층으로 대표되는 자발적 시민들이 이슈별로 '시민전문가'로 나서는 새로운 시민 주도의 무대가 되었다. 인터넷, SNS 등으로 지식과 정보와 식견을 갖춘 '비판적' 시민들의 자발적 참여가 온라인과 오프라인에서 신속하게 움직였고, 시민들은 카페, 자조모임, 학부모모임 등 소규모 생활공동체에서 지식과 정보를 공유했다. 이들은 학습을 통해 사회, 경제, 정치적 이슈 들을 이해하고 공감하며 참여함으로써 '비판적' 시민으로 성장했다.

한국에서 '비판적' 시민의 성장은 IT 혁명의 성장과 밀접히 관련된다(주성수 2017a: 32-33). 시민들은 인터넷, SNS 등의 네트워크를 통해 필요한 정보를 입수해 공유하며 '비판적' 식견을 갖춰 국정과 사회문제를 비평하는 시민들로 성장하고 있다. 촛불집회가 시작된 2002년부터 시민들은 인터넷 등으로 정보를 접해 광장에 나와 촛불을 켜들기 시작해, 2016년 말에는 시민혁명의 대절정을 만들었다. 2002~16년 기간 IT와 SNS 기술혁명의 급성장이 촛불 시민들의 참여혁명을 뒷받침해준 혁신적 도구가 되었던 것이다. 시민들은 인터넷과 SNS 등을 통해 촛불집회의 정보를 공유하며 집회 참여를 독려하거나 집회를 자신들의 축제로 만들며 집회의 콘텐츠를 주도하는 역할을 했다. 2016년 촛불집회에서 시민들은 SNS나 채팅 웹, 1인방송 등을 통해 촛불시민의 여론 형성 등 직접민주제를 실천하는 주권자 역할을 했다. 집회 참여뿐 아니라 국회의 대통령 탄핵 압박 등도 '박근핵 닷컴 청원운동' 등 IT와 SNS를 활용한 시민들의 직접민주주의 행동으로 이어졌다. IT와 SNS는 국민을 대신하는 대의민주주의를 약화시키며 대신 국민들이 직접 나서는 직접민주주의의 실천을 강화시키는 혁신적이며 강력한 민주주의의 도구로 등장했다.

지난 30년(1987~2017) 민주화기의 시민참여 운동은 1987년 민주항쟁으로 개막해서 2016년 대통령퇴진 시민혁명으로 대폭발하는 역사를 기록에 남겼다(주성수 2017a: 354-5). 화염병에서 촛불로 시민참여 운동이 진화한 것이다. 아날로그 참여가 디지털 참여로 혁명을 이룬 것이다. 불복종, 불법, 경찰과의 충돌은 이제 먼 과거의 일로 묻혔고, 대학생, 직장인, 주부, 은퇴자 등 각계각층이 광장에서 촛불을 들고 나서며 평화 시위의 주권자가 되었다. 1년 전 2015년 11월 14일 박근혜 정부는 '쌀값 21만 원 대선공약 이행'을 외쳤던 백남기 씨를 경찰의 물대포로 사망에 이르게 할 정도로 공권력의 폭력성에 의존했지만, 2016년 말의 촛불시위에는 공권력을 사용할 수는 없었다. 그래서 법원이나 경찰도 더 이상 집회와 시위의 자유를 제한할 만한 근거를 찾지 못하게 되었다. 시민들이 참여했기에 촛불집회는 무너져버린 대의민주주의를 대신해 국민들의 주권이 직접 행사되는 실질적인 직접민주주의를 실천해 보였다.

민주화기 30년 기간에는 집회와 시위 이외에도 주목할 만한 시민참여운동들이 역사에 기록되어 있다. 1990년대에는 절약운동, 계몽운동, 경제위기 극복 운동, 생활환경 개선운동으로, 이후 21세기에 와서는 시민과 소비자의 권리를 확장하는 주창 활동과 '삶의 질' 추구적인 생활공동체운동, 기부와 자원봉사 등 나눔활동이 점차 늘어나는 특징으로 구별될 수 있다. 이후 2000년대 중반부터 현재까지는 다양한 자조모임, 협동조합, 착한 소비 등 사회적경제 분야에서 각계각층의 시민참여가 크게 확장되는 '시민참여기'로 특징지울 수 있다. 사회적경제 관련 법과 제도의 시행이 있었고, 사회적경제와 사회복지 서비스 관련 조직들과 종사자들이 급증하며 여기에 시민들의 자조와 유대 활동도 더불어 늘어나는 추세도 주목해볼 수 있다. 이와 함께 취약층 보호나 동물보호 활동뿐 아니라 시민들의 적극적인 주창활동이 병행되며, 여기에 남녀노소 구분없는 각계 각층의 자발적인 참여, '비판적' 시민의 참여라는 새로운 변화가 있었다. 촛불 시민혁명의 절대적 지지를 받아 집권한 문재인 정부는 '국민주권 시대'를 선언하며, 이 패러다임에 적용되는 국정과제 100대 과제를 제시하였다(국정기획자문위원회 2017).

5) 개인화 시대의 생활민주화

최근 한국 사회에서 제기되는 미투운동, 갑질추방, 내부고발 등은 시민사회에 어떤 의미를 주는가? 개인들이 세상을 바꿀 듯한 폭발적인 직접 행동으로 앞장서는 새로운 변화라는 점에서 '개인화'(individualization) 시대의 한 현상으로 이해해볼 만하다. '개인화'는 사회학에서는 사회적 변화의 결과, 개인들이 점차 자기 스스로의 삶을 영위하도록 되는 현상을 말한다.[6] 또 개인화는 경제적 생존 기반의 변화와 함께 경쟁하는 사회로의 변화를 의미한다.[7] 가족 및 친족, 조직 중심으로 안전이 유지되는 전통과는 달리, '모두 알아서 살아남아라. 생존은 너의 선택의 결과다.'라는 생각이 지배하게 되는 사회로의 변화를 의미한다(이선미 2018: 64). 개인화 시대의 개인은 불확실성 속에서 견디며 살아야 하지만, 그 속에서 새로운 사회적 변화의 동력을 얻을 수 있는 기회를 찾기도 한다(앞글: 65).

개인화 시대를 비교적 낙관적으로 보는 벤클러는 '네트워크된 정보경제' 시각을 제시한다. 그는 개인들이 자신의 실천적 역량을 개선하며 일상생활에서의 민주주의의 진전에 기여할 것으로 낙관한다(Benkler 2006: 8-9). 1) 자기 스스로에 의해 스스로를 위한 활동 역량이 개선되며, 2) 타인과의 관계가 시장 가격제나 전통적 조직들을 통하지 않고도 느슨한 공감대를 형성하며 역량이 개선되고, 3) 시장 영역 밖에서 운영되는 비영리 조직들에서의 활동을 확대하는 개인의 역량을 개선시키며, 타인들과 협력하는 새로운 실천적 자유를 누리게 된다는 것이다. 그럼으로써 개인들은 민주주의의

---

6 위키피디아(Wikipedia) https://en.wikipedia.org/wiki/Individualization

7 Ulrich Beck & Elisabeth Beck-Gernsheim. 2002 (이선미 2018에서 재인용).

실천적 경험을 개선해간다는 것이다.

개인들은 '네트워크된 정보경제'로 자신의 역량을 개선하고 타인들과 협력하며 개인화 시대를 긍정적 변화의 시대로 이끌고 있는가? 그런 긍정적 변화가 미투운동이나 갑질저항이 보여주는 '생활민주화'의 모습으로 나타나고 있는가? 개인들이 겪는 부조리, 부당함에 대한 문제제기와 합리적 해결방식으로서의 '생활민주화'에 초점을 맞춰, 새로운 시대적 변화를 정리해 볼 만하다(주성수 2019). 로젠블럼은 생활민주주의를 "민주주의의 사적 영역이자 개인적, 인간관계의 영역"으로 보며, "조직화된 사회적, 정치적 생활이 통합성을 상실하고 별 의미가 없게 되면 그 때 생활민주주의는 우리의 민주주의 의지를 지탱하는 나침판이 된다."고 설명한다(Rosenblum 2016: 248).

이상과 같이 벤클러와 로젠블럼이 제시하는 생활민주화의 개념을 요약해보면, "개인들이 일상생활에서 경험하는 부당함, 부조리에 직접 나서 다른 사람들과 소통으로 공감대를 형성해 문제를 제기하고 해결이나 개선을 위해 직접행동에 나서는 과정"으로 좁혀 얘기해볼 수 있다. 이같은 개념 정의는 몇 가지 특징들이 있다. 첫째는 문제제기의 주체가 개인 당사자라는 것이다. 단체가 아닌 개인이 피해자로서 또는 고발자나 목격자로서 문제를 제기한다. 이는 전통적인 정부기관이나 사회기관 또는 시민사회단체가 맡아온 '대리' 역할을 개인이 '직접 대표한다'는 의식에서 비롯된 것으로 볼 수 있다. 소희성(2018)은 이를 "깃발 내려, 나는 내가 대표한다"는 주제어로 설명한다.

둘째는 일상에서 겪는 다양한 부당함, 부조리에 초점을 맞춘다. 미투운동이나 갑질추방이 대표적인 사례로 이번 연구의 초점이 된다. 그밖에도 세월호 참사, 채용비리, 불법촬영(몰카) 등도 절대 다수가 인지하고 동의하는 부당함에 해당되기 때문에 직접 당사자가 아니지만 간접 피해를 당하거나 또는 '나와 내 가족도 피해자가 될 수 있다'는 인식에서 직접행동을 하는 것이 생활민주화의 핵심요소가 된다.

셋째는 여러 사람들과의 '소통'과 '공감'에 기반한 문제제기와 공론화 방식이다. 전통적으로 타인과의 '공감'은 제한적으로 친지나 동료 등에 국한되었지만, IT 혁명 덕분에 개인이 온라인에서도 자신과 같은 의견을 가진 사람들과 공감대를 형성하는 것이 쉽고 자연스러운 일이 되고 있다. 인터넷, 소셜 미디어 등을 매개로 하는 공감대 형성과 문제제기가 새로운 공론화 방식으로 파악한다.

넷째는 직접행동이다. '직접행동'이란 전통적으로 개인들이 조직화된 집단행동에 국한되어, 노동조합이나 시민사회단체 등 단체를 통한 참여활동이 일반적이었다. 그런데 생활민주화에서는 개인들이 조직을 통하지 않고 자신과 같은 생각을 가진 타인과의 온라인이나 오프라인 소통과 공감으로 문제제기를 하는 방식이 직접행동으로 나타나고 있다. 성폭력 피해자, 고발자, 공감자들이 인터넷이나 언론을 통해 고발하는 직접행동뿐 아니라 가해자 처벌 등 문제해결을 위한 법 제정이나 제도 마련을 압박하는 집회나 시위, 국민청원 등의 직접행동이 일반화되고 있다. 미투운동의 경우, 김현미(2018: 7)에 따르면, "성평등과 문화적 다원주의를 포함한 직접행동주의"라는 새로운 민주주의를 제시한 것으로 해석된다.

다섯째는 IT를 기반으로 하는 직접행동이다. 갑질저항, 미투운동, 내부고발 거의 모두가 온라인에서 개인들의 직접행동으로 이뤄지며 언론에 제보되며 보도되고 사회이슈가 되는 경로를 거치는 특징이 있다. IT는 정보를 생산하는 방식과 사회의 지식 기반에 혁명을 일으킨 주역으로 평가받아 왔다. 벤클러는 "정보와 뉴스, 지식과 문화, 그리고 컴퓨터 매개의 사회적, 경제적 상호작용이... 삶의 모든 측면에서 모든 일의 기초를 형성하고 있다"고 강조한다((Benkler 2011: 23).

마지막은 개인들의 자발적인 문제해결 방식이다. 개인들이 일상생활에서 경험하는 부당함에 서로 얼굴을 맞대고 대화와 소통으로 문제를 해결하는 방식이 생활민주주의의 핵심이다. 로젠블럼은 생활민주화는 먼저 이웃이 서로 상호성의 규범을 존중해야 한다고 설명한다. 또 이웃이 소란, 소음, 괴롭힘 등의 피해를 주면 항변하는 것도 생활민주주의의 필수 요소가 된다(Rosenblum 2016: 248). 생활민주주의는 이웃들이 서로에 대해 '도덕적 경찰' 노릇을 하지 않을 때 발전한다. 따라서 국가나 시민사회가 생활민주주의 정책이나 계획을 수립해 추진되는 전통적인 대의제 방식을 신뢰하지 않고 거부한다. 갑질저항, 미투운동의 피해자나 고발자 대부분이 개인으로 문제해결을 위한 직접행동에 나선 특징이 있고, 정부나 시민사회에 문제해결의 지원을 호소하고 있다.

코로나19 위기극복에 우리나라가 세계 유일의 롤모델이 된 것도 '생활민주화' 접근을 선택했기 때문이라 볼 수 있다. 정부는 봉쇄, 이동제한, 벌금 등의 행정조치보다 사회적 거리두기 등 시민들의 자발적인 참여와 생활방역에 절대 의존했다. 시민들은 손씻기, 마스크 착용, 사회적 거리두기를 인내하며 안정된 일상생활을 이어갔다. 시민들은 온라인 네트워크로 여러 사람들과 소통하며 집단지성의 지혜를 발휘해 서로 힘이 되며 고통도 분담하면서 위기극복의 생활화에 호응한 것이다. IT 생활에 익숙한 시민들은 확진자 동선을 찾아내는데 적극 협조하며 사생활 침해 우려보다는 공동체의 공존을 중시했다. 그 때문에 위기상황에서도 세계 최고 수준의 이동의 자유와 안정된 일상을 누릴 수 있었다. 직장인, 주부, 학생, 은퇴자 할 것 없이 누구나 새로운 '위기극복의 생활민주화' 실험에 성공적인 참여자이자 주인 역할을 한 것이다.

제3장

시민사회의 이론적 논의

이상과 같은 시민사회의 개념정의와 관련된 더욱 확고한 '시민사회' 이론화 작업이 활발히 진행되어 왔다. 이론화 작업의 기초에 대해서는 학자들에 따라 광의적 또는 협의적으로 해석한다. 아래에서는 먼저 일부 학자들의 이론적 논의를 검토해보며, 나아가 반 틸 교수가 정리하는 최근 시민사회 동향에 관한 이론적 기초를 살펴본 다음, 사회학자 스카치폴이 제시하는 세 가지 상이한 이론적 시각을 아울러 참고해본다.

1. 다원주의와 사회운동

현대 시민사회의 이론적 논의의 출발점은 어디인가? 앞에서 지적했듯이 동구와 남미 등 제3세계의 경우 민주화 과정에서 찾는 것이 일반적이다. 서구의 경우도 민주화 과정으로 이해될 수 있는 1960년대의 사회운동을 출발점으로 보는 시각이 지배적이다. 그럼에도 일반 현상으로서 '사회운동'에 초점을 맞추기보다는 학계의 학문적 전통에서 이론적 논의의 출발점을 찾는 시각도 있다.

1) 다원주의 학풍

먼저 '학풍등장' 시각으로는 1950~60년대부터 활성화되었던 다원주의의 학문적 전통이 강조하는 참여민주주의와 이익집단 이론에서 그 뿌리를 찾는 시각을 주목해볼 수 있다(Ehrenberg 1999: 200-7). 사회학자 코른하우저(Kornhauser)는 다원주의, 공동체, 전체주의, 대중사회 모델을 비교하며, 다원주의 사회에서만이 엘리트와 비엘리트 사이의 상호작용을 조정하는 중개집단들의 역할이 두드러지게 나타난다고 강조한다(Ray 2002: 3). 다원주의는 시민사회의 역할이 "각계의 다양한 시민들을 국가와 비국가 부문 사이에 위치한 중개적이고 자율적인 관계의 네트워크에 조합시키고 공고화시키는 잠재력에서 비롯된다"라고 지적한다(Ray 2002: 3).

1950년대 사회과학에서는 모스카(Mosca), 밀즈(Mills) 등의 엘리트 이론들이 제시하는 민주주의의 위기론이 지배적이었고, 이에 대한 반론으로 다원주의 이론이 등장하였다. 민주주의가 선거와 정당만으로 존속될 수 없고, 다양한 집단들의 존재와 역할에 의존한다는 것이 다원주의 이론의 핵심이다. 이 집단들이 국가의 개입과 횡포로부터 시민의 자유와 권리를 보장하므로 다원주의를 민주주의의 또 다른 이름으로 간주하는 것이다. 알몬드와 버바(Almond & Verba 1963)의 『시민문화』(Civic Culture)가 대표적인 저서로, 이는 현대 민주주의의 과제를 '시민'과 '시민문화'에 초점을 맞춘 비교문화 연구이다. 그들은 현대 민주주의가 영국과 미국과 같은 시민의 자발적인 참여에 기초하는 참여적(participatory) 시민문화의 전통에서 번성하며, 이와는 대조적으로 제3세계는 국지적(parochial) 또는 신민적(subjective) 정치문화 때문에 민주주의의 발전이 저해된다고 설명한다. 아래에서 설명하는 '사회자본' 이론은 다원주의에 기초한 시민문화 이론을 현대적 참여민주주의의 차원으로 발전시킨 것으로 볼 수 있다. 사회자본 학풍은 토크빌이 『미국의 민주주의』(Democracy in America)에서 제시한 시민의 자발적인 참여에 기초하는 '시민민주주의'(Civic Democracy)에 이론적 기초를 둔다.

한편 월저(Walzer)와 헤프너(Hefner)는 이런 서구적 전통에 기초한 다원주의 이론은 비서구 시민사회의 이해를 방해하는 장애가 되므로 '민주주의' 시각에서 시민성과 시민사회의 의미를 조명할 필요가 있다고 주장한다(Hefner 1998: 19). 이런 이유에서인지 최근 다양한 문화적 차이에 초점을 맞춘 시민사회 연구들이 쏟아져 나온 것은 자연스러운 일이다.[8]

또 다원주의는 '이익집단 자유주의'(interest group liberalism)에 지나지 않는다고 볼 수 있다(Lowi 1979). 전통적인 이익집단 활동을 중심으로 하는 모델로서, 기업과 노조 등 경제단체들의 로비활동을 정당화시키는 반면, 제도권 밖의 시민사회단체(NGO) 등의 활동을 배제시키거나 경시한다는 점에서 시민사회의 이론적 기초로서 심각한 의문을 받고 있다. 일부 다원주의자는 이익집단과 NGO를 동일시하지만, 다른 많은 연구자들은 양자를 엄밀히 구분한다. NGO는 사익추구적인 이익집단과 다른 '공익단체'(public interest group)로 간주한다(Berry 1999: 190; Hrebenar 1997: 315). 또 다원주의는 소수 이익집단의 이해만을 대표하며 정치적 불평등 문제, 특히 이익집단과 의회와 행정부가 정부정책을 주도하는 '철의 삼각'(iron triangle) 또는 '제2의 정부'(subgovernment)라는 구조적 병리를 안고 있다(Cigler & Loomis 1991; Hrebenar 1997).

---

8 시민사회의 비교문화에 관한 대표적인 저서로 다음을 참고할 수 있다. Chambers, S. and Kymlicka, W. (eds) Alternative Conceptions of Civil Society (Princeton: Princeton University Press, 2001); Kaviraj, S. and Khilnani, S. (eds) Civil Society: History and Possibilities (Cambridge: Cambridge University Press, 2001); Rosenblum, N. and Post, R. (eds) Civil Society and Government (Princeton: Princeton University Press, 2002).

2) 사회운동 이론

심각한 도전을 받고 있는 다원주의 이론에 대한 반론으로 사회운동 이론이 제기된다. 코헨과 아라토(Cohen & Arato 1992) 등이 제시하는 '사회운동' 이론, 또 월저(Walzer 1998)와 스카치폴(Skocpol 1998)이 사회운동의 전통을 중시하는 시각을 참고해볼 만하다. 월저와 스카치폴은 미국사회를 사례로 들고 있지만, 이는 유럽과 제3세계에도 보편적으로 적용될 수 있는 이론적 시각이다. 월저는 1960년대 인권운동을 비롯한 신좌파, 여성, 소비자, 환경운동 등의 사회운동에서 현대 시민사회의 기초를 찾는다. 스카치폴은 미국의 연방정부가 사회정책을 확대시킴으로써 지역사회 시민사회단체들의 자유로운 활동을 저해시켰다는 보수주의 시각에 문제가 있다고 지적한다. 그녀는 오히려 1960~70년대에 활성화되었던 연방정부의 개입정책으로 시민사회단체들의 확대발전에 크게 기여했다는 반론을 제시한다. 특히 사회적으로 소외된 계층의 권익을 옹호하는 권익주창 집단들의 분출과 인권, 여성, 소비자, 환경운동의 활성화는 정부의 지원과 호응에 많은 영향을 받았다는 지적이다. 이처럼 정부의 공공정책 확대가 시민사회의 발전에 커다란 영향을 미쳤다는 새로운 이론들이 다양하게 제시되고 있다(Berry 1999; Booth 1998; Crenson & Ginsberg 2002; Foley & Edwards 1996; Skocpol 1998, 1999a; Tarrow 1996).

'사회운동'은 무엇인가? 사회운동은 "공동의 목적을 갖고, 엘리트, 반대세력 및 정부 당국과의 일관된 상호작용 관계에 대한 연대활동을 하는 사람들의 집합적 도전"이다(Tarrow 1994: 3-4). 특히 '신사회운동'(new social movement)이 포스트모던 시민사회를 대표한다. 1960년대 말 서구는 물질적 이해를 추구하는 가치관에 도전하는 신세대인 포스트모더니스트의 새로운 가치관이 등장해서 '조용한 혁명'으로 진입해간다(Inglehart 1977). 포스트모더니스트는 경제성장보다 환경보호를 더 중요한 사회문제로 보며, 국가의 목표가 안정과 질서유지, 물가안정 등의 산업사회의 이슈보다 개인 자유의 보장과 시민의 정책참여 이슈들을 더 중시할 것을 주문하다. 환경, 소비자, 인권, 복지, 공동체운동 등 신사회운동의 성장은 포스트모던 가치관의 등장과 밀접한 상관관계를 갖는다. 환경운동을 비롯해서 반전반핵과 평화운동, 인권과 소외층 권익보호, 사회복지, 공동체운동 등이 포스트모던 시대 신사회운동의 주류를 형성한다.[9]

'신사회운동'은 독일 사회학자들이 서구의 정치문화가 '정치저항'의 문화로 급변하는 추세를 지칭한 데서 생겨난 용어이다(Olivo 2001: 26). 서구의 정치문화가 선거 등 관례적 정치참여에서 시위와 서명운동 등 직접행동으로 변화함으로써 다원주의자들이 제시하는 '정치문화' 중심의 이론적 기초는 설득력을 상실하는 한계를 보여준다. 포스트모던 가치관은 정치체제로서 민주주의에 대한 확고한 가치관을 갖고 있기 때문에 관례적인 정치참여와 대조적인 '비관례적' 정치참여를 통해 시민의 목소리를 표출하며 정책에 영향력을 행사한다. 참여의 방법으로는 선거, 정치인 접촉, 정치 집회 참여 등 관례적 방식보다는 캠페인, 서명운동, 불매운동, 시위참여 등 비관례적 방식이 더 지배적이다. 정치집단으로는 정당, 이익집단, 노조 등 전통적인 중개기관보다는 신사회운동의 주체가 되는 무수한 NGO가 새로운 중개기관으로 부상한다.

---

9 하버마스(Habermas)와 일부 신사회운동 이론가들은 진보적 운동만을 정당한 사회공론의 대표로 인정할 뿐, 보수주의, 종교 근본주의, 민족주의, 낙태운동 등은 신사회운동에서 배제시킨다(Dryzek 2000: 25).

많은 신사회운동은 유럽의 녹색당 등 일부를 제외하면 제도권 밖에 머물러 있다. 제도권 밖에서 새로운 사회운동을 통해 정부를 비판하고 정책대안을 제시하는 것이다. 이에 대해 사회학자 오페(Offe 1985: 826)는 '비제도적 정치'의 등장으로 지적한다.

> 자유주의 이론은 모든 행동이 "사적" 또는 "공적"(또한 후자의 경우 "정치적")으로 분류될 수 있다고 가정하지만, 새로운 운동은 스스로를 제3의 중간 분류에 갖다 놓는다. 이 운동은 (타인에 대한 정당한 관심을 갖지 않는다는 의미에서) "사적"이지도 않고 (공식적인 정치 제도와 행위자의 정당한 대상으로 인정받는다는 의미에서) "공적"이지도 않은 자신들의 이슈 형태를 주창한다… 이 새로운 운동의 활동공간은 자유민주주의와 복지국가의 원칙과 실천에서는 제시되지 않고 있는 비제도적 정치(noninstitutional politics)의 공간에 위치한다.

그럼에도 최근 유럽의 연구자들은 사회운동이 이제 일상화된, 관례적인, 제도화된 정치과정이 되고 있다고 분석한다(Goldstone 2003; Jordan 1998). 유럽뿐 아니라 미국에서도 정치권 밖의 '저항정치'(protest politics)가 중앙이나 지방의 정책 의제설정 과정에서 보편화되었고(Euchner 1996), 이는 포스트모던 시대의 '신정치'로 발전되고 있으며(Jordan 1998: 315), 나아가 전통적인 이익집단 주도의 다원주의 패러다임을 '참여혁명' 패러다임으로 바꾸는 발전과정으로 간주되기도 한다(Cigler & Loomis 1991: 8). 노리스(Norris 2002: 194-200)는 1990년대 중반에 실시된 세계가치관조사(World Values Survey) 결과에서 부각되는 시위 등의 '저항정치'는 서구뿐 아니라 한국 등 제3세계에서도 보편화된, 글로벌 현상으로 분석한다. 사실 21세기에 와서도 지구촌은 더욱 심각한 반전평화운동, 반세계화 시위 등의 '저항정치'에 휩쓸려 왔다.

사회운동은 다른 한편으로는 제도적 정치와 비제도적 운동이 충돌하는 영역이라고 볼 수 있다. 정당과 정치인 개인의 정치적 활동이 선거 등 제도적 정치를 통해 행사되고, 여기에 NGO 등의 집단행동이 만나는 영역이다. 사회운동은 제도권과 비제도권이 정치적으로 충돌하는 정치행동의 영역이다. 이 영역에서 "정치권력의 배열, 정책 선택, 정부의 구조, 정책결정자 선택, 정부자원의 배분, 사부문에 대한 정부규제 그리고 거의 모든 영역의 정치적 정책결정에 관한 논쟁이 일어난다(Snavely & Desai 2001: 250).

2. 이론적 논의의 다원성

1980년대와 90년대 그리고 최근에 와서는 전문 분야별로 세분화된 이론적 논의들이 활발히 진행되어 왔다(주성수 2004: 25-30). 반 틸(Van Til 2000) 교수는 저서, 『성장하는 시민사회』(*Growing Civil Society*)에서 시민사회 논의가 활성화된 배경과 관련해서 미국과 유럽에서 관찰되었던 새로운 시대적 동향과 그 이론적 기초들을 일곱 가지로 제시하며, 이들을 "제3섹터를 지탱하는 기초들"로 설명한다. 사실 이들 대부분은 앞에서 살펴본 '다원주의' 또는 수정된 다원주의 시각에 기초한 것으로, '사회운동' 이론을 배제한 것으로 보여진다.

1. 사회자본(social capital): 시민참여의 생산물
2. 결사민주주의(associative democracy): 사회경제적 다원주의
3. 공동체주의(communitarianism): 책임있는 자원봉사정신

4. 고별국가(farewell state): 신보수주의와 신자유주의
5. 노동의 종말(end of work): 고용의 위기
6. 사회적경제(social economy)와 사회기업가정신(social entrepreneurship)
7. 시민사회(civil society)

1) 사회자본 이론

'사회자본'은 시민의 자발적인 참여에 의해 생산되는 자본이다. 현대사회는 벨라 등(Bellah et al. 1996)이 제시하는 개인주의와 이타주의 사이의 추운동이 개인주의로 이동되면서 심각한 사회자본의 쇠퇴를 겪고 있다는 동향에서 사회자본의 설득력을 찾는다. 정치학자 퍗남에 의해 체계적으로 정립된 이론으로, 퍗남과 후쿠야마(Fukuyama 1995, 2000) 등은 사회자본이 공공재화(public goods)로서 영리섹터가 제공할 수 없으며 또 정부의 역할도 한계가 뚜렷하기 때문에 독특한 시민사회의 영역에서 창출된다고 설명한다.

'사회자본'이란 무엇인가? 사회자본은 "조정화된 행동을 유도함으로써 사회의 효율성을 높일 수 있는 신뢰, 규범, 네트워크와 같은 사회조직의 특성들을 의미한다"(Putnam 1993a: 167). "사회적, 정치적 신뢰감뿐 아니라 가족, 친지, 이웃의 비공식적 유대부터 조직화된 집단에 정기적인 참여에 이르기까지 모든 종류의 사람들 사이의 사회적 연관들이 반복적인 대면적 상호관계를 갖게 되면 모두가 '사회자본' 개념에 포함된다"(Skocpol 2003: 8).

사회자본 논의를 주도한 퍗남(1993b: 37)은 "시민참여의 규범과 네트워크에 간직된 사회자본이 경제발전의 선행조건이자 동시에 효과적인 정부의 필요조건으로 보여진다"라고 지적한다. 사회자본이 정부 신뢰에 긍정적

으로 관계된다는 것이다. 그는 역사적으로 이탈리아 지방공동체 가운데 흥망성쇠를 결정한 주요 요인을 정치적, 경제적 요인들보다는 시민의 결사적인 모임, 멤버십, 자발적인 활동, 네트워킹 등 사회적 요인들이었다고 분석하며, 시민사회의 발전이 정부성과에 직접적인 영향을 미친다고 분석한다(Putnam 1993a).

2) 결사민주주의 이론

허스트(Hirst 1994)는 저서, 『결사민주주의』(*Associative Democracy*)에서 이상적인 사회를 NGO 등의 자원조직들이 많이 생겨나서 효과적인 활동을 하면서 사회적 의미를 부여하는 사회로 간주한다. 그는 정부의 역할은 이런 결사체들이 성장하고 활동하며 서로 경쟁하도록 보장하는 역할을 하는 것이며, 결사체들은 자신들의 사회적 목적을 위해 활동할 뿐 아니라 경제적 조직과 협력을 위한 수단이 되기도 한다. 한편 1950년대 이후 사회과학 전반에서 활성화되었던 다원주의 이론은 자발적인 결사체들의 활동으로 대의민주주의(representative democracy) 위기가 극복되고, 이를 보충하는 참여민주주의(participatory democracy)를 대안으로 제시한다(이에 대해서는 제10장 1절을 참조).

허스트는 다원주의보다 더 진보적인 개혁안을 제시한다. 그는 국가의 기능을 자원적 자치조직인 결사체들에게 이양해서 이들이 국가로부터 위임된 업무를 잘 수행할 수 있도록 지원하는 공공재정의 메카니즘을 창출해야 한다고 주장한다(p.21). 허스트는 지금의 관료적 국가는 시민과 거리를 두고 시민참여를 최소화시키며 시민이 요구하는 서비스 제공에 효과적이지 못하기 때문에 근본적인 개혁이 필요하다고 강조한다. 허스트가 제시하는 '결사민주주의'는 민주적 자치조직들이 사부문을 공부문으로 변화시켜 시민들에게 경제와 복지에서 자신들의 문제를 통제할 수 있는 자치권을 부여함으로써 개인의 자유도 함께 증진되므로, 이런 방향으로 민주주의의 근본적인 개혁을 실천할 것으로 주창한다(p.25).

3) 공동체주의

공동체주의는 개인의 자유를 중시하는 전통적인 자유주의와 개인의 책임을 강조하는 보수주의의 입장을 절충한 새로운 '중도의 길'을 제시한다. 공동체주의의 주창자인 사회학자 에치오니(Etzinoi 2001: 1)는 좌파도 우파도 아닌, 자유주의도 보수주의도 아닌 '중도주의'를 표방한다. 개인의 자유와 책임, 양자의 균형을 대안으로 제시하며, 공동체 건설을 위한 개인의 "책임있는 자원봉사정신"을 주문한다. 또 공동체주의는 국가와 시장과 공동체 삼분법을 제시하며, 공동체는 국가와 시장으로부터 구분되는 "정서적 유대와 공유된 도덕적 문화"를 특성으로 갖고 있다고 본다(p.6). 공동체는 '이해'를 추구하는 이익집단과 다른 공동체 구성원의 유대와 공익의 '가치'를 추구한다는 것이다(p.7).

그럼에도 바버(Barber 1998: 16, 34) 등의 비판자는 공동체주의는 국가와 공동체라는 이분법 시각에서 공동체를 사적 영역으로 간주하며, 시민사회의 정치사회적 활동을 경시한다는 점에서 보수주의에 가깝다고 주장한다.

4) 고별국가 이론

'고별국가'란 새로운 국가의 역할 변화, 복지국가 이후의 국가와 관련된 개념이다. 수잔 스트렌지(Strange 1995)의 저서, 『국가의 퇴각』(*The Retreat of the State*)의 책명과 같은 국가 역할의 심각한 쇠퇴를 지적한다. "자원섹터의 위기"를 박사학위 논문으로 발표한 재클린 스콧(Scott)이 처음 작명한 이 개념은 복지국가 시대 이후 새로운 형태의 국가상으로 제시된 것이다. 고별국가의 특징은 군대와 경찰 등의 필수기능은 확대하고 다른 서비스들은 크게 축소시키는 정치이념으로 로날드 레이건과 마가렛 대처의 신보수주의(neoconservatism) 논리가 부각되며, 또 '국가의 비즈니스는 곧 비즈니스' 또는 '비즈니스 같은 정부'와 유사한 새로운 사고이다. 넓게는 신공공관리(new public management)와 신자유주의에 이론적 기초를 두고 있다. 또 다른 특징은 가족이 사회의 기초적인 제도로 간주되고 자원봉사정신으로 사회문제를 해결하고 도움을 필요로 하는 사람들에 대한 서비스를 제공하는 시민사회의 역할이 강조된다(신자유주의는 제8장 1절을 참조).

5) 노동의 종말론

'노동의 종말'은 미국 와싱톤의 경제동향재단 총재이자 시민운동가인 제러미 리후킨(Rifkin 1995)의 저서, 『노동의 종말』(*The End of Work*)의 타이틀이다. 정보혁명으로 인한 고용불안이 확대되면서, 이에 대해 리후킨이 제시하는 두 가지 처방은 노동시간을 단축하고 일나눠쓰기와 같은 노동시장 정책과 시민사회(제3섹터)에서 일자리를 창출하는 사회경제 정책으로 집약된다.

6) 사회적경제론

'사회적경제'와 사회기업가 정신은 유럽에서 1980년대부터 널리 활용되었던 정책으로 특히 실업대책의 수단이 되면서 동시에 사회문제를 해결하기 위한 전략으로 부각되고 있다. 시민사회 영역에 비즈니스 마인드를 도입해서 문제해결의 효과성과 경제적 효율성을 함께 제고시키는 사회경제적 목표를 추구한다(사회적경제는 제2장 5절, 5장 5절을 참조).

7) 시민사회 이론

마지막으로, '시민사회'는 이상과 같은 이론적 주제들을 하나로 통합하는 주제이다. 시민사회의 존재이유와 등장배경은 이상의 여섯 가지 특이한 동향과 이론에 기초한다고 볼 수 있다. 한편 여기에 포함되지 않은 '사회운동' 이론을 시민사회 이론의 한 핵심으로 간주해야 할 것이다(Cohen & Arato 1992). 이상과 같은 이론적 주제들이 제기하는 최근의 시민사회 논의에 대해 반 틸(2000: 17)은 다음과 같이 정리한다.

> 포스트모던 소비지 시회에서 사회자본의 쇠퇴를 경험함으로써 시민사회의 재건을 요청하는 많은 목소리를 듣는다. 이 과제는 정부의 역할을 제한시키는 고별국가의 등장으로 어렵게 얽혀 있고 동시에 고용 전망을 어둡게 하는 노동의 종말 때문에도 복잡하게 얽혀 있다. 형편이 어려운 사람들에 대한 공공지원의 기초가 뒤흔들리고 잘 훈련된 사람들의 기업고용이 급진적으로 붕괴되는 상황에서 어떻게 하면 다원주의 또는 공동체주의 사회를

건설할 수 있는가? 사회적경제의 새로운 현실에 대해 또 전통적인 경제적 발전이 갖는 한계에 대해, 또 공동체에서 협동의 정신을 배우는 사람들에게 제시하는 여러 기회들에 대해 새로운 이해를 갖출 필요가 있다.

새로운 사회기업가 정신의 기술은 이같이 새로운 사회의 구성에서 많은 사람들에게 필요한 것이다. 새로운 시대의 기본지식 중에는 광대한 조직들의 네트워크가 되는 사회의 제3섹터 내부를 항해하는 능력이 포함될 것이다.

3. 역사제도주의 이론

보다 이론적인 논쟁에 초점을 맞춰보면, 역사제도주의(historical-institutionalism)의 이론적 제기에주목해볼 만하다(주성수 2004: 30-32). 스카치폴(1999a: 12-6)에 따르면, 시민사회에 대한 논의의 초점은 '사회자본'에 대한 논의를 중심으로 주류 시민사회 이론이 형성되고 있고, 이에 대한 반론으로 '합리적 선택'(rational choice) 이론과 '역사제도적' 이론이 제기되고 있다.

1) 사회자본 이론

먼저 사회자본 이론은 프랑스의 역사학자 토크빌이 1830년대에 미국을 방문하고 관찰했던 미국의 민주주의, 즉 '시민민주주의'에 이론적 뿌리를 둔다(주성수 2016: 136-37). 현대의 사회자본 이론은 사회학자 콜만(Coleman 1990)과 정치학자 풋남(1993a, 1993b, 1995, 2000)이 현시대적 의미를 가진 시민사회 이론으로 제시한 이론이다. 이들의 사회자본 시각은 "공유된 규범과 협동적 사회행동에 대한 개인의 사회화"를 강조하는 인과론적이며 규범적인 명제들을 제시한다(Skocpol 1999a: 13).

2) 합리적 선택 이론

이상의 주류 사회자본 이론에 대해, '합리적 선택' 이론은 "참여가 공익에 자동적으로 기여한다"라는 단순한 논리에 회의적이다. 합리적 선택 이론은 "다양한 유형의 행태에 가담하는 개인들에 대해 제도와 조직들이 인센티브를 제시하는 방법"에 초점을 맞춘다. 즉, "공동체와 정부업무에 대한 단순한 참여 또는 집단 행동주의에 관한 낭만적 공상화에 대해 건설적인 회의론"을 제시한다(Skocpol 1999a: 14).

유권자와 정치인은 모두가 합리적 행위자로, 자신들의 선호를 최대화하기 위해 참여한다. 정책결정자로서 정치인은 국익이나 공익과 같은 집합적 목표보다 다분히 사익추구의 동기에서 권력을 유지하기 위한 수단으로 공공정책을 이용한다고 본다(Anderson 2000: 23). 정치인은 개인의 경제활동에서처럼 다분히 합리적인 사익추구의 행동으로 정책과정에서 활동한다. 마찬가지로 개인과 집단들도 사익추구 또는 합리적 선택이라는 기본적인 동기에서 정책과정에 참여한다. 합리적 선택 이론가들은 시민참여의 결과, 즉 의도되거나 의도되지 않은 결과가 사회적으로 최적의 결과를 갖다 주는가에 대해 상당한 의문을 제기한다.

3) 역사제도주의 이론

한편 스카치폴 등의 '역사제도' 이론가들은 사회적 신뢰와 규범을 민주주의의 기초로 간주하는 사회자본 이론에 이의를 제기한다. 이들은 현대 민주주의가 국가와 국민 사이에 존재하는 무수한 집단들간의 수세기에 걸친 투쟁의 결과로 성장한다고 전제하면서, 첫 자유민주주의 정권이 등장한 것도 조직화된 갈등과 불신의 결과물로 가능했다고 주장한다. 이런 투쟁의 결과 시민권이 부여되며, 언론과 표현의 자유, 결사의 자유를 쟁취할 수 있었다는 사실이다. 따라서 역사제도적 시각에서는 시민사회와 NGO는 "개인의 참여와 일반화된 사회적 신뢰를 진흥시키는 조장자 역할에 그치는 게 아니라 대중적 목표 달성의 원천으로 중시된다"(Skocpol 1999a: 15).

사회자본 이론이 미국의 사회자본 쇠퇴 현상에 대해 심각하게 문제를 제기함으로써 크게 부각되었지만, 누구에 의한 어떤 참여인가 하는 내용상의 문제에서 많은 반론에 부딪힌다. 스카치폴 등의 역사제도적 이론가들은 통계상에 나타나는 각종 단체의 회원 감소, 전반적인 시민참여의 감소, 여론조사 결과로 제시된 신뢰의 약화보다는 일반시민의 참여의 내용, 즉 여성, 소비자, 지역주민, 소외집단의 이해를 대변하고 대표하는 집단의 분출과 이들의 권익주창 역할의 확대, 신장을 오히려 긍정적인 변화로 평가한다(Skocpol 1999a: 16). 스카치폴 등의 역사제도주의자뿐 아니라 사회운동 시각을 중시하는 학자들도 시민사회가 정부성과에 긍정적 영향을 행사한다는 퍼트남의 논리에 대해 역으로 정부가 시민사회의 활성화에 기여한 제도적 측면에 논의의 초점을 맞춘다(Berry 1999; Booth 1998; Foley & Edwards 1996; Tarrow 1996).

4. 시민사회의 이념적 시각

“하나의 개념으로서 시민사회는 지금 이론가가 선택하는 거의 모든 형태로 만들어질 수 있는 사회과학의 ‘놀이용 점토’와 같은 것이 되고 있다”(Van Til 2000: 15). 또 “시민사회 용어는 로르샤흐 테스트(Rorschach test)와 같은 상태에 있어, 누구든 자신이 원하는 대로의 의미를 가질 수 있다”(Eberly 1998: 221). 미국의 시민사회 지도자와 학자들이 1997년 시민사회 협의회를 창설해서 발표한「시민사회의 요청」에 나오는 일부 내용이다. 이들은 보수와 진보, 민주당과 공화당 등 정파를 초월하는 시민사회지도자 모임을 구성해서 시민사회의 강력한 역할을 주문하고 나섰다.

시민사회 논의는 ‘정치이념’ 측면에서는, 좌파, 우파, 중도파 할 것 없이 진지하고 폭넓게 참여하고 있다(주성수 2004: 38-46). 이는 곧 시민사회가 정파의 이해에 크게 얽매이지 않고 새로운 관심과 논의의 초점이 되고 있다는 것을 보여준다. 그럼에도 시민사회 논의가 활성화되고 있는 것은 한편으로는 각 정파들이 자신들이 내세우는 주장들에 대한 “솔직한 자기비판”이 있었기에 가능했던 일이지만, 다른 한편으로는 각 정파들이 여전히 자신들의 정치적 이해와 이데올로기를 실현하기 위한 방편으로 시민사회를 이용하려는 정치적 의도가 있기 때문이라고 볼 수 있다(Dionne 1998: 2). 실제로 이명박, 박근혜 정부는 시민사회의 진보단체를 배척하는 블랙리스트 정치를, 또 수구단체들을 정권수호 용도로 지원 또는 사주하는 화이트리스트 정치를 일삼았다(주성수 2017e).

1) 헤프너-재노스키의 분류

사회학자 헤프너(Hefner 1998)는 시민사회 관련 정치적 시각을 자유주의, 보수주의, 마르크시스트로 구분한다. 자유민주주의자는 건강한 시민사회가 국가 권력에 맞서는 견제세력이 될 수 있다고 낙관하면서 시민사회의 존재 이유와 필요성을 우선적으로 국가권력에 대한 견제와 비판으로 꼽는다. 자유주의 사상가 겔너(Gellner 1994: 5-6)는 다음과 같이 정의하면서, 국가에만 초점을 맞춰 정의하게 되면 시민사회의 다른 긍정적 측면을 경시하게 되는 위험이 있다고 경고한다.

> 시민사회는 국가에 맞서는 견제세력 역할을 할 정도로 강력한 다양한 비정부제도들의 집합이며, 동시에 국가로 하여금 평화의 수호자로서 또 주요 이해들의 중재자로서 역할을 완수하도록 방해하지 않으면서 국가가 다른 사회 부문을 주도하고 원자화시키는 일이 없도록 차단하는 역할을 한다.

헤프너(1998: 17)는 이상과 대조적인 다른 이념적 시각들을 소개한다. 신보수주의자나 공화주의자들은 시민들이 민주적 참여와 관용의 관습을 배우는 학습장으로 시민사회를 중시하며, 심각한 사회문제의 해결에 정부를 대신하거나 공조하는 시민사회의 활성적인 역할을 바란다. 또 국가보다 시장을 더 신뢰하는 시장자유주의자들은 시민들이 복지의존에 사로잡히지 않도록 하는 공공서비스 공급의 메카니즘을 시민사회가 제공해줄 것으로 기대한다. 후기 마르크시스트 좌파는 더욱 폭넓고 깊이 있는 민주주의를 지향하는 개혁의 길로 시민사회에 특별한 의미를 부여한다.

한편 정치학자 재노스키(Janoski 1998: 12)의 분석에 따르면, 세 가지 상이한 이념적 시각에 따라 시민사회의 의미가 다양하게 제시되고 있다. 먼저 '사회주의' 시각은 시민사회가 자본주의와 산업화에서 태동된 비국가 영역으로 간주된다. 다른 하나는 시민에 대한 국가의 행위에 초점을 맞추는 '규범적' 개념정의로, 여기에서 관심은 개인과 집단의 권리 남용을 차단하는 역할을 하는 효과적인 시민사회를 진흥시키는 국가의 정책에 있다. 마지막은 비국가 영역에서 자원집단들 사이의 상호작용을 더 중시하는 '사회과학' 개념정의로, 여기에서 "시민사회는 국가와 자원조직들로 구성된 공공영역과 사기업과 노조를 중심으로 하는 시장영역 사이의 역동적이며 호응적인 공론의 장을 대표한다"(p.12).

2) 월저-디킨의 분류

월저(Walzer 1998: 123-4)에 의하면, 시민사회는 "강제받지 않은 인간적 결사체의 공간이며 이 공간을 채우는 가족, 신념, 이해 및 이데올로기를 위해 형성된 관계의 네트워크 집합체"를 지칭한다. 월저는 정체성(identity)에 초점을 맞춰 '시민사회'의 개념을 소개한다. 월저는 시민이 사회의 다양한 유형의 단체에 소속되는 멤버십에 따라 정체성을 갖는다고 기술하면서, 이에 대한 다섯 가지 상이한 정치적 시각을 소개한다. 공화주의자는 멤버십을 시민행동에 의한 관여로 정의하며 시민의 미덕을 정치적 행동에서 찾는다. 마르크시스트는 멤버십을 계급체계로 규정하며 행동의 영역을 경제에 초점을 맞추고 행동의 형태를 계급투쟁으로 강조한다. 또 자유주의자는 마르크시스트와 같이 시장영역에 초점을 두지만, 개인의 자유를 중시하는 개인주의적인 시각을 제시한다. 따라서 멤버십이 아니라 계약에 의해, 즉 시장의 규칙을 수용함으로써 결사의 자유가 보장된다고 주장한다. 또 민족주의자는 시민권(citizenship)의 개념에 따라 사회의 내부 구성원과 외부자를 구분한다. 민족적 또는 국적 집합체에 따른 정체성의 구분이다. 마지막으로 보수주의자는 국가와 국적에 따른 멤버십을 강조한다.

나아가 월저는 '바람직한 삶'의 실현에 대한 다양한 정파들의 상이한 시각에 따라 시민사회의 의미가 독특하게 제시된다고 지적한다. 먼저 좌파를 대표하는 시각으로 정치공동체 시각과 경제활동을 중시하는 마르크시스트 시각, 그리고 우파를 대표하는 정통자본주의 시각과 민족주의 시각으로 구분한다(pp.125-31). 월저는 이상적인 시민사회는 이상 모두를 포함하면서 어느 것도 배제하지 않는 포용성을 가진 시민사회라고 강조한다. 그는 이상의 각각에 대해 다음과 같은 변화를 시민사회의 발전방향으로 제시한다(p.141).

첫째, "국가를 분권화시켜(decentralize) 시민들이 (국가의 일부) 활동에 대해 책임을 갖도록 더 많은 기회를 주며", 둘째, "경제를 사회화시켜(socialize) 사적 시장뿐 아니라 공동체 시장 기관들이 공존하는 폭넓은 다양성이 필요하며", 셋째, "민족주의를 종교적 모델로 다원화시키고(pluralize) 교화시켜(domesticate) 역사적 정체성을 실현시키고 유지하는 다양한 방법들이 존재하도록 하는 것이다."

이상과 같은 상이한 정치적 시각들은 디킨(Deakin 2001)의 분석에 따르면 〈표 3-1〉과 같이 행동의 초점, 양식, 단위, 유형에 따라 구분될 수 있다. 표의 오른편에 소개된 행동의 유형은 허시만(Hirschman1970)의 주창(voice), 퇴장(exit), 충성(loyalty) 삼분류에 따른 유형이다. '주창'은 공동체에 불만을 가진 사람들에 의한 집합적 정치행동으로 나타나며, '퇴장'은 시장의 소비자 행동처럼 선호하지 않은 대상을 회피해서 다른 대안을 찾는 개인주의

■ **표 3-1** 정파에 따른 시민사회의 시각

이념적 시각	행동의 초점	행동의 양식	행동의 단위	행동의 유형
마르크시스트	계급	연대, 투쟁	조직화된 노동	충성, 주창
자유주의자	시장	경쟁	개인	퇴장
공화주의자	대중	참여	유권자, 정당	주창, 충성
보수주의자	국가	복종	신민(subjects)	충성
공동체주의	공동체	시민권리, 의무	이웃	충성, 퇴장

자료 Deakin 2001: 8.

적 행태이며, '충성'은 주창도 퇴장도 선택하기 어려운 상황에서 현상에 안주하는 보수적 선택이다.

〈표 3-1〉에서 디킨은 민족주의자를 제외하고, 공동체주의 시각을 추가한 정치적 시각들의 차이를 분석한다. 공동체주의의 경우, 행동의 초점은 공동체에 맞춰지고, 행동의 양식은 시민 개인의 권리와 의무를 동시에 강조하며, 행동의 단위를 이웃에 두고, 행동의 유형으로 주창이 없는 충성과 퇴장으로 제시한다. 즉 시민 개인은 공동체의 권리와 의무를 함께 지니며 공동체에 충성하거나 퇴장하는 선택이 주어지며, 공동체를 근본적으로 변화시키려는 정치적 주창의 행동을 취하지는 않는다. 이와 대조적인 시각이 마르크시트와 공화주의자이다. 마르크시스트는 연대와 투쟁에 의한 '주창'을 중시한다. 또 공화주의자는 시민사회가 시민의 자발적인 참여에 의한 '주창' 등의 적극적인 정치활동의 활성화를 민주주의의 질적 향상으로 기대한다. 이와는 대조적으로 자유주의자와 보수주의자는 각기 시장과 국가

의 역할에 행동의 초점을 맞춰, 각기 경쟁과 개인의 합리적 행동에 따른 퇴장과 국가에 복종하는 신민의 충성을 행동의 양식과 유형으로 제시한다.

3) 하이든-반틸의 분류

하이든(Hyden 1998)은 시민사회에 관한 정파적 시각과 대표적 이론가를 중심으로 분석한다. 먼저 국가와 시민사회의 관계를 보는 시각에서 양자 사이의 긴밀한 상호작용 또는 상호독립된 관계에 따라 전자에는 후기 마르크시스트와 자유주의자를, 후자에는 자유지상주의(libertarian) 시각과 결사적(associative) 또는 공동체주의(communitarian) 시각을 각기 분류한다. 또 각각을 대표하는 인물로는 1) 후기 마르크시스트에는 헤겔과 그람시(Gramsci), 2) 자유주의자에는 로크와 바버, 3) 자유지상주의자에는 페인(Paine)과 실즈(Shils), 4) 결사주의 또는 공동체주의에는 토크빌과 에벌리(Eberly)가 있다(Van Til 2000: 15-6).

헤겔의 전통을 이어받은 마르크스에게는 시민사회가 "착취, 소외 및 사회불의"의 영역으로 간주되고, 네오마르크시스트 그람시가 바라본 시민사회는 "국가가 교육, 문화 및 종교 체제 및 다른 기관들을 통해 눈에 보이지 않고 손으로 만질 수 없는 미묘한 형태의 권력을 강제하기 위해 작용하는 영역"이다(Van Til 2000: 14). 한편 로크의 자유주의 사상을 계승한 바버(Barber 1998: 44)는 시민사회가 "공공재화에 국한된 자원적 영역"으로 보고 있다. 에벌리는 경제적 가치보다 결사적 생활, 즉 문화적 가치를 중시하는 의미에서 바버와 같은 입장에 서지만, 바버와는 달리 시민사회가 국가로부터 독립된 영역이라는 시각을 중시한다. 에벌리는 참여를 중시하는 바버와

표 3-2 시민사회에 대한 정파적 시각과 이론가

	경제적 가치 중시	결사적 생활 중시
국가와 시민사회 상호작용	후기 마르크시스트(헤겔, 그람시)	자유주의(로크, 바버)
국가와 시민사회 상호독립	자유지상주의(페인, 실즈)	결사주의(토크빌, 에벌리)

자료 Hyden 1997: 22; Van Til 2000: 15.

는 달리, 시민사회가 참여에 의해서만 성립되는 것이 아니라 공유된 가치와 신념이라는 문화적 기초에 의해 정립된다는 점을 강조한다. 한편 실즈(Shils 1997)는 시민사회가 시장경제와 밀접히 관련된다는 의미에서 헤겔과 같은 입장에 있는 것 같지만, 시민의 행태를 중시하는 시민성(civility)에 초점을 맞춰 시민사회를 중시하는 시각에서 페인의 전통을 계승한다. 이들은 반국가주의 입장을 대표하며, 자유주의와 다른 자유지상주의 또는 보수주의로 구분된다.[10]

실즈는 시민사회가 "사회구성원이 서로에 대한 행태에서의 시민성의 사회"라고 정의하며, 시민성이 개인들 사이의 관계뿐 아니라 개인과 국가 사이의 관계에서 나타나는 "집단 관계를 규제하는" 역할을 한다고 강조한다(p.322).

따라서 보수주의와 공동체주의는 시민사회를 국가에 맞서는 사적 영

10 자유지상주의자(libertarian)는 자유주의자(liberals)와 근본적으로 다르다. 자유주의자는 일반적으로 좌파 또는 진보주의자 또는 복지국가 지지자로 지칭되며, 이는 초기 '자유주의자'와 구분된다. 초기 자유주의자는 국가의 권력에 맞서 개인의 자유를 중시하는 반국가적 성향을 가진 인물들로, 오늘날 미국 공화당이나 영국 보수당의 '보수주의자'를 지칭한다. 이 보수주의자들이 '자유지상주의자'로도 지칭된다(Barber 1998: 17-8).

역 또는 공동체로 규정함으로써 시민사회의 공공영역에서의 역할을 무시하는 경향이 있다(Barber 1998: 16). 바버는 이런 이분법 시각의 문제점을 극복하기 위해서는 국가, 시장, 시민사회로 구분되는 삼분법 시각의 당위성을 강조한다.

4) 에드워즈-폴리의 분류

에드워즈와 폴리(Edwards & Foley 1998)는 현대 시민사회를 대표하는 다양한 정파의 시각을 보수주의 이외에 두 가지 서로 다른 이념적 시각을 제시한다. 하나는 토크빌의 민주주의 철학을 계승한 퓻남 등의 사회자본 이론가를 중심으로 하는 네오토크빌주의(neo-Tocquevilleanism)이며, 다른 하나는 국가 주도적인 현대 다원주의에 도전하는 신다원주의(new pluralism)이다.

보수주의, 네오토크빌주의, 신다원주의, 세 가지 특이한 이념들은 시민사회의 주요 기능을 대표하는 시각들이다(Edwards & Foley 1998: 11-2). 보수주의자는 시민사회가 무수한 공공 및 준공공 기능을 발휘한다고 강조한다. 빈곤층과 병약자를 위해 식량과 의료를 제공하며 청소년과 노인 교육을 담당하고 문화를 진흥하는 역할도 한다. 보수주의자는 이런 일을 시민사회가 자율적으로 하도록 방임함으로써 일들이 잘된다고 주장하지만, 복지국가를 신봉하는 일부 좌파들은 정부의 지원을 받지 않으면 그런 일을 하지도 못하며 또 그렇게 할 수도 없다고 반박한다. 현시대의 우파와 좌파를 대표하는 시각들이다. 한편 퓻남 등 네오토크빌주의자는 '사회화'(socialization) 기능을 강조하며, 시민사회가 시민 개인이 자신의 기술을 이용하는 동기를 갖도록 하는 데 필수적인 시민권 기술과 행태를 구축하는 역할을 한다고 본다. 마지막은 시민사회의 대의적(representative) 기능을 중시하는 신다원주의 입장이다. 이 입장은 시민사회가 현대사회의 특징이 되는 독특한 이해와 다양한 시각들에 정체성을 부여하고 각자의 목소리를 내도록 하는 역할을 한다고 주장한다. 동구와 남미의 민주화운동 지도자들은 시민사회가 간직하고 있는 다원성과 자율성을 국가가 위협하려는 의도를 갖고 있는 상황에서는 시민사회가 국가에 맞서는 보루로 간주한다.

먼저 보수주의 시각에 초점을 맞춰 몇 가지를 더 정리해볼 필요가 있다. 보수주의자에게 시민사회는 당파적 투쟁과 정치적 조작을 초월하는, 즉 정치에 대한 대안으로 묘사되고는 한다. 폴란드와 유럽 좌파의 정치화된 시민사회와는 대조적으로, 시민사회 자체가 국가 정책과 국정에 대한 투쟁이라기보다 사회에 대한 실질적인 혜택에 더 초점을 맞춘, 정치화로부터 자유로운 영역이다. 따라서 보수주의의 시민사회 개념에는 사회운동, 권익주창 집단, 심지어는 영향력 있는 전통적인 비영리기관들도 제외된다(p.14). 시민사회의 보수적 형태는 시민사회의 공공서비스 제공 기능을 중시하며 재단과 자선단체들의 기부와 자원봉사 역할과 공공-민간 파트너십을 중시한다(p.10).

다음으로, 네오토크빌주의의 시각을 살펴보면, 사회자본 논의를 주도하는 퓻남에 초점을 맞춰볼 만하다. 퓻남은 강력한 시민사회를 높은 수준의 시민참여로 본다. 퓻남의 입장은 민주주의의 건강을 시민의 도덕적 실천에 의존하는 시민공화주의자(civic republican)에게 매력적인 것이다. 그들은 개인주의와 소비주의 문화에서 위협받고 있는 공동체 정신과 공공윤리를 특히 중시한다. 그럼에도 퓻남은 결사체의 참여에 초점을 맞춰 높은 수준의 긍정적 정치참여를 설명하고 있다는 점에서 시민공화주의자와 근본적으로 다른 입장을 제시한다. 결사체들이 생산하는 사회자본을 통해 시민참여가 증진된다는 것이다(p.12). 결사체 자체가 협동의 습관과 신뢰와 사회적 네트워크와 규범을 생산한다는 것이 네오토크빌주의의 핵심이다.

마지막으로, 신다원주의는 시민사회의 정치활동에 초점을 맞춰 국가에 대항세력으로 활동하는 시민사회의 역할을 중시한다. 보수주의자들이 권익주창과 정치활동을 하는 기관들과 활동을 시민사회의 개념에서 제외시키고 있는 것과는 대조적으로 신다원주의자는 시민사회의 대의적, 정치적 기능을 중시한다(Edwards & Foley 1998: 13-4). 신다원주의는 시민사회가 국가와 기업의 권력으로부터 자율적인 핵심적인 공적 기능을 수행하기 위해 조직된 것들이 아니라, 사회적 자치를 수호하고 정책변화를 모색하며 나아가 정권교체까지도 추구한다고 전제한다(p.14). 정치화된 시민사회가 정당체제에 대한 대안이거나 보완이 되는가 하는 문제도 있지만, 정치화된 시민사회는 "사회적 정체성을 표현하며 사회의 이해관계와 다양한 시각을 대표"하는 역할을 중시한다(p.14). 여기에서 정치적 활동은 "개인 차원의 시민참여 이상의 집단행동"으로 나타나며, 그럼으로써 네오토크빌주의와 보수주의 시각에서 존재하는 계급, 직업, 인종, 종교, 기타 사회적 배경에 기초한 사회적으로 동질적인 집단에 대한 편견은 존재하지 않는다. 1970년대말 서구 좌파로부터 태동된 신다원주의는 국가와 시장에 맞서는 시민사회의 '견제세력' 역할을 강조한다.

5. 시민사회(제3섹터)의 다양한 얼굴

이상과 같이 시민사회의 의미를 다양한 개념, 대조적인 이념적 시각들에 초점을 맞춰 살펴보았는데, 아래에서는 시민사회의 모습을 정치적, 문화적, 경제적 얼굴로 구분해 살펴볼 수 있다(주성수 2004: 47-57). 정치민주화 과정을 경험한 동구 등의 제3세계에서는 '정치적' 측면이 강조되지만, 미국에서는 시민행태를 중시하는 '문화적' 측면이 그리고 유럽에서는 실업극복에 기여하는 '경제적' 효과가 중시되고 있다. 이는 각 문화에서 제기되는 시대적 요청에 따른 두드러진 발전단계의 차이로 이해할 수 있다. 민주화 과정이 초기의 정치적 단계를 거쳐 점차 사회적, 경제적 단계로 진전하는 역사적 발전과정과 밀접히 관련될 수밖에 없기 때문에 일어나는 차이로 볼 수 있다. 예를 들면, 1980년대 동구의 민주화 투쟁은 전제적인 국가에 맞서는 정치투쟁이 일차적인 목표로, 시장의 횡포와 같은 경제민주화 과제는 이차적인 목표로도 제시되지 않았다(Ehrenberg 1999: 199; EC 2000a: 2). 한국의 민주화도 87년 민주항쟁의 정치 민주화를 거쳐, 사회개혁과 경제개혁을 추구하는 사회 민주화와 경제 민주화 과정을 거쳐왔다(주성수 2017a: 72-81).

그러기에 시민사회의 개념은 특정 국가의 정치, 사회적 발전 단계에 따라 몇 가지 유형으로 구별되기도 한다. 스미스(Smith 1998: 93-4)는 토크빌의 전통에서 나타나는 "효율적인 민주적 통치에 필요한 중재와 타협을 생산하는 사회"에서 비정치적인 결사체 유형과 또 남미, 동구 등의 민주화 과정에서 부각된 정치저항과 견제세력 유형, 두 가지 상이한 시민사회 개념을 구별한다. 폴리와 에드워즈(Foley & Edwards 1996: 39)는 전자를 '시민사회 I', 후자를 '시민사회 II'로 구분한다. 아래에서는 정치, 문화, 경제적 측면에서의 시민사회의 모습을 구별해 정리해볼 수 있다.

1) 정치적 얼굴

시민사회의 다양한 얼굴을 살펴보면, 무엇보다도 '정치적' 측면이 두드러지게 부각된다. 위에서 정리하였듯이 다양한 이념적 시각 중에서 신다원주의는 '정치화된' 시민사회의 역할을 강조한다. 신다원주의는 시민사회의 정치활동에 초점을 맞춰 국가에 대항세력으로 활동하는 시민사회의 정치적 역할을 중시한다. 시민사회가 국가와 기업 권력으로부터 자율적인 핵심적인 공적 기능을 수행하기 위해 조직된 것들이 아니라, 스스로가 사회적 자치를 수호하고 정책변화를 모색하며 정권교체까지도 추진하는 정치적 활동을 한다는 것이다(Edwards & Foley 1998: 14).

에드워즈와 폴리(1998: 7)는 "시민사회에 관한 경쟁적인 개념들은 그것들이 등장되었던 정치적 투쟁의 특징들을 거의 틀림없이 내포한다"라고 지적한다. 셀리그만(Seligman 1992: 11)은 시민사회가 급진적 개인주의 철학에 도전해서 "공동체의 대의명분을 조장하기 위한 정치적 슬로건으로 이용되어 왔다"라고 지적한다. 또 제3세계 연구자들도 시민사회의 특성을 '정치적' 시각으로 부각시킨다. 쉑터(Schechter 2000: 2)는 동구의 저항운동의 시각에서 본 21세기 시민사회가 "정치투쟁과 정치변화의 핵심 공간이 될 것이다"라고 내다보면서, "공공영역의 창출, 공동체 건설 및 정치적 인정의 프락시스(praxis) 정립" 등 세 가지 유형의 정치행동에 대한 사회과학 이론화 작업을 소개한다. 소머스(Somers 2001: 23-4)는 동구 혁명을 가능하게 했던 시민사회는 새로운 사회적, 정치적 영역으로, "대중적 사회운동과 집단동원의 영역이며, 비공식 네트워크, 시민결사체의 영역이며, 또 참여적 공공생활을 유지하는 공동체 연대의 영역이다"라고 강조한다. 또 남미 NGO를 분석한 맥도날드(McDonald 1997: 3)는 "시민사회는 사적 영역(가계와 기업)과 거버넌스의 공식적인 정치제도들(의회, 정당, 군대, 사법부 등) 사이에서 이루어지는 조직화된 정치활동의 영역이다"라고 정의한다.

또 제3세계의 개발을 지원하는 UN개발계획(UNDP)과 미국의 국제원조기구인 USAID도 개발에 참여하는 NGO의 정치적 역할을 중시한다. UNDP(2000b: 31)는 시민사회가 "사회의 정치적 얼굴"이라고 강조하며, 제3세계 현실에서 정치민주화 과제를 우선적으로 중시한다. UNDP는 "시민사회 조직들은 정치, 문화, 경제, 사회활동에 시민참여를 연결시켜주고, 공공정책에 영향력을 행사하기 위해 그들을 조직하며, 특히 취약계층과 소외계층을 위해 공적 자원에 대한 접근의 기회를 획득한다"라고 설명한다(p.31). 이런 활동을 통해 "시민사회 조직들은 시민의 이해를 대표하는 메카니즘이자 사회대화를 위한 채널이 된다"라는 것이다(p.31). 또 USAID는 시민사회가 "민주적 거버넌스 개혁의 채택과 공고화 활동에 참여하거나 잠재력을 갖고 있는 비국가조직들"로 구성된다고 밝히며, NGO들은 "공공 권익 주창에 관여하고 정책이슈를 분석하고 정책대화를 지지하는 지지층을 동원하며, 가장 중요한 것은 민주적 거버넌스를 개혁하고 강화시키고 확대시키는 에이젠트 역할을 하는 것이다"(Harbeson 2002: 32).

민주화 이후의 동구, 남미, 아시아 국가들에서 시민사회(NGO)는 대의민주주의 문제를 보완하는 역할을 하며 무력한 정당의 역할을 대신하는 '준정당적' 기능을 한다는 주장도 있다. 인도와 필리핀 등지의 제3세계 국가의 경우, 정당과 노조의 나약성 때문에 그 공백을 NGO가 대행하며 준정당적 기능을 수행한다(Clarke 1998: 40-1). 한국의 NGO들도 '대의의 대행' 역할을 한다고 볼 수 있다. "정부가 시민사회의 요구를 제대로 반영하지 못하고, 나아가 제도정치가 대의기능을 제대로 수행하지 못함으로써 정부나 제도정당의 대의기능이 비제도적인 시민사회운동조직에 의해 수행될 수밖에 없게 만든다는 것이다"(조현연, 조희연 2001: 296).

지구촌 시민사회단체들의 구심체 역할을 하는 시비쿠스(CIVICUS)의 사무총장 나이두와 탄돈(Naidoo & Tandon 1999: 8)은 "시민사회는 근본적으로 정치적 개념이다"라고 강조한다. 그들에 따르면 '시민사회'의 개념이 다른 개념들, 즉 "자원적, 독립적, 제3의, 자선적, 비영리적 또는 비정부적 섹터"로부터 구분된다(p.8). 이 섹터들과는 달리, 시민사회는 "시민의 경제적, 사회적, 정치적 이해를 증진시키고 옹호하는 권력행사"를 하기 때문이라는 것이다(p.8). 그들은 바로 이런 이유 때문에 정부와 국제기관들 그리고 기업들이 시민사회의 성장을 방해해왔다고 설명한다(pp.8-9).

> 역사적으로 중앙정부들은 시민들이 집단적 문제를 제기하는 일에 동참하지 못하도록 차단하는 노력을 해왔고, 바로 이 때문에 또한 중앙정부들이 소유하는 많은 정부간 기관들도 시민사회의 등장과 강화에 대한 지지를 유보해왔고, 마지막으로 바로 이런 이유에서 시장 행위자들이 진보 성향이 약한 정부의 정책들을 지지해왔고 다른 한편으로는 자신들의 경제적 이해를 증진시키는 일임에도 시민사회단체들과 공조적 관계를 진전시키는 일을 회피해왔다.

또 정치적 시각은 '시민'과 '시민권'을 강조하는 전통적인 좌파의 정치이념에 기초한다는 것을 알 수 있다. 좌파의 한 축을 형성하는 정치공동체 시각에 따르면, "자유롭게 참여하고, 완전한 행동으로 정책결정을 하는 구성원으로서 시민"이 주역이 되는 민주적 국가를 통해 '바람직한 삶'이 실현된다(Walzer 1998: 125). 이는 도덕적 주체로서 시민권을 중시했던 루소와 밀의 정치사상에 그 뿌리를 두고 있으며, 현대에 와서는 북구의 사회민주주의(social democracy), 1960년대의 신좌파 사상에서 그리고 최근에는 시민권의 의무와 공동체 건설을 강조하는 공동체주의에서 일부 흔적을 발견하게 된다. 사회학자 다렌도르프(1974: 674)는 "현대 역사에서 시민만큼이나 역동적인 사회적 인물도 없다"라고 지적하면서, 시민의 역할을 중심으로 하는 시민사회의 발전을 중시한다. 그에 의하면, "시민은 지난 수세기 동안 새로 등장하는 사회집단, 봉건사회에서의 도시 유산계급, 18, 19세기 새로운 산업계급, 의존과 박탈에서 자신을 해방시켰던 농노와 신민, 식민지 국민, 여러 소수민족, 여성 등 집단에 속했던 구성원이자 시민사회를 건설한 원동력이었다."

이렇듯이 시민사회의 정치적 얼굴은 공간적으로는 제3세계, 시기적으로는 1960~80년대에 한정된 것으로 볼 수는 없다. 현대의 유럽에서도 시민사회의 정치적 역할이 중시되고 있다. EC(2000b: 5-6)는 시민사회의 정치적 중요성을 시민권과 민주주의의 증진으로 꼽는다. 시민사회의 멤버로 또는 자원봉사활동을 통해 시민은 '시민권'의 의식을 표현하며 사회에 관심을 갖고 참여하게 되는데, 여기에서 시민사회 조직들이 시민의식 고취, 참여와 관심의 증진 역할을 한다. 시민사회는 "연대의식과 시민의식을 진흥시키며, 민주주의의 기본토대를 제공한다"라는 것이다.

시민사회가 수행하는 '민주적' 기능은 여러 가지로 구분할 수 있다(Blair 1998: 67). 첫째, 엘리트 중심의 정책결정 과정에 일반시민이 참여할 수 있는 참여의 기회를 확대시켜 준다. 빈곤층, 소외집단 등의 지지세력을 동원하는 기능과 이들의 권익을 위한 공공정책 주창 및 제안 활동이 NGO의 핵심적인 정치적 기능이 된다. 둘째, NGO는 공공정책과 정부활동을 수시로 모니터링 하면서 정책을 분석하며 나타난 문제들을 공론화시켜 정부로 하여금 시민에 대한 책무성(accountability)을 갖도록 하는 기능을 함으로써 민주주의의 질적 향상에 기여한다. 셋째, NGO들은 사회현실과 민주주의에 대해 일반시민에게 그 내용을 알리고 또 시민들이 직접 참여해 학습할 수 있는 기회를 갖도록 하는 민주주의 교육을 담당한다(시민사회와 NGO의 기능은 제5장 4절을 참조).

2) 문화적 얼굴

위와 같은 '정치적' 시각에 대해 일부 학자들, 특히 미국의 시민사회 지도자들은 부정적인 시각에서 오히려 '문화적' 입장을 제시한다. 에벌리(1998: 24)는 "시민사회는 경제, 정치 또는 국가에 관한 것이 아니라고 본다면, 그것은 대부분 시민권의 성격과 특성에 관한 것이다"라고 주장한다. 에벌리는 시민권과 시민의 능동적 역할에 기초하는 시민사회에 대해 다음과 같이 강조한다(pp.24-5).

> 시민사회에서 시민은 정치적 신민이나 고객도 아니고 시장의 소비자도 아니며, 이웃, 마을, 도시 또는 국가에서 이 모든 관계에 내재하는 권리와 의무를 가진 시민이다… 시민사회는 세상에 대한 새로운 사고와 대화 방식을 내포한다. 시민사회는 정부에 거의 거주하지 않고, 자유로운 시장이 사회적 만병통치라는 신화에 대해 많은 의문을 제기하고, "작은 사단"들인 자원적 결사체들과 기능적 이웃단체들의 시민영역에 대해 더 많은 관심을 표명한다.

또 앞에서 지적한 미국의 시민사회협의회는 "도덕성의 쇠퇴"가 미국사회에서 시민사회의 활성화를 강조하는 주된 이유라고 설명하면서, 정치적 의미가 배제된 '도덕문화적' 시각에서 시민사회 개념을 다음과 같이 정의한다(Eberly 1998: 221).

> 가족, 이웃공동체 생활 및 무수한 종교, 경제, 교육 및 시민 결사체로 구성되는 시민사회의 주된 사회적 기능은 개인의 역량과 성격을 발달시키고 사회신뢰를 구축하며 어린이들이 훌륭한 국민, 훌륭한 시민으로 성장하도록 도와주는 것이다. 궁극적으로 시민사회는 우리의 목적은 무엇인가, 어떻게 행동하는 것이 바람직한가, 또 무엇이 공동선인가 하는 가장 중요한 문제에 우리가 함께 대답하는 공동체 생활의 영역이다. 간략히 얘기하면, 그것은 도덕의 형성과 목적에 관련된 사회영역이지, 단순한 행정 또는 수단의 극대화에 관련된 것은 아니다.

사회의 가치정향적 입장을 연구해온 사회학자 실즈(Shils 1997)는 저서, 『시민성의 미덕』(*The Virtue of Civility*)에서 시민사회를 "사회구성원들이 각자에 대해 취하는 행태에 있어서 시민성을 갖춘 사회"로 규정한다(p.322). 그는 "시민성이란 개인들간의 그리고 개인들과 국가간의 행태를 규제하며, 또 사회에 대한 개인들의 행태를 규제하며, 동시에 집단들이 서로에 대해 그리고 집단들과 국가간의 관계도 규제한다"라고 설명한다(p.322).

이상과 같은 시민의 권리와 의무의 조화를 중시하는 '문화적' 기초에 대해 공동체주의는 동의하면서도 단순한 '시민성'에 대해서는 문제를 제기한다. 공동체주의 학파를 대표하는 에치오니(Etzioni 1996: 14)는 시민사회가 시민질서에 초점을 맞춰 사람들이 서로에 대해 반대파를 배제시키지 않고, 감정에 치우치지 않는 이성적인 토론으로 타협하는 '시민성'을 갖고, 사회는 정부로부터 개인들을 보호하는 중개조직들의 네트워크를 갖추며, 정부는 시민의 선호를 존중한다는 정도에 지나지 않는 지나치게 얄팍한 개념이라고 비판한다. 그는 '시민성'이라는 개념이 '훌륭한 사회'가 필요로 하는 사회질서를 위해 필요한 요소이지만 충분요소는 아니라고 본다.

공동체주의는 개인의 권리를 중시하는 자유주의 전통과 개인의 책임을 강조하는 보수주의 입장을 절충하는 새로운 '중도의 길'을 강조한다. 미국에서는 클린턴 행정부의 정책기조에 적지 않은 영향을 미쳤던 것으로 알려져 있다. 공동체주의의 영향이 반영된 대통령 취임사에서 클린턴은, "우리 모두가 우리 자신과 가족들뿐 아니라 우리의 공동체와 국가에 대한 더욱 많은 책임을 갖도록 합시다"라고 역설하였다. 클린턴 행정부에 많은 영향을 미쳤던 에치오니(1998) 등은 공동체주의 플랫폼(Communitarian Platform)을 통해, "시민들이 자기 존중뿐 아니라 타인 존중을 배우며, 자기 권리뿐 아니라 타인 권리를 인정하면서 개인과 시민의 의무감을 생동적으로 배우고, 자기 통제의 습관뿐 아니라 자치의 기술을 배우고 자신뿐 아니라 타인도 존중하는 것을 배우는 그런 시민사회의 제도들을 활성적으로 유지할 수 있을 때 개인의 자유가 보호된다는 것을 인식한다"라고 선언한다(p.xxv). 또 플랫폼은 "개인 자유의 보전은 시민사회 기관들의 활성적인 유지에 의존한다"라면서, "공동체와 정치기관들도 자신들의 구성원들에 대한 호응의 의무 그리고 사회, 정치 생활에서의 참여와 심사숙고를 조장하는 의무 등을 포함하는 책임을 갖는다"라고 강조한다(p.xxv).

그럼에도 공동체주의자가 보는 시민사회는 다름 아닌 '공동체'로 국가와 모든 공공기관도 한 차원 높은 공동체로 간주되는 시민사회에 종속될 것을 주장한다. 공동체주의 학파는 시민사회가 원자화되고 소외되는 개인과 시민이 연대와 우애로써 자신의 존재를 찾는 공동체라고 중시하지만, 그들은 "모든 공공영역을 흡수하고 동화시키며 또 궁극에는 독점하는 경향이 있다"라는 비판을 받는다(Barber 1998: 26).

3) 경제적 얼굴

끝으로, 유럽의 전통에서는 시민사회의 '경제적' 얼굴, 즉 사회적경제가 오히려 더 중시되고 있다. 유럽의 많은 국가에서 시민사회는 사회적경제로 널리 이해되며 정부의 사회정책으로도 제도화되어 있는 것이 특징이다.

유럽 국가들을 대표하는 EC(2001a: 1)는 "사회적경제가 거의 모든 경제 부문에서 발견된다"라면서, 사회적경제란 "조합, 상조모임, 결사체, 재단" 등 4대 부문으로 분류된다고 밝힌다. 이에 대해, EC는 "이들이 유럽인들의 생활에 대해 갖는 중요한 의미가 점차 크게 인식되고 있다. 이들은 중요한 경제적 행위자로, 또 구성원들과 유럽 시민들이 사회에 완전히 참여하도록 유도하는 데 핵심적인 역할을 한다"라고 강조한다(p.1).

사회적경제의 중요성

사회적경제는 유럽 국가들이 1980년대부터 직면해온 복지국가의 위기와 대량실업의 확대에서 오는 새로운 정책을 모색해온 과정에서 등장되었다. EC(2001a)는 "사회적경제 기관들이 구성원들의 경제적 욕구와 사회적 욕구에서 탄생되었다"라면서, 사회적경제가 중시되는 이유 일곱 가지를 지적한다(p.2).

① 시장에서의 효율적인 경쟁에 기여한다.

② 일자리 창출 잠재력이 있고, 창업정신과 고용의 새로운 모델을 제시

한다.

③ 주로 멤버십에 기초하는 활동에 의해 조직된다.

④ 새로운 욕구를 충족시켜준다.

⑤ 시민참여와 자원봉사활동을 촉진한다.

⑥ 연대와 결속을 강화한다.

⑦ 유럽 국가들의 경제통합에 기여한다.

사회적경제의 등장배경

EC(2000b: 16)의 분석에 따르면, 유럽의 사회적경제 영역은 지난 20여 년간 폭발적인 확대를 기록했다. 사회적경제 조직들 중에서 1981년 이후에 신설된 것들이 45%에 달하고, 그보다 10년 전인 1971년 이전에 설립된 것들이 65%에 이른 것을 보면 유럽의 사회적경제 섹터의 확대발전이 1970년 이후의 현상이라는 것을 알 수 있다.

이런 확대발전의 배경 요인들에 대해 EC는 다음과 같이 소개한다(pp.16-7). 첫째는 제2차 세계대전 이후에 찾아온 풍요의 시대와 함께 가능해진 레저 시간의 증가이다. 노동시간은 지속적으로 단축되었고, 주5일제 근무, 휴가 일수의 증가, 그리고 최근에는 작업시간의 단축 등을 꼽을 수 있다. 시간적 여유가 확대되면서 여가의 선용이 중요한 선택의 문제로 제시되었다.

둘째는 대부분 유럽 국가들에서 1980년대에 일반화된 추세로, 경제가 서비스 제공으로 꾸준히 이동하는 추세를 들 수 있다. 시장보다도 사회적경제 영역이 상담, 간호, 재활 등 휴먼서비스 제공에 더욱 효과적인 역할을 맡게 되었다. 휴먼서비스 영역은 사회적경제의 중요한 한 부분이다.

셋째, 정부 및 공공기관에서 전달되었던 서비스, 특히 사회서비스가 사회적경제 단체들로 대폭 위임되는 추세가 있다. 유럽에서는 이를 시장에 위임되는 일반 민영화와 구분하기 위해 '사회민영화'(social privatization)라 칭한다. 사실 많은 유럽 국가에서 NGO 등의 역할에 의존하는 사회민영화가 지속적으로 추진되어 왔다(Khan 1999: 9-12).

넷째, 전통적으로 정부 및 공공기관들이 제공했던 서비스가 획일적이고 개인의 선호를 무시하는 것으로 시민들은 점차 더욱 개별화된 클라이언트 중심의 접근을 중시하는 사회적경제 조직들의 서비스 제공을 선호한다. 이런 전문화된 사회적경제 조직들의 활성화가 유럽 시민사회의 한 특징이다.

다섯째, 새로운 사회적 욕구와 새로운 사회적 가치관의 등장을 들 수 있다. 1960년대 식민통치로부터 해방된 개발도상국에 대한 원조, 반전반핵운동, 양성평등, 환경보호, 소비자운동 등 새로운 가치관이 지배하면서 정부기관보다 무수한 사회적경제 조직들의 활동이 활성화되었다. 이는 '포스트모던' 가치관과 밀접히 관련된 '신사회운동'의 확대로 볼 수 있다.

여섯째, 1970년대 말과 80년대 초에 있었던 대량실업과 고용위기가 지속적으로 확대되면서 사회적경제 조직들이 고용 영역에 참여하는 사례가 크게 늘었다. 고용교육훈련, 고용상담, 사회적경제 영역에서의 유급봉사활동은 한국의 공공근로와 유사한 형태로 볼 수 있다(주성수 2000b, 2003c).

일곱째, 개별 국가들의 역사와 상황에 따른 문제들도 있다. 스페인, 포르투갈 등지에서의 민주화 이후에 정치, 사회변동이 사회적경제 영역의 등장과 확대에 적지 않은 영향을 미쳤다.

여덟째, 유럽 각지의 인구동태도 중요한 추세로 꼽을 수 있다. 실업자의 대량증가, 조기퇴직자의 증가 등으로 정부기관의 서비스 제공의 한계를 극복하기 위한 한 대안으로 사회적경제 영역이 발달될 수 있었다. 샐러먼

(Salamon 1995)이 지적하는 '용역국가', '제3자 정부' 등이 사회적경제와 밀접히 관련된 개념들이다.

사회적경제의 특징

사회적경제의 특징은 아래처럼 네 가지로 꼽을 수 있다(EC 2001b: 1).

① 비영리성: 주요 목적이 자본에 대한 수익을 취하는 데 있는 것이 아니다. 사회적경제 조직들은 본질적으로 '이해당사자 경제'(stakeholder economy)의 일부이며, 또 사회적경제 기업은 공익의 욕구에 의해 또 공익의 욕구를 위해 설립된 것이므로, 서비스 대상자들에 대해 책무를 가진다.

② 일인 일표: 대부분의 사회적경제 조직들은 '일인 일표' 원칙에 의해 자율적으로 운영된다.

③ 유연성과 창의성: 사회적경제 기업들은 변화하는 사회적, 경제적 상황에 적응하고 창의적 운영을 위해 설립되었다.

④ 자원봉사: 사회적경제 조직들 대부분이 시민들을 한 자리에 모으는 역할을 하며, 대부분 참여자들이 자발성, 멤버십 및 실행력에 기초한다.

사회적경제의 성장

세계 금융위기가 닥친 위기의 상황에서 EU는 사회적경제의 역할을 중시하는 새로운 결의를 제시하였다. 2009년 2월, EU 의회는 '사회적경제에 관한 결의문'을 채택해 "사회적경제는 유럽 경제에서 핵심적 역할을 하며, 수익성과 연대를 융합해 양질의 일자리를 만들며, 사회적·경제적·지역적 통합을 강화하고, 사회자본을 생산하며, 능동적 시민권, 연대, 사람 우선의 민주적 가치를 가진 경제 유형을 증진시키고, 지속가능한 개발과 사회적, 환경적, 기술적 혁신도 지원한다"라며, "사회적경제가 산업민주주의와 경제민주주의 강화의 목적을 추구"한다고 선언하였다.[11] 실제로 EU의 사회적경제는 경제위기 극복의 대안으로 성장해왔다(주성수 2017b: 36-37). 한국의 사회적경제 또한 1990년대 말 외환위기 극복 등 일자리 창출, 취약층 보호 등의 목적으로 급성장하며 새로운 사회혁신의 대안으로 제시되고 있다(일자리위원회 2017). 사회적경제는 사회혁신의 핵심 영역이라는 시각이 지배적이다. 사회적경제의 성장은 경제위기 극복의 혁신적 대안이 되고 있기 때문이다. EU는 2011년 사회적 비즈니스 이니셔티브(Social Business Initiative: SBI)를 통한 사회혁신에 지속적인 정책 투자를 해왔고, 2017년 마드리드 결의문에서는 사회적경제의 지속적인 패러다임 추구를 강조하였다(EC 2017).

> "사람과 사회적 목표가 자본에 우선하며, 민주적, 참여적 거버넌스, 대부분의 수익의 재투자로 기업의 장기적 지속가능성과 회원들과 지역사회에 대한 서비스 제공 등 공통의 가치들이 사회통합에 실제로 기여하며, 혁신적, 스마트, 지속가능하고 포용적인 성장, 양질의 고용 창출에 기여한다."

---

11 http://www.europarl.europa.eu/sides/getDoc.dotype=REPORT&reference=A6-2009-0015&language=EN

제4장

시민사회(제3섹터) 모델

시민사회란 무엇인가? 제1장과 제2장에서는 시민사회의 개념과 특성 및 유형에 초점을 맞춰 시민사회의 개념을 정리하였다. 그 가운데 시민사회가 국가(정부)로부터 독립된 '비정부' 영역이며, 동시에 시장(기업)으로부터 구분되는 '비영리' 영역이라는 것을 살펴보았다. 따라서 시민사회는 국가(정부), 시장(기업)으로부터 독립된 제3의 영역, '제3섹터'(third sector)라 부른다.

현대 사회를 국가, 시장, 시민사회 3대 섹터로 이해하는 것이 일반적이지만, 3대 섹터들은 각기 분명한 독립적인 영역을 갖고 있으면서 서로 중첩된 영역들이 나타나고 있다. 최근에는 중첩의 회색지대가 점차 확대되면서 3대 섹터 사이에 영역구분이 더욱 모호해지고 있다. 따라서 국가와 시민사회가 중첩되는 영역, 시장과 시민사회가 중첩되는 영역 두 개를 3대 섹터에 포함시켜 5대 섹터로 제시하는 학자들도 있다. 또 국가, 시장, 시민사회 3대 섹터에 가족이나 이웃 등의 '사적 영역'으로 현대사회를 이해하는 4대 섹터 모델들도 있다.

1. 국가, 시장, 시민사회

'섹터'(sector)는 사회의 주요 기관들을 가시적으로 보여주기 위해 고안된 개념이다. 18~19세기 근대 사회에서는 사회의 주요 기관이란 국가와 시장만을 구분하는 2대 섹터 모델이 지배적이었지만, 이는 현대에 와서는 커다란 의미를 갖지 못하는 한계가 있다. 국가로부터 구분되는 비국가 기관들 중에서 시장, 즉 영리 영역에 속하지 않은 무수한 기관단체들을 제외시키고 있기 때문이다. 비정부, 비영리 시민사회 조직들이 국가와 시장에 속한 조직들보다 더 폭발적으로 증가되어온 현시대의 추세를 감안해보면, 이제 2대 섹터 모델은 별 의미가 없으며 대신 3대 섹터 모델로 현시대를 이해할 수밖에 없다.

'시민사회'의 개념을 파악하기 위한 첫 번째 작업은 시민사회를 국가와 시장의 관계에서 어떻게 정의하느냐에 달려 있다. 위에서는 상징적 모델들을 중심으로 살펴보았지만 아래에서는 의미와 개념에 초점을 맞춰 살펴보면, 시민사회의 의미가 다소 분명해질 수 있다.

1) 제3섹터로서의 시민사회

근대사회에서는 국가로부터 자유로운 독립적인 영역으로서 시민사회 개념을 중시했다면, 현대에 와서는 국가뿐 아니라 시장으로부터도 간섭을 받지 않는 자율적인 '독립영역'으로서 시민사회의 개념을 정의한다. 그럼에도 근대와 현대, 시대적 구분을 초월하는 고전적인 논의의 초점은, 시민사회 개념이 국가 또는 정부와의 관계에서 어떻게 정의되는가 하는 문제에 맞춰져 있다.

근대적 의미의 시민사회는 국가에 대한 도전과 국가로부터의 자유로운 '독립영역'을 지칭했기 때문에 국가-시민사회 이분법 논리가 지배적이었다. 그러나 현대적 의미의 시민사회는 국가뿐 아니라 시장에 대한 견제세력으로 중시되면서 이분법이 아닌 삼분법이 일반화되었다. 또 동구, 남미, 아시아 등 제3세계에서 진행된 민주화 과정은 전제적인 또는 권위주의적인 국가를 대상으로 하는 투쟁의 과정이기 때문에 국가-시민사회라는 이분법이 지배적이었다. 그럼에도 민주화가 초기 전환기를 넘어 공고화 단계로 접어드는 시기, 즉 민주화가 정치 영역에서 사회, 경제 영역으로 확대, 발전되면서 국가뿐 아니라 시장에 대해서도 견제와 비판의 세력으로 정립한 것이 현대의 시민사회라고 보면, 2대 섹터보다는 3대 섹터 논리가 일반화된 것으로 볼 수 있다. 따라서 시민사회를 '제3섹터'라 부른다.

국가, 시장, 시민사회 3대 섹터 모델이 등장한 것은 최근의 일이 아니다. 카알 폴라니(Karl Polanyi), 카알 만하임(Karl Mannheim) 등 사회과학자들이 사회분류체계 이론과 모델들을 시도했었고, 1960년대 이후 최근까지 정부-기업-제3섹터 관계를 모형화하는 섹터 모델들이 다양하게 제시되었다. 폴라니는 평화로운 사회발전은 국가, 시장, 시민사회 3대 섹터 사이의 균형있는 역할을 정립하는 데 있다고 보았다. 그는 시장이 제1섹터로서 주요기관으로 등극해서 인간의 자유가 계약에 따라 잘못 지배되는 심각한 위험이 있다는 것을 지적하며, 제3섹터로서 시민사회가 인간자유와 사회정의를 위한 투쟁에서 주도적인 역할을 해야 한다는 이론을 제시하였다(Van Til 2000: 19). 또 만하임은 사회를 재건하기 위한 열쇠가 사회문제 해결에 지식을 응용하며 사회계획을 추진하는 방법을 배우는 것으로 보았다. 그는 민주적 계획에 의해 서구 사회가 급진적인 변혁에서 안정된 사회발전을 할 수 있다고 내다보았고, 이 사상을 이어받은 프리드만(Friedman)은 개인과 집단들이 자신들의 욕구를 충족시키기 위한 생산적인 활동을 도와주는 시민사회 조직들의 생산적인 역할을 강조하였다(Van Til 2000: 19).

그 후 많은 학자들은 '3대 섹터' 모델을 현대 사회를 이해하는 기본적인 모델로 수용해왔다. 기업을 제1섹터, 정부를 제2섹터, 그리고 비영리 자원조직들을 제3섹터로 구분하는 학자도 있다(Hopkins 1992). 또 국가(정부), 시장(기업), 시민사회(NGO)를 세 다리를 가진 의자에 비유하며, 사회가 의자의 세 다리로써 확고한 균형을 이룰 때 안정적으로 발전할 수 있다고 본다(Burbidge 1998: 6). 따라서 정부와 기업을 제외한 비정부, 비영리 기관단체들이 일반적으로 '제3섹터'로 통칭되며, '제3영역'(third realm)이라 부르기도 하고 (Cohen & Arato 1992: 18), 공동체주의는 '공동체'를 내세운다. 공동체주의는 국가, 시장, 공동체라는 삼분법을 제시하며, 공동체를 '제3섹터'와 같은 개념으로 간주하면서도 여기에서 사익을 추구하는 이익집단을 제외한, 모든 "정서적 유대와 공유된 도덕적 문화"를 가진 조직들을 포용한다(Etzinoi 2001: 6-7).

이처럼 국가(정부), 시장(기업), 시민사회(NGO)로 구분하는 3대 섹터 구분에 대해 전문 연구자들의 의견이 수렴되어 있다. 기드론 등(Gidron et al. 1992) 국제비교 연구자들은 '시민사회' 용어보다는 '제3섹터' 용어가 더 적절하다는 의견을 제시한다. 기드론 등은 저서, 『정부와 제3섹터』(*Government and the Third Sector*)에서 다음과 같이 정리한다(p.4).

> 비교연구에서는 "비영리" 용어가 별다른 유용성이 없다. 한가지 이유는 많은 비영리조직들은 미국의 상황에서도 그렇지만 영리추구가 조직의 소유자에게 갖다 주는 영리는 아니지만 어쨌든 기업체와 마찬가지로 영리를 추구하고 있다는 점이다. 또 다른 이유는 세금법과 "영리" 개념이 국가마다 커다란 차이가 있다는 점이다… 이상과 같은 또 그밖에 다른 이유들 때문에 이 조직들을 자원섹터 또는 비영리섹터보다 "제3섹터"로 통칭하는 것이 더욱 유용할 것이다. 이 용어는 미국뿐 아니라 유럽에서도 시장과 국가 사이에 놓여 있는 독특하고 다양한 무수한 조직들을 통칭한다. 즉 이들은 엄밀하게 정부기관들도 아니고 근본적으로 영리를 추구하는 기업들도 아닌 조직들이다.

2) 3대 섹터 메카니즘 비교

국가(정부), 시장(기업), 시민사회(NGO) 3대 섹터는 각기 어떤 운영방식 또는 메카니즘에 기초하는가? 운영방식 또는 메카니즘에 초점을 맞춰 3대 섹터를 구분해볼 수 있다. 시장과 시민사회와 구분되는 국가의 특징은 권력과 권위를 갖고 있다고 볼 수 있고, 시장이 국가와 시민사회로부터 구분

■ **표 4-1** 국가, 시장, 시민사회의 기본 메카니즘

국가	시장	시민사회	대표적인 학자의 이론
위협	공리	규범	에치오니의 사회관계론
권위	교환	설득	린드블럼의 사회통제론
위협	교환	애정	볼딩의 권력의 세 얼굴
위협	경쟁	참여	소머스의 3대 섹터론
위협	금전	커뮤니케이션, 규범	워렌의 사회조정 수단
권력	재력	커뮤니케이션	하버마스의 공공영역론
계서제	시장	네트워크	톰슨 등의 사회조정론
권위	가격	신뢰	로디스의 교환매체론
권위	거래	설득	힐과 후프의 거버넌스 양식

되는 특징은 교환, 거래, 협상에서 발견할 수 있다. 국가와 시장이 이처럼 명확한 메카니즘의 특성을 갖고 있는 것과는 달리, 시민사회가 어떤 메카니즘의 특성을 갖고 있는지에 대해서는 다소 분명하지 않다. 대표적인 사회과학자들의 이론에 비추어 보면, 시민사회는 국가의 권위와 시장의 교환과 구분되는 설득, 신뢰 또는 네트워크를 기본 메카니즘으로 갖추고 있다.

먼저 에치오니(Etzioni 1968: 96)는 사회관계를 위협적, 공리적, 규범적 관계 세 유형으로 구분한다. 이는 곧 국가, 시장, 시민사회의 기본 특성이라 볼 수 있다. 즉 시민사회는 위협적, 공리적 관계와 구분되는 규범적 관계를 기

본 메카니즘으로 한다고 볼 수 있다. 이와 유사하게 린드블럼(Lindblom 1977)은 권위, 교환, 설득을 사회통제의 기본 메카니즘으로 구분했고, 경제학자 볼딩(Boulding 1990)은 권력의 세 얼굴로 위협, 교환, 애정으로 분류하였으며, 소머스(Somers 2001: 24)는 국가, 시장, 시민사회를 위협, 경쟁, 참여로 구분하였다. 린드블럼과 볼딩이 제시하는 권위(위협)와 교환(경쟁)은 국가와 시장의 기본 메카니즘을 명확히 구분할 수 있지만, 반면에 설득, 애정, 참여를 시민사회의 기본 메카니즘으로 보기는 다소 모호하지만 이것들은 권위(위협)와 교환(경쟁)에서 분명히 구분되는 그리고 국가와 시장에서 찾아볼 수 없는 시민사회의 한 특징으로 간주할 수 있다. 이런 구분이 하버마스(1991)의 이론에서는 국가는 행정 권력을 독점하고 시장은 재력을 독점하지만, 시민사회는 커뮤니케이션 권력을 기본 메카니즘으로 갖고 있다. 이와 유사하게 워렌(Warren 2001)은 사회조정의 수단을 위협, 금전, 커뮤니케이션과 규범으로 구분하고, 이를 각기 국가, 시장, 시민사회의 기본 메카니즘으로 설명한다.

또 거버넌스 이론에 초점을 맞춰 구분해볼 만하다. 톰슨 등(Thompson et al. 1991)은 사회조정의 3대 모델로 계서제, 시장, 네트워크를 제시하였고, 로디스(Rhodes 2003: 66)는 계서제, 시장, 네트워크 각각에서 지배적인 교환의 매개체를 권위, 가격, 신뢰로 구분한다. 톰슨 등과 로디스가 제시하는 네트워크로서 시민사회의 특성은 최근 사회자본 이론과 거버넌스 이론에서 중시되는 시민사회의 기본 메카니즘이다. '권위'는 국가(정부)의 권력관계의 매개체가 되고, '가격'은 시장(기업)의 교환에서 기본 매개체 역할을 한다. 이와 마찬가지로 무수하고 다양한 네트워크들 사이의 관계에 기초하는 시민사회는 '신뢰'를 관계의 기초로 한다고 볼 수 있다. 한편 힐과 후프(Hill & Hupe 2002: 178-9)는 공공정책을 분석하기 위한 분석틀로 권위, 거래, 설득에 의한 거버넌스 양식(modes of governance)을 구분한다. 이들은 권위, 거래, 설득을 국가의 지시체계, 시장의 교환체계, 그리고 시민사회 네트워크의 기본 특성이 되는 거버넌스 양식으로 분석한다.

그밖에 국가(정부), 시장(기업), 시민사회(NGO) 메카니즘을 구분하는 모델들은 다음 절들에서 다양하게 제시되고 있다. 페스토프는 국가를 공적-공식적-비영리적 특성으로, 시장을 사적-공식적-영리적 특성으로 구분하면서, 공동체에 대해 사적-비공식적-비영리적 특성으로 구분한다. 빌리스와 글렌네스터는 국가, 시장, 시민사회를 공급 모델과 수요 모델로 구분해 보여준다. 코헨과 아라토는 국가, 시장, 시민사회 3대 섹터에다 정치사회와 경제사회를 포함하는 5대 섹터 모델을 제시하며 각각의 특성과 각각에 속한 기관과 단체들의 목록을 보여준다.

2. 3대 섹터 모델

따라서 국가(정부), 시장(기업), 시민사회(NGO) 3대 섹터가 가장 기본적인 섹터 모델이라고 볼 수 있다. 아래에서는 3대 섹터 모델에 대한 이해를 돕는 대표적인 모델 두 가지를 살펴볼 만하다.

■ **그림 4-1** 페스토프(Pestoff)의 삼각관계 모델

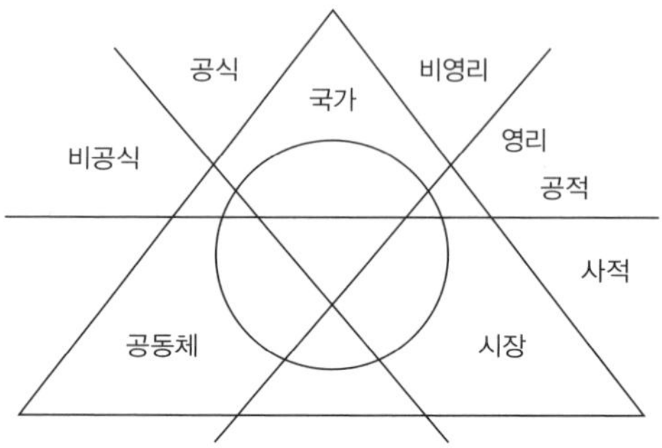

1) 페스토프의 삼각관계 모델

스웨덴 학자 페스토프(Pestoff 1992)는 스웨덴의 역사적 전통에서 나타난 모델을 제시한다(Van Til 2000: 24). 〈그림 4-1〉에서 '자원·비영리' 섹터는 국가, 시장, 공동체 사이에 위치한다. 이들 3대 섹터를 가르는 경계선은 공식-비공식, 공적-사적, 영리-비영리 활동 등 세 가지이다.

'국가' 영역은 공식-공적-비영리 영역에 위치해 있고, '시장'은 공식-사적-영리 영역에 해당되며, '공동체'는 비공식-사적-비영리 영역에 해당된다. 여기에서 주의할 것은 '공동체'가 곧 '시민사회' 또는 '제3섹터'를 지칭하는 것으로 볼 수 없다는 점이다. 시민사회는 사적 영역과 공적 영역 모두를 포함하고 있기 때문이다. 페스토프의 모델은 〈그림 6-10〉과 같이 영국의 전국시민사회협회인 NCVO가 공식적으로 채택해서 매년 연보에 공식 통계를 소개하고 있다.

2) 빌리스 등의 수요공급 모델

빌리스와 글렌네스터(Billis & Glennerster 1998)는 수요-공급 모델을 제시하며, 정부, 기업, 제3섹터를 공급자 모델로 보는 시각과 일반시민, 특히 휴먼서비스 대상이 되는 소외층과 빈곤층이 의존하는 수요자 모델 시각이 두드러진 차이를 보여준다는 점을 부각시킨다.

공급 모델: 조직 특성

먼저 공급자 모델에서는 공공섹터, 영리섹터, 자원섹터가 각기 〈표 4-2〉에서처럼 주체와 목표, 구조, 재정 및 노동력에서 구별된다.

① '공공섹터'는 일반 유권자가 선호하는 정책을 추진해서 재선을 목표로 운영되며 구조상 관료적 성격을 지니며, 일반 세금으로 재원이 충당되면서 상근 공직자를 중심으로 일부 자원봉사자가 업무를 지원하는 영역이다.

표 4-2 3대 섹터의 조직특성: 공급 모델

섹터	주체/목표	구조	재원	노동력
공공섹터	일반유권자 및 재당선 목표	관료적	세금	상근 직원 및 일부 자원봉사자
영리섹터	주주 및 이윤추구 목표	관료적	수익	상근 직원
자원섹터	많은 이해당사자	혼합적	세금/기금/회비	상근 직원 및 많은 자원봉사자

자료 Billis & Glennerster 1998: 82.

② ‘영리섹터’는 영리기업이 중심축을 차지하면서 주주(stockholders) 중심으로 조직화되어 이윤추구를 목표로 삼으면서, 공공섹터와 유사한 관료적 구조를 가지고 판매수익으로 재원이 충당되며, 상근 임직원을 주요 노동력으로 삼는 영역이다.

③ ‘자원섹터’는 무수한 이해당사자(stakeholders)가 주체를 구성하며, 관료적 구조를 포함한 다양하면서도 모호한 구조를 갖고 있고, 세금지원과 기업 등의 기금 및 회비와 수수료 등으로 재원이 충당되며 상근 직원이 있지만 주로 자원봉사자의 무보수 노동으로 운영되는 영역이다.

수요 모델: 휴먼서비스

빌리스와 글렌네스터는 더욱 중요한 것은 제3섹터가 주로 무수한 이해당사자들의 이해를 대변하고 옹호하는 대표적인 사회기관으로, 이해당사자들의 입장에서 구분되는 이른바 ‘수요 모델’이 필요하다고 강조한다.

먼저 개인들과 집단들이 당면한 각종 휴먼서비스 문제들을 재정적, 개인적, 사회적, 공동체 등으로 구분해, 이들 각각이 당면한 문제들을 적극적으로 해결해 줄 수 있는 휴먼서비스 영역을 비교우위 순서로 ‘강’, ‘약’, ‘모호’(경우에 따라 ‘강’ 또는 ‘약’)로 구분되어 〈표 4-3〉이 제시되고 있다.

첫째, 재정적이란 금전적 지원을 뜻하는 것으로 소외층 또는 빈곤층이 생계유지를 위해 우선적으로 의지할 수 있는 섹터이며, 이 섹터가 가장 적극적인 지원을 하는 섹터를 뜻한다.

둘째, 개인적이란 개인 차원에서 당면하는 각종 휴먼서비스 욕구를 뜻하며, 예컨대 AIDS 환자 보호, 정신건강 지원, 노인, 장애인, 부랑인 등의 개인적 치료와 재활을 지원하는 섹터를 뜻한다.

셋째, 사회적이란 빈곤층, 장애인 등 복지수혜자들이 사회로부터 외면

표 4-3 3대 섹터의 휴먼서비스제공: 수요 모델

섹터	재정적	개인적	사회적	공동체
공공섹터	강함	모호	약함	모호
영리섹터	약함	모호	약함	약함
자원섹터	–	강함	강함	강함

자료 Billis & Glennerster 1998: 87.

받지 않고 정상적인 사회인으로 일하고 활동할 수 있는 사회적 분위기를 뜻하며, 이런 분위기를 조성하는 가장 적극적인 섹터를 지적한다.

마지막으로, 공동체란 지역사회 주민들이 모임을 갖고 대화하고, 즐기며 상부상조할 수 있는 분위기, 즉 시민사회의 활성화를 위한 무수한 클럽, 협회, 모임 등의 제도적 기반을 의미하므로 곧 제3섹터 또는 시민사회 영역의 확대와 활성화를 지칭한다.

① '공공섹터'는 사회의 소외층 또는 빈곤층에 대한 휴먼서비스 차원에서 사회보장 제도와 같은 제도적 장치를 통해 다른 섹터들보다 더욱 적극적으로 '재정적' 지원을 해줄 수 있다. 그럼에도 '사회적' 영역에서는 소극적인 입장에 있고, 특히 '개인적' 지원과 '공동체' 지원에는 모호한 위치에 있다. 일부 개인적 및 공동체 휴먼서비스 영역에서는 정부기관이 제3섹터보다 더욱 적극적일 수 있지만 그밖에 다른 무수한 영역에서는 제3섹터 기관들보다 못하는 경우가 많다. 이런 의미에서 정부기관보다 제3섹터 기관의 역할이 더욱 중시되는 추세에 있다.

② '영리섹터'는 '개인적' 영역에서는 경우에 따라 적극 또는 소극적일 수 있지만, '재정', '사회' 및 '공동체' 영역에서는 다른 섹터들에 비해 가장 소극적인 위치에 있다. 즉, 휴먼서비스를 가장 기대할 수 없는 것이 '영리섹터'인 것이다. 영리섹터의 한계 때문에도 제3섹터에 대한 기대가 높아진다고 볼 수 있다.

③ '자원섹터'는 '재정'을 제외한 다른 모든 영역에서 가장 적극적이다. 2008~9년 금융위기와 경제위기 기간 상업적 은행들이 대출을 제한시킨 것과는 달리 사회적경제 은행들은 대출을 지속해 신뢰를 확보했다 (EC 2013: 54). 협동조합 등의 사회적경제 조직들은 재정 지원에서 중요한 역할을 수행한다.

3. 4대 섹터 모델

4대 섹터 모델은 3대 섹터에 '사적 영역'을 추가한 모델이다. 사적 영역은 학자에 따라 개인 또는 가족과 이웃 또는 친구와 친지 등 다양하게 지칭된다. 사적 영역이 중요한 것은 3대 섹터들을 구성하는 기본 단위를 개인 또는 가족으로 보는 시각이다. 이 시각은 시민사회를 개인과 가족 단위의 참여에 의한 경제, 정치, 사회활동과 공동체 생활이 이뤄지는 영역으로 간주한다.

1) 빌리스의 4대 섹터 모델

영국의 조직이론가 빌리스(Billis 1993)에 의하면, '시민사회' 혹은 '제3섹터'가 〈그림 4-2〉에서처럼 기업, 정부, 협회, 개인 등 4대 섹터를 연결시키는 중추적인 역할을 맡는다(Van Til 2000: 25). 그림의 대충 빗금으로 쳐진 부분이 그것이다. 즉, '시민사회' 영역이 정부와 시장으로부터 뚜렷이 구별되기보다는 오히려 더 모호해지고 있는 경향을 반영하는 그림이다. 시민사회가 정부로부터 더 많은 공공서비스 공급의 책임을 떠맡게 되며, 또 수익사업 등 영리를 추구하는 상업화 추세도 더욱 뚜렷해지는 경향이 있다. 또 역으로는 정부가 조직하거나 운영하는 비영리 조직들이 시민사회 영역으로 침범해오거나 시장의 영리기업들이 재단을 설립하거나 각종 사회공익활동을 늘려가며 또 '사회적경제' 형태로 공익사업을 하는 경향도 있다. 뒤에 소개되는 디킨(Deakin2001)의 5대 섹터 분류에 따르면, 전자는 '그림자 국가'(shadow state) 영역이며, 후자는 '사회적경제' 영역이다.

그림 4-2 빌리스(Billis)의 4대 섹터 모델

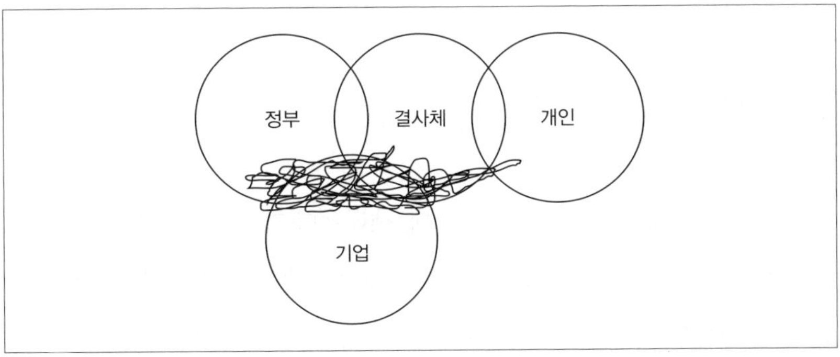

그림 4-3 바우어(Bauer)의 다양다색 모델

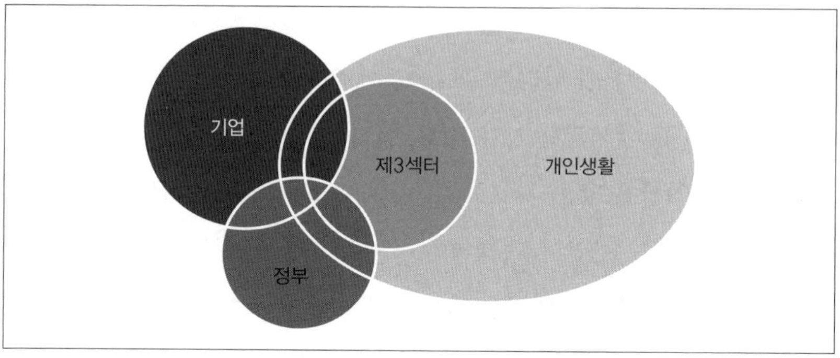

2) 바우어의 다양다색 모델

독일의 역사학자 바우어(Bauer 1993)는 제3섹터가 기업, 정부, 개인생활 등 3대 섹터의 모든 특성들을 갖춘 다양한 색깔을 내고 있다고 본다(Van Til 2000: 26). 그는 제3섹터가 자원봉사자가 볼 때는 사회서비스를 제공하며 정부의 업무를 대행하는 역할을 하고, 이사회 임원들이 볼 때는 정치적 특징을 지니게 되고, 임직원의 시각에서는 영리기업처럼 활동한다는 것이다. 즉, 시민사회의 문화적, 정치적, 경제적 얼굴을 보여주는 측면이라고 볼 수 있다.

3) 반 틸의 4대 섹터 모델

미국의 반 틸 교수는 기업, 정부, 제3섹터에다 가계와 이웃 등 '비공식적 섹터'를 중요한 제4섹터로 분류한다. 여기에서 가계는 기업, 정부, 3섹터를 연결하는 중추적인 역할을 한다. 가계와 가계구성원들은 기업섹터에서 임금

표 4-4 반 틸(Van Til)의 4대 섹터 모델

정부(government)는 제3섹터를 규제하고, 지원하며, 용역을 준다.	**기업**(business)은 기업연맹의 기부, 개별 기업의 기부, 재단의 설립으로 자선과 기부를 하며 또 임직원 자원봉사를 독려한다.
제3섹터(third sector)는 기업에서 얻은 수입에 대해 정부의 면세 인정을 받고, 정부와 체결한 용역사업으로 서비스를 제공하며, 비공식 섹터의 자원봉사 시간과 노력을 제공받는다.	**비공식 섹터**(informal sector)는 가계와 이웃으로 구성된 것으로, 제3섹터 단체들의 조정 역할로 자원봉사활동 등의 서비스를 제공한다.

자료 Van Til 2000: 21.

을 벌고 구매하며 소비하고, 제3섹터에서 협회와 재단을 설립하고 자원봉사자로 활동하며, 세금과 투표로 정부를 지지하며 견제하는 역할을 맡는다.

4) 재노스키의 4대 섹터 모델

정치학자 재노스키(Janoski 1999: 12-7)는 국가영역, 시장영역, 공공영역, 사적영역 등 4대 섹터로 구분해서, 각 영역의 주요 기관들뿐 아니라 주요 영역들이 중첩되는 영역의 주요 기관들도 소개한다. 또 〈그림 4-4〉 상단의 국가영역, 하단의 사적영역 중간에 공공영역과 시장영역이 중간영역으로 자리잡고 있다.

① 사적영역(private sphere)은 개인생활과 친구와 이웃의 네트워크 및 애정과 우애로 구성되며, 사적영역의 존재는 사적재산권에 기초하지만, 하버마스(1991)가 "생활세계의 식민화"로 표현했듯이 사적영역은 국가, 시장, 공

그림 4-4 재노스키(Janoski)의 4대 섹터 모델

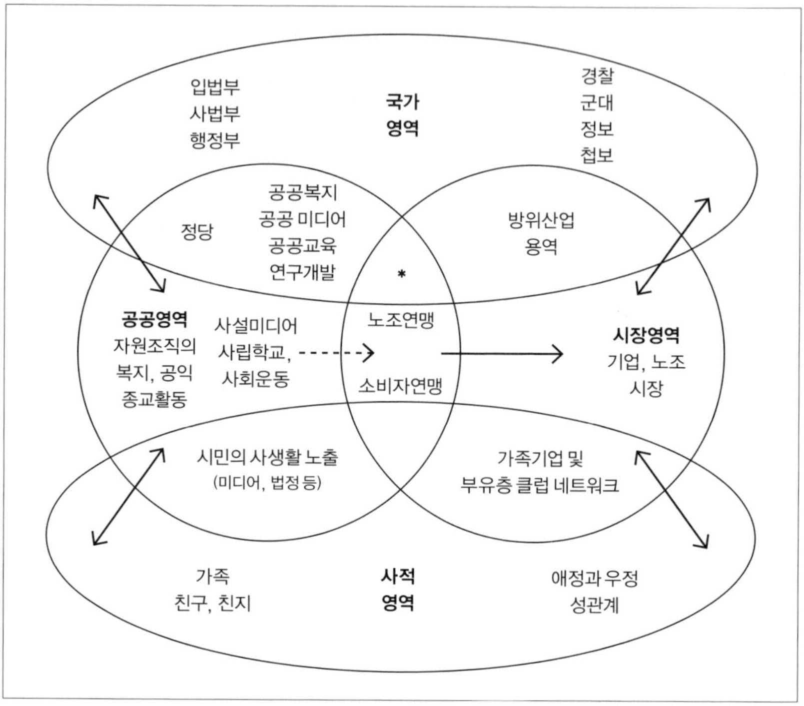

* 국가, 공공, 시장영역이 공동 관리하는 공동기업

공영역으로부터 영역의 침범을 당해왔다고 볼 수 있다.

② 국가영역(state sphere)은 입법, 사법, 행정, 경찰, 군대, 비밀경찰, 정보기관 등 공식적인 국가조직들로 구성된다. 국가영역은 각종 법, 제도, 정책으로 사적영역뿐 아니라 시장과 공공영역들에 막대한 영향력을 행사하며, 영역확대를 꾀해 왔지만 최근에 와서는 세계화와 정보화에 따라 심각한 영역축소 위기를 맞고 있다.

③ 시장영역(market sphere)은 복지국가의 시대에 많은 규제와 간섭을 받아왔지만, 최근에 세계화에 따른 신경제 질서의 등장으로 점차 영역을 확

대해가고 있다. 과거에는 국가영역과의 마찰이 심했지만 이제는 시장의 자유와 횡포를 견제하는 공공영역의 심각한 도전을 받고 있다. 이는 앞에서 지적한 '신자유주의 실패' 이후의 현상으로 볼 수 있다.

④ 공공영역(public sphere)은 가장 다양한 조직, 단체들로 구성된다. 다른 영역들과 달리 동질성보다는 이질성이 더 강한 집단들로 구성되지만, 한 가지 두드러진 특성은 비영리, 비정부, 공익추구적 특성이다. 자발적인 단체, 복지기관과 종교기관, 사회운동단체, 자조집단이 중추적인 역할을 하지만, 더 광의적인 '시민사회' 시각에서는 민간 미디어, 교육, 의료기관도 포함된다. 나아가 가장 광의적인 시각에서는 국가영역과 중복되는 정당, 공공복지기관, 국영 미디어, 공영 교육기관과 연구개발기관도 포함되며, 또 시장영역과 중복되는 노조와 사용자기관 및 소비자 결사체도 여기에 포함된다.

4. 5대 섹터 모델

이상과 같은 4대 섹터보다 최근에는 5대 섹터 모델이 더 널리 활용되고 있다. 5대 섹터 모델은 4대 섹터 모델에 자원섹터를 포함한 모델이거나, 국가(정부), 시장(기업), 시민사회(NGO) 3대 섹터에 두 가지 중첩된 영역들을 합한 모델이다. 중첩된 영역 하나는 국가(정부) 영역과 시민사회(NGO)가 중첩된 영역이며, 다른 하나는 시장(기업)과 시민사회(NGO)가 중첩된 영역이다. 전자는 '정치사회' 또는 '그림자 국가'라 부르며, 후자는 '경제사회' 또는 '사회적경제'라 칭한다.

1) 디킨의 5대 섹터 모델

영국의 사회과학자 디킨(Deakin 2001)은 시민사회의 영역이 모호하다는 점을 지적하며, 시민사회의 핵심 영역을 제외한 나머지 영역들은 한편으로는 국가와 중첩되고 다른 한편으로는 시장과 중첩된다고 분석한다. 전자는 월치(Wolch 1990)가 제시한 '그림자 국가'에 해당되며, 후자는 유럽에서 널리 통용되는 '사회적경제' 영역에 해당되는 것으로 여기에는 각종 조합, 상조조직 등이 주요 역할을 한다. '그림자 국가'의 등장 배경에 대해 월치는 "많은 자원조직들에 대한 국가 재정지원의 중요성이 확대되면서 국가는 자원조직들의 조직, 관리 및 목표에 깊이 개입하는 일이 수반되었다"라고 설명한다(p.15). 또 월치는 "자원섹터가 그림자 국가의 기구로 전환함으로써 진보적 사회변화를 창출하는 자원섹터의 잠재력이 궁극적으로 구속받을 수 있다"라고 지적한다(제5장 4절을 참조).

그림 4-5 디킨(Deakin)의 5대 섹터 모델

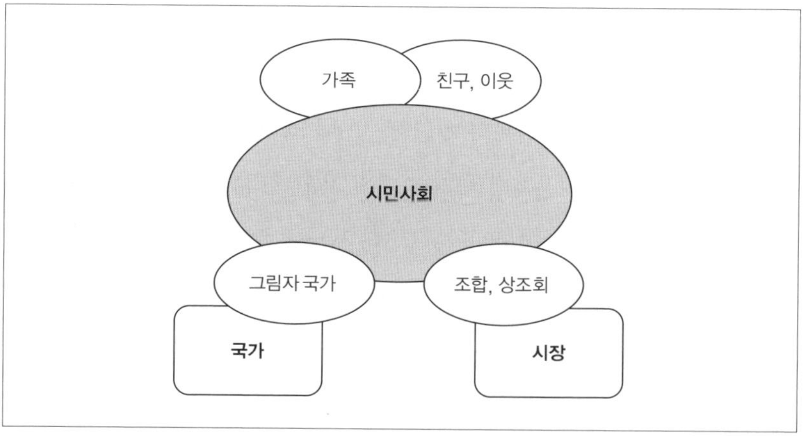

자료 Deakin 2001: 19.

2) 코헨과 아라토의 5대 섹터 모델

정치학자 코헨과 아라토(Cohen & Arato 1992)는 국가, 시장, 시민사회 3대 섹터 사이에 중첩된 두 영역을 포함한 5대 섹터 모델을 제시한다. 국가와 시민사회가 중첩된 영역이 '정치사회', 시장과 시민사회가 중첩된 영역이 '경제사회'이다. 그들에 의하면, "정치사회와 경제사회는 일반적으로 시민사회에서 등장하며, 조직과 커뮤니케이션 형태에서 시민사회와 공통점을 갖고 있고, (특히 정치적 권리와 재산권 등) 권리를 통해 제도화되었다(p.ix)." 아래에서 살펴보겠지만, 워렌(Warren 2001)은 시민사회뿐 아니라 정치사회와 경제사회 모두가 국가와 시장 사이에 위치해서 개인을 국가와 시장에 연결시켜주는 중간결사체(mediating associations)로 간주한다.

정치사회와 경제사회를 구성하는 조직들과 단체들은 시민사회를 구성하는 조직들과 분명하게 구분된다. 코헨과 아라토에 의하면, 정치사회는 "정당, 정치조직들, (특히 의회 등) 정치 공론장"으로 구성되며, 경제사회는 "일반적으로 기업 등의 생산과 배분의 조직들, 조합, 파트너십 조직 등"으로 구성된다(p.ix). 정치사회와 경제사회는 시민사회가 정치와 행정 과정과 경제 과정에 영향력을 행사할 수 있도록 도움을 주는 중개기관들로 간주된다(p.x). 따라서 시민사회는 권력과 직접 관련되는 활동을 하기보다는 정치사회를 통해 간접적으로 권력 관계에 영향력을 행사한다.

한편 제3세계 민주화 연구자인 린츠와 스테판(Linz & Stepan 1996)은 시민사회가 정치사회와 경제사회로부터 구분되는 특징은 시민 개인과 엘리트의 영향력의 차이에 있다고 지적한다. 즉 시민사회는 구성원인 시민 개인들이 변화를 주도하는 결정력을 갖고 있는 반면, 정치사회와 경제사회는 엘리트의 지배에 의해 권력과 이윤이 독점되는 사회이다. 동구권 민주화를 연구하는 하워드(Howard 2003: 35)에 따르면, "정치사회와 경제사회는 권력과 이윤을 추구하는 엘리트 행위자들과 제도들로 구성된 반면에, 시민사회는 일반시민의 영역으로, 이들은 일상생활의 관심, 욕구 및 욕망 때문에 단체와 결사체에 참여하고 회원이 된 것이다."

하워드는 코헨과 아라토의 3대 섹터 분류를 응용해서 다음과 같이 3대 섹터 사이에 중첩되는 영역에서 활동하는 기관 또는 단체들을 제시해준다(pp.36-7). 먼저 정치사회와 시민사회 사이에서 중첩되는 영역에는 정당회원으로 활동하는 일반시민들이 있고, 또 정치적 이해를 가진 이익집단 또는 NGO들이 있다. 경제사회와 시민사회가 중첩되는 영역에는 노동조합, 전문단체, 사용자단체, 생산자단체들이 있고, 경제적 이익집단과 NGO들이 있다. 또 정치사회와 경제사회가 중첩되는 영역에는 엘리트 주도적인 정치적, 경제적 이익집단과 NGO들이 있다. 정치사회, 경제사회, 시민사회 3대 섹터가 중첩된 영역에 언론이 있다는 것을 주목해볼 만하다. 이 모델에서 특히 주목할 만한 부분은 NGO이다. 일반적으로 NGO를 시민사회에서 활동하는 주요 집단으로 간주하지만, 이 모델은 정치사회, 경제사회, 시민사회 3대 섹터들이 중첩되는 영역 모두에 NGO가 활동한다는 것을 보여준다. NGO를 지나치게 넓은 광의의 개념으로 파악한 것이다. 이렇게 되면 앞에서 지적했듯이 NGO보다는 CSO로 표현하는 것이 더 적절하다.

3) 워렌의 사회관계 모델

사회학자 워렌(Warren 2001)은 위에서 코헨이 제시하는 5대 섹터 모델을 사회관계의 원근성과 사회조정의 수단, 두 차원에서 재구성한 모델로 제

■ **그림 4-6** 시민사회, 정치사회, 경제사회 모델

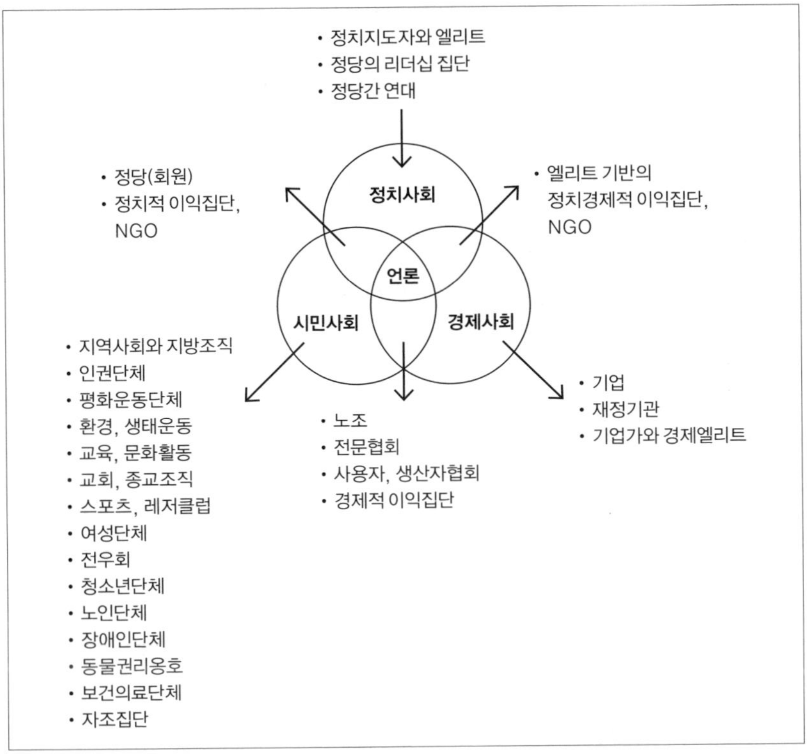

■ **표 4-5** 워렌의 사회관계와 사회조정 수단 모델

사회관계의 원근성	사회조정의 수단				
	법적(위협)	사회적(규범, 커뮤니케이션)			경제적(금전)
원거리	국가	중개기관 (정치사회)	중개기관 (공적영역)	중개기관 (경제사회)	시장
중거리			시민사회		
근거리			가족, 친구		

자료 Warren 2001: 57.

시한다. 워렌은 사회조정의 수단에 대해 법적, 사회적, 경제적 수단으로 구분하며 여기에 국가, 시민사회, 시장을 각각 위치해 두고, 다시 개인이 국가, 시장, 시민사회에 접근하는 사회관계의 원근성을 원거리, 중거리, 근거리로 구분한다. 국가와 시장은 원거리, 시민사회는 중거리, 그리고 가족과 친구는 근거리에 해당되는 섹터로 구분한다. 표의 중앙에 위치한 '중개기관: 공적 영역'(mediating spaces: publics)은 "순수한 결사적 관계와 원거리"에 위치하고, "결사적 형태의 공간적, 구조적 및 사회적 제약에 구애받지 않고 논의, 수사, 상징주의에 의존하는 공론으로 존재한다"(p.58).

5. 사회적경제 파트너십 모델

1) 사회적경제: 상호작용 접근법

사회적경제는 사회에 대한 대안적 특성보다는 광범위한 사회 안에 내재한 일부로 간주해, 사회적경제와 사회의 다른 부분들과의 상호작용에 주목하는 것이 중요하다. 이같은 상호작용 또는 상호의존의 시각에서 〈그림 4-7〉과 같은 공공부문, 영리부문, 사회적경제 부문 사이의 상관관계를 살펴볼 수 있다. 각기 독립적인 영역보다는 세 부문들이 중첩되는 영역에서의 사회적경제 조직들의 기능과 역할에 초점을 맞춰볼 수 있다(Quarter & Mook 2010: 10-11).

■ **그림 4-7** 사회적경제: 상호작용 접근법

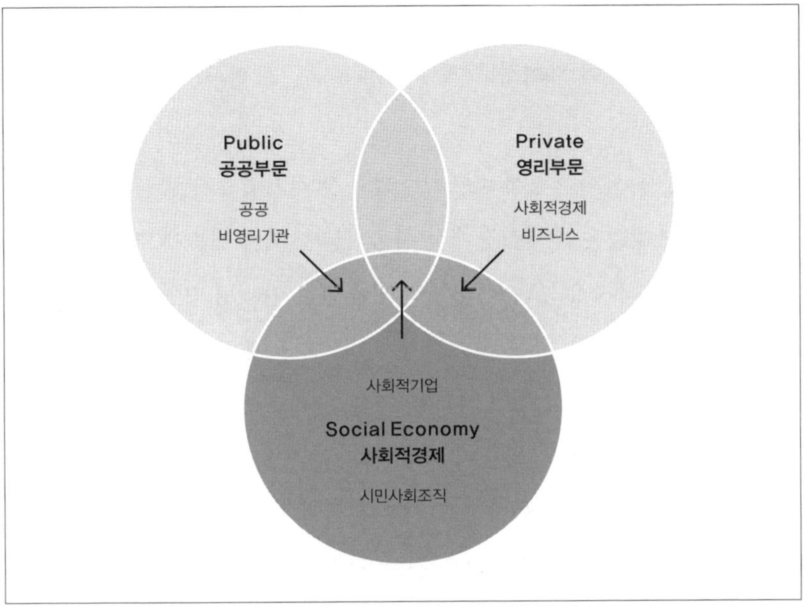

공공 비영리기관, 사회적경제 비즈니스, 그리고 지역공동체개발과 사회적기업들은 각기 다음과 같은 특성들을 갖고 있다(Quarter & Mook 2010: 12-17). 첫째, 공공부문 비영리조직(public-sector nonprofits)은 개념정의로는 독자적인 법인체이며 자체 이사회를 거버넌스 구조로 갖추고 있다. 그럼에도 재원의 상당 부분을 정부기관에 의존하고 대부분 정부정책의 영향권에서 활동하는 조직이다. 공공부문 비영리조직들은 한발은 공공부문에 다른 한발은 사회적경제에 걸쳐 있는 하이브리드 조직으로, 준공공(quasi-public) 서비스를 공급하며 정부와 사회적경제 사이의 교량 역할을 맡고 있다. 정부조직과 다르지 않은 조직이 있는가 하면, 대학처럼 정부입법에 의해 창설된 조직들은 상당한 자율성을 누린다. 다른 대형 조직들로는 정부로부터 독립적으로 설립되었지만 고객들이 소득이 부족하거나 서비스 가격이 높아서 서비스 비용을 감당하지 못하는 서비스를 제공하는 조직들이 있는데, 이들이 사회적 주택(social housing), 보건, 보육 분야의 조직들이다.

둘째, 일부 사회적경제 비즈니스들은 영리기업들과 직접적인 경쟁을 하고, 다른 사례들은 틈새시장에서 시장기능을 하기 때문에 영리기업과 직접적인 경쟁은 하지 않는다. 신용조합과 농산물 마켓팅 협동조합이 영리기업과 직접적인 경쟁을 하는 사회적경제 비즈니스에 해당된다. 사회적기업들이 영리기업처럼 변모하는 사례들 또는 반대로 영리기업들이 사회적경제 비즈니스로 확장한 사례들이 있다. 후자의 경우, 주식시장에서 주식 거래나 다른 형태로의 교환이 허용되지 않은 경우가 일반적인 유형이다. 독일의 안경부품 다국적기업인 칼 자이스(Carl Zeiss)는 1898년 이래로 전통적으로 모든 주식이 거래될 수 없고 영구적인 신탁으로 유지되고 있다.

셋째, 시민사회조직들로는 회원제 조직인 비영리 상조조직들과 일반시민 참여형 시민사회단체들로 구분될 수 있다. 전자는 다시 주된 목적이 경제적 목표를 가진 조직들과 사회적 목적을 가진 조직들로 양분될 수 있다. 경제적 목적의 비영리 상조조직들에는 기업협회, 노조연맹, 전문협회, 소비자협회 등이 포함된다. 기업협회는 영리부문의 연장으로 정부와 일반시민에 용역 입찰을 하는 비즈니스 활동을 한다. 농업협회처럼 일반적인 비즈니스 역할을 하거나, 상공회의소와 같은 역할도 있고, 또 농산물협회와 같이 특정 생산품 거래를 목표로 하는 경우도 있다. 이렇게 다양한 유형의 비영리 상조조직들의 공통점은 회원들의 이해 표출과 대표 기능을 한다는 점이다. 주로 영리 기업들이 회원으로 참여하지만 최근에는 사회적기업 등의 사회적경제 비즈니스들도 참여한다. 정부와 관계에서는 세제나 규제 등의 주요 정책 이슈들에서 회원들의 이해를 대표하는 역할을 맡는다.

마지막으로, 지역사회경제개발(CED)은 사회적경제 조직으로 공공부문과 영리부문과 겹쳐 있는 하이브리드 조직형태다. 영리부문의 사회적경제 비즈니스와 달리, CED는 자급자족력이 취약하지만 정부에만 의존하지 않고, 다른 재정지원기관인 재단, 기업 후원자 등으로부터 초기 자본금 지원을 받아 이후 자기 지속가능성을 추구한다. CED가 추구하는 핵심적인 목표는 사회적, 경제적 불평등 문제해결이다. 국가에 따라 지역, 인종, 민족 등의 요인들에 기초한 불평등이 심각한 사회문제로 부각되고 있다. 특히 시장은 고용 등의 생산성을 진흥시키는 역할을 하면서도 부와 관련된 혜택의 불균등한 분배 문제를 유발시켜, 다양한 형태의 빈익빈, 부익부 현상을 낳는다. CED의 기본 추진전략을 사회적기업 육성에 초점을 맞춰 시민사회의 비영리기관에 의해 설립되거나 비영리조직 내부에서 발전되는 경우가 일반적이다. 사회적기업은 CED의 전형적인 유형으로 자체 사회적 목적을 수행하는 수단으로 시장에서의 재화와 서비스를 교환하는 조직이다. 따라서 사회적기업은 전통적인 영리기업과 다르지 않을 수 있지만 자속가능성을 갖기 위해서는 정부나 기업이나 재단 등의 지원에 의존할 수밖에 없다. 정부는 사회적 프로그램에 대한 지출 감소를 추진하면서 시장을 통해 지출비용이 보상되거나 삭감될 수 있다는 사회적기업의 아이디어를 적극 수용한다.

2) 사회적경제 : 공공경제, 기업경제, 대중경제 관계

사회적경제는 국가와 시장 경제와는 어떤 관계에 있는가? 국가(공공) 경제, 시장(기업) 경제, 일반(대중) 경제로 구분해보면, 이들 각각과 사회적경제는 어떤 관련이 있고, 관련된 영역에서 어떤 사회적경제 조직들이 핵심적인 역할을 하는지를 정리해볼 수 있다(Utting 2016). 〈그림 4-8〉에서 공공경제(public economy)는 국가와 정부(중앙 및 지방) 및 공기업이 해당되는 영역이며, 기업경제(business / private sector economy)는 기업과 기업단체, 클러스터 등 공식 경제를 대표하는 영역이며, 대중경제(popular economy)는 비공식 섹터를 포함한 가족기업, 임금 노동 등의 영역이다.

사회적경제 또는 사회연대경제(social and solidarity economy)는 세 개 경제가 만나는 중앙에 위치한 역삼각형 영역이다. 사회연대경제에는 하단에 전통적인 사회적경제 조직(협동조합, 결사체, 상조회)들이 공공경제나 기업경제에 외부에 그리고 대중경제 내부에 속해 있는 특징이 있다. 좌측의 공공경제와 대중경제 내부에, 기업경제 외부에 있는 조직들로 상단에는 복지정책 관련 조직(사회보장, 보건, 교육 등), 중간에 참여예산과 집합관리 조직, 하단에 NGO, 시민사회 등이 위치해 있다. 그림의 우측의 기업경제 내부에는 자선조직, 재단, 노동자관리 등이 상단에 위치해 있다.

EU가 평가하는 사회연대경제(Social and Solidarity Economy: SSE)는 시장 규모가 확장되면서 주류 경제에 진입해 국가, 시장, 대중 경제와의 관계도 확장, 강화되고 있는데, 주요 특징은 다음과 같다(Utting 2016: 4-6).

첫째, SSE 조직 중에서 사회적기업에 대한 정책 관심에 초점이 맞춰지는 동향이다. 사회적기업이 SSE 개념보다 덜 모호해서 주류 시장에서 잘 통용되며 기업가정신에 대한 관심이 모아지는 특징이 있다.

■ **그림 4-8** 사회적경제의 일반 경제, 공공 경제, 기업 경제 관계

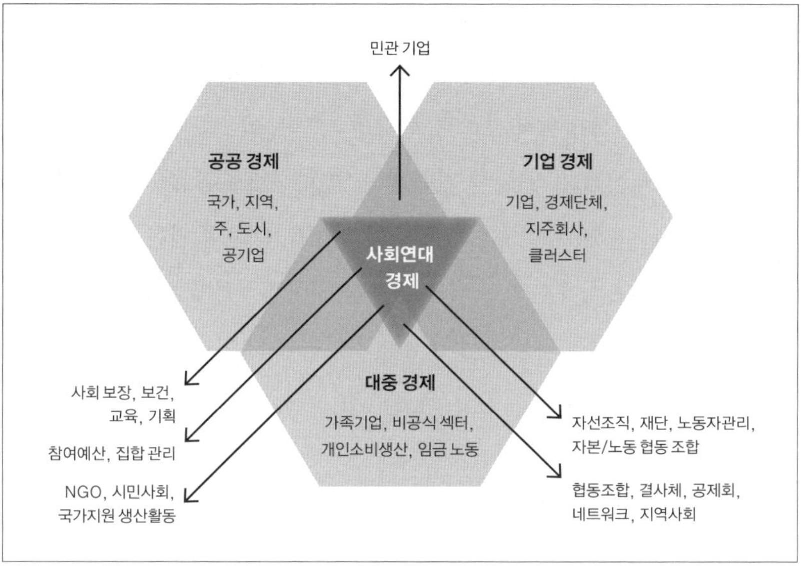

둘째, 사회적기업과 구분되는 사회적경제 개념이 오히려 새로운 사회적경제 조직 유형을 의미하는 동향도 있다. 다국적기업, 금융기관, 사회임팩트 투자기관 등 사회적 책임의 비즈니스도 같은 사회적경제 엄블렐러에 속한 것으로 간주하는 것이다.

셋째, SSE는 정부와 다른 기관들이 정부 영역에 속하는 기본개발 목표 달성에 중요한 도구라는 인식도 새로운 변화의 흐름이다. 빈곤감소 프레임워크에서 SSE 지원의 정책이 빈곤층에 대한 사회서비스 지원 역할에 우선 관심을 갖고, 반면 역량강화와 집단행동의 임파워먼트 정책을 경시하는 동향이 있다. 그런데 이같은 정책 도구로서의 SSE 시각에는 단점뿐 아니라 장점도 있다. 정부와 정당들이 SSE의 개발 활동과 실적에 관심을 갖게 되면서 SSE 정당성을 인정하는 정책 분위기 조성이 그것이다. 지난 21세기를

통해 세계적으로 MDGs와 SDGs에 대한 관심이 집중되면서 SSE의 빈곤 해소와 고용창출 기능과 성과에 관심이 집중된 것도 SSE에 대한 정부 지원 정책의 정당성 확보에 상당히 긍정적인 영향을 미친 것으로 볼 수 있다.

넷째, SSE의 특성에서 사회적, 환경적 가치 등이 SSE의 모든 것을 의미하면서, 다른 핵심적 가치들, 즉 집단행동, '협회경제'(associative economy), 능동적 시민권(active citizenship), 민주적 자기관리, 문화적 변화 등에 리스크가 제기되어 있다. 국제사회 조직들 대부분이 사회적경제, SSE, 사회적기업의 개념을 경제사회적 차원에서 규정하고 있는 것도 이를 반영한다.

제5장

시민사회조직 (NGO, NPO, CSO)

시민사회는 국가와 시장으로부터 어떻게 구분되는가? 시민사회의 특성을 어떻게 파악하느냐에 달려 있는 문제이다. 시민사회의 주도세력이 되는 NGO 활동이 크게 부각되면서 어떤 조직 또는 단체가 NGO인가, NGO는 다른 조직들과 어떻게 구분되는가 하는 문제들이 곧 NGO의 특성과 관련된다.

NGO의 개념정의는 'NGO는 무엇이다'는 긍정적인 접근법보다는 'NGO는 무엇이 아니다'는 부정적인 접근법에 따르는 경향이 있다. 따라서 NGO의 개념정의는 NGO의 특성을 어떻게 규명해서 그 특성에 해당되지 않은 조직들을 명단에서 제외시키는 접근방식이 일반화된 개념정의 방식이 되고 있다. NGO의 특성이 하나씩 추가될 때마다 여기에 탈락되는 조직들이 그만큼 늘어나고, 그럼으로써 NGO의 개념정의는 광의에서 협의로 좁혀지게 된다.

1. NGO, NPO, NPI, CSO

NGO란 무엇인가? NGO는 현대적 의미의 개념이지만 오랜 역사적 의미를 가진 개념이라는 것을 알 수 있다. 고대와 중세, 근대를 거쳐 현대에 이르기까지 다양한 형태의 NGO들이 국가와 시장 사이에서 특이한 역할을 맡아온 것이다. 이런 NGO의 역사적 의미를 현대적 의미와 구분해 정리해보며, 나아가 현대에서 NGO 개념과 거의 구분없이 혼용되는 NPO, CSO, VO 등의 개념들을 차례로 정리해본다.

1) NGO, NPO, CSO

시민사회 영역을 구성하는 주요 조직들의 명칭 또한 다양하게 불려지며 시민사회 개념정의에 대한 혼란이 가중되고 있다. NGO, NPO, VO,

CSO 등이 대표적인 개념들로, 이들을 차례로 정리해볼 필요가 있다.

NGO 개념

가장 많이 사용되는 NGO는 영어 Non-Governmental Organization의 첫 자들을 따서 조합한 약칭이다. 우리말로 '비정부기구' 또는 '비정부조직'으로 해석되고 있는데, 국내 학계 및 언론 등에서는 NGO 영문명칭을 외래어로 사용하며 일반화된 용어이다.

그렇지만 NGO라는 용어를 공식적으로 널리 사용하면서 NGO들과 가장 밀접하게 일하고 있는 UN, EU, OECD 등이 아직 명확한 NGO 개념을 규정하지 않고 있어서 개념상의 혼란이 가중되고 있다. UN은 창설과 동시에 NGO라는 용어를 UN헌장 제71조에서 공식적으로 사용했던 최초의 국제기관이지만 UN기관들 사이에서도 공식적인 개념정의에 대한 합의를 이루지 못하고 있다. NGO를 통해 개발도상국 개발을 꾸준히 지원해온 EU 또한 1994년에 와서 EU와 파트너로 활동하는 NGO들 스스로가 NGO가 무엇인지를 명확히 규정해줄 것을 요청했지만 개발지원금을 둘러싼 NGO들 사이의 이해관계가 얽혀 있기 때문에 어떤 NGO가 포함되고 어떤 NGO는 제외되는지를 합의하는 데 실패했다(OECD 1999b: 274). 한편 OECD(1993: 14)는 이미 국제적으로 널리 통용되고 있는 NGO라는 용어를 대신할 수 있는 것은 없다는 입장이지만, "NGO란 누구도 이것을 어떻게 불러야 할지를 결코 동의할 수 없는 것으로… 불만족스러운 용어"라고 밝히며, NGO 개념정의를 회피해 왔다.

Nongovernmental Organization 영어 단어가 처음 공식적으로 등장한 것은 UN헌장이다. 제2차 세계대전이 종료되기 직전인 1945년 6월에 50개국 대표들이 샌프란시스코에 모여 UN 창설을 위한 국제회의를 가졌고, 이 회의에서 UN헌장 기초작업이 이뤄졌다. 이 회의에는 정부 대표뿐 아니라 NGO 대표들도 참여해서 NGO와 UN과의 공식적인 관계를 UN헌장에 포함시킬 것을 고집함으로써 마침내 UN헌장 제71조에 협의적 지위를 획득하였다(Seary 1998: 27). 그럼에도 UN 전체 차원에서 어떤 표준화된 개념정의를 수렴할 수 없는 것은, 무수한 UN기구들이 이미 각기 다른 기준에서 다양한 형태의 NGO들과 공식적인 관계를 갖고 공조해왔기 때문이다. 이 때문에 UN은 NGO의 개념정의를 미뤄오다가 1994년에 와서 NGO에 대한 개념정의를 시도하는 보고서를 내놓았지만 그 정의는 NGO 개념에 혼란을 가중시켰다는 가혹한 평가를 받았다(Judge 1996: 1; Rice & Ritchie 1995: 2).

1994년에 UN이 밝힌 NGO의 개념정의를 살펴보면 다음과 같다. "NGO란 대충 두 가지 범주로 나뉘어지는데, 첫째 유형은 활동목표와 방법이 사회운동 그리고 (또는) 사회운동 창설과 관련되는 조직들의 유형이며, 둘째 유형은 사회운동에서 출범해서 사회운동이 제도화된 현실을 대표하는 NGO들이 포함된다. 앞의 NGO 유형은 참여와 자치권력(empowerment)을 중시하며 지역공동체 차원에서 자립을 확대하는 역량강화에 자신의 역할의 초점을 맞출 필요가 있다고 본다. 또 뒤의 NGO 유형은 권익주창과 네트워킹에 초점을 맞춰 정책과 거버넌스에서의 변화를 일으키는 도구로 삼고 있다"(UNSG 1994: 3). 이 개념정의에서는 예를 들면 UNESCO와 긴밀한 관계를 갖고 있는 많은 과학, 교육 및 문화 NGO들이 제외되며, ILO, WHO, FAO 등 전문 기구들이 파트너로 삼고 있는 다양한 전문 NGO들이 제외되기 마련이다(주성수, 서영진 2000: 32). 기업재단의 경우, UNESCO에서는 NGO가 될 수 없지만 UNDP에서는 주요 NGO로 인정받고 있다.

아직 UN 전체에서 공식적인 개념정의는 존재하지 않지만 UN공보국(UNDPI 2002)의 개념정의를 참고해볼 수 있다. UNDPI는, "NGO는 지방과 국가 또는 국제차원에서 조직된 자발적인 시민들의 비영리단체이다"라고 정의하며, NGO의 역할을 다음과 같이 설명한다. "NGO는 임무를 지향하며 공동의 이해를 가진 사람들에 의해 운영되며 다양한 서비스와 인도주의적 기능을 수행하고, 시민들의 관심을 정부에 전달하고 정책 모니터링을 하며 지역사회에서 정치참여를 촉진한다. NGO는 분석과 자문을 제공하며 조기경보장치 역할을 하며 국제협약을 모니터링하며 집행한다."

세계은행(2000d)은 "NGO/시민사회" 홈페이지에서 NGO에 대한 공식적인 개념정의를 다음과 같이 소개하고 있다. "NGO란 사람들의 고통을 감면시켜주고, 빈곤층의 이해증진, 환경 보존, 기초 사회서비스 제공, 또는 지역사회 개발 등의 활동을 추구하는 사적 단체들이다. 넓은 의미에서 NGO 용어는 정부로부터 독립적인 비영리조직(NPO)에도 적용될 수 있다. 전형적인 NGO는 전적으로 또는 부분적으로 자선적 기부와 자발적 봉사에 의존하는 가치기초적인 조직들이다."

NPO 개념

또 NPO란 무엇인가? NGO와 가장 유사한 개념으로 NPO를 많이 얘기하고 있다. NPO란 영어 Non-Profit Organization의 첫 자들을 조합한 약칭이다. '비영리기구' 또는 '비영리조직'으로 번역된다. NPO는 미국에서 널리 통용되는 용어로, 정부로부터 면세 혜택을 받는 등록된 조직들을 지칭한다. 이 조직들은 연방국세청(IRS)으로부터 면세특권을 누리는, 세법상의 501(c)(3) 조직들이다. 여기에는 대학, 교회 등 종교기관, 적십자사, YMCA 등 시민단체, 병원, 복지기관, 지역사회협회 등 무수한 기관단체들이 포함되어 있다. 한편 영국에서는 전통적으로 '자원섹터'와 이 영역을 구성하는 VO가 널리 통용되어 왔다. 영국인들은 NPO, NGO 등의 부정어법 용어를 사용하는 것을 비신사적인 것으로 거부해왔고, 또 이런 개념들이 미국 등지에서 등장하기 이전부터 VO를 널리 통용해왔다. 영국 정부기관들도 제1장에서 살펴보았듯이 이제는 VO보다 CSO를 공식 용어로 사용하고 있다.

한국에서도 NGO라는 표현을 쓰지 않고, '비영리민간단체'라는 용어를 공식적으로 쓰고 있는 법이 있다. 2000년 4월에 시행된 '비영리민간단체지원법'이 그것이다. 이 법은 NGO를 행정 및 재정으로 지원하기 위해 만든, 한국 최초의 NGO 지원법이다. 한국에서 '비영리' 용어를 사용하게 된 배경은 미국과 일본의 영향으로 보여진다. 미국은 NGO보다는 NPO를 공식적으로 사용하고 있는 국가이며, 일본은 1998년 미국의 영향을 받아 NPO법(특정비영리활동 촉진법안)을 채택했다. 한국, 일본, 미국 모두가 이들 비영리단체들에게 세금혜택을 주거나 재정을 지원하기 위한 근거법을 채택했다는 공통점을 갖고 있다(한국과 미국의 NPO는 제6장을 참조).

CSO 개념

CSO(Civil Society Organization) 개념은 세계은행, 시비쿠스(CIVICUS), UNDP 등에서 많이 사용한다. '시민사회' 개념이 가장 광의의 영역을 의미하고 있기 때문에 시민사회의 기관단체들을 지칭하는 CSO는 NGO, NPO, VO보다 더 포괄적인 개념으로 이해될 수 있다(Glasius & Kaldor 2002: 5; UNRISD 2001: 92-3).

CSO의 존재이유는 시민사회의 주된 행위자로서, "정부권력에 대해, 사부문에 대해 중요한 견제와 균형을 유지하도록 해주며 또 이 영역들에 기여하고 강화시키는 역할을 한다"(UNDP 1998b: 17). 나아가 다음과 같은 주요 기능을 이해하면 CSO 개념파악에 도움이 된다. "CSO는 경제 및 사회

활동에 시민의 참여를 연결시켜주고 이들을 공공정책에 영향력을 행사하는 더욱 역량을 갖춘 집단으로 조직화시킨다. CSO는 경제불안의 부정적인 효과를 진정시켜주고 사회혜택을 배분하는 효율적인 메카니즘을 창출하고 또 정치 및 정부 정책결정 과정에서 소외층의 목소리를 대변해준다. 또 CSO는 문화적 및 종교적 신념과 가치를 보호하고 강화시켜주는 수단이 된다"(UNDP 1998b: 17-8).

따라서 세계은행(2000c)은 "국가와 가족 사이에 있는 모든 기관과 결사체들"이 CSO에 해당된다고 지적한다. 더욱 구체적으로는 NGO뿐 아니라 노동조합과 여성단체 등의 멤버십 단체, 나아가 재단 및 기업협회, 전문협회, 미디어, 두뇌집단, 연구집단 및 훈련기관, 신용조합과 상조회, 협동조합, 풀뿌리조직(GRO)과 지역기반조직(CBO), 교회와 모스크, 기도단체 및 종교기관, 대학, 스포츠단체, 문화예술단체, 합창단과 오케스트라 등이 CSO에 포함된다. 마찬가지로 UNDP(1998b)가 제시하는 CSO의 목록에는 "노동조합, NGO, CBO, 가족, 부족집단, 종교기관, 자선단체, 클럽, 재단, 정당, 협동조합, 시민의 감시단체, 문화단체, 스포츠연맹, 환경단체, 특수이익단체, 전문협회, 스포츠단체, 학교 및 연구기관, 소비자단체 및 서비스조직들"이 포함된다.

따라서 CSO는 NGO보다 광의적인 개념으로 이해할 수 있다. UN사회개발연구소(UNRISD 2000: 92-3)는 "시민사회는 NGO를 포함하기 때문에 NGO가 시민사회와 동의어를 의미한 것처럼 들리지만, NGO는 CSO의 하나이다. NGO는 자신들의 회원들에 대해서가 아니라 광범위한 공동체에 대해 공익을 전달하기 위한 목적으로 더욱 규모가 큰, 전문화된 CSO로 이해된다"라면서, CSO는 "정부 또는 이윤추구 사부문에 속하지 않은 공식적인 또는 비공식적인 개인들과 협회들의 모임이다"라고 지적한다. 또 CSO

에는 이익집단협회가 포함되는데, 여기에는 노동조합, 변호사, 의사, 건축가 등의 전문가 협회, 생산자와 소비자 조합, 기업경영진 협회, 은퇴자협회 등이 있다. 노동조합이 NGO가 될 수 없고 CSO로 분류되는 이유는, 노조의 일차적 기능이 직장 조합원의 이해를 보호하는 데 있고 또 노조원의 회비에 의존하는 조직이므로 조합원에 일차적인 책무를 지게 되지만, NGO는 NGO 스스로에 대해 책무를 지는 특성 때문이다(UNRISD 2000: 93). '공익'의 기준에서 공익을 생산하는 조직을 NGO, 그렇지 않은 조직들은 NGO와 함께 CSO에 포함된다고 구분하기도 한다(Edwards 2001: 2).

런던정경대학의 시민사회연구소는 연구자들에 따라 NGO와 CSO가 구분없이 사용되고 있지만, NGO보다 CSO가 선호되는 이유 두 가지를 소개한다(Glasius & Kaldor 2002: 5). 하나는 NGO가 권익주창과 서비스 전달 단체들에만 초점을 둔, "다소 제도화된 조직"들로 간주되며 국제사회에서는 옥스팜(Oxfam), 그린피스(Greenpeace), 앰네스티(Amnesty) 등을 지칭하는 문제가 있다는 것이다. 즉 "노동조합, 교회 및 문화 단체들"을 NGO로 간주하지 않기 때문에 이들과 NGO를 포용하는 개념으로 CSO를 사용할 수 있다는 것이다. 다른 하나는 NGO 개념이 "유순하고, 관료적이고, 비민주적이며, 문화적 다양성을 망각하고, 회원 또는 수혜자에 대해 책무성이 없는 것"으로 비난을 받는다는 점이다. 이에 비해 CSO는 새로운 개념으로 NGO 개념에 부여된 부정적 의미를 갖고 있지 않다는 것이다. 그럼에도 UN과 세계은행 등이 최근 NGO보다 CSO를 공식 용어로 사용하는 움직임에는 기업의 입장과 NGO의 입장 사이에 균형을 유지하려는 정치적 의도가 있다는 해석도 참고해볼 만하다(Paine 2000).

2) 시민사회조직 용어와 유형

위에서 살펴보았던 NGO, NPO, VO, CSO뿐 아니라 다른 다양한 시민사회 결사체 용어들의 목록을 정리해볼 필요가 있다. NGO, NPO, VO, CSO, MBO, PBO 이외에도 무수한 용어들이 다양한 용도로 통용되고 있다. 그간 다양하게 제시된 용어들의 목록은 〈표 5-1〉과 같다. 이들 가운데, CBO, GONGO, GRO, INGO, MBO, PBO, PO, PVO, QUANGO, SMO 등은 일반적으로 널리 통용되지만 다른 용어들은 특별한 용도로 사용된다. DO, ENGO, IDCI, IO, LO, NDGO, NNGO, PSC, SCO, SGO, SNGO, WCO는 국제개발 영역에서 사용되는 용어들이다. 또 BINGO, BONGO, DONGO, GONGO는 NGO로 보기 어려운 단체이거나 사이비 NGO와 같은 부정적인 시각으로 표현하기 위해 생겨난 용어들이다.

또 한 가지 더 주목할 만한 개념은 PSC(공공서비스용역기관)이다. 이 용어는 제3세계 개발 분야에서 활동하는 NGO들이 점차 많은 공공서비스를 담당하게 되면서 만들어진 용어이다(Korten: 1990: 102). 이 기관들이 NGO와 근본적으로 다른 점은 NGO가 공익지향적 목표를 둔다면, PSC는 시장정향적 목표를 두고 정부와 원조기관을 대신해서 공공서비스를 제공해주기 때문에 유럽의 '사회경제' 기관들과 같은 중요한 역할을 한다고 볼 수 있다. 제3세계뿐 아니라 서구 국가에서도 이제 많은 공공서비스가 이들 PSC에 의해 제공되고 있는 것은 일반화된 현상이다. 최근 사회적 임팩트에 대한 관심이 높아지면서 사회적 임팩트 관련 비영리, 비정부 조직들의 용어들도 제시되어 있다. 사회적 목적을 추구하는 비영리조직인 SPO(Social Purpose Organization), 벤처 필랜스로피 조직인 VPO(Venture Philanthropy Organization)가 대표적인 조직이다(제6장5절 참조).

표 5-1 시민사회 결사체 용어들의 목록

BINGO	Big international NGO	거대국제NGO
BONGO	Business-Organized NGO	기업설립NGO
CBO	Community-Based Organization	지역기반조직
CB-NGO	Community-Based NGO	지역기반NGO
DO	Development Organization	개발조직
DONGO	Donor-Organized NGO	원조기관설립NGO
ENGO	Environmental NGO	환경NGO
GONGO	Government NGO	정부NGO
GRO	Grass-Roots Organization	풀뿌리조직
IDCI	International Development Cooperation Institution	국제개발협력기관
INGO	International NGO	국제NGO
IO	International Organization	국제조직
LO	Local Organization	지역조직
MBO	Membership Organization	회원조직
NGDO	Nongovernmental DO	비정부개발조직
NNGO	Northern NGO	서구NGO
PBO	Public Benefit Organization	공익조직
PO	People's Organization	주민조직
PSC	Public Service Contractor	공공서비스용역기관
PVO	Private Voluntary Organization	사적자원조직
QUANGO	Quasi NGO	준비정부조직
SCO	Social Change Organization	사회변화조직
SHO	Self-Help Organization	자조조직
SMO	Social Movement Organization	사회운동조직
SNGO	Southern NGO	개발도상국NGO
SPO	Social Purpose Organization	사회목적조직
VPO	Venture Philanthropy Organization	벤처 필랜스로피 조직

자료 Krut 1997: 13; Vakil 1997: 2058; World Bank 1997: 19-25.

3) 시민사회 결사체 유형

시민사회 결사체(association)는 누구를 위한 조직인가? 먼저 위의 〈표 5-1〉에서 MBO와 PBO에 대해 살펴볼 만하다. NGO가 회원 중심의 이해를 충족시키기 위한 조직, 즉 MBO인가, 아니면 멤버십이 아닌 일반시민에게 공개적인 조직으로 시민의 참여에 기초하는 공익을 추구하는 조직, 즉 PBO인가 하는 문제이다.

조직의 구성에서 시민에게 개방적이지 않은 조직들, 예를 들면 조합원만을 대상으로 하는 노동조합, 여성만을 회원으로 구성하는 여성단체들이 비교대상이 된다. 노동조합의 경우 일차적으로 조합원의 급여, 복지후생 등의 이해와 욕구를 충족시켜주기 위해 조직된 것으로 NGO로 보기는 어렵지만 앞에서 지적한 CSO에는 해당된다. 또 여성단체의 경우 남성이 아닌 여성만을 위한 배타적인 이해증진에 목표를 둔다는 의미에서는 PBO보다는 MBO 성격이 강하다. 그렇지만 여성단체는 노동조합과는 달리 회원뿐 아니라 모든 여성에 대해 '보편적 이해'를 증진시키며 공익에 기여하는 목적을 갖는다면 PBO가 되면서 동시에 NGO에 해당된다. 또 한가지 심각한 문제는 오페라, 성악, 사교 등의 특정 엘리트 중심의 단체들의 경우, 형식상으로는 멤버십 중심의 MBO가 아닌 PBO지만 실제로는 소수 엘리트를 대상으로 하는 활동에 치우친다면 과연 일반시민을 위한 공익단체, 즉 PBO로 볼 수 있는가 하는 문제가 있다.

NGO를 포함한 시민사회 결사체들은 누구를 위해 활동하며, 실제로 내부 거버넌스, 즉 누가 지원하거나 참여하며 재원은 어떻게 마련되는지에 따라 구분될 수 있다. 〈표 5-2〉에서 살펴볼 수 있듯이, 1) 거버넌스와 재원에서 정부, 기업, 일반시민, 소속회원으로 구분해볼 수 있고, 2) 대표 또는

■ **표 5-2** 시민사회 결사체 유형 분류

거버넌스와 재원	엘리트	공익적 엘리트	일반시민, 공익	소외층, 사회적 약자
• 정부지원 • 정부지원금 • 전문가 운영	• 관변단체	• 관변단체	• 관변단체 • 주민서비스단체 • 공공지원봉사단체	• 휴먼서비스단체 • 빈곤층, 노숙자 • 실업자, 교육 훈련단체 • 노인, 장애인시설
• 기업지원 • 기업지원(출연)금 • 전문가 운영	• 기업협회 • 산업협회 • 경영인단체	• 기업재단	• 기업재단	• 기업재단
• 일반시민 지원 • 회비와 기부금 • 전문가 운영			• 권익주창NGO • 환경, 소비자단체 • 정치, 행정NGO	• 여성단체 • 장애인단체 • 외국인지원단체
• 소속회원 지원 • 회비와 기부금 • 선출직 엘리트	• 전문협회 • 대학 또는 대학원 동문회	• 엘리트 서비스 클럽 (로타리 등)	• 종교단체 • 동문회 • 향우회 • 소수민족단체	• 노조 • 농민단체

자료 Skocpol 2003: 173에서 재구성.

대변의 대상은 엘리트, 공익적 엘리트, 일반시민, 소외층으로 구분해 살펴볼 만하다.

첫째, 제I 유형은 정부 지원과 전문가 운영으로 유지되는 결사체이다. 관변단체들이 대부분을 차지한다. 한국의 새마을운동, 바르게살기, 자유총연맹 등이 특별법에 의해 정부가 설립해서 재정을 지원한 대표적인 결사체들로, 주로 엘리트와 지역사회에 봉사하는 엘리트들의 목소리를 대변하거나 지역의 환경보호 등 시민의 편익을 위한 활동을 한다. 또 정부에 의해 설립되지는 않았지만, 전문 조직을 갖추고 정부재정에 크게 의존하는 자원봉사센터들과 무수한 사회복지 기관단체들이 여기에 해당된다.

둘째, 제II 유형은 기업이 지원하고 전문가에 의해 운영되는 결사체이다. 기업협회와 산업협회는 엘리트의 목소리를 대변하지만, 기업재단은 공익적 엘리트, 일반시민, 소외층의 목소리를 다양하게 대변한다.

셋째, 제III 유형은 정부나 기업이 아닌 일반시민의 참여와 회비로 지원되며 전문가가 운영하는 결사체이다. 여기에는 엘리트 또는 공익적 엘리트를 위한 활동은 찾기 어렵고, 일반시민과 소외층을 위한 활동이 대부분이다. 일반시민을 위한 공익적 활동을 하는 결사체들은 환경, 소비자단체들과 노동, 정치, 행정 등 다양한 분야의 권익주창 활동을 하는 NGO들이다. 또 소외층이나 사회적 약자를 위해서는 여성단체, 외국노동자 지원단체, 탈북주민 지원단체 등이 있다.

넷째, 제IV 유형은 소속 회원의 참여와 지원으로, 선출직 엘리트가 운영하는 결사체이다. 전문협회와 같은 이익집단뿐 아니라 대학 동문회와 향우회 등 엘리트를 위한 결사체가 있고, 로타리 클럽 등 공익적 엘리트 단체들도 있다. 또 일반시민을 위한 단체로는 종교단체, 향우회, 동문회, 소수민족 단체들이 있으며, 소외층을 위한 단체는 노조와 농민단체가 대표적이다.

2. 시민사회(NGO)의 정당성

시민사회와 NGO가 존재하는 정당성(legitimacy)의 근거는 무엇인가? 바꿔 얘기하면, 한 국가 또는 사회가 시민사회와 NGO를 필요로 하는 이유는 무엇인가? 이에 대한 답은 결코 간단하지 않다. 여러 '정당한' 이유들이 제시될 수 있는데, 아래에서는 법률적, 정치적, 사회적 및 경제적 정당성을 세계은행의 세계 주요국 현황보고서를 통해 살펴봄으로써 시민사회와 NGO의 존재이유 또는 정당성을 정리해본다.

1) 법률적 정당성

먼저 '결사의 자유'는 NGO들이 법인으로 존재하며 자유롭게 활동할 수 있도록 보장하는 헌법과 각종 법률을 통한 실질적인 자유이다. 즉, 시민들이 '결사의 자유'를 실질적으로 누릴 수 있는 것은 환경보전을 위한 결사체를 구성하거나 인권옹호, 교육지원, 소비자보호, 빈곤층 서비스 등을 목적으로 하는 결사체를 자유롭게 설립할 수 있을 때 가능하다. 이런 '결사의 자유'는 헌법과 국제법으로 보장받고 있다. 또 '표현의 자유'는 '결사의 자유'를 보장하는 헌법 등의 법이 제대로 집행될 수 있을 때만이 보장될 수 있다.

따라서 '결사의 자유'와 '표현의 자유'는 헌법, 국제법 및 지역조약 형태로 보장되고 있는 것이 일반적이다. 이를 차례로 살펴보면 다음과 같다(World Bank 1997: 10-2). 먼저, 헌법에서 국가들은 '결사의 자유'와 '표현의 자유'를 보장하고 있다. 그럼에도 개인들이 정당한 목적을 위해 또는 관련 법률에 따른 제약사항을 명확히 하지 않은 채 법률에 따라 조건부로 보장되고 있다고 밝힌다.

또 국제법의 경우, 1948년의 '보편적 인권선언'의 제20조는 평화로운 집회와 결사체 구성에 관한 개인의 권리를 보장하며, 제19조는 의견과 표현의 자유에 대한 개인의 권리를 규정하였다. 또 평화로운 집회와 결사의 자유를 보장하는 1966년의 시민권과 정치권에 관한 국제협약에는 135개국이 서명하였다. 마지막으로 지역협약의 경우, 유럽연합의 사례가 대표적이다. 1950년 '인권에 대한 유럽협약' 제11조에 결사의 자유를, 제10조에 표현의 자유를 규정하며, 유럽 회원국의 조약준수를 강제하였다. 이와 유사한 지역협약으로는 1981년의 '아프리카 인권 헌장'이 있지만 여기에는 결사의 자유에 대한 확고한 표현보다 "법을 준수하는 조건"을 달아 모호한 지지를 표명한다. 또 1969년 '미주인권협약'은 제16조에 광범위한 결사의 자유를 보장한다. 또 1948년 '권리와 의무에 관한 미주선언'에는 정치, 경제, 종교, 사회, 문화, 전문적, 노조 및 기타 특성에 따른 정당한 이해를 증진, 행사 및 보호하기 위해 결사의 권리를 가진다고 보장한다.

2) 정치적 정당성

NGO의 존재이유에 관한 두 번째의 정당성은 다원주의와 관용의 정신에서 찾아볼 수 있다(World Bank 1997: 12-3). 현대사회가 더욱 복잡다양화, 분화되면서 다양한 취미, 관심, 이해를 갖는 사람들의 집단으로 결사체들이 필요하며, 또 이 결사체를 통해 개인들의 관심과 이해를 결집하고 표출한다. 다원적 이해를 갖는 개인들을 정부와 정부정책에 전달하고, 연결시켜주는 역할을 하는 정당한 근거에서 NGO들이 존재한다고 볼 수 있다. 스포츠, 민속음악, 소수민족의 언어와 문화의 보존 등 다양한 집단들의 존재가치를 인정하는 다원주의와 관용의 발전을 위해 NGO 활동이 보장된다고 볼 수 있다.

그럼에도 다원주의와 관용의 정신을 반드시 민주주의를 위한 목표지향과 같은 것으로 간주할 필요는 없다. "건전한, 생동적이고 독립적인 NGO 섹터의 존재를 위해 민주주의가 필요조건은 아니지만, NGO 섹터의 존재는 민주주의의 장기적인 성공에 필수적인 조건이다. 또 강력하고 견고한 NGO 섹터는 소수집단들이 다수주의의 횡포를 차단할 수 있도록 하므로 민주주의의 필요조건으로 볼 수 있다"(World Bank 1997: 13).

3) 사회적 정당성

'사회안정'은 위에서 지적한 다원주의의 또 다른 측면이다. 다원주의는 사회 각 집단의 다양한 칼라가 유지되도록 해서 사회 전체가 마치 각양각색의 훌륭한 맛을 내는 샐러드바와 같은 장점을 갖는다. 무수하고 다양한 NGO들이 존재한다는 그 자체가 사회가 한편으로 치우치지 않고 단체들 사이에 자유로운 상호작용이 개방됨으로써 사회갈등을 줄이고 사회안정에 기여한다.

바꿔 얘기하면, NGO의 설립과 활동에 대한 규제와 사회적 통제가 강하면 그만큼 소외집단이 많아지며 사회안정을 해치고 사회불안을 초래할 소지가 높다고 볼 수 있다. 민주사회에서 NGO들은 다수의 사람들로부터 외면을 당하거나 지지를 받지 못하는 소수 소외집단의 목소리를 대변하거나 이들 스스로가 자신들의 이해와 목표를 추구할 능력, 즉 자치권력(empowerment)을 갖도록 도움을 줌으로써 사회적 갈등과 대립이 일어나지 않도록 하는 완충장치 역할을 한다. 또 소수집단을 위한 재화와 서비스가 다수 시민들이 부담을 지려고 하지 않는 경우, 전혀 공급되지 않거나 공급미달이 되는 심각한 문제가 발생하지만 이에 대해 NGO들이 대안을 제시하며 문제해결의 역할을 수행한다(World Bank 1997: 13-4).

한편 공동체주의자 에치오니(Etzioni 2001)에 따르면, 시민사회 또는 공동체는 '사회적 효율성'(social efficiency) 제고에 기여한다. 각종 사회문제의 등장과 심각성은 공동체 붕괴에 있다고 보며, 공동체의 붕괴에서 발생하는 인간적 및 사회적 비용을 고려하는 '사회적 효율성'이 경제적 효율성보다 더 중요하다는 지적이다(p.15). 그는 시장이 수단에 기초하는, 나와 그것(I-It)의 관계의 영역이면, 공동체는 목적에 기초하는, 나와 너(I-Thou)의 관계의 영역이라고 제시한다(p.5). 공동체 구성원들이 자발적으로 참여하는 공동체 질서의 확립은 과거 정부주도적 하향식 통제와 규제보다는 더 효율적이며 효과적이라는 것이다(p.22). 쓰레기 분리수거, 공공장소에서의 금연, 음주운전 자제 등이 사례들이다. 이는 공동체의 '도덕적 문화'가 형성되며, 공동체 중심의 '비공식적 사회규제 과정'에 의한 문제해결 방식의 장점을 부각시킨다. 환경오염 방지, 폭력예방, 청소년선도 등 많은 문제들이 이 방법으로 개선되고 있다(p.23). 비공식성은 계산적인 시장성을 지양하고, 더욱 친숙한 인간적 유대를 강화시켜 공동체의 건강에 기여한다.

4) 경제적 정당성

NGO들이 공공재화와 서비스 공급에서 정부역할을 지원하는 효율적인 파트너가 되며 또 정부와 시장이 역할을 하기 어려운 상황에서 자율적인 역할을 수행하기도 한다. NGO가 효율적인 파트너가 된다는 점에서 비용절감의 효과가 있기 때문에 서구의 많은 국가들에서 공공서비스의 상당부분이 NGO의 역할로 위임되고 있다. 샐러먼(1995)이 지적하는 '용역국가'

와 '제3자 정부', 또 유럽연합에서 부각되는 '사회민영화'가 이런 추세를 반영하는 개념들이다. 소규모 작은 NGO이지만 지역사회에 기반을 두고 지역주민의 문제와 욕구를 잘 파악해서 어떻게 문제해결을 하는 것이 바람직하며 효율적인가를 잘 알고 있는 NGO들은 거대하지만 비효율적인 정부기관들의 역할을 대신하거나 보충해준다.

많은 국가들에서 정부와 NGO 관계는 다소 적대적이거나 경쟁적인 것으로 부각된다. 정부는 NGO들이 제기하는 무수한 문제들에 대해 귀찮거나 못마땅한 것으로 간주해서 동등한 파트너로 상대하려 하지 않는다. 그렇지만 이런 근시안적이고 관료적인 자세가 지속되면, 정부정책의 효율성, 투명성, 책임성은 계속 문제를 지닌 채 덮어질 수밖에 없어 결국 행정개혁과 같은 변화와 발전을 기대하기는 어렵다(World Bank 1997: 15-6).

NGO들은 '감시자' 역할을 하거나 서비스 공급 대리점 역할을 하면서 정부정책의 비효율성, 역기능 등의 문제를 수정, 보완, 보충하는 역할을 한다. 또 '시장실패'가 시장 영역에서만 있는 게 아니라 정부가 공급하는 재화와 서비스 시장의 실패(public-sector market failure)도 있기 때문에 이에 대해 NGO들이 대안이 되거나 보충적 공급자 역할을 수행한다(World Bank 1997: 16). 또 시장경제는 사회안정과 법의 지배가 정착될 때 그리고 정부와 시장에 대한 신뢰가 성숙될 때 가장 잘 번성할 수 있다는 통념을 감안해보면, NGO의 존재와 활동은 사회안정, 법의 지배 및 사회신뢰에 기여하기 때문에 NGO 섹터는 정부정책뿐 아니라 시장경제에도 간접적인 지원과 기여를 한다고 볼 수 있다(p.17).

3. 시민사회(NGO)의 특성

그렇다면 시민사회와 NGO의 특성은 무엇인가? 이에 대해서는 국제기관들과 연구자들 사이에 의견이 대체로 수렴되어 있는 편이다. 대표적인 학자들과 국제기관들이 제시하는 시민사회(NGO)의 일반적 특성을 차례로 살펴보면 다음과 같다.

1) 크래머 등의 6대 특징

정부와 시민사회 관계를 연구하는 크래머 등(Kramer et al. 1993)의 유럽 학자들은 '시민사회'보다는 '제3섹터' 용어가 더 적절하다는 합의를 인정하면서, 제3섹터의 일반적 특징을 유럽 및 미국의 상황에 비추어 기술한다(p.6).

① 제3섹터에 대한 가치관, 이데올로기 및 공공정책이 지대한 영향을 미치며 제3섹터 조직들의 정책결정에는 영리적인 시장행태가 별로 큰 영향을 미치지 않는다.

② 제3섹터의 수입은 독특하게도 많은 수입원에서 제공되지만 그 수입은 제3섹터의 성취도보다는 모금능력에 더 의존한다.

③ 제3섹터 조직들은 복합적인 목적, 다원적 지지층, 다양한 수입원을 갖고 있다.

④ 제3섹터 조직들의 권위구조는 관료제, 자원협회, 비공식 사회체계 등이 뒤섞인 혼합형이며, 행정요원이 전문가, 준전문가, 자원봉사자 등 복합적으로 구성되어 있다.

⑤ 무보수 이사들과 행정책임자 사이의 관계는 정책결정 및 조직유지에 가장 핵심적인 결정요인이 되고 있다.

⑥ 수입원이 대부분 외부에 의존하기 때문에 제3섹터 조직들은 서비스 제공과 권익주창, 두 가지 기능 모두를 갖고 있으며, 따라서 사회변화와 사회통제의 원동력이 될 수 있다.

2) 브래튼의 구성적 특성

정치학자 브래튼(Bratton)은 시민사회를 "가계와 국가 사이에 존재하는 사회적 상호작용의 영역"으로 정의하면서, 시민사회를 구성하는 특성 세 가지를 제시한다(Burbidge 1998: 7).

① 신뢰, 상호호혜성, 관용 및 포용과 같은 시민공동체의 규범,

② 지역 비공식 결사체로부터 전국 및 국제 정치적 권익주창 집단에 이르는 자원적 속성을 가진 결사체 생활의 구조,

③ 인쇄매체와 팩스와 이메일 등의 전자매체 공공 커뮤니케이션의 네트워크.

3) 샐러먼의 구조기능적 특성

한편 샐러먼과 앤아이어(1996) 등 비교연구진이 제시하는 국제NPO분류(ICNPO)에 따르면, NPO는 일곱 가지 특성을 공통적으로 갖고 있다. 이

특성들은 '정태적' 측면을 강조한 것으로, 이를 '구조기능적' 특성이라 볼 수 있다.

① 공식적(formal)이다. '제도적'이라 할 수 있으며, 그 의미는 정기적 회의 활동, 사업계획을 갖고 정관 또는 회칙을 갖춘 조직들이라는 점이다. 따라서 이 조건에 맞는 조직들은 정부기관에 등록된 조직들뿐 아니라 다른 민간 조직들도 여기에 포함된다.

② 사적(private) 조직이다. 정부의 간섭을 받지 않는 비정부적, 민간 조직이다.

③ 비영리적(nonprofit distributing)이다. 때로는 기금 모금 등을 위한 수익사업을 할 수 있으나 조직의 대표에게 영리가 돌아가지 않고 조직의 사업에 직접 투입되어야 한다. 즉, 영리를 추구하지 않은 사적 조직들이다.

④ 자치적(self-governing)이다. 조직을 관리하고 정책을 결정하는 등 모든 절차가 내부 정관 또는 규율에 따라 시행되며 외부의 간섭이나 압력을 받지 않는 조직이다.

⑤ 자원적(voluntary)이다. 조직의 주요사업, 활동, 조직행정 등에 자원봉사자가 중심 역할을 하는 조직이다. 또 조직의 운영자금의 상당 부분이 자선, 개인기부, 기업 및 정부의 자원적 지원에 의존하는 조직이기도 하다. 그럼에도 조직의 주요 간부들은 풀타임 고용원을 두는 것이 일반적이다.

⑥ 비종교적(nonreligious)이다. 조직의 주요사업이 종교적 서비스와 종교 교육을 위한 목적이 아니어야 한다. 교회, 사찰 등이 제3섹터 조직이 아니라 교회, 사찰 등이 설립한 비종교적이고 사회기여의 목적을 가진 별도의 조직들을 말한다.

⑦ 비정치적(nonpolitical)이다. 조직의 목적이 특정 정치인 또는 정당을 지원

하거나 로비 등 정치활동을 하기 위한 것이 아니라, 인권, 사회정의, 환경에 대한 정부 정책에 압력을 행사하거나 시민의 참여를 유도하는 등의 조직들이 해당된다.

샐러먼과 앤아이어는 위의 여섯 번째와 일곱 번째는 국제적 비교연구를 위해 추가한 별도의 특성이라고 설명한다. 즉, 국가에 따라 비종교적, 비정치적 특성을 포함시키거나 제외시킬 수 있다는 것이다. 또 영국의 NCVO(1998)는 ①, ②, ③, ⑤ 네 가지를 포함하는 영역이 '협의의 자원섹터'이고, 여기에 ⑥ 비종교성, ⑦ 비정치성을 추가해서 '광의의 자원섹터'로 분류한다.

4) NGO의 특성 논의

그밖에 다른 연구자들의 NGO 특성을 함께 정리해볼 필요가 있다. 제3세계 개발 연구자들은 '비정부적' 또는 '독립적', '공식적', '비영리적', '자치적' 특성을 NGO의 개념정의의 특성으로 꼽는다(Arrassi et al 1994: 39). 한편 EC(2000a: 3-4)는 이 같은 다섯 가지 특성에 따라 NGO 개념을 정의한다는 공식적인 입장을 밝힌다. 한편 UN과 국제기관들은 '비폭력' 특성을 중시한다. UN 경제사회이사회의 NGO 자격기준에는 NGO가 "폭력을 이용하거나 옹호해서는 안된다"라고 규정한다. 국제전문학자 바이스(Weiss 1998: 1)는, "NGO는 비영리적, 자원적, 공식적, 비폭력적, 비정치적 조직으로 개발과 사회변화를 증진시키는 데 목적을 둔다"라고 정의한다.

나아가 법률적 지위를 확보한 특성을 강조하기도 한다. "NGO는 사적, 비영리적, 전문적 조직들로, 공공복지 목표에 관심을 가진 독특한 법률적 특성을 갖고 있다"라고 정의한다(Clarke 1998: 36). 그럼에도 세계 각국에서의 NGO의 법률적 지위를 분석한 국제비영리법률센터의 보고서는, "NGO는 법률적 용어가 아니라, 여기에서는 세계은행, UN, 그밖에 국가적 또는 다국가적 기관들이 거의 보편적으로 사용하는 이유에서 이용된다"(World Bank 1997: 19)는 실제적인 측면을 강조한다. 그럼에도 이 보고서는 NGO의 법률적 정당성뿐 아니라 각국의 법률과 제도에 대해 상세한 사례들을 담고 있다. 이상에서 제시된 NGO 특성들을 차례로 살펴보면서 NGO의 개념정의와 비교해보면 다음과 같다.

'비정부적' 특성

NGO의 제일의 특성은 '비정부적' 특성이다. 정부의 간섭을 받지 않는다는 의미에서 '독립적' 또는 '사적' 특성으로 볼 수 있다. 즉 NGO는 정부 및 공공기관 조직을 제외한 조직들로 구성된다. UN은 "정부기관 또는 정부간 협약에 의해 설립되지 않은 조직"이라고 공식적으로 규정한다. 따라서 가장 단순한 NGO의 개념정의는 정부로부터 독립성을 유지하는 '비정부적' 조직이라고 볼 수 있다.

'비정부적' 특성은 "정부로부터의 거리 유지와 독립성을 중시한다"라고 볼 수 있지만, 동시에 "중앙정부의 행동과 활동이 대부분 NGO가 존재하는 주요 원인이자 목적이다"라고 본다면, "정부가 존재하지 않으면, NGO도 존재하지 않는다"라고 볼 수 있다(Baehr 1996: 1). 즉, '비정부적' 특성은 NGO의 존재이유와 목적에 대해 충분한 의미를 부여하지 못한다고 볼 수 있다.

'비영리적' 특성

대부분의 연구자들과 NGO 관련 기관들은 '비정부적' 특성 하나에 기초하는 지나치게 광의적인 개념정의에 쉽게 동의하지는 않는다. '비정부적'이라는 의미가 대단히 모호하기 때문이다. 오히려 '비영리적' 특성이 더 중요하거나 결코 경시될 수 없다는 의견이 지배적이다. 따라서 NGO는 곧 NPO라고 정의하는 연구자들도 적지 않다. 캐나다의 연구자(Rutherford 1997)에 의하면, "NGO는 국가로부터 독립되어 설립되어 사회적 목표를 달성하는 활동을 하는 비영리조직들로 언급된다." 또 제3세계 개발 연구자 고르만(Gorman)은 NGO가 "비정부적(사적), 세금면제를 받는 비영리기관으로 해외에서 구호와 개발의 목적으로 서비스를 제공한다"라고 보았고, 스트리텐(Streeten)은 "NGO 또는 사적 자원조직(PVO)은 비영리조직으로 주요 목표가 빈곤 국가들의 인간적 고통의 경감과 개발에 기여하는 데 있다"라고 정의한다(Arrassi et al. 1994: 40).

그럼에도 '비영리적' 특성에 의존하는 NGO 개념정의는 근본적인 문제를 안고 있다. 예를 들면, UN 경제사회이사회가 규정하는 '일반적 협의'의 지위를 누리는 국제상공회의소(ICC)와 많은 기업주협회와 산업체연맹들은 분명 비정부, 비영리적 기관이지만 상업적 이해를 추구하는 기업들을 위해 로비활동을 하는 조직이다(Murphy & Bendell 1999: 5). 이와는 대조적으로 지역사회 협동조합의 경우, 조합원과 지역사회의 이해를 위해 이윤추구 활동을 하기 때문에 NGO 목록에서 제외되는 문제가 있다. 유럽의 NGO 개념에는 협동조합이 주요 조직으로 포함된다(EC 2000b, 2001a). 영국의 시민사회조직에도 협동조합이 포함되어 있다(〈그림 6-10〉 참조). 일반적으로 NGO들은 모금 등 수익사업을 할 수 있으나 조직의 대표에게 영리가 돌아가지 않고 조직의 사업에 직접 투입되면, '비영리' 원칙에 위배되는 것은 아니다(Salamon & Anheier 1996: 14).

'공익적' 특성

비정부적, 비영리적이면 모두 공익적인가? 비정부, 비영리 단체이지만 '공익'(public interest) 추구를 목적으로 하지 않는 단체들도 NGO에 포함될 수 있는가? 이 때문에 세 번째로 '공익' 추구 특성이 포함되는 것이 일반적이다. 여기에서 '공익'으로 표현했지만, 또 어떤 공익인가 하는 문제도 논의의 대상이 될 수 있다(Stone 1997: 20-1; 주성수 2003b: 183-4).

'공익'과 유사한 개념으로 '공동의 목표', '공공복지 목표', '사회적 목표', '사회적 또는 환경적 목표', '시민의 이해와 권리', '개발과 사회변화', '구호와 개발 목적', '인간고통 감소와 개발', '인도주의적, 사회적, 문화적 이해' 등이 다양하게 제시되고 있다. 즉, 사회경제적 목표를 중시하는 경향이 있지만, '시민의 권리'와 같은 정치적 목표를 공익의 목표로 중시하는 시각도 있다. 전자와 후자를 대표하는 개념정의를 소개하면 다음과 같다. 세계은행(2000d)은 공식적인 NGO 개념정의에 (i) 정부로부터 완전히 또는 부분적으로 독립적이고, (ii) 이윤을 목적으로 운영되지 않으며, (iii) 자신들의 회원들이나 사회 전체의 인도주의적, 사회적 문화적 이익에 서비스를 하기 위해 존재하는 그런 NGO들이라고 규정한다. 영국의 브리티시 카운슬(British Council 1998: 2)은 "시민의 이해와 권리를 증진시키기 위해 존재하는 비정부, 비영리 조직들"로 정의한다.

그럼에도 '공익'에 대한 논란은 지속되고 있다. "인권 NGO가 추구하는 사형제도 폐지, 국가보안법 폐지운동, 환경 NGO가 추구하고 있는 핵발전소 건설 반대운동, 고래잡이 반대운동, 일부 NGO에서 추진하는 특정신문 반대운동 등의 사례에서 보듯이 무엇이 '공익'인지에 관한 문제는 논란을 불러일으키기에 충분하다"라고 지적하는 연구자도 있다(이현출 2001: 220).

따라서 '공익' 추구적인 단체와 그렇지 않은 단체, 두 종류의 조직을 구분해볼 필요가 있다. OECD(1997: 7)는 회원들의 이해를 충족시키는 데 일차적인 목적을 가진 회원중심의 조직들을 '사익' 또는 '자조'(self-help) 조직, 그리고 공동선과 일반시민 전체를 위한 '시민' 조직 또는 '권익주창' 조직을 구분한다. 또 사적 이익을 추구하는 '이익집단'과 '공익단체'를 구분해 볼 필요가 있다. '공익단체'는 "추구하는 목표가 달성되면 단체의 구성원들에게 직접, 간접적으로 선별적인 이해를 갖다 주지 않는 그런 목표를 추구하는 단체"로서, 사형폐지 운동을 하는 인권단체, 정치개혁운동을 하는 미국의 커먼코즈(Common Cause)뿐 아니라, 국방력 증진운동을 하는 보수단체도 '공익단체'에 포함된다(Hrebenar 1997: 315). 또 '시민단체'(citizen group)의 개념을 미국식 NGO 개념으로 이해하는 베리(Berry 1999: 190)는 "공익단체는 모두 시민단체지만, 시민단체가 모두 공익단체는 아니다"라면서, "공익단체는 목표가 달성되면 단체의 회원들이나 활동가에게 선별적으로 물질적인 이해를 갖다 주지 않는 집합적인 재화를 추구하는 단체"라고 정의한다. 그는 환경단체, 소비자단체, 인권단체, 여성단체 등을 주요 공익단체로 꼽는다.

'공식적' 특성

샐러먼과 앤아이어가 NGO의 제일의 특성으로 제시하는 '공식적' 특성은 '제도적' 또는 '조직적' 특성이라 볼 수 있다. 그 의미는 정기적 회의 활동, 사업계획을 갖고 정관 또는 회칙을 갖춘 조직들이라는 것이다. 따라서 이 조건에 맞는 조직들은 정부기관에 등록된 조직뿐 아니라 다른 민간 조직들도 여기에 포함된다. 『국제공공정책 및 행정 백과사전』에 소개된

NGO의 개념정의는, "공통의 목표를 갖고 기본적인 조직적 구조를 갖추고 설립에서나 지속적인 존속에 필요한 대부분의 자원에서 정부에 의존하지 않으며, 또 이윤추구의 목표가 아닌 집단들이다"라고 소개되고 있다(Archer 1998: 1504). 또 UN 경제사회이사회는 '공식적' 특성에 대해, "제도화된 본부를 갖고, 민주적으로 도입된 회칙과 정책결정 책임을 맡은 민주적 대표기구의 효과적인 통제에 따르는 행정책임자를 두어야 한다"라고 규정한다(UNHCR 2001: 4). 경제사회이사회의 이런 공식적 기준에 기초해서 UN기관들이 NGO의 자격기준을 규정하고 있다. 뒤에서 살펴보겠지만 사실 많은 UN기관들과 WTO 등의 국제기관들, NGO 연합회들이 내부 규정에 의해 '공식성'을 NGO의 자격기준으로 제시하는 것이 일반적인 추세이다. 이는 각 기관마다 독특한 기준에 의해 NGO의 개념을 상이하게 규정하는 실제적인 측면인 것이다.

'자치적', '자원적' 특성

샐러먼과 앤아이어에 따르면, '자치적' 특성은 조직을 관리하고 정책을 결정하는 등 모든 절차가 내부 정관 또는 규율에 따라 시행되며 외부의 간섭이나 압력을 받지 않는 특성이다. 또 '자원적' 특성은 NGO가 조직의 주요사업, 활동, 조직행정에 자원봉사자가 중심 역할을 하는 조직으로 조직의 운영자금의 상당 부분이 자선, 개인기부, 기업 및 정부의 지원에 의존하는 특성을 말한다. UN 경제사회이사회 등에서 규정하는 NGO의 자격기준에도 "주로 개인 회원들로 재원이 충당되어야 한다"라는 재정의 자원적 특성, 즉 재정자립이 강조되고 있다(ECOSOC 2002). 그럼에도 최근 NGO의 정체성과 관련된 심각한 현안은 과연 NGO가 재정자립적, 자원적 조직인가 하는 문제로, 이에 대해 국내외적으로 심각한 논의가 전개되고 있다. 정부재정에 지나치게 의존하는 NGO가 자율적인가 하는 문제가 가장 심각한 논의의 쟁점이 되고 있다(NGO의 재정에 대해서는 제8장 3절을 참조).

'비종교적', '비정치적' 특성

'비종교적' 특성은 조직의 주요사업이 종교적 서비스와 종교교육을 위한 목적이 아니어야 한다(Salamon & Anheier 1996: 14). 교회와 사찰 자체가 제3섹터 조직이 아니라 교회, 사찰 등이 설립한 비종교적이고 사회공헌적인 목적을 가진 별도의 조직이다. 역사적으로 볼 때, 서구의 NGO 역사는 국가 권력에 맞서는 교회들의 다양한 사회경제적 활동에서 비롯되었다는 것을 앞에서 살펴보았고, 또 현실적으로도 국내외의 많은 NGO들이 종교적 뿌리를 두고 있다. 따라서 비종교적 특성에 따른 개념정의의 문제가 남는다.

또 '비정치적' 특성이란 조직의 목적이 특정 정치인 또는 정당을 지원하거나 선거관련 정치활동을 하지 않는 점을 지적한다(Salamon & Anheier 1996: 15). 그럼에도 인권, 사회정의, 환경에 대한 공공정책에 압력을 행사하거나 로비활동을 하며 시민의 참여를 유도하는 역할은 NGO의 주요 정치활동으로 간주된다. 따라서 "NGO는 시장에서 경제적 파워 또는 선거과정에서 정치적 파워를 달성하기보다는 사회적 및(또는) 환경적 목표의 증진하는 데 주요 목적을 두는 시민사회단체들이다"라는 개념정의를 참고해볼 만하다(Murphy & Bendell 1999: 5). 그럼에도 UN 경제사회이사회에 '일반적' 협의 자격으로 등록된 NGO들 가운데는 각종 입법의원 협회뿐 아니라 국제정당연합체인 Liberal International, Socialist International 등이 포함되어 있다는 사실을 주목해볼 필요가 있다. 즉, 비정치적 특성에 따른 개념정의 문제가 심각한 쟁점이 되고 있다.

5) 법률상 '공익'의 의미

주요국 공익 관련 법의 공익활동 비교

한편 법률에 나타난 '공익'의 개념을 참고해볼 수 있다. 주요국은 '공익' 법인을 인정하는 법률에 '공익'을 열거해 규정하고 있다. 목록으로 제시하는 이른바 '열거' 규정이 일반적인 특징이다.

표 5-3 공익(비영리) 법인 인정의 법적 근거: 미, 영, 독, 일, 한국 비교

	비영리(공익)법인 국제비교				
인정 기관	미국 IRS	영국 Charity Commission	독일 세무당국	일본 도도부현, 시	한국 주무관청
인정 대상 : 공익성	공익활동 (12개 목록)	공익활동 (13개 목록)	공익활동 (목록)	공익활동 (20개 목록)	공익활동 (11개 목록)
: 비영리성	이익이나 잔여 재산의 사적 분배 금지	이익이나 잔여 재산의 사적 분배 금지	이익이나 잔여 재산의 사적 분배 금지	이익이나 잔여 재산의 사적 분배 금지	이익 증진 또는 영리 목적 대가수수 활동 제외
법인세 비과세 범위	고유사업	고유사업	고유사업	수익사업 (34종) 이외	고유사업
기부금 우대 조치	소득공제	소득공제	소득공제	소득공제	소득공제

자료 미국, 영국, 독일, 일본 자료(일본 내각부 NPO https://www.npo-homepage.go.jp/toukei)
한국 상속세 및 증여세법 제12조(공익법인 등의 범위).

영국, 일본, 한국의 공익활동 법률 규정

참고로 영국과 일본의 공익활동 목록을 비교해보면 〈표 5-4〉와 같다. 각기 13개, 20개의 목록을 제시하고 있다. 일본의 경우, 20개 목록에는 마을만들기 등 소규모 조직들도 공익의 목록에 포함시키고 있다.

표 5-4 영국과 일본의 법률상의 '공익' 활동 목록

영국 공익법인의 공익활동 목록 2011년 개정 Charities Act	일본의 '공익'(비영리활동) 목록 2013년 개정 특정NPO법
1. 빈곤의 예방 또는 구제	1. 보건, 의료 또는 복지의 증진
2. 교육의 증진	2. 사회교육 추진
3. 종교의 증진	3. 마을만들기 추진
4. 보건과 생명구호의 증진	4. 관광 진흥
5. 시민권 증진, 지역공동체 개발 증진	5. 농산어촌 또는 중산간 지역 진흥
6. 예술, 문화, 전통유산, 과학의 증진	6. 학술, 문화, 예술, 스포츠 진흥
7. 아마추어 스포츠 증진	7. 환경 보전
8. 인권, 갈등 해결이나 조정의 증진 또는 종교나 인종 화합 증진 또는 평등과 다양성 증진	8. 재해구원활동
9. 환경보호나 개선 증진	9. 지역안전활동
10. 청소년, 고령, 건강악화, 장애, 재정적 곤경 또는 기타 불이익에 처한 취약층 구호	10. 인권 옹호, 평화 추진
11. 동물복지 증진	11. 국제협력활동
12. 군대, 경찰, 소방, 구호 서비스, 응급서비스의 효율성 증진	12. 남녀공동참여사회 형성 촉진
13. 기타 공익의 목적	13. 어린이의 건전육성
	14. 정보화사회의 발전
	15. 과학기술의 진흥
	16. 경제활동의 활성화
	17. 직업능력 개발, 고용기회 확충
	18. 소비자 보호
	19. 각호에서 제시하는 활동을 하는 단체의 운영 또는 활동에 관한 연락, 조언, 원조
	20. 도도부현 또는 지정도시의 조례에서 정한 활동

자료 UK Charity Commission, 2013. "Charities Law.";
일본 내각부 NPO https://www.npo-homepage.go.jp/toukei

■ **표 5-5** 한국 '공익증진을 위한 시민사회발전법'(안)의 공익활동 목록

1. 사상·양심·종교·표현의 자유 증진 및 옹호
2. 교육권, 주거권, 노동권, 문화권, 복지권 등 사회적 권리 증진 및 옹호
3. 사회적 취약계층에 대한 역량강화, 일자리 확대 및 삶의 질 개선
4. 여성·장애인·이주자·난민·아동·청소년의 권리증진 및 육성
5. 사고·재해 또는 범죄 예방을 목적으로 하거나 이로 인한 피해자 지원
6. 학문·과학기술·문화·예술의 증진
7. 교육·스포츠 등을 통한 심신의 건전한 발달 및 풍부한 인성 함양
8. 인종·성별, 그 밖의 사유로 인한 부당한 차별 및 편견 예방과 평등사회의 증진
9. 남북통일, 평화구축, 국제 상호이해 또는 국제개발협력 증진
10. 지속가능한 환경과 생태계 보호, 공중 위생 또는 안전의 증진
11. 지역사회의 지속가능한 발전
12. 공정하고 자유로운 경제활동이나 소비자의 권익 증진
13. 동물학대 방지와 동물권 보호
14. 국가 및 지방자치단체의 정책 등에 대한 감시, 견제, 비판
15. 그밖에 사회구성원의 이익을 위한 것으로 대통령령으로 정하는 사항

영국에서는 전통적인 '공익법인법'(Charities Act)에서 '공익활동'에 관한 규정을 제시해왔다. 2010년까지 1~4 항목만 존재했지만 이후 법개정으로 통해 시민사회 관련 항목 5~13번을 추가하였다. 또 일본의 특정 NPO법은 1998년에 최초로 제정, 시행되었다. 최근 2013년에 개정된 법의 제2조에서 '특정비영리활동'을 "불특정 다수의 이익 증진에 기여하는 것을 목적으로 하는 활동"으로 규정하며, 공익활동의 목록을 부록에 제시한다.

한국은 상속세 및 증여세법 제12조(공익법인 등의 범위)에서 공익을 열거 규정하고 있지만, 이런 좁은 의미의 '공익' 규정보다는 새로 제정되는 '공익증진을 위한 시민사회발전법'에서는 〈표 5-5〉와 같이 목록으로 제시되고 있다.

4. 시민사회(NGO)의 기능

시민사회가 '독립섹터'로 존재하는 이유는 마치 국가의 존재 이유와도 같다. 사실 국가의 공식기구로 인정되는 정부가 존립하기 이전부터 시민사회가 존재했다고 볼 수 있다. 인류가 존재하게 되면서부터 사람들간의 자족과 유대활동이 이뤄졌던 것이다. 아래에서는 시민사회와 NGO의 주요기능들을 우선 살펴보고, 또 국제사회에서의 NGO의 역할 등으로 구분해서 차례로 살펴본다.

EC(2000b)는 NGO 기능을 1) 서비스 전달 또는 공급기관, 2) 권익주창, 3) 자조집단 또는 상조모임, 4) 자원 및 조정 등으로 제시한다. 한편 지구촌 NGO들의 연합체 역할을 하는 시비쿠스(CIVICUS 1999)는 시민사회의 주요기능에 대해 수요와 공급으로 나누어 설명한다. 수요 측면에서, "시민사회는 국가의 권력행사를 모니터링하며 공공정책결정에 시민참여를 확대시키면서, 권력과 목소리를 갖고 있지 않은 사람들을 위한 권익옹호자 역할을 하며 또 투명성, 책임성 및 공정성을 요구한다." 또 공급 측면에서, "시민사회는 공공정책의 집행의 역할 상당부분을 국가기관들과 공유한다."

나아가 현대 민주사회에서 시민사회와 NGO의 역할은 무엇보다도 사회공론의 장 기능을 하며 또 국가와 시장에 대한 견제와 비판 기능을 한다. 이들이 NGO의 제1, 제2 기능이라고 볼 수 있다. 또 사회문제 해결과 서비스 제공의 기능을 제3, 제4 기능으로 꼽을 수 있다. 이런 기능과 역할은 또 미국의 시민사회 지도자 오커넬(O'Connell 1994)에 따르면 국가와 시장에 대응하는 시민과 시민사회의 자치권력, 시민의 권익옹호와 정책변화를 추진하는 권익주창, 그리고 시민을 직접적인 대상으로 하는 사회서비스 제공 기능이다. 한편 샐러먼 등(Salamon et al. 2000: 5-7)은 서비스, 권익주창 기능

이외에 '창의성', '의사표현과 리더십 개발', 그리고 '공동체 건설과 민주화' 역할 세 가지를 더 추가한다. 또 퍼트남(1993a, 1993b, 1995)은 '사회자본' 기능을 시민사회의 일차적인 주요 기능으로 꼽는다.

1) 사회공론의 장

시민사회는 민주주의의 질적 향상을 위해 몇 가지 독특한 기능을 수행한다(EC 2000a: 10-1). 시민사회는 1) 사회공론의 장 역할을 하고, 2) 대의민주주의 감시자 역할을 하며, 3) 정책결정에 직접 참여하기를 바라는 시민의 참여 매개 역할을 하는 참여민주주의를 조장한다. 또 OECD(1997: 7)는 "시민사회는 국가와 개인 시민 사이에 존재하며, 시민들이 매우 다양한 속성을 가진 자치적, 조직적 및 집합적 활동들을 개발할 수 있는 공공영역"이라고 서술한다.

하버마스(1991)는 국가(정부)의 권력과 시장(기업)의 재력과 구별되는 시민사회의 파워를 커뮤니케이션 파워(communicative power)로 분석한다. 특정 문제와 정책에 대해 시민들과 다양한 집단의 인식과 논의를 활성화시켜 대의민주주의의 문제를 보완해주는 중요한 역할을 담당한다. 또 시민참여의 중요성을 알리고 시민참여를 유도해서 국가와 시장으로부터 침해받지 않는 독립적인 사회영역을 구축해서 시민들이 참여의 교육을 받고 참여에 대한 만족을 갖도록 도와준다.

2) 국가·시장 견제

시민사회와 NGO의 존재이유는 국가권력으로부터 시민의 자유와 권리를 보호하는 기능이라고 볼 수 있다. 대표적인 사례로 제3세계 민주화 항쟁을 들 수 있다. 아울러 자본주의의 폐해가 되는 시장의 횡포로부터 소비자 시민들을 보호하는 활동 또한 경시될 수 없다. 사례로는 소액주주운동, 기업의 환경오염 감시활동, 소비자보호와 감시활동을 들 수 있다.

일반시민의 인권과 재산권 침해를 감시하고 시정을 요구하는 등의 각종 권익주창 활동도 중요하다. 서구에서도 이런 활동이 주된 시민사회 활동인 것을 보면, 한국사회도 민주화로 가는 과정에서 사회정의 실현과제와 시민권리를 회복하거나 강화시키는 과제들을 안고 있다는 것을 알 수 있다. 정부정책의 변화, 제도화, 입법화를 추진하는 정책활동이 시민사회와 NGO의 주요기능이다. 그럼에도 '권익주창' 역할을 둘러싼 보수파와 진보파 사이에 심각한 논란이 있다(이에 대해서는 제10장 2절을 참조).

3) 사회문제 해결

시민사회단체들은 심각한 사회문제를 해결하는 일도 게을리 하지 않는다. 사회문제 해결을 위해 조직된 시민사회단체들이 높은 비중을 차지하며 점차 늘어나는 추세이다. 시민 자원봉사자들의 참여에 의해 각종 상담, 환경보호, 청소년 보호, 노숙자 숙식 제공, 노약자 간호 등 시민들에게 직접 서비스를 제공해 줌으로써 시민참여를 확대시키는 참여민주주의를 지향하는 것이다. 많은 국가의 NGO들은 초기 민주화 과정에서의 권익주창 활동에서 서비스제공 역할로 점차 이동하는 동향에 있다. 일반시민의 생활과 삶의 질에 밀착된 시민편익 활동이 점차 중시되고 있는 것이다.

4) 사회자본 생산

시민사회는 시민들의 자유로운 활동과 만남을 통해 서로 신뢰하며 유대를 강화하면서 붕괴되는 공동체의 재건을 가능하게 해주는 '사회자본'을 창출한다. 시민사회의 주요 역할은 사회자본의 창출에 있으며, 다양한 사회, 경제, 정치적 기여를 한다. 시민사회가 갖고 있는 시민들의 네트워크와 규범은, "사회적 상호작용을 제도화시켜 기회주의를 축소시키며, 사회적 호혜성과 신뢰와 규범을 증진시키며, 또 정치적 상호작용과 경제적 거래를 원활하게 해준다"(UNDP 1998b: 41).

경제동향재단의 총재이자 시민운동가인 제러미 리후킨(Rifkin 1996: 22)은 시민사회(제3섹터)의 사회자본 기능에 대해 다음과 같이 서술한다.

> 제3섹터 조직들은 새로운 아이디어를 생산하는 인큐베이터이자 사회적 고통을 공론화시키는 포럼이며… 그들은 빈곤층과 무의탁 계층이 도움의 손을 찾을 수 있는 곳이다… 제3섹터는 많은 사람들이 민주적 참여의 예술을 실천하는 방법을 배우는 장소이며, 사람들은 그곳에서 애정을 찾고 우정을 쌓는다. 제3섹터는 정서적 세계를 탐구하는 시간과 장소를 마련해준다. 또 제3섹터는 사람들이 여가와 유흥을 즐기며 삶과 자연의 즐거움을 더욱 진지하게 경험하는 곳이다. 제3섹터는 개인적 관계를 풍성하게 하고, 신분을 찾을 수 있으며 공동체 의식이 창출되는 곳, 안식처이다.

5) 사회적 서비스 기능

시민사회의 조직, 즉 NGO는 구체적으로 어떻게 사회에 기여하며 시민에게 직접, 간접의 혜택을 주고 있는가? 정치, 경제, 사회에 기여하는 역할이 다양하게 나타난다. 더욱 구체적으로는, 아래처럼 세 가지 차원에서 각각의 대조적인 두 가지 측면을 조합한 여덟 가지 특이한 유형으로 제시될 수 있다(Wolch 1990: 26).

① 제1차원(재정): 상품화(commodified) – 비상품화(noncommodified)

NGO들은 비영리 공익활동을 목표로 활동하지만 일부 NGO들은 활동에 필요한 재원을 확보하기 위해 수익사업 등의 '상품화' 전략을 추진한다. 여기에서 중요한 기준은 NGO들이 수익사업으로 얻어지는 이익을 자신들의 급여 또는 부수입으로 분배하지 않고 이를 다시 자신들의 공익활동에 투입하는 기본원칙을 지키는 일이다.

② 제2차원(주체): 전문가(elitist) – 일반시민(participatory)

NGO들은 일반시민의 자발적인 참여에 의해 자율적으로 운영되는 단체이다. 따라서 시민의 회비, 자원봉사활동이 NGO 활동의 가장 소중한 자원이지만, NGO활동의 성격에 따라 전문가 참여가 필수적인 활동이 점차 늘고 있는 추세이다. 상담과 전문치료 등 사회복지서비스 영역이 그러하다.

③ 제3차원(목표): 직접서비스(direct service) – 권익주창(advocacy)

NGO들은 다 같지가 않다. 어떤 NGO들은 시민을 대상으로 직접 서비스 제공을 하고, 어떤 NGO들은 주로 소외층의 권익옹호를 위해 주의주장을 내세우며 정부정책의 변화를 압박하는 활동, 즉 권익주창 활동을 한다.

표 5-6 NGO의 사회적 기능의 유형과 사례

유형	주요 사례
1. 상품화된-전문가-직접서비스	장기요양치료
2. 상품화된-전문가-권익주창	기업 또는 전문집단을 위한 전문 로비활동
3. 상품화된-일반시민-직접서비스	자원봉사자로 운영하는 박물관 기념품판매
4. 상품화된-일반시민-권익주창	자원봉사자가 만들어 기관에 정보지 판매
5. 비상품화된-전문가-직접서비스	사회사업전문가에 의한 후드뱅크 활동
6. 비상품화된-전문가-권익주창	생물학자들이 협회기금으로 환경로비활동
7. 비상품화된-일반시민-직접서비스	폭행당한 여성들의 자치권력활동 지원서비스
8. 비상품화된-일반시민-권익주창	정신질환 경험자들이 정신건강캠페인활동

자료 Wolch 1990: 26.

5. 시민사회(NGO)의 유형

시민사회와 NGO의 개념이 다양하게 정의되고 있듯이 시민사회와 NGO의 유형 또한 다양하게 제시되고 있다. 세계은행과 UNDP 등의 국제기관들은 광범위한 시민사회 영역을 정의하면서, 여기에 포함되는 기관단체들을 'CSO'라 통칭한다. 앞에서 살펴보았듯이 CSO는 넓은 의미의 NGO로, CSO에는 NGO뿐 아니라 노조, 정당, 언론, 종교기관 등 시민사회 조직과 단체들이 다수 포함된다. 아래에서는 먼저 세계은행의 CSO 유형, EU의

사회적경제 유형을 살펴보고, 샐러먼과 앤아이어의 국제NPO분류와 영국의 사례, 미국의 NPO 유형 및 한국에서의 NPO 분류를 차례로 정리해 본다.

1) 국제NPO분류(ICNPO)

샐러먼과 앤아이어 등 비교연구자들이 정립한 국제NPO분류(ICNPO)에 따르면, 'NPO 섹터'의 기본적인 특징은 앞 절에서 소개한 다섯 가지이다. 즉, NGO 섹터는 공식적, 사적, 비영리적, 자원적, 자치적 특성을 갖는다. 또 이 특징에 따라 비영리기관들은 12개 그룹으로 분류되며, 여기에 속하는 기관들은 다시 세분되어 있다.

2) UN의 NPI 분류

이상의 ICNPO에 기초하는 UN의 국가계정(National Accounts)에 적용하는 비영리조직(Non-Profit Institutions: NPI) 분류가 제시되며 한국을 포함한 32개국이 자국의 조사설계에 동참했다. 2014년에는 7개국 조사 결과가 발표되었다(Salamon et al. 2014).

■ **표 5-7** UN의 비영리조직(Non-Profit Institution: NPI) 유형

NPI(Non-Profit Institution) 조직 유형	NPI 포함 가능 회색 지대 유형
(a) 비영리서비스조직: 병원, 대학, 데이케어센터, 학교, 사회서비스공급기관과 환경단체	(a) 협동조합: 회원들의 경제적 이해를 추구하므로 비영리성에 위배됨
(b) 비정부조직: 낙후지역의 경제개발과 빈곤해소 활동	(b) 상조회: 상조저축은행, 예금과 융자협회, 상조보험사, 질병장례기금 등
(c) 문화와 예술조직: 박물관, 아트센터, 오케스트라, 앙상블, 역사기관 등	c) 자조집단: 협동조합이나 상조회와 유사
(d) 스포츠클럽: 아마추어스포츠, 훈련, 휘트니스 등	(d) 소셜 벤처: 취약층 고용과 훈련을 목적으로 조직된 기업
(e) 주창 단체: 시민권 등 권리 증진, 대중의 사회, 정치적 관심사 주창	(e) 준정부조직: 정부기관의 보조적 역할 수행을 위해 조직
(f) 재단: 자산이나 자본금, 또는 자산 소득으로 프로젝트나 프로그램으로 타조직에 증여	(f) 대학: 유형에 따라 NPI, 공공기관 또는 영리기업으로 분류
(g) 지역공동체 기반 또는 풀뿌리 공동체 조직: 회원 기반으로 특정 대상층, 공동체 또는 마을 구성원에게 서비스 제공	
(h) 정당: 특정 후보를 정치적 지위를 갖도록 지지하는 조직	
(i) 사교 클럽: 개인 회원들과 지역공동체에 서비스와 레크리에이션 기회를 제공하는 투터링, 컨트리 클럽	
(j) 노동조합, 기업 및 전문협회: 노동, 기업 또는 전문적 이해를 증진, 보호하는 조직	
(k) 종교 기관	

자료 UN 2003, p.21-22.

3) 세계은행의 CSO 분류

세계은행은 여러 문헌에서 CSO의 기능과 유형을 공식적으로 사용하고 있다. 세계은행(2000c)은 CSO의 주요 기능을 다섯 가지로 구분한다.

표 5-8 CSO의 5대 기능과 유형

기능	대표적인 CSO 유형
대표 Representation	노동조합, 여성단체 등의 멤버십 기관 NGO연합회 및 네트워크 교회 및 종교 기관 토착민 기관
전문자문 Technical Expertise	전문협회 및 기업협회 권익주창 NGO 두뇌집단 및 연구단체 뉴스 미디어 기관
역량강화 Capacity-Building	재단(지역 및 국제) NGO 지원기관 훈련기관
서비스제공 Service-Delivery	프로젝트집행 NGO(지역 및 국제) 신용조합 및 상조회 비공식 풀뿌리단체(GRO), 지역공동체기관(CBO)
사회적 기능 Social Functions	모스크(사원) 또는 기도집단 스포츠 클럽 문화 단체 합창단

자료 World Bank 2000c: 6.

① 대표: 시민의 이해와 목소리를 취합해서 대변하는 활동.

② 전문자문: 특정 사안에 대한 정보와 자문을 제공하고 로비활동.

③ 역량강화: 다른 CSO들에게 재정, 자문 등을 지원하는 활동.

④ 서비스제공: 프로젝트를 집행하거나 서비스를 제공하는 활동.

⑤ 사회적 기능: 집단적인 레크리에이션, 사교활동을 지원하는 활동.

4) EU의 사회적경제 분류

앞에서 살펴보았듯이 유럽에서는 시민사회보다 더 널리 통용되는 용어가 '사회적경제'이다. 따라서 EC(2001b: 1-2)가 사회적경제에 포함되는 주요기관들, 즉 협동조합, 상조회, 결사체, 재단의 구성과 특징에 대해 공식적으로 채택한 분류법을 살펴볼 필요가 있다.

① 협동조합(cooperatives)

- 자발적이고 개방적인 멤버십
- 1인 1표에 의한 평등 투표권과 다수결의 원칙
- 자본형성에 멤버의 기여
- 정부 등으로부터 자율과 독립
- 농업, 제조업, 은행, 도소매 및 서비스 분야에 널리 분포

② 상조회(mutual societies)

- 자발적이고 개방적인 멤버십
- 1인 1표에 의한 평등 투표권과 다수결의 원칙
- 자본형성에 기여 의무가 없고 회비 의무
- 정부 등으로부터 자율과 독립
- 의료, 생명 및 비생명보험, 보증제, 주택융자

③ 결사체(associations, NGOs, Voluntary Organizations)

- 자발적이고 개방적인 멤버십
- 1인 1표에 의한 평등 투표권과 다수결의 원칙
- 자본형성에 기여 의무가 없고 회비 의무
- 정부 등으로부터 자율과 독립

- 서비스 제공자, 자원봉사활동, 스포츠, 권익주창, 대변활동
- 의료, 노인, 아동 등의 사회 서비스 제공

④ 재단(foundations)

- 이사회에 의해 운영
- 기부와 기증에 의한 자본형성
- 연구 지원 및 수행, 국내, 지방, 국제 프로젝트 지원. 자원봉사, 사회서비스 재정 지원

세 번째로 소개되는 '결사체'에 NGO들이 포함된 것으로 간주하며, 이를 VO로 부르기도 한다. EC(2000b: 2)는 VO에는 다음과 같은 네 가지 유형들이 있다고 소개한다.

① 서비스 전달 또는 공급기관 - 소속 회원들 또는 대상계층에 사회 서비스, 의료 서비스, 교육 훈련, 정보, 자문 또는 지원 등의 서비스를 제공한다.
② 권익주창 - 공공 인식 또는 정책을 변화시키기 위한 목적으로 캠페인, 로비활동을 하거나 특정 대의 또는 특정 집단을 대신해서 권익을 주창한다.
③ 자조집단 또는 상조모임 - 상호 협력, 정보, 지원 및 공동노력을 제공하기 위해 공동의 이해 또는 욕구를 가진 개인들이 모여 구성한 집단이다.
④ 자원 및 조정 - 특정 분야에서 활동하는 개별 기관들 또는 일반 부문의 활동을 조정하거나 정보를 제공하고 지원하는 이른바 '중개조직'이다.

제6장

시민사회(제3섹터) 지표와 임팩트

이제 시민사회(제3섹터)의 경험적 실제와 현황에 관한 분석을 소개한다. 시민사회(제3섹터)의 규모, 인력, 재정 등 주요 현황은 어떠한지, EU를 비롯한 영국, 미국, 한국 사례를 차례로 살펴보며, CIVICUS의 글로벌 시민사회지표(Civil Society Index) 분석에서 나타난 한국 시민사회의 현황을 알아본다. 미국 시민사회의 '핵심가치' 분석과 '임팩트' 측정과 임팩트 투자의 전망을 알아보며, 시민사회의 지속가능성을 파악해본다.

1. 시민사회(제3섹터)의 현황

먼저 EU 국가들의 제3섹터와 사회적경제에 관한 합의된 의견과 경험적 분석 결과를 참고해볼 만하다. EU 29개국 기초조사가 2015년에 시행되어, 주요 현황 자료가 제시되어 있다. 기초 통계를 경제적 규모, 조직의 인력, 재정 및 주요 활동 측면에서 살펴볼 수 있다.

1) EU 제3섹터의 경제적 규모

EU 제3섹터의 경제적 규모는 풀타임 종사자의 인력 규모에서(그림 6-1), 제조업과 무역업 종사자 다음으로 많은 제3의 거대 산업을 형성하고 있다. 또 EU 제3섹터의 고용이 전체 고용에서 차지하는 비중은 29국 평균이 12.9%에 달한다(그림 6-2). 고용 측면에서 제3섹터가 가장 발달한 지역은 스

■ **그림 6-1** EU 29개국 제3섹터 임직원(풀타임 종사자): 2014년 (단위: 만명)

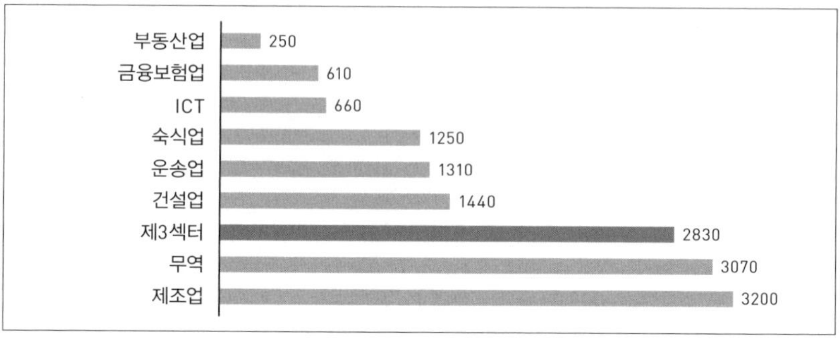

자료 Salamon and Sokolowski (2016), p.8.

■ **그림 6-2** EU 제3섹터 종사자: 전체 고용 비중, 2014년 (단위: %)

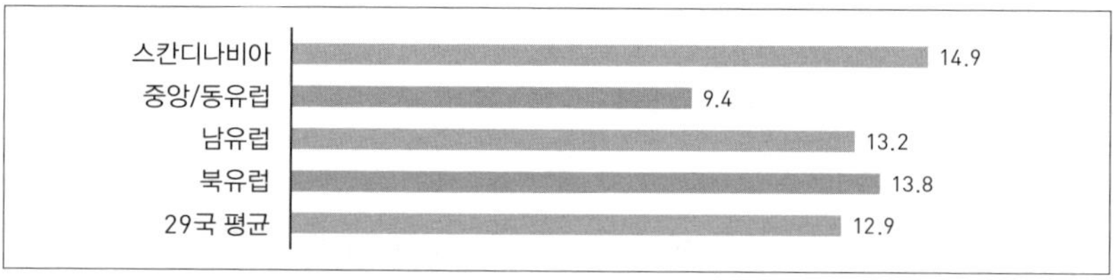

자료 Salamon and Sokolowski (2016), p.13.

참고 북유럽(오스트리아, 벨기에, 프랑스, 독일, 아일랜드, 룩셈부르크, 네덜란드, 영국); 남유럽(시프루스, 그리스, 이탈리아, 말타, 포르투갈, 스페인); 중앙/동유럽(불가리아, 크로아티아, 체코, 에스토니아, 헝가리, 라트비아, 리투아니아, 폴란드, 루마니아, 슬로바키아, 슬로베니아); 스칸디나비아(덴마크, 핀란드, 노르웨이, 스웨덴).

■ **그림 6-3** EU 제3섹터(NPI) 고용과 전체 고용의 변화: 12개국, 2000~2013* (단위: %)

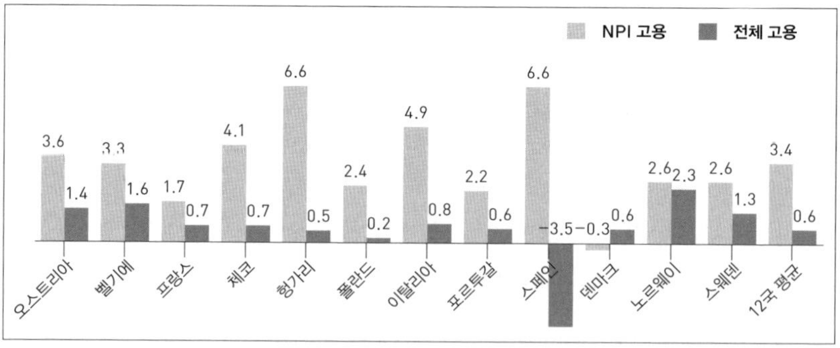

자료 Salamon and Sokolowski (2016), p.13.

참고 * 2000년경부터 2013년경 사이의 변화율(각국 마다 다소 상이함).

칸디나비아 4개국(덴마크, 핀란드, 노르웨이, 스웨덴)으로, 14.9%에 달한다. 반대로 중앙/동유럽 11개국이 가장 작은 고용 규모를 갖고 있다.

또 금융위기 등으로 경제 성장이 침체된 중에도 EU 제3섹터의 NPI 고용율은 지속적으로 성장했다. 덴마크를 제외하고 11개국이 전체 고용 성장에 비해 두 배 이상 높은 고용 증가율을 기록해, 실업으로 어려움에 처한 유럽에서 제3섹터가 고용 성장에 큰 몫을 했다고 볼 수 있다.

2) EU 제3섹터의 인력과 재정 수입원

제3섹터는 시민의 자발적인 자원봉사에 크게 의존한다. 조직의 인적 구성에서 자원봉사자가 차지하는 비중이 상근 종사자보다 훨씬 더 많다. 29개국 평균을 보면, 제3섹터 인력 중 상근종사자는 45%, 자원봉사자는 55%를 차지한다.

한편 제3섹터의 인력 구성을 NPI, 협동조합/상조회, 자원봉사/직접행동으로 구분하면, 29개국 평균에서 NPI가 가장 많은 비중을 차지하며, 협동조합/상조회는 전체 10%에 불과하다. 자원봉사/직접행동은 32% 비중이지만, NPI에 포함된 자원봉사자를 포함하면 자원봉사는 55%로 크게 늘어나, 다수 인력이 된다. 또 지역별 차이도 적지 않은데, 북유럽(8개국)과 스칸디나비아(4개국)에서 NPI가 가장 높은 비중을 차지하고, NPI 성장이 낮은 중앙/동유럽에서 자원봉사/직접행동 의존도가 압도적으로 높다(그림 6-5).

제3섹터의 재정 수입원은 복합적이다. EU 20개국 평균에서 정부 보조금이 가장 높은 비중(46%)을 차지하고, 회비와 이용수수료 43%, 기부금과 모금이 11%이다. 정부-시민사회 공조적 파트너십을 중시하는 북유럽 9개

■ **그림 6-4** EU 제3섹터 인적 구성: 상근 종사자와 자원봉사자 (단위: %)

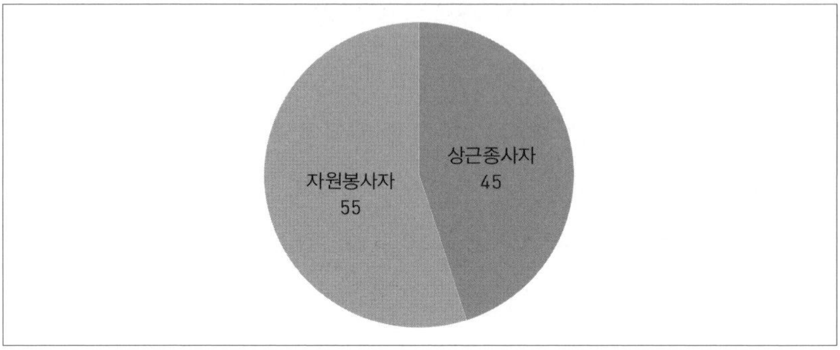

자료 Salamon and Sokolowski (2016), p.9.

■ **그림 6-5** EU 제3섹터의 인력 구성: NPI, 협동조합/상조회, 자원봉사/직접행동 (단위: %)

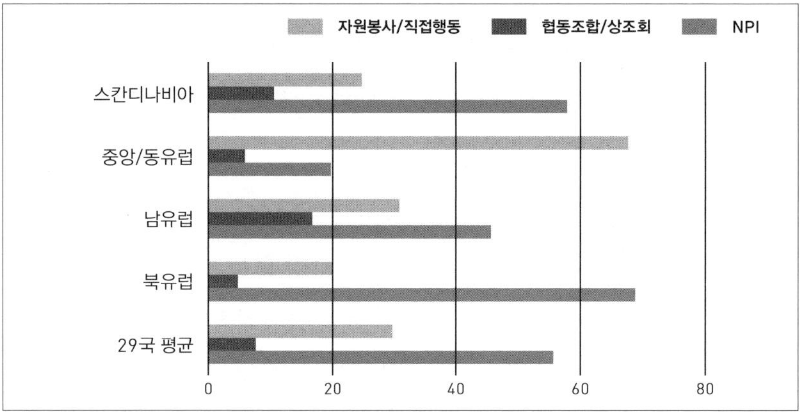

자료 Salamon and Sokolowski (2016), p.15.

국은 정부 보조금 비중이 높은 반면에, 보편적 복지국가가 발달한 스칸디나비아 4개국은 회비와 이용수수료 비중이 57%로 높은 비중을 차지한다.

■ **그림 6-6** 제3섹터 수입원: EU 20개국, 2014 (단위: %)

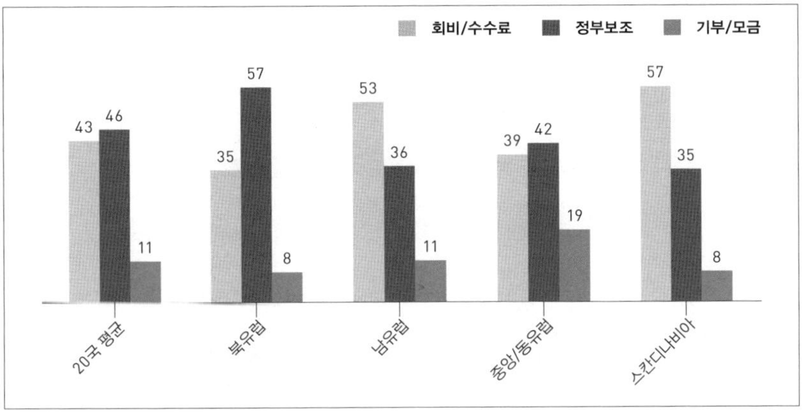

자료 Salamon and Sokolowski (2016), p.17.

3) EU 제3섹터의 서비스와 주창/표현 활동

제3섹터 조직들은 서비스 제공뿐 아니라 주창/표현 활동이라는 양면의 역할과 기능을 한다. 주창/표현 활동으로는 집회와 시위 등 직접행동과 로비활동, 환경과 소비자 운동, 문화예술, 스포츠 등의 표현 활동, 그리고 서비스 활동으로는 교육, 보건, 복지, 주택 등 다양한 사회서비스 활동이 있다. EU에서는 인력 구성에서 서비스 활동이 주창/표현 활동보다 더 많아, 정부-제3섹터의 공조적 서비스 활동이 주목을 받는다. 복지국가가 제3섹터 파트너십에 의존하는 북유럽 9개국이 주창보다는 서비스 활동이 훨씬 더 높고, 반면에 보편적 복지국가를 가진 스칸디나비아의 제3섹터는 복지 등 서비스 활동보다는 주창/표현 활동을 훨씬 더 많이 한다.

■ **그림 6-7** 제3섹터의 주창/표현과 서비스 활동 인력: EU 20개국, 2014 (단위: %)

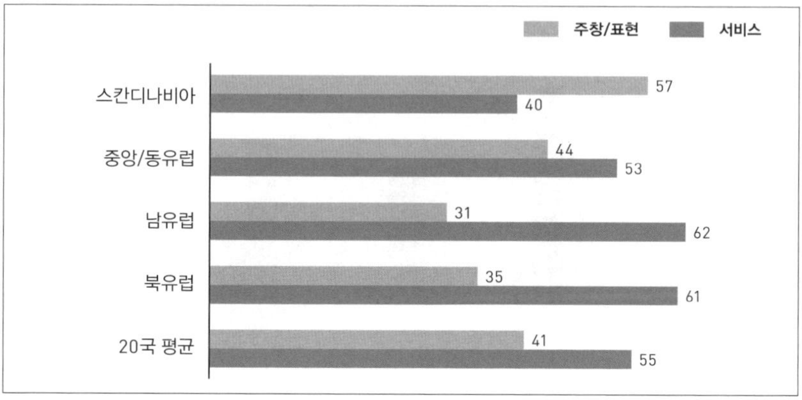

자료 Salamon and Sokolowski (2016), p.17.

4) UN의 NPI(비영리조직) 국제비교

앞에 제시한 UN의 NPI 표준안에 의해 일부 국가들의 시민사회 현황을 비교한 국제비교 분석결과를 참고해볼 수 있다. 샐러먼 등(Salamon et al. 2013)은 자료가 유용한 16개국의 시민사회의 경제적 규모, 주요 활동 및 재정 수입원 자료를 제시한다.

NPI의 경제적 규모

NPI의 경제적 규모 현황에 대해서는 국내총생산(GDP) 기여도 자료를 참고할 수 있다. 16개국 평균이 GDP 4.5% 비중을 차지한다. 상근 인력이 3.6%, 자원봉사자 기여도가 0.9%로 추산한 것이다. 16개국 중 캐나다가 8.1%로 가장 높고, 태국이 1.6%로 가장 낮다. 자원봉사자의 시간 기여도를 경제적 가치로 추산한 기여도에서 가장 높은 비중을 가진 노르웨이는 상근 직원의 기여도보다 높고, 뉴질랜드 또한 비교적 높은 비중을 보여준다.

주창/표현과 서비스 활동

NPI 주요 활동을 주창/표현과 서비스 활동을 구분해 살펴보면, 서비스 활동이 압도적으로 많다. 그럼에도 국가마다 커다란 차이가 있는데, 노르웨이와 뉴질랜드에서 주창/표현 활동이 비교적 높아 서비스 활동과 균형을 이룬다.

그림 6-8 NPI의 GDP 기여도와 주창/표현과 서비스 활동: 16개국 (단위: %)

	GDP 기여도(상근자와 자원봉사자): 상근자	GDP 기여도(상근자와 자원봉사자): 자원봉사자	주창/표현	서비스
16국 평균	3.6	0.9	-	-
캐나다	7.1	1.0	10	89
이스라엘	6.7	0.4	10	85
모잠비크	6.6	0.1	14	81
미국	5.5	1.0	-	-
벨기에	5.1	0.7	15	71
뉴질랜드	2.8	2.5	29	54
일본	4.2	1.1	5	95
호주	3.6	1.3	25	70
프랑스	3.3	1.4	19	80
노르웨이	1.9	2.7	40	57
브라질	2.8	0.6	39	61
키르기스스탄	2.2	0.1	21	63
멕시코	2.0	0.2	-	-
포르투갈	2.0		26	70
체코	1.7	0.2	33	66
태국	0.8	0.8	24	76

자료 Salamon et al. (2014), p.3.

그림 6-9 NPI의 재정 수입원: 회비/수수료, 정부보조, 모금 (단위: %)

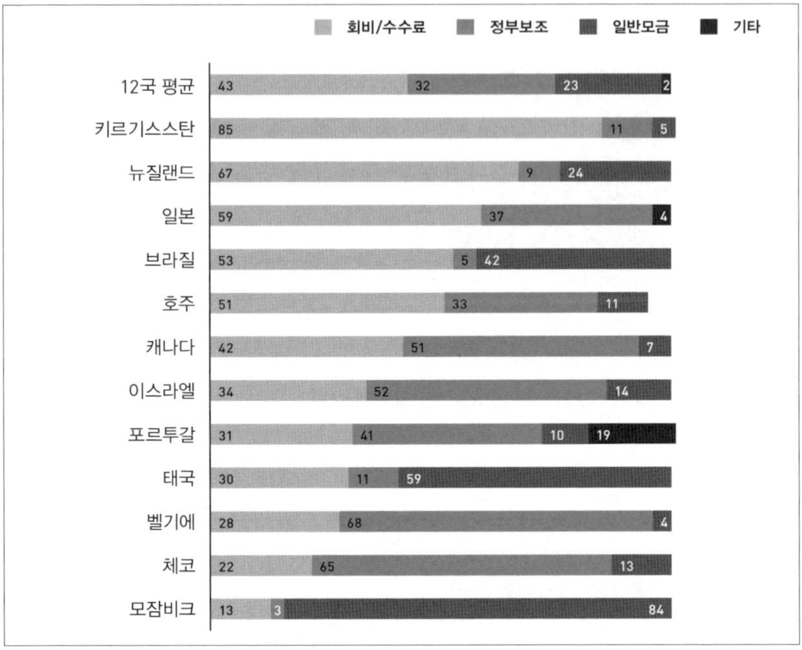

자료 Salamon et al. (2014), p.7–8.

NPI의 재정 수입원

재정 수입원이 복합적인 가운데, 회비/수수료 수입과 정부 보조금 지원이 높은 비중을 차지한다. 정부보조금이 높은 비중을 차지하는 국가는 캐나다, 이스라엘, 벨기에, 체코 등이다. 반면에 개발도상국의 제3섹터는 정부 보조금 지원이 빈약해, 회비/수수료 또는 기부/모금에 크게 의존한다.

2. 주요국 시민사회 유형과 현황

이제 영국과 미국에서 통용되는 시민사회 조직유형 분류와 관련 통계를 살펴보고, 한국 시민사회의 조직유형 분류와 관련 통계를 차례로 살펴본다.

1) 영국의 시민사회: 비영리법인 + 비영리단체 + 사회적경제

영국의 전국시민사회협회(NCVO)는 시민사회의 개념을 광의의 개념으로 제시한다. 시민사회를 구성하는 시민사회조직(civil society organization)에는 공익법인법(Charities Act)에 의해 법인세 등의 면세 혜택을 누리는 일반 비영리법인과 조직(general charities 또는 voluntary organizations)뿐 아니라 많은 조직들이 포함되어 있다. 〈그림 6-10〉을 살펴보면, 중앙의 비영리법인과 조직뿐 아니라 국가(state)의 많은 재정지원을 받는 대학들, 시장(market) 영역에 가까운 사회적경제 조직들, 그리고 비공식적, 비제도적인 공동체(community) 영역에 가까운 다양한 공동체 집단들도 시민사회 조직들에 해당된다. 16만개가 넘는 전통적인 비영리법인과 조직들이 연간 450억 파운드의 수입을 내고 있고, 다음으로 165개의 대학들이 307억 파운드의 수입을 내고 있다. 특히 직원 소유의 기업, 협동조합, 주택협회, 공제회, 지역사회 이해회사(CIC: Community Interest Company) 등 다양한 사회적경제 조직들도 포함된 것을 주목해볼 만하다.

다음으로, 법률에서는 법인세 등의 면세 혜택을 받기 위해 '공익법인 또는 비영리조직'(charity 또는 CSO)의 등록 요건에는 공식성(formality), 독립

■ **그림 6-10** 영국의 시민사회 조직유형: 인력(명)과 수입(10억 파운드), 2016년

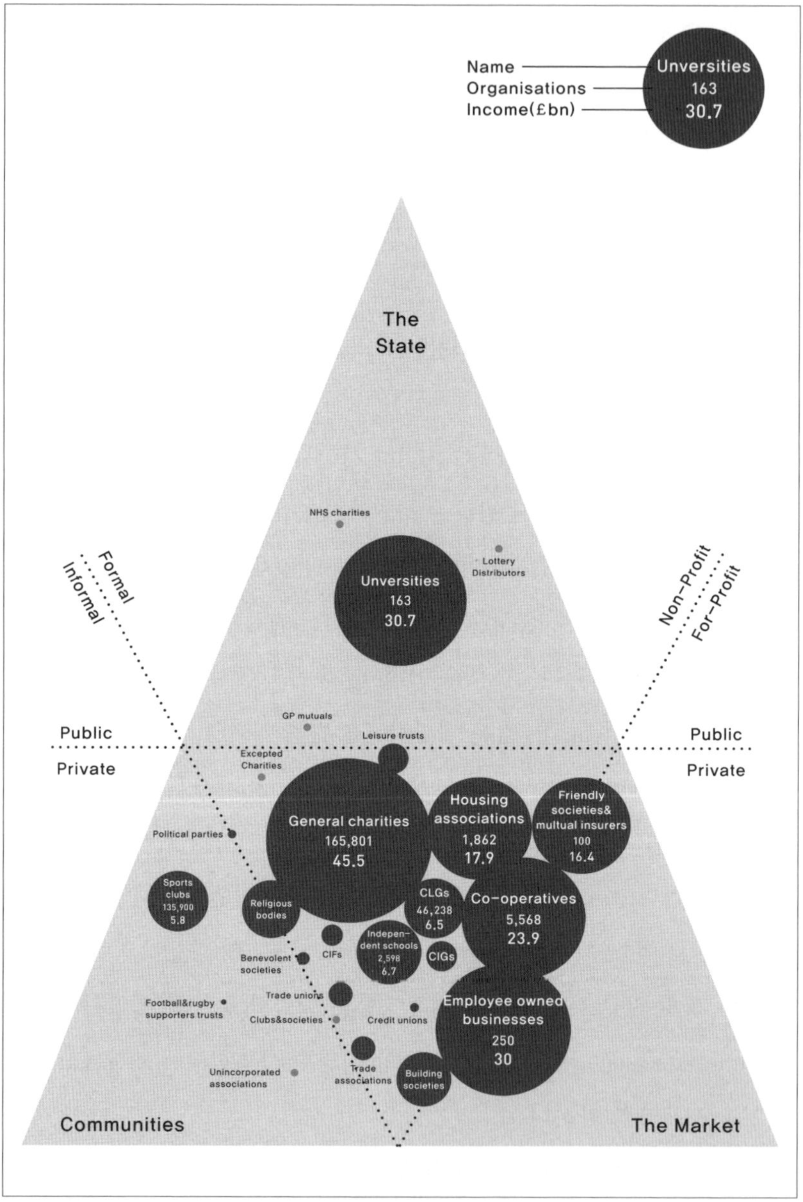

자료 NCVO https://data.ncvo.org.uk/category/almanac/civil-society/

■ **표 6-1** 영국의 지역사회 이해회사(CIC: Community Interest Company)

영국의 회사법에 의해 설립된 CIC는 지역사회에 이해가 되는 어떤 합법적인 상업 활동이나 기업에 관여하는 유한회사(limited liability companies)이다. 지역사회 차원에서 서비스를 공급하기 위해 설립되었으며, 사회적 주택(social housing), 지역사회 운송 또는 레저 등에 비즈니스 활동을 한다. CIC는 비영리 회사로 기획되었지만 지역사회에 혜택을 주는 조직들로 자선적 조직이 되기 어렵거나 그럴 의향도 없는 조직들의 활동을 포함한다. 경제적 활동 분야에 어떤 제한이 있는 것도 아니며, CIC가 '지역사회 이해' 테스트(2007년의 CIC 규정에 따라 '이성적인 사람의 판단으로 지역사회나 지역사회 일부에 대해 혜택이 되는 활동을 하는 경우)를 통과하면 되고, 또한 자산동결 조치를 따르고 연간 지역사회 이해 보고서를 제출하면 된다.

CIC 법률은 어떤 재정적 어드밴티지를 제공하지는 않지만 이윤을 부분적으로 재분배할 수 있는 가능성이 열려 있다. 2011~12년의 연간 통계에서 CIC는 6천여 개에 달하며, 예술, 교육, 환경, 보건, 산업과 수송 등 다양한 분야에 확산되어 있다. 또 CIC는 마을 가게로부터 대기업에 이르기까지 광범위하며 전문가들로부터 지역사회 조직들에 이르기까지 사회 각 분야에서 활성화되고 있다.

자료 EC 2013: 35.

성(independence), 비영리분배(non-profit distributing), 자치(self-governance), 자원주의(voluntarism), 공익성(public benefit)이 적용된다.

2) 미국의 비영리섹터(Non-Profit Sector)

미국은 세법에 따라 면세 혜택을 받는 등록된 기관 및 단체들이 일반적으로 '비영리섹터'를 구성한다. 세법에는 501(c) 코드에 속하는 면세기관들 유형은 (1)번부터 (29)번까지 29개가 있고, 또 501(d) 종교기관, 501(e) 병원단체연합회, 501(f) 교육운영단체연합회, 521 농업협동조합, 527 정치단

■ **표 6-2** 미국 비영리섹터의 유형과 성장(2003~13)

	2003	2013	2003~13 변화율(단위: %)
전체 등록 NPO	1,380,000	1,410,000	2.8
- 공시 NPO	515,866	500,396	-3.0
공익 NPO 501(c)(3)	800,000	950,000	19.5
- 공시 공익 NPO	287,251	293,103	2.0

자료 Urban Institute (2015) "The Nonprofit Sector in Brief 2015."

체 등 총 30개 유형의 기관단체들이 면세혜택을 누린다. 이들 중에서 '공익 NPO'를 대표하는 유형은 501(c)(3) 종교, 자선, 교육기관과 501(c)(4) 사회복지기관으로 볼 수 있다.

미국 비영리섹터의 규모는 얼마나 되는가? 501(c)(3) 비영리단체(NPO)의 추세를 보면, 1950년대에 5만여 개에 지나지 않았으나 60년대 중반에는 30만여 개로 크게 늘었고, 70년대에는 70만여 개로, 또 2013년 현재 141만 개로 치솟으며 급속히 성장하고 있다(Urban Institute 2015).

세법 501(c)(3) 조항에 따르면 회원조직은 면세 혜택을 받지 못하고, 공익조직(public charities)만이 면세혜택을 누린다. 또 공익조직들은 개인, 기업 등으로부터 세금공제를 받는 기부를 받을 자격이 주어진다. 이런 재정적인 인센티브 때문에 많은 개인, 기업들이 공익조직에 기부한다. 501(c)(3)은 다음과 같이 규정한다. "종교, 교육, 자선, 과학 및 문학 관련 조직들, 그리고 공공안전검사 조직들, 전국 또는 국제 스포츠 경쟁을 진흥하는 조직들 또는 아동이나 동물에 잔학행위를 금지하는 일을 하는 조직들과 사설 재단들이 포함된다."

또 501(c)(4)에 해당되는 사회복지기관들도 면세혜택을 받고, 여기에는 소외층 권익옹호 활동을 위해 로비, 정책변화 압력행사 등 활동을 하는 이익집단들도 특별히 포함되어 있다. 501(c)(4)은 해당 조직들을 "시민단체연맹, 사회복지조직, 임금노동자 지역연합, 지역사회복지, 자선, 교육 또는 레크리에이션 활동을 진흥하는 조직들"로 규정한다.

미국 비영리섹터 현황을 살펴보면, 2013년 IRS에 등록된 141만개의 비영리조직(NPO) 중 2/3 이상(95만 개)을 차지하는 공익 NPO는 12개 유형으로, 그 중 1/3(29만 개)이 공식의무가 있는 공익 NPO들이다. 이들은 연수입이 5만 달러(약 5500만 원) 이상에 해당되는 중대형 NPO이며, 연수입이 5만 달러가 안 되는 소형 NPO들이 절대 다수(전체 2/3 이상)를 차지한다.

전국 비영리금융재단(Nonprofit Finance Fund)의 2018년 전국 현황조사를 보면, 미국의 비영리기관들의 특징은 다음과 같다.[12]

- 활동 분야: 휴먼 서비스(22%), 문화예술(14%), 교육(10%), 주거(9%), 보건(8%), 청소년(6%), 시민권/주창(4%) 등이다.
- 저소득층 지원: 저소득층만 지원(20%), 저소득층 중심(43%), 관계 없음(35%)
- 조직 운영비: $1천만 이상(12%), $500-1천만(8%), $100-500만(31%), 25만-100만(26%), 25만 미만(23%).
- 지역사회 욕구: 주거(40%), 청소년(24%), 건강서비스(22%), 금융서비스(21%), 일자리(17%), 홈리스(14%), 식량(14%), 보육(13%)

---

12 https://nff.org/surveydata

■ **그림 6-11** 미국 비영리기관의 수입원 (단위: %)

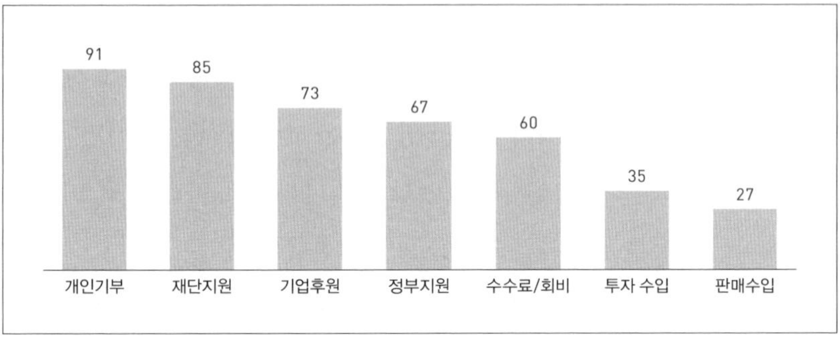

자료 Nonprofit Finance Fund (2018) "The State of The Nonprofit Sector." Survey.

한편 비영리기관들의 수입원은 정부보다 개인과 재단의 기부에 크게 의존하는 가운데, 수수료, 투자수입과 판매수익 등도 상당하다. 정부 지원금 가운데 연방정부, 주정부, 지방정부로부터 재정지원을 받는 비영리기관은 각각 39%, 49%, 49%이다. 정부로부터 재정지원을 받지 않는 비영리기관도 30%로 상당한 재정적 독립성을 갖추고 있다.

3) 한국의 시민사회: 비영리법인 + 비영리단체 + 사회적경제

이상과 같이 광의의 시민사회 개념으로, 한국의 시민사회의 범위와 규모를 설정해보면 〈그림 6-12〉와 같다. 비영리법인과 비영리단체와 사회적경제 조직들로 구성되는 영역이다. 국제적으로 비영리부문의 영역과 규모에 관한 합의는 UN의 국민계정(National Account)의 NPI(Non-profit Institution)로 제시되고 있는데, 한국에서도 이에 근접하는 비영리부문으로 A(비영리법인) + C(비영리단체) + D(사회적경제)를 제시해볼 수 있다.

■ **그림 6-12** 한국 시민사회(제3섹터)= 비영리법인 + 비영리단체 + 사회적경제

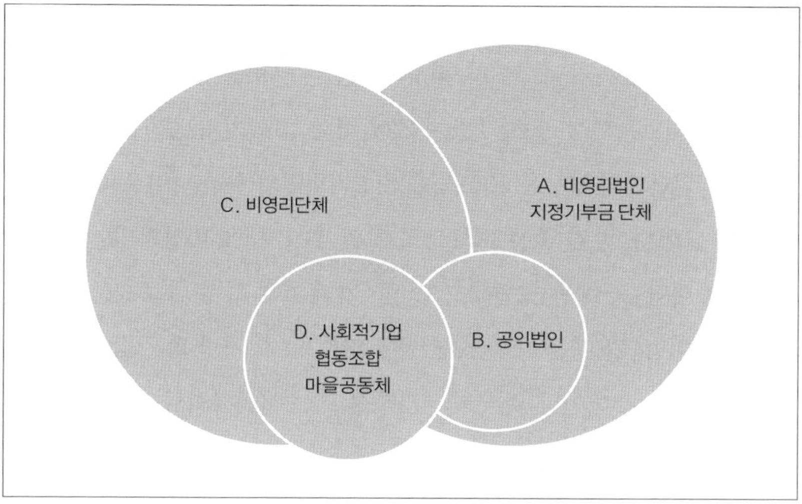

비영리법인

먼저 법인은 영리법인과 비영리법인으로 구분되는데, 비영리법인이란 "학술, 종교, 자선, 기예, 사교 기타 영리 아닌 사업을 목적으로 하는 사단 또는 재단은 주무관청의 허가를 얻어 이를 법인으로 할 수 있다(민법 제32조)." 공익법인은 법인세법상 비영리법인 중 상속세및증여세법 시행령 제12조 각호에 열거된 공익사업을 영위하는 법인을 말하며, 종교 활동을 영위하는 법인, 학교법인, 의료법인, 사회복지법인, '공익법인의 설립·운영에 관한 법률'을 적용받는 공익법인, 법인세법 시행령의 지정기부금단체 등이 공익법인에 해당된다.

비영리법인과 비영리단체의 현황은 다음 세 가지 자료를 참고해볼 수 있다. 첫째, 통계청이 조사한 '시도 사업체수 조사'에 나타난 비영리법인과 비영리단체의 수와 종사원 수로 한국 비영리부문의 경험적 실체를 추산해

보는 방식이다. 여기에서 비영리법인은 '회사외 법인'으로 조사되었고, 비영리단체는 '법인외 단체'로 국제비영리조직 분류(ICNPO)에 제시된 다양한 문화, 종교단체들까지 해당된다. 회사외 법인의 규모는 2013년에 10만개 정도로 조사되었는데, 1993년 7만여 개에 비해 40% 가량 증가하였다. 이에 비해 비법인단체의 성장은 2008년에 비영리법인의 수를 넘어 2013년 13만여 개에 달한다. 한편 종사자 규모로 보면, 2013년에 비영리법인의 경우 287만명, 비법인단체는 52만명으로 전자가 후자의 다섯 배를 넘는다. 비영리법인과 비법인단체는 모두 21년 전에 비해 두 배 가량 많은 종사자들을 고용한 것으로 추산된다. 한국 비영리부문 또는 시민사회의 성장을 보여주는 주요 지표의 하나이다.

비영리단체

둘째, 정부 기관에 등록된 비영리법인들과 비영리단체들을 살펴보아도 통계청의 사업체수 조사 결과와 유사하다. 비영리법인의 수는 10만여 개에 달하고 비영리단체 수는 등록한 것만으로는 1만 3,462개에 달한다. 비영리법인의 경우 등록된 법인만이 법인으로 인정되므로 등록된 수가 정확한 비영리법인 수로 볼 수 있고, 비영리단체는 등록을 의무로 하지 않으며 정부의 보조금 지원이나 공모사업을 지원하는 단체들이 필요에 따라 등록한 것으로 앞서 사업체수 조사에서 추산된 비영리단체의 수(13만개)에 비교하면 매우 작은 규모이다. 후자가 이번 연구에서 채택한 넓은 의미의 시민사회 영역에 속한 비영리단체들로 추정해볼 수 있다. 중앙정부기관에 등록된 비영리법인과 비영리단체는 2014~15년 자료검색 결과, 문화체육관광부의 비영리법인이 4천개가 넘어 가장 많고, 교육부의 비영리법인, 특히 공익법인이 3천개에 근접할 정도로 많으며, 국방부는 77개로 가장 적다. 정부부

■ **그림 6-13** 한국 비영리단체의 성장: 1950년대~2016

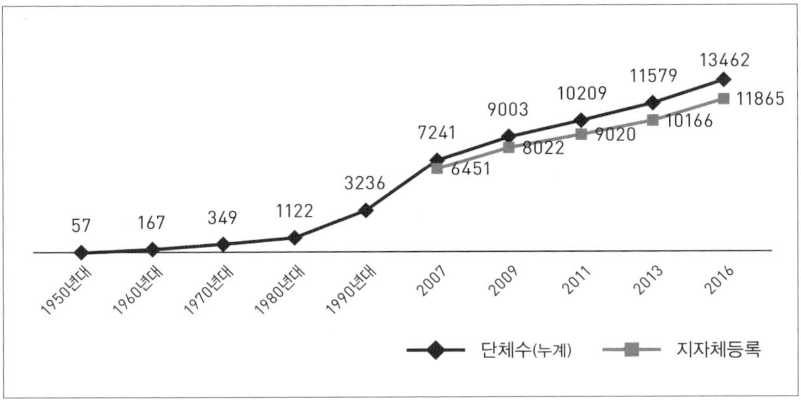

자료 행정안전부, "비영리민간단체 등록현황." 각연도.

처 전체로 보면, 비영리법인의 수가 비영리단체의 수를 훨씬 능가할 정도로 많은 비중을 차지하고 있다.

마지막으로, 비영리법인의 규모는 법인세를 납부한 등록된 비영리법인 현황을 국세청의 〈국세통계연보〉를 통해 파악해보는 것이 일반적인 방법이다(손원익 2000, 2013, 손원익과 박태규 2013). 1993~2013년 기간에 비영리법인의 수는 두 배 이상 늘었다. 2013년 현재 전체 법인의 4%를 차지한다.

비영리민간단체의 경우, 중앙정부와 시도, 시군구 지자체에 등록된 수는 매년 증가해 2016년 말 현재 13,462개에 이른다. 21세기 '시민사회의 시대'에 들어서며 비영리단체들이 많이 설립되어 등록한 추이를 주목해볼 만하다.

사회적경제: 사회적기업, 협동조합, 마을공동체

한국의 시민사회는 2000년대에 와서 사회적경제 중심으로 무수하고

■ **그림 6-14** 한국 사회적기업과 협동조합의 성장: 2007~2017

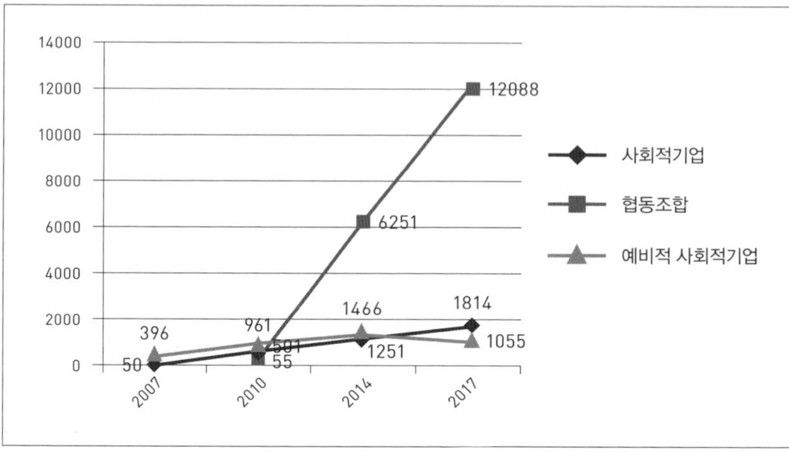

자료 한국사회적기업진흥원, 현황 자료 각 연도.

다양한 조직들이 폭증하는 일대 변화를 맞이한다. 사회적경제에 종사하는 임직원의 일자리 확대, 그리고 함께 활동하는 시민 조합원과 자원봉사자들의 폭증을 주목해볼 만하다(주성수 2017a: 293-4).

협동조합 중 생활협동조합은 가장 늦게 제도적 보장을 받게 되었다. 민주화 이전 시기에는 정부가 주도한 농협과 수협이 있었고, 민간 주도적인 신협이 법적 제도를 갖춘 것이 1972년이었다. 이후 2000년대를 통해 생활협동조합은 급성장하였다. 급성장 배경에는 생협법의 제정이라는 공급 요인뿐 아니라, 시민사회의 성장이라는 수요 요인도 중요했다. 생협운동의 주체는 30~40대의 주부 조합원들로 이들 대다수는 1980년대 민주화운동을 거치면서 생협을 통한 풀뿌리 시민운동의 주도적인 역할을 하였다.

2008년에는 미국산 쇠고기 광우병 파동이 여성 주도적인 촛불집회로 확산되면서, 먹거리 안전 문제가 사회이슈가 되었다. 더불어 생협에 대한 인식 제고와 함께 조합원수, 출자금, 매출액 모두가 다시 폭증하는 제2의 성장기에 들어섰다. 새로 인가된 생활협동조합의 수는 1999~2008년 기간에 40개 미만이던 것이 2009년에는 전년에 비해 10배 폭증했고, 이후 2011년까지 지속적으로 늘었다. 대표적인 한살림, iCOOP, 두레생협의 경우 2011년 회원수가 각기 29만 명, 10만 명, 10만 명에 달했다.

한편 2012년에 제정된 협동조합법에 따라 이제 협동조합은 금융을 제외한 모든 분야에서 설립과 운영이 가능해졌다. 전통적인 사업자 협동조합은 구매와 판매로, 소비자협동조합도 구매와 서비스 이용으로 구분되며, 취약층 고용을 우선하는 사회적협동조합과 다양한 이해관계자 중심의 다중이해관계자 협동조합으로 크게 구분된다. 협동조합의 설립은 법시행 첫해 2012년에 55개에서 2013년 3,234개, 2017년 1만 개 이상으로 폭증하는 추세를 보여준다.

사회적기업의 등장은 정부의 실업대책과 복지정책의 종합이라고 볼 수 있다. 1997년 말 외환위기로 대량실업 사태에 직면한 정부는 대규모 공공근로 사업을 실시하였는데, 일시적으로 최소한의 급여 수준만 보장되는 생계형 일자리를 만드는 데 그쳤다. 이후 취약계층에게 안정적인 일자리를 제공하면서 사회서비스를 보충하기 위한 제도로 유럽 국가들에서 통용되었던 '사회적기업'에 대한 관심과 정책적 요구가 증가한 것이다. 사회적기업 등장 이전에 2003년 노동부는 '사회적 일자리 창출사업'을 시범적으로 실시했고, 이는 2004년 범정부 차원으로 확대되었다. 그런데 사회적 일자리가 단기·임시직의 저임금 일자리만을 만드는데 그치므로 지속가능한 양질의 일자리와 사회서비스 공급 모델로서 사회적기업의 필요성이 제기되었다(국회입법조사처 2014: 6).

사회적기업은 2007년 시행 첫 해에 50개에 불과했지만 2017년 1,814개

표 6-3 한국 법률상 시민사회조직에 해당되는 조직

1. 「비영리민간단체 지원법」의 비영리민간단체 2. 「자원봉사활동 기본법」의 자원봉사단체 3. 「민법」 제32조의 비영리법인 4. 「공익법인의 설립·운영에 관한 법률」의 공익법인 5. 「법인세법」 및 소득세법에 따라 법정기부금을 받는 단체(국가, 지방자치단체, 「공공기관의 운영에 관한 법률」에 따른 공공기관은 제외) 6. 「법인세법 시행령」 및 소득세법 시행령에 따라 지정기부금을 받는 단체 7. 「공익신탁법」의 공익신탁을 인가받은 단체 8. 「사회적기업 육성법」의 사회적기업 9. 「협동조합 기본법」의 협동조합 및 사회적협동조합연합회 10. 「국민기초생활 보장법」의 자활기업

로 30배 이상 폭증했고, 예비사회적기업도 1천 개 이상으로 크게 늘었다. 사회적기업에서 일하는 근로자도 2007~2014년 기간 10배 이상 늘어 3만 명에 근접하고 이 중 취약층이 절반 이상이 되는 15,815명에 달했다.

법률상의 시민사회조직에 해당되는 조직의 목록

법률에서 시민사회조직 또는 비영리단체에 해당되는 조직들의 목록은 〈표 6-3〉과 같이 '비영리민간단체'를 비롯해, 자원봉사단체, 비영리법인, 공익법인, 법정기부금단체, 지정기부금단체, 공익신탁단체뿐 아니라 사회적기업, 협동조합, 자활기업이 포함될 수 있다. 그리고 여기에 포함되지 않은 마을공동체(3인 이상의 시민 모임의 공동체) 또한 주요 단체로 포함되면, 한국도 광범위한 시민사회를 갖게 된다.

3. 시민사회지표

시민사회지표는 시민사회의 실제를 여러 지표로 측정해 보여주며, 시민사회의 건강성이나 취약점을 보여준다. 시민사회지표 연구에는 두 가지 다른 접근법이 활용되고 있다. 하나는 계량적 접근법으로, 시민사회단체들을 표준화된 국제NPO분류법(ICNPO)에 의해 분류해서, 이들의 경제적 규모(고용, 수입, 지출)를 통계적으로 측정한다. 다른 하나는 양적 접근법에 질적 접근법을 혼합한 방법이다. 글로벌 시민사회 연대조직인 CIVICUS가 개발한 시민사회지표(Civil Society Index: CSI)는 시민사회를 참여, 구조, 환경, 가치, 영향으로 구분해, 국내외 문헌 및 자료의 분석, 시민사회 이해관계자들을 대상으로 하는 토론과 설문조사 등을 활용한다.

1) 시민사회지표: 참여, 조직, 가치, 영향, 환경

시민사회지표를 구성하는 참여, 조직, 가치, 영향, 환경은 각기 다음과 같은 내용들로 구성되며, 이들 각각을 측정하기 위한 하위차원들과 지표항목들은 아래의 표들에 제시되어 있다(CIVICUS 2008a, 2008b).

CIVICUS의 글로벌 CSI 조사는 1차 2005년에, 2차 2009년에 시행되었다. 2005년 조사에서는 시민사회의 구조, 가치, 영향, 환경 등 네 차원으로 구분해 각기 여러 세부항목들로 측정하였다. 또 2009년 조사에서는 시민참여를 추가해, 참여, 조직, 가치, 영향, 환경 등 다섯 가지로 구분해 각기 여러 세부항목들을 측정하였다. 조사 방법은 국가간의 비교연구를 위해 국제기관들이 조사한 경험적 자료들을 최대한 활용했다. 또 조사대상을 시민

■ **표 6-4** 시민사회지표: 시민참여, 조직수준, 가치실천, 영향수준, 외부환경

1. 시민참여: 시민 개인들이 사회적 시도나 정책적 발안에 어느 정도 관여해 참여하고 있는지를 측정한다.
2. 조직수준: 시민사회조직의 서베이 분석을 통해 조사된 시민사회의 조직적 특성을 제도화 수준으로 보여준다.
3. 가치실천: 시민사회가 주요 가치들을 실천하는 수준의 정도를 측정한다.
4. 영향수준: 시민사회 내부와 외부 인식 조사를 통해 시민사회가 사회와 정책에 미치는 영향 정도를 보여준다.
5. 외부환경: 시민사회가 작용하는 외부환경을 사회경제적, 정치적, 문화적 환경 변수들로 구분해 측정한다.

자료 CIVICUS(2008a), "Civil Society Index" http://csi.civicus.org/

사회 내부자뿐 아니라 외부 이해관계자들에게도 확대시켜 시민사회의 영향력에 대한 각계(입법, 사법, 행정부, 언론, 학계)의 의식과 시민사회 내부자의 의식을 비교해 볼 수 있는 기회가 제공되었다.

2) 한국 시민사회지표 분석

2009년의 조사결과는 한국 시민사회가 결코 건강한 상태에 있다고 볼 수 없는 결론을 제시해준다. 5개 차원에서 100점 기준으로 측정한 결과를 보면(그림 6-15), 참여와 영향은 절반 수준에도 미치지 못하고, 조직과 가치, 환경 또한 겨우 절반 수준을 넘어섰지만 안정화보다는 취약성을 보여준다(주성수 2010). 먼저 ① 시민사회의 기초가 되는 시민참여가 취약하며, ② 시민사회의 조직력은 비교적 양호하지만, ③ 가치실천은 겨우 중간 수준

에 있고, ④ 시민사회의 영향력이 미흡하다는 것이 다수 의견으로 나왔고, ⑤ 국가와 사회 전반의 정치, 경제, 사회적 수준을 보여주는 환경에서는 비교적 높은 중간 이상을 보여준다.

그림에서 다이어몬드를 둘러싼 원형이 '환경' 차원을 보여준다. 국가적으로 시민사회의 발전의 여건이 어느 정도 성숙되어 있지만 시민사회의 발전에 밑거름이 되는 시민들의 참여가 여전히 부진하다는 것이 일차적인 결론으로 제시될 수 있다. 시민참여의 취약성이 있지만 '조직수준'과 '가치실천'은 비교적 높은 편인데, 그것도 겨우 중간수준을 넘는 정도라 시민사회가 상당 수준의 조직화를 달성했고, 가치를 실천하고 있다고 보기 어렵다. 시민사회의 성과 또는 노력의 결실로 볼 수 있는 영향에 대해서도 긍정적인

그림 6-15 한국 시민사회지표(CSI) 다이어몬드

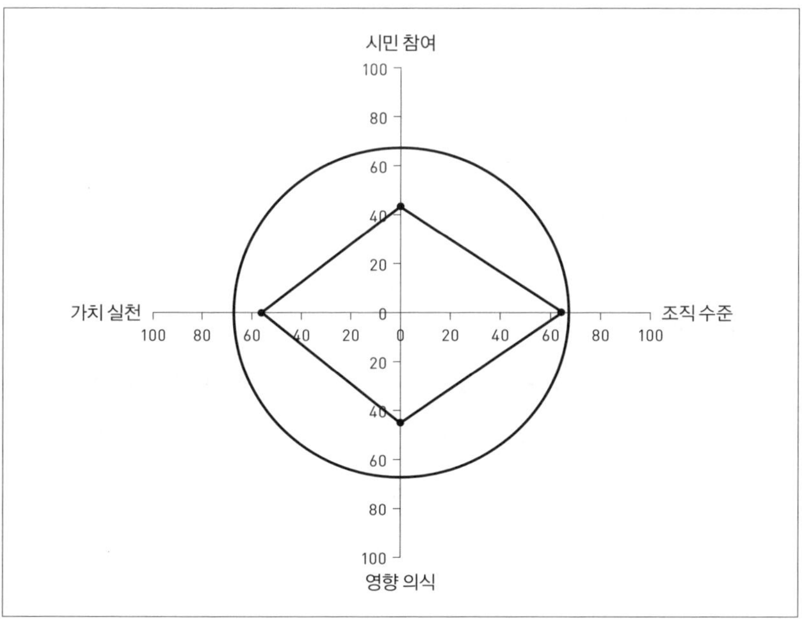

평가보다는 부정적인 평가가 지배적이다. 이는 한국의 시민사회가 참여와 조직의 취약성에도 불구하고 비교적 높은 가치를 실천하고 국가와 사회 전반에 비교적 강한 영향력을 행사한다는 2005년의 연구결과(주성수 2006)와는 다소 차이가 있다.

시민사회의 '참여 수준'

시민사회에 시민은 참여하는가? '사회적' 참여는 ① 교회나 종교단체, ② 스포츠나 레크리에이션 단체, ③ 예술, 음악, 교육단체 등의 회원 활동을, 또 '정치적' 참여는 ① 정당, ② 노조, ③ 환경단체, ④ 전문협회, ⑤ 소비자단체, ⑥ 인도적, 자선단체 등의 회원활동을 지칭한다. 각 단체의 회원활동에서 형식적(inactive) 회원이 아닌 적극적(active) 회원이 얼마나 많은지를 측정한 결과이다. 사회적 조직이나 정치적 조직의 봉사활동은 회원이 아니지만 자원봉사에 참여한 시민들의 규모(넓이)와 활동시간(깊이)을 보여준다. 전체적으로 시민참여의 넓이뿐 아니라 깊이에서도 저조한 실적을 보여주지만, 참여의 다양성에서는 여성, 노인, 장애인, 저소득층 등의 참여가 비교적 고르게 나타난다. 정당, 노조 등 주창조직에서의 활동이 비교적 저조한 것이 한국적인 특징이다.

시민사회의 '조직 수준'

시민사회의 조직수준은 시민참여에 비교하면 비교적 양호하다고 볼 수 있지만, 여전히 취약한 측면들을 보여준다. 조직수준의 내용 면에서는 '인적 자원'과 '국제적 연계' 항목을 제외한 모든 항목들에서는 비교적 높은 수준의 조직화를 이룬 것으로 보여진다.

먼저 '내부 거버넌스'에서 특이한 사항은 의사결정이 회원총회(18.2%),

선출직 이사회(24.2%), 선출직 집행위원회(17.2%)로 전체 과반수가 넘는 것으로 나타났고, 반면에 임명직 집행책임자(19.2%), 임명직 운영위원회(11.1%), 상근 직원(10.1%) 등이 전체의 40% 가량을 차지한다. 또 연맹, 협회에 소속되거나 연대 조직에 참여한 경우가 76%로 비교적 높은 수준을 보여준다. 한편 재정 면에서는 수입이나 지출이 안정된 현상유지를 보여준다. '인적 자원' 항목은 전체 조직원 중에서 자원봉사자의 비중을 측정해 인적 자원의 지속가능성을 측정하는데, 단순 봉사자의 수가 조직원 전체의 25%를 넘는 경우가 대부분인 것으로 조사되었다. 또 '국제적 연계'에서는 국제결사체협회(Union of International Associations)의 데이터베이스에 등록된 한국의 국제 NGO들의 수가 소수에 지나지 않은 것으로 나타났다. 글로벌 시민사회 활동이 매우 미흡한 수준이라는 것을 엿볼 수 있는 항목이다.

시민사회의 '가치 실천'

시민사회의 '가치실천'은 시민사회 내부의 거버넌스, 노동, 윤리, 환경에 대한 평가 결과뿐 아니라 시민사회의 비폭력, 관용, 부패, 내부 민주화 등을 보여준다. 조사결과는 비교적 높은 점수를 받은 양호한 항목들과 비교적 낮은 점수의 취약한 항목들로 대비를 이루고 있다. 양호한 결과들로는 민주적 의사결정, 양성평등의 기회 제공, 재무정보 공개, 내부 민주주의, 비폭력과 평화증진 활동 등이지만, 반면에 노조참여율, 노동기준의 공개, 환경기준의 공개에서는 취약성을 보여주었고 비폭력과 비관용 의식에서도 마찬가지다. 시민사회가 조직 내부의 '민주적 의사결정'을 진흥시키는 역할을 하는지에 대해서는 '상당한'(33%) 또는 '보통'(46%)이라고 비교적 절대다수를 보여주지만, 미약하거나 제한적 역할도 각기 8%, 11%로 나타나 있다. "여성을 위한 기회균등 및(또는) 동일 노동에 동일 임금 정책을 공식으로 갖추고 있는지"에 대해서는 그렇다(79%), 아니다(15%)로 나타났으며, 74.7%가 재정정보를 공개하고 있다고 답했다. 또 시민사회 내부의 부정부패에 대해서는 '빈번함'(12%), '가끔 있음'(44%), '거의 없음'(44%)으로 내부 부정부패도 심각한 이슈로 부각되어 있다.

나아가 시민사회 내부의 비폭력 이슈가 부각되고 있다. "시민사회 내부에 자신들의 이해를 표현하기 위해 (공격, 적대, 잔혹 또는 다툼 등) 폭력을 이용하는 세력이 있습니까?" 하는 질문에 대해 그렇다(56%), 아니다(43%)로 나타나 심각한 수준이라는 것을 엿볼 수 있다. 그럼에도 "국가 차원에서 시민사회의 비폭력과 평화 증진"의 역할에 대해서는 상당하다(56%), 보통이다(25%), 제한적이다(13%), 미약하다(6%)로 나타나, 긍정적 견해가 압도적이다.

시민사회의 '영향 수준'

2009년 조사 당시에 가장 중요한 국가적 관심사가 무엇인지에 대한 자료들과 시민사회지표 자문위원회(위원 12명)의 의견을 수렴한 결과, 첫째는 양극화 해소, 둘째는 경제위기 극복으로 나타났다. 먼저 '사회적 관심사'에서 양극화 해소에서는 작지만 어느 정도 영향력이 있는 것으로 나타나지만, 경제위기 극복에서는 거의 미미한 역할에 그친다는 결과를 보여준다. 이에 대해서는 내부자와 외부자의 견해가 일치한다. 또 '사회 전반'에 대해, 또는 '정부정책'에 대해 시민사회의 영향력은 비교적 강하게 나타나지만, 자기 조직의 영향력은 이에 비해 미미한 수준이라는 평가를 제시한다. 외부 관계자의 견해에서도 이와 비슷한 결과를 보여준다.

나아가 시민사회의 영향력에 대한 시민사회 내부자와 외부자의 의식을 비교해보면, 양자의 뚜렷한 차이가 없다는 것을 알 수 있다. 그런데 시민사회가 많은 영향력을 행사하는 정책 사례에서는 시민사회 내부자와 외부자 사이에는 뚜렷한 의식 차이를 보여준다. 또 국가 차원의 정책결정에 대한 시민사회의 영향력의 경우, 내부자보다 오히려 외부자가 시민사회의 '영향력이 많이 있음'으로 평가한다. 또 교육 등의 구체적인 정책영역에서도 내부자와 외부자의 의견이 다소 차이를 보여준다.

시민사회의 '외부 환경'

한국 시민사회에 영향을 미치는 외부 환경(environment)은 두 가지로 구분해 살펴볼 수 있다. 하나는 국가와 사회 전반의 환경으로 시민사회가 성장하는 넓은 의미의 사회적 여건이며, 다른 하나는 시민사회의 활동에 적용되는 정부의 규제 등 좁은 의미의 정책적 여건이라고 구분할 수 있다.

넓은 의미의 외부 환경은 사회정치적 환경과 사회경제적 환경에서 비교적 양호한 것으로 나타난다. 사회문화적 환경은 공공정신에서 양호한 반면 신뢰와 관용의 사회적 가치에서 취약성을 보여준다. 특히 '정부와의 관계'가 협력과 공조보다는 대립과 갈등의 관계에 있다는 것을 보여주는 항목들은 정부의 규제나 억압 등에 나타나 있다. 이런 결과들은 2008년부터 촛불시위 등으로 양자의 관계가 극심한 대립의 관계로 치달았고, 정부는 촛불시위에 참여한 단체들을 블랙리스트로 비영리민간단체사업에서 배제시키는 제재를 가해 왔다. 이런 제재는 실제적으로 중앙의 행정안전부와 지자체 등 전국적으로 동시에 진행된 처벌적 조치들이었다. 이에 대해 시민사회단체들은 성명 발표 등으로 맞섰고, 국제앰네스티는 조사를 통해 평화로운 촛불시위를 정부가 부당하게 진압한 인권침해라는 보고서를 발표하였다(Amnesty Int'l 2009, 2010).

3) 한국과 일본의 시민사회지표

한국과 일본은 각기 같은 기간에 같은 CIVICUS 글로벌 조사분석 틀로 조사를 수행해 시민사회지표 분석결과를 제시하였다. 한국은 한양대 제3섹터연구소, 일본은 오사카대학 비영리연구센터가 조사연구를 맡았다.

조사결과를 살펴보면, 우선 5가지 시민사회지표 차원에서 양국이 다소 차이가 있지만 전체적으로 유사한 결과를 보여준다. 시민참여와 조직수준은 거의 같은 수준에 있고, 외부환경도 크게 다르지 않지만, 가치실천과 영향수준에서는 다소 두드러진 차이를 보여준다.

시민사회의 시민 참여

시민참여의 전체 수준은 거의 같은 저조한 수준에 머물러 있다. 사회적 참여나 정치적 참여의 깊이는 전체 국민의 참여율을, 깊이는 참여의 시

표 6-5 시민사회지표 조사결과: 한국과 일본 비교

	한국	일본
시민 참여	44.4	44.5
조직 수준	64.7	62.3
가치 실천	56.9	41.3
영향 수준	46.3	55.2
외부 환경	71.2	75.8

자료 (한국) 주성수 (2010). (일본) Center for Nonprofit Research (2011).

■ **표 6-6** 시민사회의 시민참여: 한국과 일본 비교

차원	하위 차원	한국	일본
시민 참여	사회적 참여의 넓이	39.7	27.7
	사회적 참여의 깊이	34.1	33.9
	사회적 참여의 다양성	76.0	78.6
	정치적 참여의 넓이	21.2	22.0
	정치적 참여의 깊이	30.8	18.4
	정치적 참여의 다양성	64.6	86.3

■ **표 6-7** 시민사회의 조직 수준: 한국과 일본 비교

차원	하위 차원	한국	일본
조직 수준	내부 거버넌스	94.0	95.3
	인프라	76.8	35.4
	섹터간 커뮤니케이션	91.8	82.9
	인적 자원	19.0	44.0
	재정 및 기술 자원	89.7	90.0
	국제적 연계	17.2	26.4

간과 빈도를 보여주는 자료이다. 첫째, 시민의 사회적 참여의 깊이와 넓이 모두에서 한국이 다소 좋은 성적으로 보여주지만 다양성 측면에서는 일본이 다소 앞서 있다. 둘째, 정치적 참여의 넓이는 유사하지만 깊이에서는 한

국이 크게 앞서 있다.

그런데 세계가치관조사(World Values Survey)에서 한국은 일본에 비해 훨씬 높은 시민사회 참여도를 보여준다. 시민참여도는 종교단체와 스포츠 여가단체에서 각기 43%와 12%, 34%와 17%로 크게 차이가 있고, 문화교육단체, 환경단체, 복지와 자선단체, 소비자단체 참여에서도 17%와 9%, 9%와 5%, 21%와 9%, 7%와 4%로 커다란 차이가 있다.[13]

시민사회의 조직 수준

시민사회의 조직 수준에서는 한국이 일본에 다소 앞서 있다. 이를 다시 하위 차원으로 비교해보면, 내부 거버넌스에서는 총회나 이사회 등 내부 의사결정조직을 갖추고 있는지를 보여주는 지표인데, 양국이 비교적 높은 거버넌스 구조를 갖추고 있다. 그런데 인프라와 섹터간 커뮤니케이션 측면에서는 한국이 일본을 크게 능가한다. 시민사회 조직들이 연맹이나 협회에 소속되거나 연대 조직 활동을 하는지, 또 다른 조직들과 회의를 갖거나 타조직 교류(정보교환) 정보교환을 했는지를 보여주는 활동에서 한국의 시민사회가 비교적 높은 성적을 보여준다. 반면에 인적 자원과 국제적 연계 활동에서는 일본이 크게 앞서, 한국 시민사회의 과제로 제시되어 있다.

시민사회의 가치실천

시민사회의 가치 실천에서 만큼은 한국이 일본에 크게 앞서 있다. 하위 차원 모든 항목에서 두드러진 차이를 보여준다.

---

13 World Values Survey 2005-8. http://www.wvsevsdb.com/wvs/WVSData.jsp.

시민사회의 영향 수준

시민사회의 영향 수준에는 한국이 일본에 다소 뒤져 있는 수준이다. 시민사회 내부자와 외부 이해관계자 인식 모두에서 시민사회가 사회적 관심사에 대해 호응성이 뒤져 있다는 인식이다. 반면에 정부정책에 대한 영향에서는 내부와 외부 모두에서 비교적 양호한 성적을 보여주지만, 시민의식 영향력에서는 양국 모두가 취약한 상태를 보여준다.

시민사회의 외부 환경

사회경제적 환경은 국가의 기초역량지표(BCI), 부패, 소득불평등 등 국제 비교자료에서 나타난 것으로 비교적 나쁜 성적은 아니지만, 일본이 다소 앞서 있다. 사회정치적 환경은 여러 지표들로 구성되는데, 프리덤하우스의 국제자료인 정치적 권리와 자유, 법의 지배와 개인의 자유, 결사조직의 자유 등에서 그리고 국가효율성에서는 양호하지만 '정부 규제와 억압 경험'에서는 일본에 비해 매우 낮은 성적을 보여준다. 특히 '정부와의 관계'가 협력과 공조보다는 대립과 갈등의 관계에 있다는 것을 보여주는 항목들은 정부의 규제나 억압 등에 나타나 있다.

먼저 "일반적으로 시민사회에 대한 국가 차원의 규제와 법률은 어떻습니까?" 하는 질문에 대해 '매우 규제적'(22.2%), '다소 규제적'(59.6%), '다소 지지적'(14%), '매우 지지적'(1%)으로 나타나, 규제가 심각하다는 것을 보여준다. 또 "귀하의 조직은 중앙정부나 지방정부로부터 부당한 제재나 억압을 받은 적이 있었습니까?" 하는 질문에 대해서도 긍정의 답(47.5%)이 부정의 답(43.4%)보다 더 많이 나와, 정부와의 대립 관계를 확인시켜 준다. 이런 결과들은 2008년부터 촛불시위 등으로 양자의 관계가 극심한 대립의 관계로 치달았고, 정부는 촛불시위에 참여한 단체들에 대해 비영리민간단체

표 6-8 시민사회의 가치실천, 영향수준, 외부환경: 한국과 일본

차원	하위 차원	한국	일본
가치 실천	민주적 의사결정 거버넌스	69.7	55.4
	노동 규제	57.9	28.4
	윤리강령과 투명성	64.5	61.0
	환경 기준 설정	36.8	11.8
	시민사회에 대한 시민의식	55.8	49.8
영향 수준	호응성(시민사회 내부자)	36.3	72.8
	사회적 영향 의식	63.4	70.4
	정부정책에 대한 영향	56.2	46.9
	호응성(외부 이해관계자)	34.5	44.5
	사회적 영향(외부 이해관계자)	63.6	76.9
	정책 영향(외부 이해관계자)	52.7	54.9
	시민사회에 대한 시민의식 영향력	17.0	20.0
외부 환경	사회경제적 환경	74.6	82.4
	사회정치적 환경	73.9	79.2
	사회문화적 환경	54.3	65.8

사업에 배제시키는 제재를 가해 왔다. 이런 제재는 중앙정부와 지자체 등 전국적으로 동시에 진행된 처벌적 조치들이었다.

또 사회문화적 환경은 공공정신에서 양호한 반면에 세계가치조사에서 조사된 신뢰와 관용이라는 사회적 가치에서 한국 사회가 안고 있는 취약성을 보여주며, 여기에서 일본이 다소 양호한 성적으로 보여준다. 그런

데 2010년 세계가치관조사(World Values Survey)에서는 정부 신뢰도가 한국 49%, 일본 24%이며, 환경단체에 대한 신뢰도에서도 한국 62%, 일본 33%로 커다란 차이를 보여준다(주성수 2017a: 45).

4) 한국 시민사회 활동 평가

2019년 시민사회발전위원회가 조사한 전국의 시민과 전문가 대상 설문조사 결과를 통해 한국 시민사회의 활동에 대한 평가를 정리해본다(시민사회발전위원회 2020).[14]

시민단체에 대한 일반적 인식

우리 사회의 시민단체들에 대해 시민들과 전문가들은 어떻게 인식하고 있는지를 다음 몇 가지로 구분해 차례로 정리해볼 수 있다. 9가지 차원별로 30개 세부문항을 조사한 결과를 요약하면 아래와 같다.

① 시민사회에 대한 인식은 '긍정'과 '부정'이 혼재되어 있다

시민과 전문가의 7점 척도 응답에서 '긍정적' (5,6,7점) 의견과 '부정적'(1,2,3점) 의견이 전체 30개 문항에서 혼재되어 있다. '중립적'(4점) 의견은 전체 30개 문항 전체에서 20% 안팎으로 나타난다.

---

14 일반 시민 조사는 이메일로 설문을 보내고 응답하는 인터넷을 이용한 웹조사(CAWI) 방식으로 또 전문가 조사는 시민사회 활동가, 대학교수, 기업인, 시민사회 업무를 담당하는 중앙행정기관과 광역자치단체의 공무원 그리고 기타 전문가 334명을 대상으로 인터넷을 이용한 웹설문조사(CAWI) 방식으로 9월 2일부터 9월 19일까지 진행하였다.

■ **표 6-9** 시민단체에 대한 시민과 전문가의 '긍정적' 의견

부정적 응답 (척도 1.0–3.9)	시민	전문가	긍정적 응답 (척도 4.1–6.9)
전문성이 부족하다	4.4	4.3	전문성이 있다
미래지향적이 아니다	4.6	4.4	미래지향적이다
대안제시 능력이 없다	4.4	4.1	대안제시 능력이 있다
시민의 자발적 조직이 아니다	4.4	4.2	시민의 자발적 조직이다
시민단체는 도덕성이 부족하다	4.3	4.5	시민단체는 도덕성이 있다
시민단체는 신뢰하기 어렵다	4.1	4.3	시민단체는 신뢰할 수 있다
정부정책에 대한 영향력이 크지 않다	4.4	4.5	정부 정책에 대한 영향력이 크다
기업활동에 대한 영향력이 크지 않다	4.3	4.2	기업 활동에 대한 영향력이 크다
시장경제 발전에 부정적 역할을 한다	4.5	4.9	민주주의 발전에 긍정적 역할을 한다
시장경제 발전에 부정적 역할을 한다	4.3	4.4	시장경제 발전에 긍정적 역할을 한다

② 시민단체에 대한 '긍정적'인식이 많지 않다

전체 30개 문항 중 시민과 전문가 모두가 50% 이상의 '긍정적' 인식을 보여주는 항목은 4개에 지나지 않는다.

③ 시민보다 전문가들이 시민단체에 '부정적 인식'을 갖고 있다

시민단체에 대한 '부정적' 인식은 시민보다 전문가 사이에서 지배적이다. 전문가들의 '부정적' 의견이 '긍정적' 의견보다 많은 경우는 전체 30개 문항 중 다음 15개 문항에 해당된다.

표 6-10 시민단체에 대한 시민과 전문가의 '부정적' 의견

부정적 응답 (척도 1.0-3.9)	시민	전문가	긍정적 응답 (척도 4.1-6.9)
일반시민을 대표하지 못한다	3.9	3.8	일반시민을 대표할 수 있다
대중적 기반이 약하다	3.9	3.4	대중적 기반이 탄탄하다
정치적으로 중립적이지 않다	3.5	3.1	정치적으로 중립적이다
정치적으로 독립적이지 않다	3.6	3.5	정치적으로 독립적이다
특정 정치적 성향을 갖고 있다	3.6	3.1	특정 정치적 성향을 갖고 있지 않다
반대만 하고 대안이 부족하다	3.9	3.8	건설적 비판과 대안을 제시한다
타협하기보다 자기 주장만 한다	3.9	3.6	다른 의견을 수용하고 조정한다
의견이 다르면 대결/행동을 우선한다	3.9	3.6	의견이 달라도 대화/협상을 중시한다

시민단체의 사회적 기여에 대한 시민과 전문가의 평가

① 사회적 기여에서 '부정적' 평가는 없고 모두 '긍정적' 평가다

시민단체의 사회적 기여에서는 '긍정적' 평가가 지배적이다. 사회적 기여 관련 14개 문항 전체에서 시민과 전문가 모두가 동의하고 있다.

② 인권보호, 민주주의 발전에 대한 기여도가 가장 많다

사회적 기여도 평가에서 시민보다 전문가 평가 점수가 비교적 높은 편이다. 인권과 민주주의 발전 평가점수에서도 전문가 평가점수가 시민 평가점수에 비해 각기 12%, 13% 높게 나타난다.

③ 공정사회 투명한, 신뢰사회 평가도 높다

또 다른 시민단체의 장점이 되는 공정한, 투명한, 신뢰할 만한 사회 만들기에 대한 기여도가 비교적 높게 평가받고 있다. 여기에서도 시민보다 전문가 평가점수가 10% 이상 높게 나타난다.

■ **그림 6-16** 시민단체의 사회적 기여에 대한 '긍정적' 평가 (단위: %)

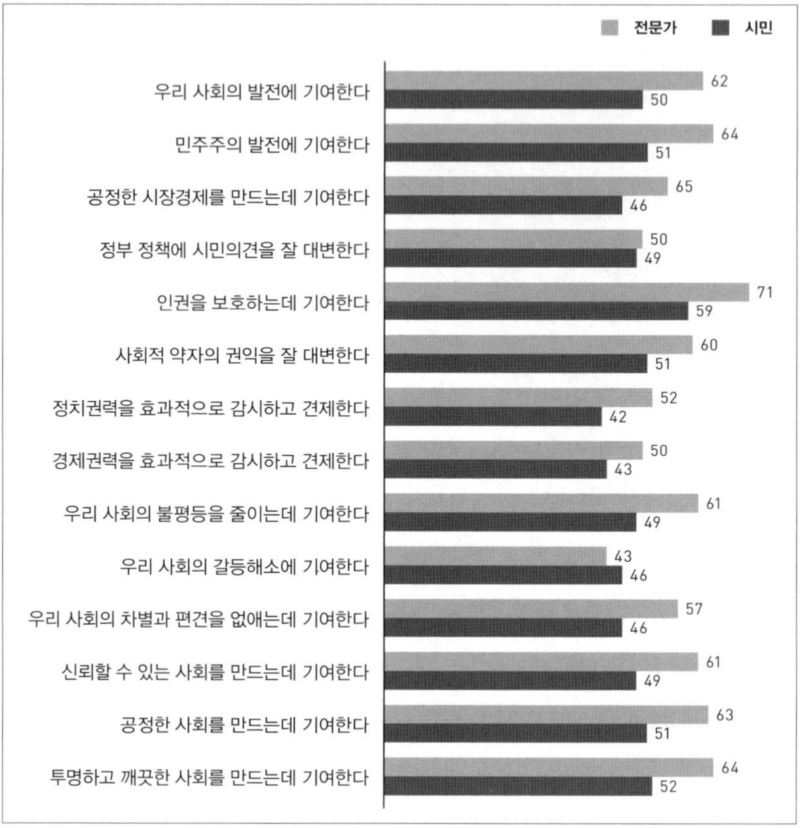

④ 갈등해소와 시민의견 대변 역할에 대한 평가점수가 가장 낮다

시민단체의 핵심적 기능과 역할에 해당되는 시민의견 대변 역할과 갈등해소에서 상당한 역할의 한계가 보여진다. 전문가와 시민 모두에게서 50% 턱걸이 점수를 받아 부정적 평가 점수보다는 다소 높게 나타난다.

⑤ 정부권력과 경제권력에 대한 감시 역할도 낮은 평가를 받는다

정부와 시장에 대한 감시와 견제 또한 시민사회의 핵심 기능과 역할

에 해당된다. 여기에서도 시민사회가 50% 내외의 '긍정' 평가를 받는 것으로 만족할 수 없을 것이다. 전문가보다 시민들의 평가점수가 50%에 달하지 못한 성적이라 시민들의 평가가 다소 냉정하다는 것을 엿볼 수 있다. 특히 20-30대와 60대 이상 고령층이 40대와 50대의 비교해 두드러진 '부정적' 평가를 하고 있다.

시민사회 발전 방향에 대한 시민과 전문가 의견

시민사회 발전 방향에 대한 의견은 시민사회발전위원회가 수차례 분과위원회 논의뿐 아니라 2019년 5월 대토론회(정부와 시민사회 관계)를 거쳐 제시된 발전방안들을 설문 문항에 다수 포함시켰다.

① 시민사회와 정부 관계(거버넌스) 개선방안에 강한 '동의'

시민사회발전위원회 지난 2년간의 노력이 집약된 (1) 정부-시민사회 관계의 사회협약에 대한 지지도는 시민 64%, 전문가 67%로 매우 높다. (2) 정부 정책 참여 확대, (3) 시민사회가 참여하는 정부위원회 기능강화 또한 전문가 60% 이상, 시민 54% 지지를 받고 있다.

② 시민단체에 대한 정부 지원에 '반대' 의견

시민단체에 대한 정부 지원에 대해서는 긍정이 부정보다는 높지만, 부정적 의견이 상당하다는 것을 알 수 있다. 정부 지원을 늘리는 것, 공공서비스를 시민단체에 위탁하는 것에 반대하는 의견이 지지하는 의견보다 더 높다.

그럼에도 시민사회를 지원하는 별도의 법이나 제도가 필요하다는 제안에는 시민과 전문가 모두가 64%, 67% 지지를 보내고 있다.

5) 유럽 시민사회 활동환경(Civic Space)

시민사회지표 중에서 최근에는 시민사회 활동의 여건 또는 환경에 대한 논의가 활성화되고 있다. CIVICUS는 시민사회의 지원환경지표(Enabling Environment Index) 조사를 진행하며, 또 시민사회 활동환경조사(Civic Space Survey)를 진행하고 있다.[15] 아래에서는 2016년에 조사한 〈유럽 시민사회 활동환경 조사〉의 결과를 참고해본다.

CIVICUS와 유럽 28개국 연대조직인 Civil Society Europe이 2016년 1월~3월 기간에 실시한 〈유럽 시민사회 활동환경조사〉 결과를 참고하면, 유럽 28개국의 300개 조직 대표들이 응답했고, 설문 전체에 응답한 단체는 180개로 나타났다. 전반적인 시민사회와 시민활동의 여건은 '나쁨'과 '좋음'이 각각 41%로 나타난 가운데, 동유럽의 경우 '나쁨'이 55%로 '좋음'(44%)보다 훨씬 많았다. 1980년대 말 한국과 거의 동시에 민주화 이후 '시민사회 시대'를 열었던 동유럽에서 시민사회의 성장과 정착에 어려운 과제로 남아 있는 것 같은 조사 결과이다.

민주주의 원칙 개선/악화

① 자국의 민주주의 원칙의 개선 또는 악화

지난 1년간 자국의 민주주의 원칙들이 개선되었는지에 대해 시민사회 대표들의 응답은 혼합적이다. 서유럽의 경우 개선이 77%로 나타난 반면에, 동유럽의 경우 개선 안 됨이 더 높은 54.8%로 나타났다(CIVICUS 2016a: 13).

---

15 http://www.civicus.org/index.php/what-we-do/knowledge-analysis/civicus-enabling-environment

■ **그림 6-17** 자국의 민주주의 원칙의 개선 또는 악화: 유럽 28개국, 2016 (단위: %)

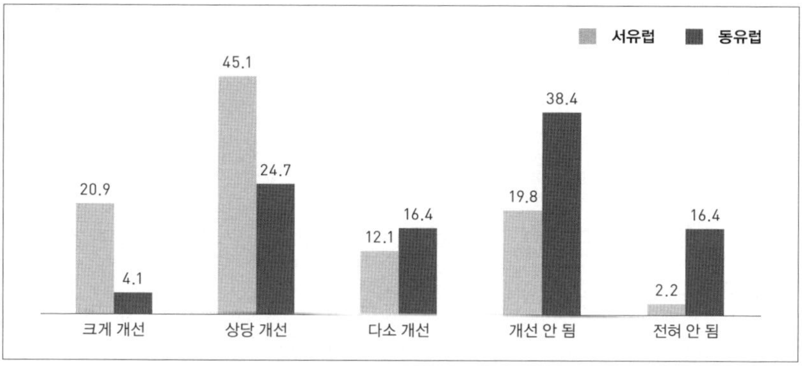

자료 CIVICUS 2016a: 13.

■ **그림 6-18** 정부의 인권과 민주주의 가치에 대한 지원: 유럽 28개국, 2016 (단위: %)

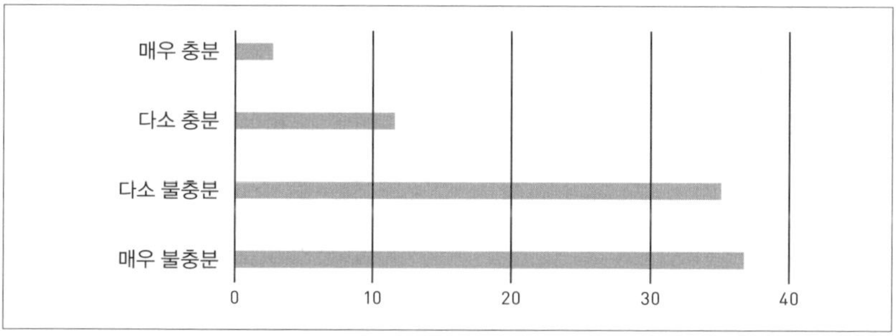

자료 CIVICUS 2016a: 16.

② 정부의 인권과 민주주의 가치에 대한 지원

또 지난 1년간 정부의 인권과 민주주의 가치에 대한 지원에 대해서도 충분하지 않다는 부정적 의견이 절대 다수(74%)로 나타났다(앞글: 16). 경제 침체, 난민 등 이민자 증가, 정부 재정지원 축소 등이 복합적으로 작용한 결과로 보여진다.

결사, 집회, 표현의 자유 보장

민주주의 가치 중 시민사회의 핵심 가치가 되는 결사, 집회, 표현의 자유 보장에서도 좋지 않은 부정적 견해가 팽배해 있다는 것을 알 수 있다.

① 결사의 자유

유럽에서 결사의 자유는 충분히 보장되고 있는가? 이에 대한 시민사회의 신뢰도는 비교적 낮은 편이다. 신뢰도는 서유럽의 경우 거의 70%, 북유럽의 경우 90% 수준이지만, 동/중앙/남유럽의 경우 겨우 60% 수준에 지나지 않는다(앞글: 5). 헝가리의 경우 형식상 결사의 자유가 보장되지만 정부의 관료적 절차, 부당한 검문 등이 여전히 잔존하고 있다는 보고가 있다.

② 집회의 자유

결사의 자유에 비교해 집회의 자유의 경우, 신뢰도가 서유럽의 경우 약간 낮아 70%가 안 되며, 동/중앙/남유럽의 경우도 60% 수준도 되지 않아, 국가에 대한 시민사회의 저항이 상당한 것으로 나타난다(앞글: 6). 테러 등의 비상사태가 발생하면서, 집회의 자유를 규제하는 법의 제정이 현안 이슈로 제기되었다. 프랑스의 경우 정보법과 비상상태 법으로 집회와 표현의 자유를 억제시켰고, 스페인에서도 집회와 표현의 자유를 침해하는 일련의 법안들이 시행되었다.

③ 표현의 자유

표현의 자유는 결사, 집회 자유보다 더 낮은 신뢰도를 보여준다. 서유럽의 경우 결사, 집회의 자유와 비슷한 70% 수준을 유지하지만, 동/중앙/남유럽의 경우 겨우 55% 수준에 머물러 있다(앞글: 6).

그림 6-19 유럽 시민사회의 정부정보 접근과 부정부패 고발, 2016년 (단위: %)

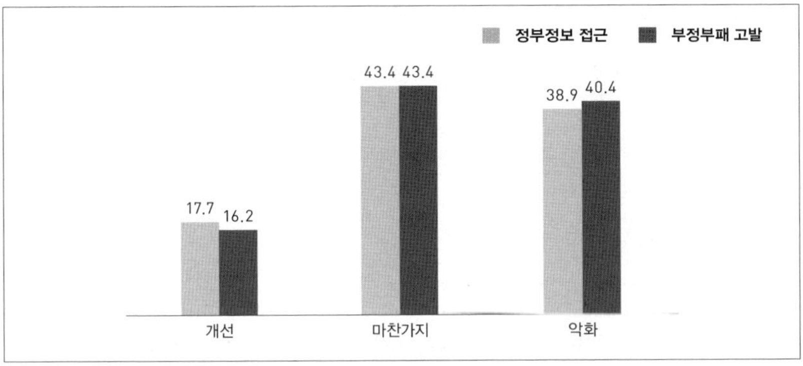

자료 CIVICUS 2016a: 14.

정부와의 관계

① 정부의 보호 의무

정부가 시민사회를 보호할 의무에 대한 신뢰도는 비교적 낮다. 신뢰도는 서유럽에서도 60% 수준 정도에 불과하고, 동/중앙/남유럽의 경우는 30%를 겨우 넘는 수준이다(앞글: 7). 시민사회의 부정부패 문제제기에 대한 정부의 소극적 대응이나 그리스의 경우 오히려 시민사회에 대한 비난 등이 문제로 제기되었다.

② 정부의 재정지원

가장 낮은 신뢰도를 보여주는 부분이다. 신뢰도가 서유럽에서도 37%, 동/중앙유럽 27%, 남유럽 22%로 매우 낮다. 환경운동이나 동성애 등의 취약층 지원에서 정부 지원이 삭감된 문제가 일반적이며, 특히 늘어나는 이민자를 위한 서비스 분야에서 정부 지원은 빈약해 NGO들이 직접 모금이나 자원봉사 활용으로 대처하는 실정이다(앞글: 7).

③ 정부정보 접근과 부정부패 고발

지난 1년간 시민사회가 정부의 정보접근이나 부정부패 고발에서 정부의 적절한 호응이 있었는지에 대해서도 긍정보다 부정의 답변이 더 많았다(앞글: 14).

시민사회가 당면하는 주요 이슈들

① 정부 재정지원 축소

시민사회의 가장 심각한 이슈는 정부의 재정지원 축소이다. 루마니아와 헝가리에서는 정부에 비판적인 NGO들이 재정지원에서 배제되는 블랙리스트 이슈가 제기되었다. 헝가리에서는 외국(노르웨이, 스위스, EU 등)의 지원이 일부 차단되고, 정부의 재정 배분의 투명성 문제가 심각하게 제기되었다(앞글: 11). 또 헝가리에서는 재정지원도 친정부 성향 사회단체에 편향되어, 자율적인 NGO들에 대해서는 빈약하다는 문제가 제기되었다.

② 정부의 부정적 협의 태도

정부와의 대화를 포함한 위원회 참여 등 협의 채널은 시민사회 활동에서 필수적이다. 그런데 설문 결과에서 정부와의 협의 부족 문제가 심각

그림 6-20 유럽 시민사회가 당면하는 주요 이슈들 (단위: %)

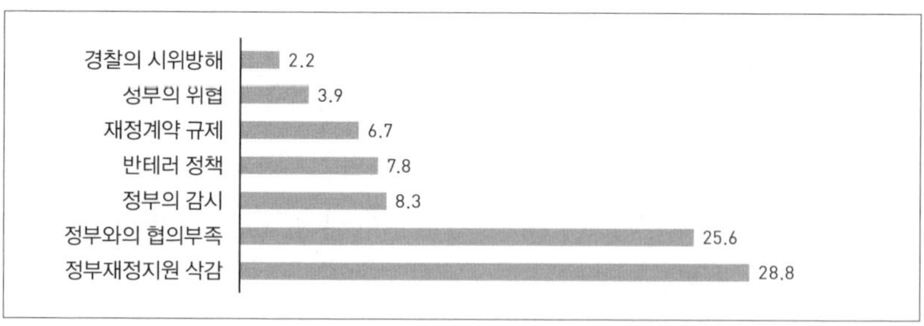

자료 CVICUS 2016a: 10.

한 제2의 핵심 이슈로 부각되고 있다. 에스토니아 시민사회는 정부가 시민사회에 대한 이해 부족으로 공조를 위한 협의를 외면하는 문제를 심각하게 제기한다(앞글: 11).

③ 재정지원의 규제

유럽이 전반적으로 경제 침체에다 이민자 증가 등의 문제로 시민사회에 대한 재정 축소와 함께 여러 규제정책들이 도입되면서 시민사회의 어려움이 가중되고 있다. 핀란드에서는 NGO 재정지원 요건이 까다로워지며 재정지원도 축소되는 문제가 있고, 독일에서는 정치 활동을 한 NGO들에 대한 정부의 등록 취소 논의가 있었다(앞글: 11).

4. 시민사회의 사회적 가치와 임팩트

시민사회의 주요 기능과 역할에 대해서는 앞서 살펴보았다. 여기에서는 시민사회의 주요 기능에 대해 최근 논의중인 '사회적 가치'와 '사회적 임팩트'에 초점을 맞춰, 시민사회의 경험적 실제를 분석해본다.

1) 시민사회의 사회적 가치 생산

시민사회의 '사회적 가치' 생산에 대해서는 미국의 비영리섹터를 분석한 샐러먼 등(Salamon et al. 2012)의 비영리섹터 '핵심 가치' 일곱 가지를 통해 살펴본다. 존스홉킨스 대학의 시민사회연구소의 연구진과 미국 시민사회

표 6-11 비영리섹터의 핵심가치 지표

핵심 가치	가치 측정의 경험적 지표
생산성 productive	• 일자리 창출과 경제적 가치 • 사회문제 해력에 필요한 자원의 동원 • 지역의 경제 활성화 개선
임파워링 empowering	• 시민 참여와 임파워링 • 공적 토론에 대한 기여 • 공공선을 위한 시민참여 기회 제공
효과성 effective	• 적정 비용으로 최고 품질의 프로그램과 서비스 제공 • 개인들과 공동체 삶의 질 개선
가치증진 enriching	• 인본주의 핵심 가치의 표현 • 시민 교육과 시민 성장의 기회 제공 • 지적, 과학, 문화, 영적 개발 • 문화와 역사 보존과 창의성 증진
신뢰성 reliable	• 호황기나 불경기에도 영향력을 유지하며 활동 • 신뢰할 만한, 책무적인 운영
호응성 responsive	• 클라이언트, 고객, 지역공동체에 호응 • 국가와 시장이 충족시켜주지 못하는 욕구의 충족 • 필요에 따라 혁신적인 접근법 추구
서비스 caring	• 취약인구에 대한 서비스 활동 • 취약인구에 대한 무상 또는 저비용의 프로그램/서비스 • 지역공동체 기반의 활동

자료 Salamon et al. 2012. p.4.

그림 6-21 비영리섹터의 핵심가치 증진의 성과: 미국, 2012년 (단위: %)

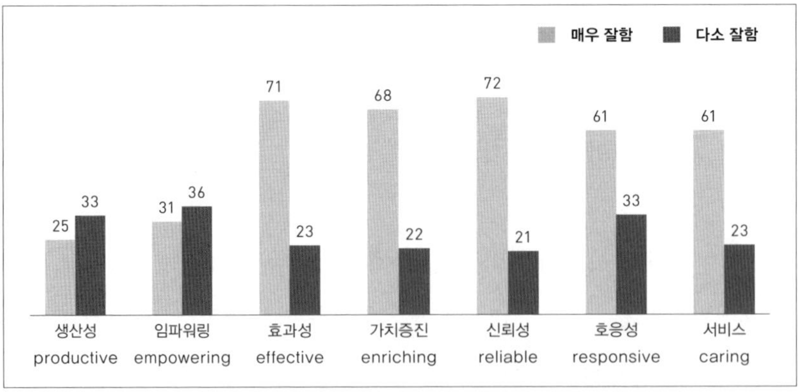

그림 6-22 정부와 비교한 비영리섹터의 핵심가치 증진: 미국, 2012년 (단위: %)

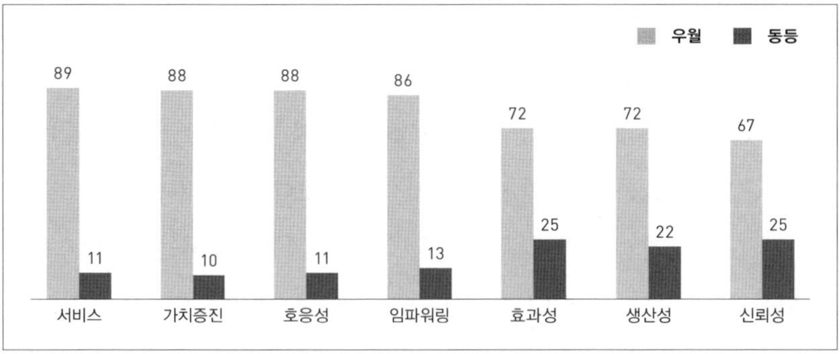

그림 6-23 기업과 비교한 비영리섹터의 핵심가치 증진: 미국, 2012년 (단위: %)

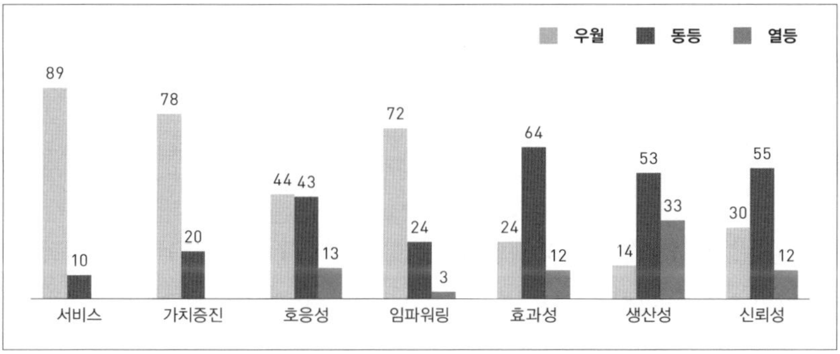

중간지원조직들의 논의를 거쳐 제시된 것들로, 전국 731개 비영리조직들이 응답한 핵심 가치 설문결과를 참고해볼 만하다(표 6-12). 비영리조직들은 생산성과 임파워링과 서비스에서는 비교적 낮은 점수를 받고 있지만, 다른 네 가지(효과성, 가치증진, 신뢰성, 호응성)에서는 90% 이상의 높은 성과 평가를 받고 있다.

또 설문에 응답한 비영리조직들은 일반 시민이나 정부 등 이해관계자들이 자신들의 핵심가치 증진 활동을 잘 인지하지 못하는 문제를 제기한다. 시민들과 공직자가 특히 이런 핵심가치를 인지하지 못하고 있다는 응답율이 57%와 56%로 나왔고, 그밖에 미디어(37%), 재정지원기관(34%), 고객/후원자/회원(24%), 이사회 이사(13%), 직원(5%), 자원봉사자(5%) 등이다.

다음으로 핵심가치 일곱 가지를 정부기관과 비교해 조사한 결과를 보면, 비영리조직들은 일곱 가지 모두에서 정부보다 훨씬 더 잘하고 있다(앞글: 10-11). 한편 기업과 비교해서도 서비스와 가치증진에서는 훨씬 더 우월한 위상을 보여준다. 그럼에도 생산성에서는 오히려 열등하다는 의견이 지배적이고, 다른 4개 가치에서는 동등하거나 열등하다는 의견이 다수를 차지한다.

2) 시민사회의 '사회적 임팩트'

시민사회의 경험적 실제에 관한 논의에서 최근에는 시민사회가 사회적 가치 등의 사회적 임팩트(social impact) 증진에 기여하는지에 논의의 초점이 맞춰지고 있다. 사회적 임팩트는 시민사회가 국가와 사회에 궁극적으로 기여하는 임팩트를 보여주는 실질적인 의미를 갖고 있다. 사회적 임팩트는 이제 시민사회가 얼마나 건강하고 지속가능성을 갖고 있는지를 경험적으로 검증해주는 새로운 패러다임이다.

'소셜' 시대의 진전으로 시민사회(제3섹터) 또한 변혁의 가운데에 있다. '소셜' 시대는 시민들이 자발적인 참여로 열어가며, 국가도 시장도 시민사회도 모두가 '소셜' 시대로 가지 않으면 안되는 시대상황이 되고 있다(주성수 2017b: 19-26). 경제상황이 악화되고 사회문제가 심각해지는 시대의 요청이다. 시민들은 자발적인 기부와 자원봉사와 윤리적 소비 등의 소셜 행동

(social action)으로 소셜 영역의 기반을 마련해준다. 정부는 정책과 서비스 공급에 대한 시민의 불만을 해소하기 위해서도 사회적 일자리, 사회적경제, 사회적기업(social enterprise) 정책으로 소셜 영역의 생태계 조성 역할을 맡는다. 기업 또한 거세지는 비즈니스 경쟁에서 생존하고 사회적 책임(social responsibility) 요청에 순응하기 위해서도 소셜 마케팅(social marketing), 사회적 금융(social finance)이나 사회적 투자(social investment)로 소셜 시대에 동참하고 있다. 시민사회는 소셜 시대의 개막과 더불어 사회적 목적을 추구하기 위한 다양한 기회와 여건들이 제공되면서 사회적기업이나 협동조합으로 비즈니스 활동을 개시해 새로운 사회적 혁신을 추구해간다.

'사회적 혁신'은 국가, 시장, 시민사회 모두의 필요불가피한 선택이자 전략이 되고 있다. 지금의 사회적 혁신의 주체들은 중앙과 지방정부기관, 사회적기업가, 사회적경제 조직, 은행과 금융기관, 학계 등으로, 이들이 다자 이해관계자 그룹을 형성한다. 또 세계적으로도 시민들이 소셜 활동을 통해 '사회혁신운동'에 동참하는 글로벌 동향이 되고 있다(EC 2014b: 14). 사회혁신에 관한 사상의 발전과 확산이 가속화되며, 연구, 프로젝트, 실험, 토론, 문서, 도서, 행사들이 크게 늘며 지난 10년 기간의 사회혁신의 또 다른 특징을 이루었다(앞글: 14-15).

미국의 결과기반의 지불

소셜 시대의 '사회적 임팩트'에 대한 시민사회의 동향도 변화하고 있다. 외부의 다양한 지원기관들이 사회적 임팩트 계획과 측정과 평가를 요구하면서, 시민사회조직들의 사회적 임팩트와 임팩트 투자에 대한 준비도 강화되는 분위기다. 미국 비영리조직들의 사회적 임팩트 동향에 대해 2015년의 비영리재정기금(Nonprofit Finance Fund 2015)의 조사결과를 참고해보면 아래

■ **그림 6-24** 결과기반의 지원 현황: 미국 비영리조직 사례 (단위: %)

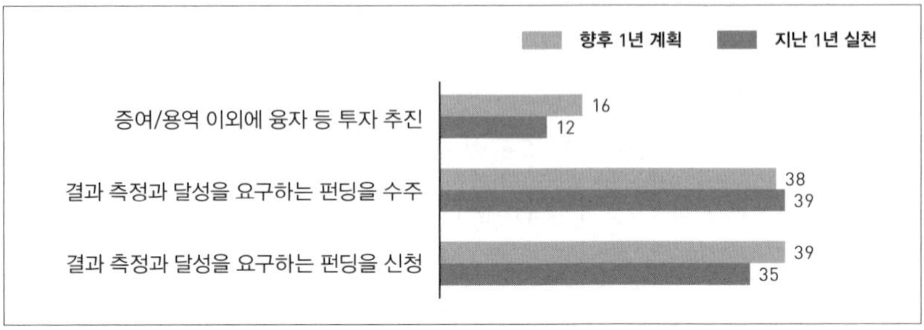

자료 Nonprofit Finance Fund 2015: 11

■ **그림 6-25** 결과기반의 자료 활용: 미국 비영리조직 사례 (단위: %)

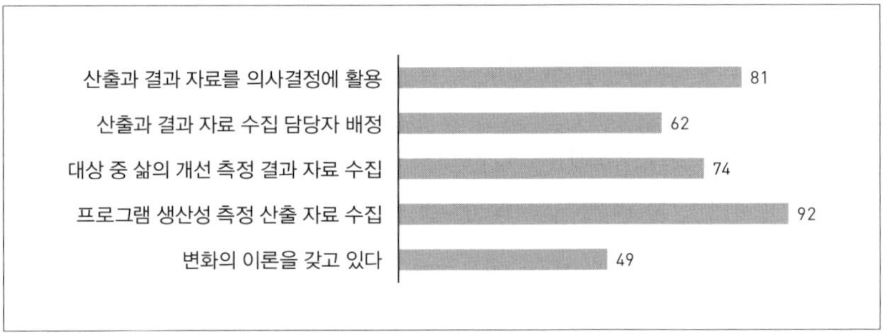

자료 Nonprofit Finance Fund 2015: 15.

와 같다.

먼저 결과기반의 지원(result-based funding)은 이제 상당 수준에 진전되어 있다. 지난 1년간 추진 현황과 향후 1년의 계획에서 '결과 측정을 요구하는 지원을 수주' 또는 '신청'이 40%에 근접해 있다. 또 전통적인 주수입원인 증여나 용역 이외에 융자 등의 투자를 유치했거나 계획 중인 비영리조직이 각기 12%와 16%에 달해 있다. 또 결과기반의 자료 수집과 산출자료 수집 등은 절반 이상을 넘어 이제 주류화를 형성하고 있다. 산출과 결과 자료수집과 이를 의사결정에 반영하는 일은 이제 절대 다수의 비영리조직들의 일상으로 정착되고 있다. 2018년 전국 조사에서도 〈그림 6-24〉의 2015년과 유사한 결과를 보여준다(Nonprofit Finance Fund 2018).[16] 2018년에 시행된 새로운 법(사회임팩트 결과지불 파트너십법)에 따라 비영리기관들이 결과지불제에 크게 의존하게 될 것인데, 실제로 2018년에 '지난 1년간 결과지불 또는 용역 지원'을 받은 조직이 27%에 달했다(Nonprofit Finance Fund 2018).

또한 임팩트 보고서를 요청하는 지원기관의 수가 증가하였다.

- 보고서에 산출 또는 결과 자료를 포함할 것을 요청했는지에 대해 절반 이상이 그렇다는 응답은 43%, 모든 기관이 그렇다는 응답은 21%이며, 또한
- 프로그램 효과성 사정을 위한 산출이나 결과자료 요청(절반 이상 44%, 모든 기관 19%)
- 특정 산출을 달성하는 조건으로 재정을 지원(절반 이상 28%, 모든 기관 10%)
- 특정 결과를 달성하는 조건으로 재정을 지원(절반 이상 26%, 모든 기관 9%) 등이다.

영국의 결과기반 지불제(PbR)

영국의 경우, 결과기반의 지불(Payment by Results: PbR)이 2012년부터 노동연금부, 법무부 등 정부의 공식적인 공공서비스 지불 방식으로 확대되고 있다. 그런데 시민사회조직들이 이에 대한 이해와 준비 부족 등으로 상

---

16 https://nff.org/surveydata

■ **그림 6-26** 결과기반지불(PbR)의 재정적 리스크로 경쟁력 저하: 영국 지방 조사 결과, 2013 (단위: %)

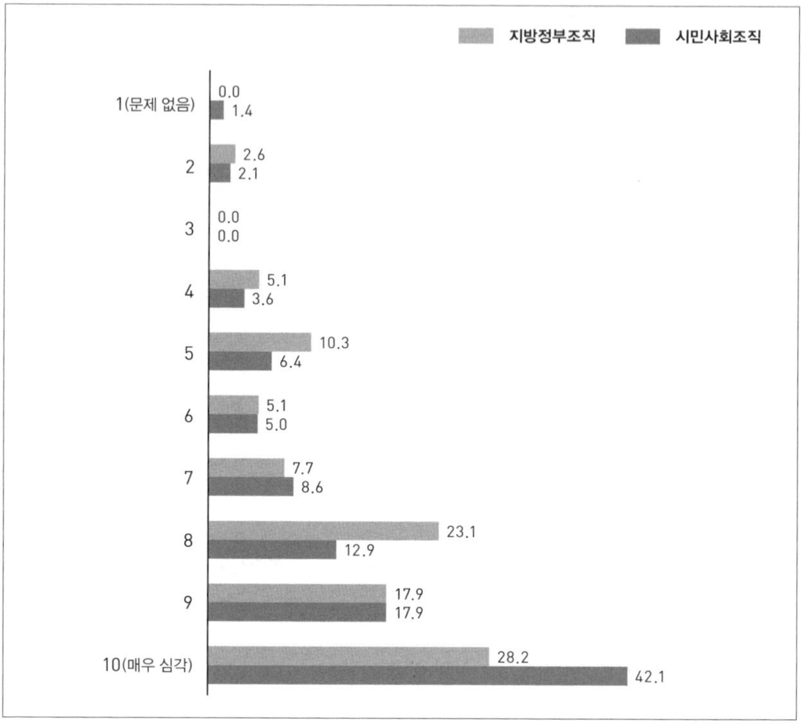

■ **그림 6-27** 결과기반지불(PbR)이 서비스 질을 개선할 것인가? 영국 지방 조사 결과, 2013 (단위: %)

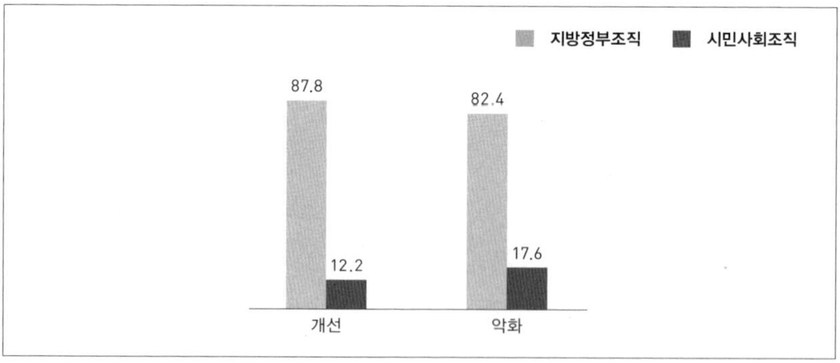

당한 어려움에 처해 있다. 영국 전국 시민사회조직 조사에 따르면(Compact Voice 2013), PbR 도입 1년밖에 되지 않아 이에 대한 이해가 절반에도 미치지 못한 것으로 나타난다. 가장 낮은 이해도(1점)부터 가장 높은 이해도(10점) 척도에서, 7~10점 분포가 절반 수준도 안 된다.

또 결과 또는 임팩트를 생산하기 위한 합리적 행동으로 '크리밍과 파킹'(creaming and parking)이 부작용으로 나타난다는 응답도 상당하다. 결과를 내기 쉬운 대상층이나 사업 영역을 선택해 실질적인 사회적 임팩트가 되지 못하는 목적 전도 문제이다. 조사결과, 1점(문제 전혀 없음)부터 10점(문제 항상 있음) 척도에서 7점 이상이 60% 이상으로 나타났다.

따라서 정부의 PbR 용역에 어떻게 참여할지를 잘 모른다는 응답도 90%가 넘을 정도로 시민사회조직들은 정보 또는 역량 부족 문제를 제기한다. 거의 모른다(42.6%), 다소 모른다(47.8%)로 나타났으며, 지방정부기관의 응답도 전자 31.6%, 후자 63.2%로 전체 94.8%에 달한다. 또 PbR 용역을 수주하기 위해 자본 준비 등 재정적 리스크가 시민사회조직의 경쟁력을 심각하게 제한시킬 것이라는 의견도 상당하다. 지방정부조직의 의견도 다소 차이가 있을 뿐, 크게 다르지 않다.

특히 PbR의 미래 전망에 대해서도 비관적인 응답이 절대 다수를 이룬 것을 보면 사회 임팩트에 대한 시민사회의 강한 거부 또는 자신감 부족 또는 준비 부족 문제가 상당하다는 것을 알 수 있다.

3) 시민사회조직에 대한 임팩트 투자

최근 사회적 임팩트 투자(SII)의 진전은 사회목적조직(SPO)으로서의 시민사회조직들이 사회기업가정신을 창출하는 기회와 환경을 조성해주고 있다. G8의 SII TF의 보고서는 SII의 성장으로 시민사회도 더불어 성장하며, 시민사회 섹터의 성장으로 SII 시장의 성장이 이뤄지는 선순환 관계를 제시해준다.

시민사회조직에 대한 임팩트 투자

"임팩트 투자에 대해 낙관적인 전망을 할 수 있는 강력한 근거는 창의적인 에너지를 사회문제 해결에 혁신적이며 지속적인 방안들을 활용하는 임팩트 기업가들의 급성장이다"(SIIT 2014: 8). 임팩트 기업가들은 성공적인 임팩트 조직들을 건설하는데 필요한 재능과 역량의 공급처가 된다. 사회문제 해결에 창의적인 기업가 모델을 활용하는 시행기관이면서 무수한 시행기관들의 역량을 지원하고 이들의 프로그램 실행에 필요한 자본을 형성해 지원하는 중간지원조직도 시민사회조직이다. 또 임팩트 추구적인 수요기관들도 점차 늘고 있는 추세이다. 정부를 비롯한 소비자, 자선기관 등의 사회목적기관들은 세상을 변화시켜 지속가능한 발전을 지향하는 재화와 서비스를 필요로 하는 확고한 수요측을 형성하고 있다.

이같은 거대한 변화는 영리와 비영리 영역의 구분을 모호하게 만들며, 시민사회 영역은 점차 수입원을 창출하고 사업을 하며 기업의 모범적인 비즈니스를 수용해 사회적 임팩트와 지속가능성을 증진시키는 활동을 확대해가고 있다(앞글: 8). 마찬가지로 많은 기업들도 수익을 초월한 사회적 목적을 주장하며 소셜 영역의 파트너로 참여한다. 점차 많은 사람들이 사회목적조직을 만들어 가장 심각한 사회문제 해결에 창의적인 기업가모델을 적용하는 임팩트 기업가로 성장한다. 혁신적인 사회문제 해결에 창의적인 기업가 모델을 활용하는 임팩트 기업가들의 혁신과 임팩트를 지원하기 위한 정부와 기업과 재단 등의 SII는 혁신과 임팩트의 확장으로 새로운 혁신을 추구한다.

사실 SII의 성장은 시민사회조직들이 정부나 기업 등의 증여 지원에만 의존하는 의존성에서 벗어나 창의적인 비즈니스로 사회적 목적을 추구하면서 수익을 창출해 재정적 자립을 갖추기 위한 자구적 노력에서 비롯되었다(앞글: 9). 이같은 자구적 노력을 지원하는 사회적 금융(social finance)은 다양한데, 최근 글로벌 차원에서 SII가 가장 혁신적인 금융수단으로 점차 보편화되고 있다(주성수 2017b: 44-57). 시민사회조직들의 생산성이 증대하면서 SII 시장도 더불어 성장한다.

시민사회 섹터는 영국, 미국, 캐나다, 독일 등 일부 국가에서는 GDP의 5% 이상을 차지하며, 전체 노동력의 10%를 포용하는 중요한 섹터이다. 시민사회조직 중에서 재정적 수익을 내며 임팩트 추구적인 조직 또는 사회목적조직(SPO)이면 어느 조직이나 SII 대상이 된다. 최근 시민사회조직들이 성장하게 된 것도 정부 용역이 성장했기 때문으로 볼 수 있다. 영국의 경우, 정부 재정지원을 받는 자선기관의 지원금 80% 이상은 기관을 지원하는 증여가 아니라 서비스 전달 용역비에 해당되는데, 그 규모는 2011~12년 1년간 110억 달러에 달한다(SIIT 2014: 9). 독일에서는 법적으로 보장된 재정지원의 복지시스템으로 시민사회조직들이 성장했는데 이들 대부분은 정부 지원으로 서비스 전달기관 역할을 한다. 이탈리아의 시민사회 섹터는 GDP의 15%, 전체 노동력의 10%를 차지할 정도로 성장해 있다.

시민사회조직을 위한 벤처 필랜스로피

전통적인 금융지원방식은 시민사회조직들의 일반 운영비 지원이 거의 없어 기업가 역량 구축에 커다란 도움이 되지 않는다. 미국의 경우 전체 증여 중 일반 운영비 지원은 16%에 지나지 않는다. 한 가지 해결방안은 시민사회조직의 스타트업을 지원하는 벤처 자본의 즉각적인 역량구축 기술을 활용하는 벤처 필앤스로티 조직(VPO)의 사업방식이다(앞글: 9).

VPO는 일반 운영비 지원뿐 아니라, 비즈니스 서비스, 멘터링, 전략적 사고 등 복합적으로 스타트업에 필요한 지원을 한다. 유럽의 VPO의 70%는 비영리조직들로 개인 등의 독립적 재단이 33%, 기업 관련 재단이 7%, 자선단체 14%이며, 영리기업들이 19%, 펀드 9%, 기타 복합적 기관 2% 등이다(EVPA 2016: 54). 유럽의 VPO는 SPO 중에서 신생, 중소 규모의 조직으로 성장 잠재력이 높은 기업들에 대한 투자를 선호한다. 투자처 조직들의 가장 보편적인 운영기간은 2년으로 전체 80% 비중을 차지한다.

유럽의 VPO들이 제공하는 비금융 서비스 유형으로는 전략 컨설팅이 가장 많은 77%, 네트워크 접근, 금융 관리, 모금과 수입 전략이 60% 이상, 그리고 거버넌스, 마케팅과 커뮤니케이션, 법률자문, 운영 관리, 변화 관리, 인력 관리, IT 등의 순서로 많은 지원이 이뤄진다. 금융적 서비스 투자비가 비금융적 지원비를 훨씬 능가하지만(93.5% 대 6.5%), SPO의 입장에서는 비금융적 지원이 금융적 서비스에 못지 않은 중요한 비중을 차지한다(앞글: 20). VPO의 지원을 받은 SPO들은 비금융적 서비스가 금융적 서비스와 같은 중요한 비중을 차지한다는 의견이 74%에 달한다.

시민사회조직의 역량구축은 여러 방식으로 지원될 수 있다. 기술 지원부터 인큐베이터 기금에 이르기까지 다양한 방식들이 있다. 제도권의 대기업들과의 파트너십도 바람직한 대안으로 제시되고 있다. 유망한 비즈니스 리더들의 집단인 B Team은 리차드 브랜슨(Richard Branson), 아리아나 허핑톤(Arianna Huffington), 폴 폴만(Paul Polman) 등이 주도해 세계적인 기업가정

신의 챔피언으로 부상하고 있다.[17]

4) 사회적경제기업에 대한 임팩트 투자

사회적기업 설립에서 자본 이용은 특히 창업에 핵심적인 부분이다. 사회적기업은 전형적으로는 시장 자원(재화와 서비스의 판매 등)과 비시장 자원(정부지원금과 민간 후원금), 비금전적 자원(자원봉사)으로 재정이 지원된다. 정부로부터의 재정지원은 초기 발전 단계에서 필요하며, 이후 사회적기업이 규모를 갖추고 시장역량을 구축하게 되면 점차 줄어들 수 있는 재원이다. 그럼에도 일부 사례들에서는 자력의 재원조달이 어렵기 때문에 공공서비스 제공의 혜택과 비용절감 활동이 이뤄지는 사회적경제 분야에서는 안정적인 장기적인 재정지원이 필요하다.

새로운 금융 생태계 변화

추가적인 비정부 재원의 파이낸싱을 획득하기 위해서는 민간 시장부문에서 다양한 금융상품들이 개발되어 사회적기업의 라이프 사이클(초기단계, 준비단계부터 완성과 성장단계)에 적합한 지원이 이뤄질 필요가 있다. 대부분의 주류 기업들이 활동하는 핵심 금융상품 중 하나는 은행융자이다. 그럼에도 대부분의 OECD 국가들에서 사회적기업은 크레딧 이용 기회를 획득하는데 많은 어려움을 겪고 있다. 은행 등 전통적인 금융기관들은 사회

---

17 B Team은 "우리의 미션은 사람과 지구를 수익과 함께 두는 Plan B를 제공하는 것이다"라고 밝힌다. http://bteam.org/

적기업에 대한 융자를 일반적으로 거부하는데, 그 이유는 고객 기준을 충족시키지 못하며 충분한 대출보증이 이뤄지지 않기 때문이다. 이에 따라 사회적기업은 새로운 금융 협력기관을 찾거나 자신들의 사업계획을 축소해야 한다.

최근까지 새로운 다양한 금융도구들이 등장해 사회적기업을 지원한다. 금융 행위자들의 행태에서 시민사회 이니셔티브 지원 등의 새로운 변화를 주목해볼 만하다(Mendell and Nogales 2009). '사회적 투자'(social investment)를 포함한 금융 혁신뿐 아니라 다른 금융 재원의 역할 변화가 주목받고 있다. 여기에는 지역사회 기반의 투자가 있고, 프로그램 연계 투자(programme related investment: PRI), 벤처 필랜스로피(venture philanthropy), 그리고 전통적인 필랜스로피, 금융기관, 공공 파이낸싱 등 전통적인 금융공급자들이 있다. 지역사회 투자는 지역사회에 기반을 두는 결사체나 사회적경제 조직들에 직접 투자하는 것을 의미한다. 지역사회 투자기관은 투자 자본을 활용해서 전통적인 금융기관들이 거부한 개인이나 조직의 자본접근을 위해 금융 또는 보증대출을 해준다. 지역사회 투자기관은 투자자에게 수익이 돌아오고 대출금 상환이 잘 이뤄지도록 교육훈련 등의 지원과 기술 지원을 제공한다. 프로그램 연계 투자(PRI)는 자선기관, 증여 제공 트러스트와 재단들이 자신들의 핵심 목적과 같은 목적을 공유하는 기관들에 투자하는 방식이다.

새로운 금융 생태계의 변화는 투자에 대한 금융수익을 보장하면서 강력한 사회적 임팩트를 가진 비즈니스를 지원하기 위한 목표를 가진 '진취적' 투자 선택 접근법으로 '임팩트 투자'(impact investment)가 알려지고 있다. 임팩트 투자는 금융 수익과 함께 측정가능한 사회적, 환경적 임팩트를 생산하기 위한 의도를 가진 투자이다. 임팩트 투자의 '진취적 투자' 선택과 관련된 아래 몇 가지 투자방식이 사회적기업을 지원하는 재원으로 볼 수 있다(앞글: 10-11). 그것들은 연대 금융(solidarity finance), 벤처 필랜스로프, 기관투자, 개인 투자, 지분과 준지분 투자, 윤리적 또는 사회적 자본시장), 크라우드펀딩 등이다(Mendell and Nogales 2009).

한국의 사회적경제 임팩트 투자

한국에서도 사회적경제에 대한 임팩트 투자가 개시되었다. 영국, 미국, EU 등 G8부터 시작된 국가 차원의 글로벌 임팩트 투자가 이제 G20의 한국에서도 국가자문위원회 구성 등으로 본격적인 성장을 앞두고 있다.

사회적가치연대기금은 2019년 설립된 임팩트투자 도매기금이다. 영국의 빅소사이어티 캐피탈(Big Society Capital)의 한국형으로 추구하며, 민간주도적 자본투자로 사회적경제 조직들을 지원한다. 사회적가치연대기금은 앞으로 5년 기간에 걸쳐 3,000억원 투자할 계획이다. 사회가치연대기금은 투자자를 선순위, 후순위로 구분해, (1) 선순위(우선참여권)에 상회신용기관과 시중은행, (2) 제2 선순위에 기관투자자, 연기금, 민간투자자, (3) 중순위에 지자체기금, 그리고 (4) 후순위에 기부금 출연자를 세 가지로 구분한다. 그리고 (1) 전국계정에는 상호금융기관과 금융권 전체 및 사회적경제조직 등, (2) 지역계정에는 지역금융기관, (3) 테마 계정에는 유관기관(특정목적사업기업과 공기업)이 있다. 투융자 대상에는 사회적경제조직에 인내자본 제공이 일차적인 목적이며, 사회적 목적 프로젝트 테마로는 사회적부동산, 사회혁신을 위한 기술혁신, 환경과 에너지, 불평등과 양극화 완화, 고령화 케어 제시. 투융자는 투자원금과 재무적 이익뿐 아니라 사회적 가치를 고려한 투자결정이 이뤄지는 구조. 수익과 리스크 및 사회적 임팩트, 3차원에 기초한

다고 밝힌다.[18]

민간주도의 임팩트 투자 또한 점차 성장하고 있다. 2008년 이재웅 대표(다음 설립자)가 설립한 'sopoong(소풍)'을 비롯해, SK행복나눔재단, D3쥬빌리, MYSC, Crevisse 파트너즈, HGI 등 민간 투자 기관들이 투자 활동을 하고 있다. 투자 방식은 내부 자금을 활용해 임팩트 투자에 나서는 방식이 있고, 또 공모형 사모펀드형태로 외부 자금을 빌려와 운용 수익을 투자자들에게 배분하는 영리 스타트업을 대상으로 한 벤처 캐피털 기능에 역점을 둔 방식도 있다. SK 행복나눔재단은 2012년부터 소액의 임팩트 투자를 공모방식으로 개시해왔다. 2013년 2억4천만원을 투자하기 시작해 2014년과 2015년에 17억 규모를 투자했고, 투자 수단은 지분투자(보통주 13%, 우선주 33%)와 전환사채 인수 54%로 이뤄지고 있다(행복나눔재단 2016: 5-6). 공모를 통한 선정 방식은 사회기업가정신(사회적 미션), 사회적 가치(사회적 가치 창출 수준과 모델의 혁신성), 경제적 가치(경영성과 성장성, 재무구조 건전성), 그리고 경영 역량 등에 기초한다.

---

18 한국사회적가치연대기금 https://www.svsfund.org/aboutus

제7장

시민사회와 국가(정부)

시민사회와 국가의 역사적 발전에 주목해보면, 양자는 민주주의의 발전과 더불어 갈등과 경쟁의 관계를 유지해왔다고 볼 수 있다. 국가(정부)에 대한 시민사회(NGO)의 도전은 대의민주주의에 대한 참여민주주의의 도전으로 제기되며 많은 논란을 일으켜 왔다. 현대 시민사회 발전의 역사에 주목해보면, NGO 등의 사회운동이 국가권력을 제한하며 도전하는 측면이 있는가 하면, 정부가 복지국가의 정책의 확대로 시민사회(NGO)의 정책참여와 프로그램 운영의 기회를 확대시키며 시민사회의 발전에 적지 않게 기여하기도 했다.

보다 정형화된 국가-시민사회 관계 유형을 살펴보면, 시민사회는 국가에 대한 견제세력이자 개인과 국가 사이를 연결시켜주는 중개자 역할을 한다. 정부정책에 대한 시민의 관심과 참여를 유도하며 정책의 책무성과 투명성을 제고시키고, 민주주의의 질적 발전에 기여한다. 또 시민사회(NGO)는 공공서비스 공급의 책임을 공유하며 정책파트너 역할을 맡는다.

1. 국가와 시민사회 관계

국가와 시민사회의 관계는 근대에는 국가에 대한 시민사회의 도전이라는 이분법 시각, 즉 2대 섹터 논리에서 발전되었다. 그런 후 근대 자본주의의 발전과 복지국가의 탄생과 더불어 시민사회는 국가뿐 아니라 시장으로부터도 자율성을 확보하는 공적 영역으로 존재한다는 3대 섹터 시각이 지배해왔다.

1) 국가로부터의 독립영역

근대 18~19세기로 거슬러 올라가 보면 현대적 의미와는 크게 다른 시민사회가 변천되어 왔다는 것을 알 수 있다. 아담 퍼거슨(Ferguson)의 저서, 『시민사회의 역사』(*The History of Civil Society*)에는 18세기 시민사회가 야만사회를 벗어나 도시생활과 상업활동으로 번성하는 문명화된 사회, 가족의 울타리를 넘어 국가에 간섭을 받지 않는 무수한 사적 활동으로 다원화된 사회를 뜻했으며, 독일에서는 시장과 개인주의와 대치되는 개념인 'folk', 즉 신분제 등의 전통과 역사를 중시하는 소규모 지역공동체를 의미했다(Shils 1997: 323).

특히 국가로부터 구별되는 독립적인 또는 자유로운 영역으로 시민사회를 간주한 것이 근대 민주주의 태동기에 발전된 시민사회 사상의 기초였다(Van Til 2000: 14). 밀과 아담 스미스가 관찰했던 시민사회는 국가의 해악으로부터 자유로운 개인과 경제의 자유 영역이었다. 이는 홉즈와 로크가 시민사회를 국가(commonwealth)와 동의어로 간주한 것과는 근본적으로 다른 차이를 보여준다. 또 헤겔은 가족과 국가로부터 구분되는 시장영역으로 주로 시장의 기능에 필요한 제도들을 시민사회로 지칭했으며, 경제적, 사회적 갈등이 심화되는 상황에서 협력을 유도함으로써 시장주도적인 사회에서 국가의 존재이유를 이런 시민사회의 진흥 역할로 설정하였다. 헤겔의 전통을 계승한 마르크스에게는 다름이 아니라 무산계급이 유산계급에 의해 착취되는 자본주의 사회가 시민사회로, 여기에는 "착취, 소외 및 사회불의"가 지배한다.

이처럼 18~19세기 유럽에서 풍미되었던 시민사회의 공통적인 의미 또는 특징은 무엇보다도 1) 국가로부터 독립적인 영역, 2) 개인의 권리, 특히 재산권을 부여하는 사회, 그리고 3) 국가로부터 독립적이고 상호 경쟁하는 무수한 자치적인 경제단체들 또는 기업들을 망라한다(Shils 1997: 324-5). 경제단체와 기업들이 시민사회 영역에 포함된 것을 주목해볼 만하다. 현대에 와서도 후쿠야마(1995) 등 일부 학자들도 기업을 포함한 넓은 의미의 시민사회 개념을 제시한다.

그럼에도 현대 시민사회의 이론적 기초를 제공하는 토크빌의 시민사회 이론이 이미 근대 1830년대에 제시되었다는 것을 주목해볼 필요가 있다. 토크빌은 1830년대 초에 미국사회를 면밀히 관찰한 결과, 미국 민주주의를 '시민민주주의'(civic democracy)로 보았다. 시민 중심의 민주주의, 시민참여로 성장하는 민주주의로 특징화시킨 것이다. 토크빌은 시민사회가 정치적 특성과 법의 울타리 밖에서, 정부의 영향력에서 벗어나 국가와 개인을 연결시켜주는 '중개조직'의 영역으로 보았다. 토크빌은 "민주주의 국가에서 결사의 과학은 모든 과학의 어머니이다… 인간이 문명화된 상태로 남거나 그러기를 바란다면 조건의 평등이 증가하는 것과 같은 비율로 사람들 사이에서 공동 결사의 예술이 성장하고 개선되어야만 한다"라고 강조한다(Galston 2000: 65).

토크빌이 미국을 유럽으로부터 차별화시키는 판단의 기준은 바로 '시민사회'였다. 그는 유럽을 "강한 국가, 약한 사회", 미국을 "약한 국가, 강한 사회"로 구분하며, 미국이 유럽과 크게 다른 점에 대해, "자기방어적인 봉건제 전통과 그에 따른 앙상 레짐이 존재하지 않았고, 대도시가 거의 존재하지 않은 가운데 지방 소도시들이 중요한 역할을 하며, 관료제의 부재와 분권화의 전통"이라고 지적했다(Ehrenberg 1999: 161). 이 모든 요인들과 광범위한 사회적 평등사상이 베어 있는 자율의 문화와 낮은 수준의 계급갈등이 '강력한 국가' 전통보다는 '자율적인 시민사회'의 전통을 가능하게 했다는 것이 토크빌의 시민사회 이론의 기초이다(Ehrenberg 1999: 161).

한편 마샬(Marshall 1964)의 시민권 이론에 초점을 맞춰보면, 토크빌은 시민의 정치적 권리와 시민적 권리를 존중하고 국가에 의해 제공되는 사회적 권리를 경계하였다(Smith 1993: 201). 그는 정치적 권리와 시민적 권리를 향유하는 시민들의 참여와 자치권력 그리고 시민사회단체(NGO)의 중개 역할을 민주주의의 기본으로 간주하였다. 현대에 와서 버거와 노이하우스(Berger & Neuhaus 1996) 등이 토크빌의 중개조직의 활성적인 역할을 시민사회의 기초로 중시한다.

2) 개인과 국가의 중개조직

그렇다면 현대적 의미의 '시민사회'는 무엇인가? 현대에 와서도 시민사회의 개념은 토크빌의 중개조직으로서 시민사회 이론이 지배하는 가운데, 학자들에 따라 다양하게 해석되고 있다. 미국의 시민사회협의회는 국가로부터의 자유에 초점을 맞춰, "시민사회는 국가에 의해 설립되지 않고 운영되지도 않는 관계들과 제도들을 구체적으로 지칭한다"라고 강조한다(Eberly 1998: 221). 토크빌의 고전적인 시민사회 전통을 중시하는 후쿠야마(1995: 4-5)는 시민사회를 "기업, 자원조직들, 교육기관, 클럽, 노조, 미디어, 자선기관, 교회 등을 포함하는 중간결사체의 복합적인 북새통"으로 본다. 기업과 노동조합을 포함하는 지나치게 넓은 의미의 시민사회 개념을 제시한 것이다.

국제기관들의 개념정의 또한 이와 유사하다. UNDP(2000b: 31)는 "시민사회는 개인들을 공적 영역과 국가에 연결시켜주는 사회의 일부라고 정의될 수 있다"라고 서술한다. 세계은행(2000b)은 "시민사회는 가족, 시장, 국가 사이의 한 영역"이라 정의하며, 여기에는 "구성원들의 생활을 개선하기 위해 활동하는 비영리조직들과 공식 또는 비공식 특수 이익집단들로 구성된다"라고 지적한다. 세계은행은 더욱 구체적으로, "연구 및 정책 디자인 기관들, 노조, 미디어, NGO, 풀뿌리조직(GRO), 지역기반조직(CBO), 종교집단 및 기타 무수한 전형적인 행위자들의 사례들"을 시민사회의 구성요소로 꼽는다.

학계로 관심을 바꿔보면, 버거와 노이하우스(1996)의 '중개조직' 이론을 참고할 만하다. 그들은 "중개조직들은 생명력이 있는 민주사회에 필수적이다"라고 전제한다(pp.162-3). 그들은 정부의 공공정책은 이들 중개조직들을 보호하고 진흥시키면서 가능한 한 "사회적 목적의 실현을 위해 중개조직들을 활용"하는 것이 바람직하다며 국가-시민사회 파트너십의 필요성을 강조한다(p.163). 또 파트너십의 전제조건으로 국가로부터 독립적이고 자율성을 확보하는 개인과 중개조직들의 자치권력이 결정적으로 중요하다고 지적한다. 그들은 정부 신뢰의 위기 문제를 정치적 위기로 간주하며, 이는 "초대형 조직들(특히 국가)이 개인적 의미를 갖고 있지 않고 그럼으로써 비현실적이거나 심지어 악의적인 것으로 간주되기 때문에" 발생하는 위기로 설명한다(p.163). 이와는 대조적으로 중개조직들은 한편으로는 "개인의 사적 생활에 안정감을 줌으로써 사적 얼굴을 갖고, 동시에 의미와 가치를 초대형 조직들에 전달해주기 때문에 공적 얼굴을 갖는다"(p.163). 그들은 정부가 신뢰를 회복하기 위한 두 가지 실용적 제안을 제시한다. 하나는 최소한 공공정책이 중개조직 활동을 저해하는 일을 중단하고 단념하는 것이며, 다른 하나는 최대한 가능한 한도에서 중개조직을 유용하는 정책으로, 특히 중개조직의 '자치권력'을 향상할 수 있도록 공공정책이 추진되어야 한다는 것이다(p.163). 그럼으로써 정치적 무력감에 빠진 일반시민들이 중개조직을 통해 자신감을 갖고 자발적인 참여자 역할을 함으로써 정부와 정치를 신뢰할 수 있는 변화를 기대할 수 있다는 것이다.

그렇다면 국가 또는 정부의 위상은 어떻게 변화되고 있는가? 개인들이 스스로를 조직할 능력이 없는 경우, 즉 시민사회가 부재할 경우에 국가는 개인들을 조직하기 위한 조치들을 취할 수밖에 없다. 과도한 개인주의는 자유가 아닌 전제적 국가의 출현을 불러오는 것이다. 정부권력의 중앙집중화는 경직되고 독선적인 정치체제로 이어지며, 이는 오직 반체제적인 운동을 통해서만 변화시킬 수 있다.

제3장에서 살펴보았듯이 국가와 시민사회의 관계를 어떻게 보는가 하는 시각의 차이에서 시민사회에 대한 국가의 역할을 중시하거나 경시하는 차이가 있다. 공동체주의자와 보수주의자들은 국가와 중앙정부의 역할에 부정적이다. 공동체주의 학자 샌덜(Sandel 1996)은 건강한 시민생활은 지방공동체에서 가장 번성하며, 이에 중앙정부는 기껏해야 관련이 없거나 최악의 경우 공화주의 가치를 해치는 것으로 간주한다. 또 보수주의자들은 활성적인 중앙정부는 시민사회에 해악이 되므로, 국가가 사회에 개입할수록 그만큼 시민의 사회참여는 더 위축된다는 제로섬 게임으로 간주한다(Skocpol 2003: 9).

반면에 국가와 시민사회를 밀접한 관계로 보는 자유주의자들은 국가의 역할을 중시하는 성향이 강하다. 바버, 월저, 헤프너 등은 국가의 역할을 중시한다. 바버(1998: 6)는 "시민사회는 민주적 정부에 대한 대안이 아니다"라고 전제하며, "시민사회는 민주적 정부가 시민결사체의 최상의 표현의 형태, 즉 결사체 중의 결사체로 간주한다"라고 강조한다. 월저(1992: 104)는 "시민사회는 정치적 에이전시를 필요로 한다. 결사적 네트워크가 국가 관료들의 조직화 동기에 항상 저항하고 있지만 국가는 절대 필요한 에이전트이다"라고 강조한다. 또 헤프너(1998: 21)는 "시민사회와 국가 사이에 제로섬 대립은 없다"라고 강조하면서, 다음과 같이 설명한다. "시민사회는 강력하고 자기통제적인 국가를 필요로 한다. 국가는 사회의 권력들을 독점해서는 안된다는 의미에서 자기통제적이어야 하며… 견실한 공공생활이 의존하는 결사체와 창의의 자유를 보장할 수 있는 역량을 갖추는 의미에서 강력해야 한다." 또 앞에서 살펴보았듯이 오커넬(1999: 18)은 시민사회의 개념에 정부가 포함되어야 하는 이유에 대해, "민주적 정부에 대한 시민의 필수적인 참여와 시민참여의 기회를 제공하며 보호하는 정부의 필수적인 역할"을 강조한다. 또 정책지향적 입장에 있는 OECD(1997: 7)는 "효과적인 국가와 강력한 시민사회는 상호지지적이다"라고 전제하면서 다음과 같이 설명한다.

> 시민사회에 대한 국가의 핵심적인 역할은 무엇보다도 먼저 제기능을 하며 접근가능한 법률체계를 제공하고 또 법적으로 보호받는 '공공영역'의 존재를 인정하는 데 있다. 이 공공영역에서 시민사회는 부당한 국가개입 없이 발전할 수 있는 것이다. 강력한 시민사회가 존재하지 않으면 국가는 그 기초가 좁혀져서 정치적 및 경제적 기회주의자들에 의해 포위될 수 있는 취약성을 갖고 있다.

시민사회가 국가의 역할을 축소시킨다는 의미에서 비판적인 시각을 가졌던 전통적인 좌파, 시민사회가 국가의 통제나 영향력으로부터 완전히 배제될 수 없다는 한계를 꼬집는 전통적인 우파, 그리고 '제3의 길'을 주창하는 토니 블레어와 빌 클린튼의 중도주의 정책이 있다. '제3의 길'은 시민사회의 존재가치를 인정하면서도 시민사회를 발전시키는 데 있어서 국가의 정당한 역할을 강조한다.

또 미국의 연방정부의 역할에 대해 정치학자 스카치폴(Skocpol 1998)은 연방정부가 사회정책을 확대시킴으로써 지역사회 비영리단체들의 자유로운 활동을 저해시켰다는 보수주의 시각에 문제가 있다고 지적한다. 그는 오히려 1960~70년대에 활성화되었던 연방정부의 개입정책으로 비영리조직들의 확대발전에 크게 기여했다는 반론을 제시한다. 사회적으로 소외된 집단들의 분출과 인권, 여성, 소비자, 환경운동의 활성화는 정부의 지원과 호웅에 많은 영향을 받았다는 지적이다. "오늘의 보수주의자들이 무엇을 믿고자 하는지 관계없이 미국에서 민주적 거버넌스와 시민의 자발적 결사정신은 함께 발전하였다"(Skocpol 2003: 13). 이에 대해 샴브라(Schambra 1998: 45)는 반론을 제시한다. 그는 "거대한 국가공동체 또는 가족 또는 마을만들기 등의 프로젝트 때문에 생동적인 지역공동체들이 오히려 약화되었다"라며, 일부 사례들을 소개하며 보수주의의 시각을 대변한다. 또 프린스턴 대학의 딜루리오(Dilulio 1998) 교수는 빈곤과 사회분열에 맞선 교회의 사회행동을 주창해온 리더로서, 정부가 사회문제 해결의 책임을 시민사회의 자율적 역량에 맡기게 되면 시민사회가 재건된다는 환상이 있다며, 정부의 역할을 줄이는 문제보다 오히려 정부-시민사회 파트너십을 시대적 요청으로 강조한다.

2. 정부와 NGO 관계 모델

정부와 제3섹터의 관계 유형은 여러 형태로 제시될 수 있다. 아래에서는 세 가지 분석방법을 통해 그 유형을 정리해볼 수 있다. 하나는 보스웰이 제시하는 7대 관계 유형이며, 다른 둘은 기드론 등이 제시하는 유형분류법과 코스튼의 8대 유형이다.

1) 보스웰의 7대 관계 유형

현대적 의미의 정부와 시민사회의 관계는 어떤 유형으로 제시되는가?

정부-시민사회 관계는 아래처럼 다양한 측면으로 구분되어 제시될 수 있다(Bothwell 1998: 253-6).

첫째는 "정부에 의한 법적 보호"이다. '언론의 자유'와 '결사의 자유' 측면에서 시민사회가 독립적인 법적 실체로서 법적 보호를 받는가 하는 문제이다. 한편으로는 법에 의해 정부가 감독과 지시 등 규제기능을 하는 측면과 다른 한편으로는 시민사회조직들이 자율성을 보장받는 측면, 양측면이 균형을 이루는 문제가 있다.

둘째는 "정부에 대한 반대" 측면이다. 더욱 구체적으로는 1) 정부정책과 시행에 대한 반대의 정도, 2) 이런 반대행동을 통한 효과적인 성공의 정도, 또 반대로 3) 시민사회조직의 정책과 시행에 대한 정부의 반대의 정도 등으로 나누어 살펴볼 수 있다.

셋째는 "정부와의 협력" 관계이다. 더욱 구체적으로는 1) 입법, 행정 청문회의 참석, 2) 정부의 연구 또는 감시 위원회의 참여, 또 반대로 3) 시민사회 주도의 연구 또는 감시 위원회에 정부 대표의 참석, 4) 시민사회조직 프로그램에 대한 정부의 참여, 5) 정부의 등록 및 보고서 제출 규정에 대한 시민사회조직의 호응 등이다.

넷째는 "정부로부터의 자립"이다. 위에서 지적한 '협력' 관계로 시민사회조직들의 자율성을 침해당하는 일이 없도록 경계해야 할 필요가 있다. 아울러 정부재정에 대한 지나친 의존으로 인한 자율성의 침해와 정체성의 약화 문제도 심각한 문제로 제기될 수 있다.

다섯째는 "정부에 대한 대안"이다. 시민들의 자율적인 공동체건설운동, 봉사활동, 소외층에 대한 서비스활동은 정부가 반드시 해야 하는 일도 아니며 정부가 하게 되면 효과성과 효율성이 저하될 수 있으므로 시민사회조직들이 정부를 대신해서 활동할 수 있다. 다른 많은 공공서비스 제공 기능도 NGO들이 정부를 대신한다.

여섯째는 "정부의 공식적인 후원"이다. 첫번째로 지적한 법적 보호뿐 아니라 시민사회조직들의 활동을 공식적으로 후원, 지지하는 활동도 중요하다. 구체적으로는 면세혜택, 행정지원, 재정지원 등 다양한 공식지원 유형이 있다. 미국의 세법에 의한 면세혜택, 일본의 비영리활동촉진법, 한국의 비영리민간단체지원법 등 법에 의한 지원이 제도화된 경우도 있다.

마지막은 "정부의 책무성 압력"이다. 위에서 지적한 정부에 대한 반대와 정부와의 협력 두 측면을 통해 시민사회조직들은 정부가 더욱 적극적으로 책무성을 갖추도록 압력을 행사한다. 정부의 책무성은 정책결정과 집행 과정의 투명성을 함께 요구하는 것으로, 전문가들은 이것을 정부에 대한 시민사회의 일차적인 기능으로 강조한다.

2) 기드론 등의 4대 관계 유형

서구의 정부-제3섹터 관계를 연구한 기드론 등(1992)은 아래와 같이 1) 재정부담, 2) 공공서비스 공급 등 두 가지 측면에서 정부와 제3섹터의 관

표 7-1 정부-제3섹터 관계 4대 유형

	모델			
기능	1) 정부 주도	2) 이중혼합	3) 상호공조	4) 제3섹터 주도
재정	정부	정부/제3섹터	정부	제3섹터
공급	정부	정부/제3섹터	제3섹터	제3섹터

자료 Gidron et al. 1992: 18.

계를 네 가지 모델로 구분한다.

정부 주도(government-dominant) 모델

제3섹터에 대한 재정부담과 공공서비스 공급 양면에서 정부 중심으로 진행되는 모델이다. 일반적으로 '복지국가' 모델이라고도 볼 수 있지만, 그렇지도 않다. '복지국가' 모델에 속하는 국가들 중에는 복지서비스 공급 수준이 큰 차이가 있고, 독일과 같은 국가는 일반적으로 '복지국가'로 분류하고 있지만 제3섹터가 복지서비스 공급에서 많은 역할을 하고 있다.

제3섹터 주도(third-sector-dominant) 모델

공공서비스의 공급과 재원 양면 모두에서 정부보다 더 많은 역할을 맡는 모델이다. 복지를 포함한 공공서비스의 공급에서 정부의 역할을 크게 신임하지 않으며 오히려 비판하는 분위기가 팽배한 국가에서 두드러지게 나타나는 모델이다. '작은 정부'와 같은 신보수주의 이데올로기 또는 지역주의와 같은 정치이념 문제가 심각한 사회문제가 되고 있는 국가에서 찾아볼 수 있는 모델이다. 또 AIDS 퇴치와 같은 새로운 사회문제의 등장과 해결 방안을 둘러싸고 정부보다 제3섹터에 더 많은 기대가 모아지고 있는 국가에서 기대되는 모델이다.

이중혼합(dual, parallel-track) 모델

재원과 공급 양면에서 정부와 제3섹터가 적절한 비중으로 역할을 공유하는 형태이다. 사회복지와 같은 휴먼서비스 공급과 재정부담에서 두드러지며, 다른 영역에서는 각기 독립적인 위치를 유지하는 모델이다. 여기에서 제3섹터의 주된 역할은 첫째, 정부의 공공서비스 공급과 같은 서비스를 공급하지만 정부의 혜택을 받지 않은 계층에 대해 제3섹터가 역할을 맡는, '보충적인' 것과 둘째, 정부의 재원부족 또는 정책부재로 추진되고 있지 않은 영역에서 제3섹터가 독자적인 공공서비스 공급 및 재원을 자체 부담하는 것이다.

상호공조(collaborative) 모델

정부와 제3섹터가 각기 독자적인 역할을 수행하는 것이 아니라 상호분담을 하는 형식이다. 여기에서 주의할 것은 제3섹터가 정부의 일을 마치 하청을 받아 대행하는 경우를 생각해볼 수 있다. 그렇게 되면 '상호공조'라고 볼 수 있지만, 제3섹터는 정부의 공공서비스를 공급하는 대리점 역할을 함으로써 공조-대리점이 된다. 이와는 대조적으로, 제3섹터가 정책결정과 집행 과정에 동참해서 정부와 실질적으로 함께 일하는 모델이 될 때 일반적으로 공조-파트너십 모델이라고 부른다. 정부가 재정을 부담하면 제3섹터가 공공서비스 공급 책임을 맡는 형식으로 역할을 분담하는 경우가 일반적이며, 반대로 제3섹터가 재정을 부담하고 정부가 공급을 맡는 경우는 거의 없다. 이 관계가 샐러먼(1995)의 '제3자 정부' 이론에 해당되며, 대표적인 국가는 미국이다.

3) 코스튼의 8대 관계 유형

한편 코스튼은 정부-제3섹터 관계를 제3섹터에 대해 먼저 정부가 취할 수 있는 다양한 입장에서 구분을 짓는다. 첫째는 '제도적 다원주의'(institutional pluralism)에 대한 정부의 수용 또는 거부이다. 제3섹터에 대

표 7-2 제도적 다원주의 8대 유형

제도적 다원주의의 거부			제도적 다원주의의 수용				
억압	적대	경쟁	용역	제3자 정부	협력	보충	공조
← 공식 및 비공식 →		← 비공식		공식 →	← 비공식		공식 →
비대칭적 권력관계							대칭적 권력관계

자료 Coston 1998: 363.

한 정부의 시각이 다원주의를 수용하거나 거부하는 정책으로 대별된다. 둘째는 정부-제3섹터 관계의 공식화 또는 비공식화이다. 제3섹터에 대해 정부의 법, 제도, 관행으로 공식화되어 있는지를 나타낸다. 셋째는 정부-제3섹터 관계의 대칭적 또는 비대칭적 권력관계이다.

이상과 같은 기본적인 정부 입장에서 보는 다양한 구분에서 코스튼은 〈표 7-2〉와 같은 8대 모델을 제시한다.

이상과 같이 〈표 7-2〉에서 제시된 유형별 특징을 비교해보면 다음과 같다(Gidron et al. 1992: 362-6).

첫째, '제도적 다원주의'에 대한 정부의 정책이 거부인 경우 세 가지 모델(억압, 대항, 경쟁), 그리고 수용인 경우 다섯 가지 모델(용역, 제3자 정부, 협력, 보충, 공조)로 양분된다. 가장 적극적인 거부가 '억압형', 가장 적극적인 수용이 '공조형'이다.

둘째, 권력관계에서 왼편으로 이동할수록 정부주도의 일방적인 비대칭적인 권력행사가 커지며, 오른편으로 이동할수록 제3섹터와 비교우위의 수준에 따라 대칭적인 권력행사가 늘어난다. 따라서 '억압형'이 가장 비대칭적이며, '공조형'이 가장 대칭적인 권력관계를 보여준다.

셋째, 공식 또는 비공식 측면에서는 유일한 공식 모델은 '공조형'이며, 나머지는 비공식이거나 공식 및 비공식으로 구분된다. 분명한 비공식 모델은 '경쟁형'과 '협력형'으로 정부가 법률, 제도로 공식화된 관계를 갖기보다는 관행 또는 일시적 필요에 따라 수시로 경쟁하거나 협력하는 모델이라고 볼 수 있다.

4) 제도적 다원주의 수용

이상과 같이 코스튼이 제시하는 8대 유형을 발전적 과정에 비추어 비교해볼 만하다. 정부가 NGO의 존재를 인정하며 공조자 또는 파트너로 수용하는 '제도적 다원주의'의 수용에 초점을 맞춰 정리해볼 수 있다(pp.366-7).

억압형과 대항형

첫째, 억압형(Repression)과 대항형(Rivalry)을 비교해본다. 억압형은 대항형에 비해 더욱 극단적인 유형으로 분류해 볼 수 있다. 두 모델의 공통점은 정부가 '제도적 다원주의'를 거부하고, 이에 따라 정부-제3섹터 관계가 거의 찾아볼 수 없을 정도이며 양자의 관계가 정부가 일방적으로 주도하는 비대칭적인 권력관계 양상을 보인다. 두 모델의 차이는 '억압형'에서 제3섹터는 정부로부터 일방적으로 억압당해 합법화되지 않은 활동을 하며 법률이 규정하는 각종 지원을 정부가 일방적으로 거부하는 경우이지만, '대항형'에서는 정부에 대한 비판으로 쌍방적인 관계가 이뤄지면서 정부가 상황에 따라 법률이 규정하는 제3섹터 지원서비스를 제공하는 경우도 있다.

'대항형'에서는 정부의 각종 규제정책에 따라 제3섹터 기관들의 등록, 보고 등이 법에 따라 규제되어 있고, 활동제약도 뒤따른다. 샐러먼과 앤아이어(1996)는 일본의 경우가 대항형의 사례로 꼽고 있으며, 코스튼은 1980년 이전 인도네시아에서 존재했던 '규정 제40호'도 여기에 해당된다고 본다. 한국에서도 유신통치 시절과 5공화국 시절의 각종 긴급조치의 발동으로 사실상 '억압형'과 '대항형'이 병존했던 시절이 80년대 말까지 존속해 왔다.

경쟁형(Competition)

정부와 제3섹터는 정치적으로, 경제적으로 경쟁한다고 볼 수 있다. 정치적으로는 정부정책에 대한 비판 기능이 있고 이에 따라 정치권력에 대한 견제와 경쟁이 뒤따른다. 국민으로부터 신뢰와 지지를 받는 쪽이 정부 또는 제3섹터로 쏠리기 마련이다. 한국의 경우, 민주화 과정에서 정부보다 제3섹터 또는 NGO가 더 높은 신뢰와 지지를 받아온 것이 사실이다.

경제적으로는 먼저 해외의 지원금이 정부 또는 제3섹터로 경합이 이뤄지는 경우가 늘고 있다. 그간 지원국의 입장에서는 제3세계의 개발을 지원하는 기금이 독재 또는 권위주의 정권의 연장이라는 권력유지에 전용된 사실을 주지한 후 NGO들에게 직접 지원하는 사례가 늘어났다. 또 국내에서는 재단, 국민성금 등의 기금이 정부에 쏠려 오용되거나 전용된 비리가 늘어남으로써 제3섹터 기관들에 기금이 쏠림으로써 정부와 제3섹터는 기금을 놓고 서로 경합하는 경쟁관계에 들어간다.

정부-제3섹터 경쟁관계가 정치적으로는 민주화에 기여하며 경제적으로는 정부정책과 개발의 효율성을 높여주는 긍정적인 효과를 발휘할 수 있다. 지역주민의 욕구 충족이 경쟁의 관건이 될 수 있다는 점에서도 경쟁이 필요한 것이다. 그럼에도 정치적으로 편향되어 양자간의 권력투쟁 경합이 심화되면 양자간의 건설적인 관계의 구축에 심각한 악영향을 미칠 수 있다. 다음에 소개되는 '보완형'과 '공조형'으로 발전하는 데 장애가 될 수 있다.

제도적 다원주의의 수용

억압형, 대항형, 경쟁형 모두는 정부의 제도적 다원주의에 대한 거부가 특징적이다. 여기에서 '제도적 다원주의'는 정부가 거부함으로써 치뤄야 할 대가도 있지만 수용함으로써 얻을 수 있는 실리도 적지 않다. 국가의 효과성과 정통성 모두가 제고될 수 있다.

최근 해외원조기관들은 '제도적 다원주의'의 중요성을 새로이 인식하여 제도적 다원주의를 해외원조정책 가이드라인으로 제시하기도 한다. 미국 국제원조기구인 USAID는 모든 지원활동 영역에서 지방정부, 제3섹터 기관, 기업들간의 파트너십을 지원하고 구축하는 것을 가이드라인으로 삼는다고 발표하기도 했다. 세계은행(1997)도 개별 NGO, 지방정부 및 이들의 제도적 환경이 효과적이고 효율적인 성취에 결정적인 요인이라고 공표하였다.

정부가 제도적 다원주의를 수용함으로써 기대할 수 있는 건설적인 5대 모델이 다음의 용역형, 제3자 정부형, 협력형, 보완형, 공조형 등이다.

용역형(Contracting)

'용역'이란 실용적 다원주의를 반영하는 의미를 지니고 있으며, 여기에서 국가는 주도적인 역할을 하는 가운데 국가의 운영활동이 제3섹터 기관들에 위임되는 형태로 나타난다. 이것이 '용역국가'이며, 여기에서 제3섹터는 정부가 책임으로 맡고 있는 복지수혜자들에게 사회서비스를 전달하는 역할을 맡는다. 대부분의 서구 국가들에서 이미 제도로써 또는 관행으로 정착되어 있으며, 이제 제3세계에도 널리 보급되고 있는 추세이다.

'용역'은 정부의 입장에서는 부정적이기보다 긍정적인 평가를 받고 있지만, 제3섹터의 입장에서는 긍정과 부정이 혼합된 평가가 나오고 있다. 긍정적인 측면은 용역이 제3섹터의 전문 역량을 확대시켜준다는 점, 제3섹터의 재정 및 인력 안정화에 기여한다는 점이 꼽히고 있지만 다음과 같은 부정적 측면이 광범위하게 논의되고 있다.

첫째, 제3섹터 기관이 정부용역을 담당한 사업 또는 프로그램이 사기업과의 경쟁에서 시장성을 상실할 수 있고, 정부가 다시 정부의 사업으로 회수해가는 경우에는 제3섹터 기관은 용역 이전의 원상태로 복귀하기에는 위험부담이 있다는 점이다. 용역이란 정부가 정부 사업 또는 프로그램을 영리기업에게 또는 제3섹터 기관에게 민영화한다는 단순한 의미로만 볼 수 없으며, 정부가 용역을 통해 제3섹터에 영향력을 확대하는 의도가 있기 마련이다. 둘째, 용역 관계는 상호의존을 낳기 마련이다. 재정, 정책 가이드라인 등 적지 않은 측면에서 제3섹터가 정부에 의존하며, 사업의 집행 측면에서는 정부가 제3섹터를 의존하는 경향이 두드러지게 나타난다. 셋째, 용역으로 맡겨지는 것은 사업 또는 서비스일뿐, '거버넌스'는 아닌 것이다. 즉, 정부가 사업 또는 서비스의 책임을 완전히 제3섹터에 위임하는 것은 아니다. 정부는 정책 결정자이며, 규제자와 평가자로 남는다.

제3자 정부형(Third-party government)

'용역형'과 여러모로 유사하지만 용역형에 비교하면 장점과 단점들을 갖고 있다. 용역형과 마찬가지로 정부-제3섹터는 역할을 분담하는 형태를 취하면서 정부는 자원을 공급하고 정책을 결정하며 제3섹터 기관들은 재화와 서비스의 생산을 조직화한다. 용역형과 다른 점은 제3자 정부형에서는 공공기금의 사용과 정책결정 및 법집행 측면에서 정부가 제3섹터 기관들과 상당한 수준의 자율권을 공유한다는 점이다.

따라서 제3자 정부형에서 나타나는 정책도구가 용역에만 치중되지 않으며 대부, 대출보증 및 보험 등으로 다양화되어 있으며, 이 모두가 정부정책으로 공식화되어 있다는 점이다. 이런 관례는 미국에서 가장 발전되어 있으며, 최근에는 일부 국제기관들이 유용한 정책으로 추진하고 있다. 세계은행은 제3자 정부 모델을 제3세계 국가들의 경제적 구조조정의 수단으로 활용하고 있으며, 독일, 프랑스 등지에서는 다운사이징 또는 탈중앙집중화(분권화)의 전략으로 추진되기도 했다(Salamon & Anheier 1996).

'제3자 정부'의 장점은 정부조직처럼 관료조직을 만들지 않고서도 공공서비스 공급 기능을 할 수 있다는 점이다. 제3섹터 기관들 사이의 서비스 공급의 다양성과 경쟁이라는 시장원리가 작용함으로써 비용절감과 효율성을 낳는 점도 장점이 된다. 그럼에도 제3자 정부는 정부의 공식 정책으로 제도화됨으로써 제3섹터의 재정의존과 자율성 훼손, 정체성 약화 등 문제를 안고 있어, 다음에 소개하는 공식화 수준이 낮은 '협력형'과 '보충형'이 대안으로 채택되기도 한다.

협력형(Cooperation)

정부기관(GO)과 비정부기관(NGO)이라는 양분법으로 섹터를 구분하는 접근법에 반대하는 학자들은 이것이 양자간의 '협력'을 경시하고 대립과 갈등을 중시하기 때문이라고 한다(Salamon & Anheier 1996). 많은 국가들의 사례연구에서 오히려 협력의 관계가 주류를 이뤄왔다는 보고가 쌓이고 있다.

'협력'(cooperation)이란 무엇을 의미하는가? 세 가지 유형의 협력으로 구분해볼 수 있다. 정보공유(information sharing), 자원공유(resource sharing), 공동행동(joint action)이 그것이다. '정보공유'는 자료제공, 회의, 브리핑, 세미나 동참, 위원회 구성으로 나타나며, '자원공유'는 대부, 그란트, 예산배정, 용역 및 협약, 인력 및 장비 지원으로 꼽힌다. 마지막으로 '공동행동'이란 양 섹터 자체 자원을 공동으로 활용해서 조직적인 공동활동을 하는 것을 뜻한다.

이상을 정리하면, '협력'이란 1) 정부와 제3섹터가 서로의 활동을 긴밀히 알리는 자유로운 정보의 흐름이 존재하고, 2) 제3섹터 기관들이 정부 정책과 규율을 준수하며, 3) 정부 정책은 제3섹터에 중립적인 입장을 취하는 조건에서 성립되는 관계라고 볼 수 있다. 정부는 제3섹터에 우호적일 수 있지만 지나치게 적극적이면 제3섹터가 방어적 입장으로 변하게 되며, 그럼으로써 양자간의 관계를 해칠 수도 있다. 이 '협력' 관계는 정부와 제3섹터 기관 양측에 어떤 공식적인 제한이나 규제가 없기 때문에 무한한 자유도가 있지만, 모든 부분에서 총체적이고 집합적으로 이뤄지는 관계라기보다 구체적이고 부분적인 분야에서 가능한 협력 관계라는 점에서 한계가 뚜렷하다.

보충형(Complementarity)

'보충'의 의미는 "상호이익, 때로는 상호이용 차원에서의 공존"이라는 공생으로 이해된다. 한편으로는 정부는 정책결정권과 자원동원력이 있고, 제3섹터는 서비스공급에서 우위를 점하고 있어, 양자의 관계는 재정적 관계이며 또한 기술적 관계라 볼 수 있다. 또 정부가 취하는 위로부터의 행동을 제3섹터가 아래로부터의 행동으로 보충해주는 역학관계를 갖는다. 정부가 할 수 없는 활동, 정부 행정력이 미치지 않는 지역에 대해 제3섹터가 정부 역할의 부재 또는 부족을 보충해주는 관계이다. 그럼으로써 정부와 제3섹터가 상호이해를 증진시키는 윈윈(win-win) 관계가 된다.

'보충' 관계가 성립되기 위해서는 '협력형'에서 지적했던 조건들이 선행되어야 한다. 제3섹터는 정부의 정당한 합법적 지위를 인정받고 정부는 제3섹터를 억압하거나 대항하는 대립관계를 청산해야만 한다. 즉, 최소한의 상호신뢰가 선행되어야 한다. 또 다음에 소개하는 '공조형'과 다른 점은 공식화의 수준이다.

'보충형'은 비교적 비공식적인 관계인 반면에, '공조형'은 대단히 공식적인 관계이다. 정보공유와 자원공유 면에서도 양자의 관계가 비교적 비공식적인 경우가 보충형이며, 공식화된 정책으로 추진되는 경우가 공조형이다. 공동행동에서는 양자간의 공식적인 협약 또는 규율에 의해 진행되는 경우가 공조형이며, 비교적 비공식적인 경우가 보충형이다.

공조형(Collaboration)

가장 공식화된 정부-제3섹터 권력관계가 대칭적인 모델이 공조형이다. 정보공유, 자원공유, 공동행동 등 모든 측면에서 공식화된 규율에 의해 양자의 관계가 설정된다. 또는 가장 명백한 파트너십이라고 볼 수 있다. 정부와 공조에 참여하는 제3섹터 기관들은 논리상 전체가 대상이 된다. 그만큼 무수한 기관들의 다원적 기능에 의한 정부와의 공조 관계가 중시되고 있다. 정부와 공조하는 지역 단위까지의 제3섹터 기관들의 활동은 '공동생산' 형태가 된다.

공동생산 등의 공조관계에서 제3섹터는 자치권을 침해받지 않으며 독특한 규범체계를 유지하며 독자적인 목표를 지향한다. '공동생산'이 '공조' 또는 '파트너십'과 다른 점은 전자가 지역주민 등 수혜층의 적극적인 참여를 중시하는 반면에 후자 둘은 조직간의 공조 또는 파트너 관계를 중시하는 경향이 있다.

공조형에서 제3섹터 기관들은 정부와 공조하는 주요 정책의 기획, 결정에 동등한 파트너로 참여하는 것을 기본으로 한다. 프로그램 디자인, 프로젝트 구성에서 제3섹터의 창의성과 현장감을 정책에 반영하기 위한 것이다. 많은 국가들과 국제기관들이 다양한 공조 또는 파트너십을 주창하고 있지만, 진정한 의미의 파트너십은 보기 드문 것이 현실이다. 그만큼 양측의 충분한 신뢰가 축적되지 않았거나 양측의 존재이유가 되는 독자성을 침해하지 않는 적절한 접합점을 찾기가 어려운 것이다.

3. 공공정책과 시민사회

공공정책은 시민사회와 NGO의 성장과 쇠퇴 모두에 적용된다. 현대 시민사회의 발전은 공공정책의 확대와 밀접히 관련된다. 정부의 프로그램 확대는 NGO의 참여를 필요로 하고 또 NGO는 정부에 대해 새로운 프로그램을 요청하며 더 많은 역할을 하게 된다. 공공정책에 적극적으로 참여하는 NGO는 더 많은 프로그램을 통해 시민의 이해를 증진시키게 되며, NGO가 적극적으로 참여함으로써 공공정책은 더욱 투명해지고 효율성을 갖게 된다. 따라서 공공정책과 NGO의 역할증대, 양자의 관계는 시장의 수요와 공급 관계로 볼 수 있다. 공공정책이 NGO의 활성화에 공급 역할을 한다면, NGO의 권익주창 활동의 영향력 행사는 공공정책의 변화를 요구하는 수요에 해당된다. 공공정책과 시민사회는 모두가 수요(NGO)와 공급

(정부)의 부단한 상호작용의 관계를 통해 발전된다.

1) 공급시각: 공공정책의 확대

포스트모던 국가의 한 특징은 '정부의 확대'라 볼 수 있다. '삶의 질'에 대한 시민의 요구가 급증하고 환경과 소비자 영역에서의 각종 규제정책의 수용을 압박하는 사회적 요구가 늘어남에 따라, 이를 수용해서 공공정책으로 추진한 결과 정부의 확대라는 의도하지 않은 결과를 초래한 것이다. 공공정책의 확대는 새로운 행정조직과 프로그램의 확대로 나타나며, 이를 집행하기 위한 방안으로 NGO의 역할에 의존하지 않을 수 없다. 공공정책과 프로그램의 확대는 NGO의 조직화와 성장에 직접적인 영향을 미친다.

예를 들면, 미국의 복지국가는 1960년대 초 존슨 행정부의 '위대한 사회' 프로그램 이후 1980년 레이건 행정부의 집권까지 지속적으로 확대된다. 이는 무수한 NGO의 탄생과 NGO 활동의 활성화에 직접적으로 기여하였다. 1960년대 중반에 도입된 푸드스탬프(Food Stamp) 프로그램, 저소득층 의료보호 프로그램인 메디케이드(Medicaid)와 노인 의료보험인 메디케어(Medicare) 등은 수혜자의 참여를 돕는 사회복지 NGO 활동의 활성화를 유도하였다. 푸드스탬프와 사회복지프로그램 수혜자들의 참여를 돕는 홍보와 교육 프로그램을 정부에 신청해 지원금을 받아 활동하는 NGO들이 하나 둘 늘어나기 시작한 것이다. 1970년대까지 무수한 사회복지, 교육, 소비자 관련 프로그램들이 신설되면서 신생 NGO의 분출을 도왔다. 복지국가의 등장과 확대가 NGO의 등장과 확대에 결정적인 역할을 한 것이다. 이런 의미에서 한국의 경우도 복지국가의 확대와 함께 NGO의 지속적인 성장과 역할증대가 기대된다.

샐러먼(1995)은 '제3자 정부' 이론을 소개하며, 미국에서 정부는 이제 '제3자 정부'가 되었다고 설명한다. 정부 고유의 기능과 역할처럼 간주되었던 각종 사회 및 복지 서비스 제공의 기능과 역할이 정부보다는 자원섹터 기관에서 대행되고 있다는 설명이다. 실제로 각급 정부는 이 기관들에게 다양한 형태의 그란트를 공모해서 지원하는 계약관계를 통해 서로 파트너가 된다. 정부의 역할이 과거 사회공학(social engineering)과 같은 주도적인 것에서 이제 관리적인 것으로 변화되었고, 계약을 맡은 제3섹터 기관들이 상당한 자율권을 누린다. 정부의 정책 변화가 시민사회의 확대발전에 밑거름이 된 셈이다.

정부 프로그램에 의한 재정지원은 NGO의 신설에 유용한 종잣돈이 된다. 영국에서는 신생 NGO들을 지원하는 인큐베이터 지원제도가 있어 신설된 NGO 활동에 적지 않은 도움을 준다. 미국 NGO들의 초기 조직화에 필요한 자금 90% 가량이 정부 등의 외부지원에 의한 것이라는 추산도 있다(Loomins & Cigler 1998: 14). 미국 NGO의 역사를 관찰한 베리(Berry 1999: 29)에 의하면, "프로그램의 확대는 지지층의 확대를 의미했고, 지지층의 확대는 권익주창 단체들을 조직하는 창업의 기회확대를 의미했다." 새 프로그램은 새 NGO를 필요로 하고, 새 NGO들은 새 프로그램을 요구하는 쌍방향 관계가 자연스럽게 형성되면서, 정부는 NGO의 성장과 발전에 든든한 후원자 역할을 한다. 정부와 공공정책 또는 프로그램이 NGO의 성장에 필요한 자원과 환경을 제공해준 '공급자' 역할을 한 것이다.

또 새로운 프로그램이 도입되고 행정조직이 신설되면 여기에 접근하는 NGO의 기회가 확대되며 NGO는 공공정책과정에 주요 참여자가 된다. 또 NGO는 새 프로그램의 도입과 행정조직의 신설에 기여하는 자극자 역할을 한다. 일례로 한국의 환경부나 여성부가 신설된 것은 환경단체들과 여성단체들의 꾸준한 압력이 결정적인 역할을 한 것으로 알려지고 있다. 미국의 환경단체들도 환경보호청(EPA)이 1970년에 창설되는 데 적지 않은 기여를 했고, 또 신설된 EPA는 환경단체에게 참여의 기회를 대폭 개방하였다(Berry 1999: 30). 1970년 '맑은 공기 수정법'의 시행으로 환경단체들은 과학적, 법적 전문역량을 갖추고 정부 환경정책에 효과적으로 참여해왔다. 의회와 EPA는 주요정책을 기획하고 결정하는 데 환경단체의 참여에 의존할 수밖에 없는 상황에 이르렀다. 지미 카터의 집권으로 환경운동가 두 명이 EPA 최고 정책결정자로 임명되었고, 이들은 환경단체의 정책참여를 더욱 개방시켰고 단체들의 활동에 필요한 재정을 적극 지원하였다. 레이건의 집권으로 이런 호의적인 지원이 크게 삭감됨에 따라 환경단체들은 정부보다는 일반시민을 대상으로 회원을 조직화하며 회원의 회비수입에 의존하는 새로운 환경운동으로 발전해가는 계기를 맞는다. 환경단체가 정부의존에서 벗어나 시민참여에 의존하는 진정한 시민운동으로 발전되는 계기가 된 것이다.

이처럼 정권교체가 시민운동의 흐름에 적지 않은 변화를 갖다 줄 수 있다는 것은 한국의 경우도 예외는 아니다. 김영삼 정부의 출범으로 NGO에 대한 재정지원이 점차 확대되었고, 김대중 정부에 와서는 '비영리민간단체지원법'을 제정해서 매년 NGO의 사업을 공모형식으로 지원해주는 제도화가 정착되었다. 이런 공모사업뿐 아니라 보조금에 의한 법률로 정부 부처는 자신들의 업무와 관련되는 NGO들에게 적지 않은 재정지원을 하고 있다(주성수 2017a).

공공정책과 직접적으로 관련되는 NGO의 유형은 '수혜단체'와 '서비스전달 단체'로 구분해볼 수 있다(Loomis and Cigler 1998: 12). 정부 복지프로그램의 확대는 먼저 수혜단체의 급증을 유도했고, 또 정부의 정책집행을 보조하는 무수한 서비스전달 단체들을 양산해냈다. 미국 최대의 시민단체인 미국은퇴자연맹(AARP)은 노인복지의 수혜자 3천 3백만 노인의 복지를 위해 활동하는 수혜단체이다. 또 서비스전달 단체들은 지역사회 단위로, 동시에 의료, 간호 등 전문영역별로 분화된 특징이 있다.

영국의 경우, 중앙정부의 강력한 민영화 정책으로 복지정책의 집행에 무수한 NGO들이 참여해서 복지서비스를 제공해왔다. NGO에 의한 공공서비스의 전달은 보수당 정권의 기본정책으로 이때부터 무수한 NGO들이 정부의 재정지원으로 공공서비스 전달 기능을 맡아 왔다. 한 조사에 따르면, NGO의 전체수입 가운데 정부지원이 차지하는 비중이 1990년 41%에서 92년 50%, 94년 58%로 꾸준히 증가하였다(Richards & Smith 2002: 193).

따라서 미국의 연구자들은 시민사회의 성장과 쇠퇴의 주요 요인은 정부의 정책에 있다고 주장한다. 크렌슨과 긴스버그(Crenson & Ginsberg 2002: 12)는 미국 시민사회의 성장과 쇠퇴의 주요 요인은 시민사회 자체보다는 "정치제도의 산물"이라는 역사제도적 시각을 제시한다. 그들은 "시민적 전통이 소극적인 국가를 뒷받침하기 위해 자연발생적으로 생겨난 것이 아니다. 공적 권위기관의 정책이 때로는 시민문화를 형성하고 시민제도들이 정부를 둘러싸고 있는 사회에 뿌리를 내리느냐 하는 여부를 결정한다"라고 설명한다(p.12). 그들은 미국 시민사회의 역사를 정부정책과 관련지어 다음과 같이 서술한다. 1950~60년대 인권운동의 전통에 의해 시민사회가 지속적으로 발전되다가, 1970년대부터는 연방규제기관의 설립과 법원의 역할 확대 등 제도화로 시민단체의 참여가 크게 확대되는 제도화가 확립되었다(p.77). 소비제품안전위원회, 환경보호청(EPA), 직업안정보건국 등이 그것들로, 여기에 근무하는 행정관료들은 1966~76년 기간에 시민단체에서 충원된 인물들이 적지 않았다(p.77). 이는 마치 전통적인 규제기관의 행정관료들이 규제대상이 되는 산업체에서 충원된 경우가 종종 있었던 것과 같은 것이다. 1972년 연방자문위원회법에 따라 행정부 주도적인 정책형성 과정에 무수한 이익집단의 접근을 개방시켜준 제도화의 계기를 맞았다.

행정부가 확대됨에 따라 의회의 조직도 확대되었고, 의회조직의 확대는 NGO 활동의 무대를 넓혀주었다. 의회의 상임위원회와 소위원회의 수가 1950년대 중반 102개에서 10년 후 60년대 중반에 173개로 증가하며 많은 시민단체들이 여러 소위원회의 청문회에 참석해 발언하며 관련 공공정책의 결정에 영향력을 행사할 수 있었다(Berry 1999: 31). 또 환경관련 위원회와 소위원회가 110개나 되는 것으로 알려져 있다(p.31).

한국에서도 정부정책이 시민사회의 성장에 매우 중요한 요인이 되었다는 것을 쉽게 확인할 수 있다. 미국이 1960~70년대에 인권운동과 반전운동으로 시민운동의 개화기를 열었듯이, 한국에서는 1970~80년대의 민주화운동이 오늘날 시민운동의 기초를 다져 놓았다. 미국의 1970년대는 복지국가와 규제정책의 요구를 수용한 정부의 정책이 각종 법률의 제정과 제도의 신설, 프로그램의 운영과 NGO에 대한 재정지원으로 NGO의 활동을 지원하고 정책과정에서 NGO의 역할을 크게 신장시켜 놓은 시기였다. 한국의 경우, 1990년대에 와서 환경부와 여성부의 신설, 4대 사회보험의 도입뿐 아니라 식약청, 공정거래위원회의 신설로 규제정책이 확대되면서 NGO들이 활동할 수 있는 공간과 유리한 환경이 조성되었다. 또 NGO 활동을 지원하는 '보조금사업에 관한 법률', '비영리민간단체지원법' 등의 법이 시행되면서 각종 보조금 및 공모 사업이 다양하게 추진되어 왔다.

정책과정에도 NGO의 참여와 영향력이 증대되었다(주성수 2003b, 2017a). 의제설정 단계부터 NGO들의 문제제기와 입법제안은 의제설정과

정책결정에 적지 않은 영향을 미쳤고, 그런 과정을 거쳐 도입된 정책을 집행하는 과정에도 NGO들의 참여가 크게 확대되어 왔다. 그밖에도 국가인권위원회, 반부패위원회, 지속가능개발위원회 등이 신설되며 공공정책과정에 NGO의 참여가 개방되었다. 이 기관들과 또 노무현 정부에 와서 신설된 중앙부처의 고위 정책결정층에 NGO 대표들이 다수의 자리를 맡게된 것도 미국의 사례와 유사한 역사적 발전의 경로라고 볼 수 있다. 앞으로 도입 예정인 국민소송제, 집단소송제 등의 새로운 제도는 NGO 활동과 시민사회의 발전에 적지 않게 기여할 것으로 볼 수 있다.

2) 수요시각: NGO 역량 증대

시민사회의 성장과 NGO의 활성화 요인은 한편으로는 정부의 지속적인 확대를 꼽을 수 있고, 다른 한편으로는 시민운동의 급성장에 의한 시민사회의 확대발전을 들 수 있다. 또 NGO의 성장은 한편으로는 정부기능과 프로그램의 확대 그리고 '정치적 기회'의 확대에 기인하면서도 다른 한편으로는 정책의 실패와 정부에 대한 불신에서 비롯된 것으로 볼 수 있다. 후자의 시각이 시민운동 내부의 시각이다. 반전운동, 환경운동, 소비자운동 등 시민운동은 공공정책을 비판하는 반정부 '권익주창' 운동의 성격을 갖는다.

미국의 경우 시민운동의 뿌리는 1960대 정치적, 사회적 혼란기에 거슬러 올라가 찾게된다. 그 시기에 인권운동과 반전운동을 양대 운동의 축으로 하는 시민운동이 태동된 것이다(Berry 1999: 25). 1950년대까지만 해도 평온했던 미국사회에 이 두 운동이 사회혼란을 초래하며 시민운동의 분수령이 되었다. 경찰의 공권력이 시위를 지나치게 진압함에 따라 폭력을 수반하는 일대 혼란을 초래했고, 시위를 지휘한 시민운동 지도자들은 기본권을 심각하게 제한시키는 정부의 정통성에 강한 의문을 제기함으로써 사회전반에 정부에 대한 비판과 불신이 심각하게 제기된 위기상황이 지속되었다. 이 상황에서 민주당이 시민운동에 동조하는 공식적인 정당노선을 제시하는 등 급진적인 변화가 있었다.

또 한 가지 특이한 국면의 전환을 갖다준 계기가 된 것이 포드재단의 실험이었다. 기업재단인 포드재단은 1960년대 폭력을 수반하는 시위로 점철된 시민운동의 방식을 더욱 안정되고 제도화된 새로운 시민운동 방식으로 바꿔보려는 대안으로 공익법률운동(public interest law movement)을 지원하기 시작했다(Berry 1999: 26). 시위에서 공익소송으로 전환한 운동방식은 한국의 참여연대가 주력 운동방식으로 추진해온 방식이다. 1970년에 시작되어 공익법률사의 활동을 지원하는 프로그램에 1천 5백만 달러를 지원했고, 뒤이어 다른 30여 재단들도 포드재단의 사업과 같은 공익법률사 지원활동에 동참하는 파급효과가 일어난다. 공익법률사들은 주로 공익소송에 필요한 비용을 지원받으며 공익시민운동의 활성화에 중요한 계기가 되었다. 이후에는 환경방위기금과 자연자원방위기금이 포드재단의 지원금 덕택에 무수한 공익소송을 통해 활발한 시민운동을 전개해 감으로써 이후의 환경운동은 이 두 단체가 환경관련 소송기관을 대표한다(p.26).

사법부도 시민운동의 활성화에 일조했다(Berry 1999: 30-1; Crenson & Ginsberg 16-7; Fiorina 1999: 406). 1960년대 미국의 법원은 직접적인 경제적 피해와 관련되지 않은 공익소송을 제기할 수 있는 개방정책을 추진했고, 이로써 공익법률운동이 활성화되었으며 또 의회는 소송에서 이긴 측의 소송비용을 피고측이 부담하는 법률을 제정해서 시행하였다.

한국에서는 최근 정부에 대한 일련의 행정소송을 주요 사례로 꼽을 만하다. 뒤에서 자세히 논의되지만, NGO들은 자신들의 운동역량을 발휘해서 제도화된 소송을 통해 정부정책에 도전하고 정책대안을 제시하는 적극적인 역할을 수행해왔다. 이보다 더 정치화된 활동으로는 2000년에 있었던 총선시민연대 활동을 꼽을 수 있다. NGO들이 전국적으로 연대해서 부패하고 무능하거나 반민주적인 정치인을 국회의원 선거에서 낙선시키는 운동이 실행되어 놀라운 실적을 보여주었다(주성수 2017a: 222).

4. NGO의 정책 영향력

NGO는 기본적으로 정부와의 관계에서 영향력을 행사할 수 있는 조건과 기회를 갖게 되고, 또 자신의 정책역량이 갖춰질 때 정책과정에 영향력을 행사한다. 이론적인 시각에 접근해보면, 전자는 '정치적 기회 구조'(political opportunity structure) 이론이 제시하는 시각이고, 후자는 일반적으로 사회운동 이론에서 제시하는 NGO의 운동역량 시각이다. 이 두 측면의 조합에 의해 정책결과가 NGO의 요구를 수용하거나 배제하는 결과로 나타난다고 볼 수 있다. 더욱 분석적인 '정책 거버넌스'(policy governance) 시각에서 살펴보면, NGO가 정책 거버넌스에 참여해서 제역할을 하기 위해서는 몇 가지 조건들이 충족될 필요가 있다. 이것들이 정책 거버넌스 참여의 조건들이다. 끝으로, 최근 새만금 사업에 대한 법원의 공사중지 명령 사례에서 볼 수 있듯이, NGO들이 소송 등의 '법률적 기회'를 새로운 운동전략으로 활용하고 있는 추세를 주목해볼 만하다.

1) 정책 거버넌스 참여

NGO가 정책과정에 참여해서 영향력을 행사하기 위해서는 몇 가지 조건들이 충족될 필요가 있다. 이바라(Ibarra 2003: 8-12)는 이를 '거버넌스 공간'(space of governance)에 대한 참여 또는 접근의 조건들이라 부르며, 그 조건 세 가지를 제시한다. 1) 비판적 또는 대안적 사회자본의 형성, 2) 개방적인 '거버넌스 네트워크' 또는 '정치적 기회 구조'의 확대, 3) 호의적인 여론의 지지 등이다.

첫째, NGO는 기존의 정책을 지지하는 입장이 아니라 반대하거나 수정을 요구하는 비판적인 입장에서 '정책 거버넌스'에 접근하게 된다. 그럼에도 비판과 도전의 수준이 정부와의 타협이나 협상의 여지가 없을 정도로 지나치게 되면 '정책 거버넌스' 참여의 첫 관문을 통과하지 못한다. 민중주의 전략으로는 '정책 거버넌스'의 참여자가 될 수 없는 것이다. 나아가 비판적 차원을 넘어서 창의적인 대안을 제시하며 '정책 거버넌스'에 접근하는 경우도 드물지 않다. 이런 비판적 또는 대안적 입장이 어느 한 개인이나 한 단체에 의해 일순간 우발적으로 발생하는 사태나 사건 또는 혁명인 경우는 '정책 거버넌스'에 해당되지 않는다. 짧지 않은 일정 기간에 걸쳐 안정적인 사회자본의 성격을 갖출 필요가 있다. 사회자본의 주요 요소가 되는 신뢰와 유대, 네트워크의 형성이 기본요건이다. 이미 활동중인 단체들이나 지도자들 사이에 공유된 연대와 신뢰, 다양한 네트워크에 의해 '비판적' 또는 '대안적' 사회자본이 형성된다. 이들 사이의 일정한 모임, 토의, 또는 새로운 조직과 인력의 충원 과정이 필요하다.

둘째, 비판적 또는 대안적 사회자본이 정부의 입장에서 수용할 수 있는 기회가 제공되어야 한다. 이를 '정치적 기회 구조'라 하는데, 이에 대해서는 아래에서 상세히 살펴볼 수 있다. 한편 '정책 거버넌스' 시각에서는 정책 네트워크의 개방성과 수용성이라 얘기할 수 있다. NGO가 제기하는 비판이나 대안이 '정책 거버넌스'에 수용되기 위해서는 정책 네트워크가 개방적이어서 NGO가 다른 이해당사자와 같은 입장에서 참여할 수 있는 기회가 제공되어야 한다. NGO의 참여 기회가 비교적 희박한 경우가 '정책공동체'(policy community)의 형성으로 정부 주도적이거나 정당과 이익집단 등 전통적인 이해당사자들만이 참여하는 경우이다. 이런 폐쇄적 정책공동체에 NGO가 참여할 수 있는 기회는 일반적으로 차단되어 있지만, 다른 기회가 제공될 수도 있다. 특별한 정치적 기회가 제공될 필요가 있는데, 많은 경우 직접행동 등 운동역량에 의존해서 '이슈 네트워크'(issue network)를 형성하는 것이다.

셋째 그리고 마지막으로 중요한 조건은 여론의 지지이다. NGO가 '정책 거버넌스'에 참여할 수 있는 정치적 기회가 제공되기 위해서도 여론의 확고한 지지가 필수적이다. 또 정치적 기회가 제공되어 NGO가 '정책 거버넌스'에서 영향력을 행사하기 위해서도 여론의 동원은 마지막 단계까지 중요한 역할을 한다. '정책 거버넌스'에 참여하는 것으로 NGO의 정책영향력이 자동적으로 행사되는 것은 아니다. NGO의 운동역량이 발휘되고 여론의 지속적인 지지가 확보되어야 한다.

2) 정치적 기회 구조

정부에 '접근'할 수 있을 때만이 NGO는 정책에 대한 영향력을 갖게 된다. 타로우(Tarrow 1994)에 따르면, '정치적 기회 구조'란 정부 등 권력에 대한 접근가능성이 열리는 것을 의미한다. 그는 정치적 접근의 기회가 주어지게 되면 NGO의 조직력과 운동역량이 부족해도 정부에 효과적으로 영향력을 행사할 수 있다고 지적한다. '정치적 기회'란 정치체제의 개방성과 정치세력들의 관계에서 발생하는 것으로 볼 수 있다. "정치체제를 이용할 수 있는 접근가능성, 또는 정치체제에 접근이 허용되는 정도를 말하는 정치적 기회요인으로 제시할 수 있는 것은 정치체제의 개방성, 정치적 세력관계의 특성이다"(김선미 2003: 96).

그럼에도 정치적 기회 구조에서 '구조적' 요인이 아닌 일시적 또는 상황적 요인이 중요한 요인으로 설명된 것이 이론적 약점으로 지적되며, '구조'를 제외한 더욱 넓은 의미의 정치적 기회로 분석하는 것이 더욱 적절하다고 볼 수 있다(Hilson 2002: 242). 그럼으로써 NGO의 정책주장에 대한 지배층 또는 엘리트의 '정치적 수용성'(political receptivity)이 정치적 기회의 다른 중요한 한 면이 된다는 것이다. 힐슨에 의하면, 정치체제에 대한 접근이 호의적이고 개방적임에도 NGO의 정책주장을 정치지배층이 거부하는 비호의적인 정치적 기회가 제기된다(p.242).

정치체제의 개방성

정치체제의 개방성이란 정치체제에 접근이 허용되는 정도를 말한다. 일반적으로 이익집단의 영향력 차이는 정부에 대한 접근의 차이에서 발생한다. 마찬가지로 NGO의 접근에 대한 정부의 반응은 공식기관의 개방성 정도와 직접적인 연관이 있다. 정치체제의 개방성은 거시적 차원과 미시적 차원으로 나누어 볼 수도 있다. 거시적 측면에서는 세계화와 같은 국외 환경의 변화, 또 민주화와 개방화와 같은 정책환경의 급변화는 정부에 대한 압력으로 작용해서 정부로 하여금 체제개방성을 확대하고 그럼으로써 NGO에게 정치적 기회가 확대된다. 또 정부에 대한 불신과 NGO에 대한 상대적인 신뢰의 차이가 뚜렷해지면서 정부의 체제개방성이 확대되고 NGO에 대한 정치적 기회의 확대와 함께 정책수용 가능성이 증대한다고 볼 수 있다. 신뢰와 같은 일반 국민의 여론은 중요한 정치적 기회제공의 요인이 된다. 또 더 거시적인 측면에서 포스트모던 가치관의 변화 등 '조용한 혁명'도 정치적 기회제공의 배경요인이 된다.

나아가 미시적인 측면에서 정치체제의 개방성을 선거 국면에 관련지어 설명될 수 있다(김선미 2003: 97). 이는 정치적 기회 '구조' 측면보다 정치적 기회 '공간'이라는 더욱 단기적이고 상황적인 측면이라고 볼 수 있다. 선거 국면은 정치적 활동기회의 증가와 여론에 민감한 시기이기 때문에 정치체제의 개방성이 증가한다. 그 결과, NGO에 대한 정치적 기회가 확대되면서 운동역량을 가진 NGO의 정책이슈화와 여론동원력이 증대되면 NGO의 요구가 정책으로 수용될 수 있는 가능성이 높아진다.

정치적 세력관계

정치적 세력관계란 "국가지배 연합구조의 변화 및 정당구조의 변화, 사회운동 세력의 역학관계"를 지적한다(김선미 2003: 98). 리더십의 변화, 여야 정치관계의 역학, 또 NGO의 정치권에 대한 비판, 2000년 총선시민연대와 같은 국회의원 후보에 대한 낙선운동은 NGO의 정치적 기회를 확대시키는 중요한 계기가 된다. 대의민주제의 취약성 때문에 NGO가 주도하는 참여민주제의 상대적인 활성화도 정치적 세력관계의 한 측면으로 고려해볼 수 있다. 참여민주제가 대의민주제를 대체하는 것은 아니지만 보충하는 의미에서 중요한 정치적 기회가 된다. 한국 NGO 운동의 활성화 요인 중의 하나를 '대의의 대행'에서 찾을 수도 있다. "정부가 시민사회의 요구를 제대로 반영하지 못하고, 나아가 제도정치가 대의기능을 제대로 수행하지 못함으로써 정부나 제도정당의 대의기능이 비제도적인 시민사회운동조직에 의해 수행될 수 밖에 없게 만든다는 것이다"(조현연과 조희연 2001: 296). 따라서 대의의 대행 시각에서는 참여연대와 같은 종합 시민운동단체들이 정당의 역할을 대신하는 '준정당적' 역할을 한다고 볼 수 있다.

역대 정부와의 거버넌스

한국사회 특유의 근본적인 문제는 시민사회에 대한 국가 또는 정권의 인식에 있다(주성수 2017a: 185-87). 정권에 따라 시민사회를 보는 시각과 이념 때문에 국가와 시민사회가 대립하거나 공조하는 극심한 대조를 보였다. 1987년 민주항쟁 직후 김영삼과 김대중의 야권 분열로 민주정권을 바로 수립하지 못한 과도기를 거쳐 김영삼 정부가 출범했다. 이후 김대중 정부와 노무현 정부의 이른바 한국의 '진보주의 시대' 기간에 상당한 개혁 입법과 제도화가 이뤄졌다. 그러나 노무현 정부부터 심각해진 보수 대 진보의 이념 대결이 진영 다툼으로 심화되는 분위기에서 집권한 이명박 정부는 출범 첫 해부터 촛불집회로 맞서는 시민사회와 내내 갈등하며 5년을 보냈다. 2008년 미국산쇠고기 수입반대 촛불집회뿐 아니라 4대강 반대, 대학등록금 인상반대 촛불집회도 시작되어 2012년까지 이어지면서 시민단체들의 연대활동이 지속되었다.

〈시민사회지표 연구〉에서 밝혔듯이 이명박 정부 기간에 조사된 정부와 시민사회의 관계는 거버넌스의 실종에 가까울 정도로 심각했다. 정부와 시민사회단체(CSO)의 관계는 민주적 거버넌스의 기본적인 척도인 '정부와 CSO 대화', '정부의 CSO 지원'은 물론이며, CSO의 정부비판이나 정치활동의 자유, 정부로부터의 자율에서도 심각한 위기로 나타났다.

박근혜 정부 또한 보수 정권의 연장으로 시민사회와 내내 대립하는 특성을 보였다. 2014년 4월 세월호 참사로 다음해 말까지 촛불집회와 시위가 지속되었고, 세월호 진상규명 촉구와 특별법 제정을 위한 시민사회의 연대활동도 강화되었다. 이 과정에서 정권은 진상규명보다는 보수단체를 동원해 맞불집회로 유가족과 시민사회와 대립하는 그릇된 술책을 추진하였다. 정권에 비판적인 지식인들이나 문화계 인사들에게 불이익을 주는 블랙리스트에 의존한 나약하고 비겁한 정권이었다. 그래서 2016년에는 촛불시민혁명으로 탄핵의 응징을 받았다.

정부가 시민사회를 적대시하지 않고 '정책 거버넌스' 파트너로 공조해야 하는 역사적 교훈을 얻었다. 시민사회를 정책 파트너로 삼아 국가의 효과성과 정통성 모두를 제고할 수 있는 '제도적 다원주의'를 수용하는 것이 중요하다. 김영삼-김대중-노무현 시대가 제도적 다원주의를 수용한 시기였다면, 이명박-박근혜 시대는 이를 거부한 시기로 구분된다. 그 결과는 정부 정통성의 훼손과 정부정책의 대립으로 인한 국력의 손실과 개혁의 퇴행으로 나타났다.

한국 민주주의가 전환기를 지나 공고화 단계에 진입한 상황에서 시민사회는 오히려 정부의 통치력을 강화시켜주며 국정에 보완적 역할을 한다. 민주화 초기 과정에서 시민사회의 심각한 도전 때문에 정부와 의회에 대한 불신이 가중되었던 것은 사실이다. 그럼에도 이후 문민정부부터 정부-시민사회 관계는 개혁입법의 파트너로 발전해, 김대중 정부와 노무현 정부가 더욱 시민사회와의 파트너십에 의존했던 것을 보면 이것이 정부의 신뢰와 밀접히 관련되어 있는 것을 알 수 있다.

3) NGO의 운동 역량

'정치적 기회'의 확대를 공급측으로 본다면, NGO의 운동역량은 수요측이 된다. 어느 정책의 경우 '정치적 기회'가 더욱 중요한 요인이 될 수 있지만, 다른 정책은 NGO 자체의 운동역량에 따라 NGO의 요구가 정책으로 수용되기도 한다. NGO의 역량은 조직과 재정 및 인력 면에서 기업과 노조, 이익집단 등 다른 단체들에 크게 뒤져 있다(주성수 2003b: 242-51). 이런 이유 때문에, NGO 활동은 주로 홍보와 시민행동 및 정책대안의 모색 등 대중적 인식의 확산 및 조직의 외양적 성장, 즉 운동역량에 크게 의존해 왔다(김선미 2003: 98). 아래에서는 NGO의 운동역량을 사회문제의 이슈화 역량과 지지층과 여론의 동원역량으로 구분해 살펴본다.

사회문제 이슈화 역량

NGO의 생명력은 사회문제를 제기하며 뉴스를 만들고 여론을 동원하는 역할, 즉 의제설정의 역할이 다른 단체들보다 월등한 역량에서 찾아볼 수 있다. 의제설정 역할이 강하기 때문에 언론이 큰 관심을 갖고 새로운 뉴스원을 찾아 보도하고 동시에 여론형성층이 대거 참여하고 일반시민이 공감하면서 확고한 여론을 형성하게 된다. 이에 정부와 정책결정자는 각별한 관심을 갖고 '제도적 의제'로 논의하며 필요한 대안을 모색하게 된다. 따라서 NGO의 이슈화 역량은 사회문제 제기에 그치지 않고, 합리적인 정책대안을 제시함으로써 지식인과 정치인 등 정책 이해당사자들로부터 신뢰를 받음으로써 확보된다고 볼 수 있다. 미국 의회는 기업과 노조보다 NGO의 의견을 더 중요한 정보로 청취하며 정책결정에 참고한다(Berry 1999: 20-4). NGO의 역할이 문제제기 단계를 넘어 대안제시까지 전문화된 한 단면을 보여주는 것이다.

지지층과 여론동원 역량

NGO의 운동역량의 또 다른 측면은 지지층과 여론의 동원역량이다. 위와 같이 사회문제를 적절하게 이슈화한 다음에 지지층과 여론의 동원에 실패하면 NGO의 운동역량은 무의미해질 수 있다. 즉, NGO 운동의 막바지 성공요인은 지지층과 여론의 뒷받침이라고 볼 수 있다. 여론을 집합행동으로 전환시키는 '저항의 동원' 과정과 '저항의 조직화'는 여러 동원방식으로 나타난다(김선미 2003: 101). 또 언론을 적극적으로 활용해서 여론을 조성하고 동원하는 일은 NGO 운동의 필수요건이 되고 있다. 한국의 시민참여운동이 월드컵 이후 '붉은 악마'의 행진처럼 지속되고 있는 추세를 주목해보면, 시위 등 시민의 직접행동 방식이 NGO 운동의 중요한 역량이 되고 있다는 것을 알 수 있다. 이런 의미에서 일부 유럽 국가에서 신사회운동은 직접행동과 같은 시민참여에 크게 의존해 왔다는 분석이 있다(Greider 1992; Hilson 2002; Koopmans 1996). 또 최근 세계화 반대 시위도 WTO 등 국제기관의 활동을 크게 제약시킬 정도로 가공할 만한 동원력을 보여준 것을 주목해볼 수 있다.

4) 법률적 기회와 NGO

'정치적 기회'뿐 아니라 '법률적 기회'(legal opportunity)도 중요한 정책 영향력 행사의 기회로 부각되고 있다. 미국에서는 1960년대의 사회혼란을 극복하기 위한 대안으로 1970년대 초에 등장한 '공익법률운동'이 현대 시민운동의 주요 전략으로 정착되어 왔다. 한국에서도 최근 새만금 사업에 대한 행정소송 사례에서 볼 수 있듯이 '법률적 기회'가 활용되고 있다.

법률적 기회의 구조와 상황

먼저 '정치적 기회'와 '법률적 기회'의 차이점을 비교해볼 필요가 있다. 힐슨(Hilson 2002: 242-3)에 의하면, 호의적인 '정치적 기회'가 제도화되어 있거나 유리한 상황에서 정책주장에 실패하는 NGO들은 대안으로 소송 등의 '법률적 기회'를 이용한다. NGO의 입장은 '법률적 기회'를 이용하는 수요측이며, 법원의 입장은 NGO의 정책주장을 정당한 것으로 수용하는 공급측이 된다. 앞에서 지적했듯이 수요측의 일방적인 운동역량만으로 공공정책의 의제로 수용되어 정책으로 결정되고 집행되는 것은 아니다.

힐슨은 정치적 기회가 '구조적' 측면과 '상황적' 측면을 갖고 있듯이 법률적 기회 또한 구조와 상황 양면을 가진 하나의 동전으로 비유한다. 그는 법률적 기회의 구조는 "정의에 대한 접근에 관련된 비교적 안정적 특성"을 의미하며, 상황은 "특정 사례의 정책주장에 대한 법률적 수용"이라 설명한다(pp.243-4). 따라서 법률적 기회의 '구조' 측면에서 법원의 정치적 성향은 보수적이라고 볼 수 있지만, 새만금 간척사업과 같은 심각한 사회이슈라는 '상황'에 대한 법원의 정치적 판단은 지금까지 보기 힘든 진보적인 판결로 내려졌다. 또 힐슨은 '정치적 기회' 이론이 법률적 문제가 정치적 문제에 종속되는 것처럼 가정하는 것은 문제가 있으므로 '법률적 기회'를 '정치적 기회'와 구분할 것을 강조한다. 그 이유는 다음과 같이 세 가지 측면에서 살펴볼 만하다. 첫째, 정책 거버넌스에서 입법부와 행정부가 각기 정치와 행정 거버넌스의 주체적 역할을 하듯이 사법부는 '법률 거버넌스'의 주체가 된다. 둘째, 정책주장을 제기하는 NGO의 입장에서는 입법부와 행정부에 대한 정책 영향력 행사와 다른 정책 영향력을 사법부에 행사한다고 볼 수 있다. 즉 입법부와 행정부에 대해서는 청문회 증언, 위원회 참여, 입법청원 등의 관례적 참여유형뿐 아니라 서명운동, 불매운동, 시위, 농성과 같은 직접행동을 포함한 다양한 비관례적 참여방식에 의존한다. 그럼에도 이런 참여에 의한 정책주장의 성공이 불투명하거나 '정치적 기회'의 구조와 상황이 불리한 경우, 또 다른 제도적 전략이 되는 소송 등에 의한 '법률적 기회'를 이용하게 된다.

그리고 마지막으로, 정치적, 행정적으로 해결하기 어려운 정책문제들이 점차 법률적 판단에 맡겨지고 있는 추세를 주목해볼 만하다. 그럼에도 법원이 정치적으로 논란이 심각한 정책에 개입하지 않으려는 속성을 가지고 있다고 볼 수 있다. 사실 법원의 판결을 두고 의회와 법원이 심각한 마찰을 빚기도 한다. 유럽의 많은 환경단체들이 법원에 환경소송을 제기하였을 때 법원은 법률적 판단이 필요하지 않고 정치적 해결이 필요하다는 의미에서 소송을 접수하지 않았다. 일례로 1984년 네덜란드 법원은 크루즈 미사일이 자국에 배치되는 것에 소송을 제기한 환경단체들의 요구를 거부하며, 이 문제는 정부와 의회가 판단할 문제라고 거부이유를 밝히기도 했다(Andeweg & Irwin 2002: 158).

환경운동과 새만금 사업

최근 새만금 간척사업에 대한 NGO들의 행정소송에 대해 법원이 이유가 있다고 인정함으로써 환경보전 문제에도 법률적 판단에 의존하는 '법률 거버넌스'의 중요성이 부각되고 있다. 법원이 기업과 이익집단 등 관례적 이해당사자뿐 아니라 NGO를 새로운 이해당사자로 인정했다는 측면에서 '법률 거버넌스'의 진전을 목격한 것이다. 정부의 정책집행에 문제를 제기한

NGO의 주장을 정당한 것으로 인정한 것은 중요한 '법률 거버넌스'의 증표가 된다. 따라서 소송 등에 의존하는 법률적 기회는 NGO들의 새로운 운동전략으로 부상하고 있다.

미국과 유럽에서는 환경운동뿐 아니라 여성운동, 동물복지, 동성애 인권 등 다양한 신사회운동은 소송 등 '법률적 기회'를 주요 운동전략으로 활용해 왔다(Berry 1999: 30-1; Hilson 2002: 244-9). 한국에서도 최근 환경운동과 여성운동 등 일부 분야에서 심각한 문제제기와 이슈화와 함께 NGO의 운동역량의 증대에 힘입어 법원이 NGO가 제기한 행정소송에 호응해 NGO 승소, 정부 패소 판결을 내린 사례들을 어렵지 않게 발견하게 된다. 북한산을 관통하는 도로건설의 환경영향평가의 문제를 제기한 NGO들의 행정소송에 승소판결을 한 법원이 도로공사 중지명령을 내렸다. 새만금 사업의 경우도 서울행정법원이 NGO들의 행정소송에 대해 승소판결을 내림으로써 일대 파장을 일으켰다. 정책집행의 책임을 맡은 정부의 입장에서는 법원의 판결에 따를 수밖에 없기 때문에 정책혼선을 빚게 되었고, 농림부 장관이 사퇴하며 교체되었다.

특히 주목해볼 만한 측면은 법원이 어떤 이유에서 그런 판결을 내렸는지에 관한 것이다. 간략하면 '사업의 타당성'에 대한 부정적 견해가 드러났기 때문이라는 것이다. 즉 법원이 부정적 견해를 제시한 NGO들의 주장을 이유있는 것으로 수용한 것이다. 판결문은 "새만금 공사의 목적이 과학기술과 사회경제적 조건을 고려할 때 사실상 실현이 불가능하다"라고 지적한다(한국일보 2003. 7. 16). 이는 매우 중요한 '법률적' 정책평가라 볼 수 있다. 법원은 농림부와 환경부가 수립한 수질오염방지대책에 대해 실현성과 타당성이 희박하다고 반박하며 엄밀한 '환경영향평가'를 주문하였다. 또 법원은 정책목표가 되는 경제적 가치에 대해서도 갯벌의 생태적 가치가 훨씬 높다고 지적하며 정부의 경제가치론보다 NGO들의 환경가치론을 더 타당한 것으로 보았다. 법원의 결정문에는 갯벌의 생태적 가치는 ha당 9,990달러로 92달러인 농경지 가치의 100배가 넘는다는 영국과학전문지 네이처(Nature)의 논문과 새만금 갯벌의 총가치는 매년 2천~8천억 원에 이른다는 국내 연구결과를 인용, 갯벌의 가치를 높게 평가하였다. 법원은 "새만금 유역의 갯벌을 보전함으로써 국민이 매년 얻을 수 있는 편익도 엄청나다"라면서, "방조제 공사가 완공될 경우 수질오염이 불가피해 갯벌 생명에 치명적일 수 있다"라고 설명했다(한국일보 2003. 7. 16).

새만금 사업이 전면 중단된 것은 아니지만 법원의 판결은 NGO 운동에서 '법률적 기회'를 활용하는 것이 얼마나 중요한 것인가를 일깨워주는 소중한 선례가 되었다. 한국의 여성운동, 소비자운동, 지역공동체운동 등 다양한 신사회운동이 서구에서처럼 소송 등의 '법률적 기회'를 이용하는 사례가 부쩍 늘 것으로 내다보인다. 또 많은 이익집단들도 같은 전략으로 대응함으로써 장차 사법부가 정책과정에서 결정적으로 중요한 심판자이며 평가자 역할을 할 것 같다.

5) NGO의 법률적 전략

NGO들이 '법률적 기회'를 많이 이용한다고 해서 신사회운동의 전략이 '법률적 운동'으로 급전환될 것으로 볼 수는 없다. 많은 NGO들이 그만한 법률적 역량을 갖고 있지 않으며 유용가능한 변호사 자원도 많지 않고 또 소송에 필요한 자금과 행정인력의 확보도 쉽지 않다. 특히 '법률적 기회'에서도 아직 '구조'가 제대로 갖춰지지 않고 새만금 사업과 같은 특별한 일시적 '상황'에 크게 의존하는 것이 한국의 실정이다. 새만금 사업의 경우 법원이 시민운동에 대한 법적 해석의 판례 축적 등 관행이나 '구조'에 의존한 것이 아니라 특별한 상황에 따른 '정치적' 판단을 한 것으로 보여진다. 여기에서 '특별한 상황'이란 NGO들이 시위와 데모, 청원, 서명운동, 삼보일배운동, 언론의 대대적인 보도, 여론동원 등 동원가능한 모든 방법으로 입법부와 행정부뿐 아니라 사법부에 대해서도 정치적 압력과 영향력을 행사한 상황으로 볼 수 있다. 어떻게 보면 이런 정치적으로 논란이 되는 사안에 법원이 개입하지 않으려는 속성이 있는데, 이번 판결은 매우 이례적인 것으로 볼 수 있다. 법원의 NGO 승소 판결은 '정치적 기회'의 구조와 상황이 무르익은 분위기에서 극적으로 이뤄졌다는 매우 특별한 의미를 갖는다.

입법부에 대한 NGO의 견제와 입법제안 활동도 중요한 동향으로 부각되고 있다. NGO의 입법제안에 대해 서구의 입법부는 대의민주주의를 보완하는 주요 수단으로 간주하고 있지만 한국의 국회는 정당들의 파당적 정치에 휩쓸려 거의 비협조적이고 무반응적 태도를 견지해 온 것이 사실이다(박원순 2002: 25-8). 이 점에서 국회가 NGO의 정당성을 인정하지 않는 것이며, 코스튼(Coston 1998)의 표현을 빌리면 '제도적 다원주의'의 수용이 이뤄지지 않은 것이다. 사실 이 때문에 대의민주주의에 대한 참여민주주의의 도전은 다분히 대립과 갈등의 양상을 보여주고 있는 것이 한국의 현실이다.

그밖에도 사법부의 정책과정 관여가 늘어날 것으로 예상되는 요인들은 다음과 같다. 1) 시민에 대한 정부의 영향력이 늘어나는 추세, 2) 사회문제에 대한 입법부 대응의 부재 또는 실패, 3) 입법부의 대응으로 인한 불만의 확대, 4) 시민들 사이에서 소송이 늘어나는 추세 등이다(Anderson 2000: 62). 또 5) 정치적으로 논란이 되는 정책이슈들이 점차 법원의 결정에 맡겨지는 경향과, 6) UN, WTO 등의 국제기관이나 EU 등 지역기관의 권고 또는 규제의 확대로 정부-대-집단 사이의 분쟁이 법원의 판결에 의존하는 동향도 있다(Andeweg & Irwin 2002: 158). 일례로 EU의 유럽사회헌장이 공직자를 포함한 노동자의 파업권을 규제하고 있는데, 네덜란드의 경우 헌장이 규제하는 입법을 하지 않아 노동자와 사용자 양측 모두가 파업의 조건과 한계에 관해 양측이 모두 수용할 수 있는 법원의 판결을 받은 경우도 있다(p.158).

또 입법부와 행정부가 해결하지 못하거나 서로 대립하는 경우 정치적으로 해결해야 할 이슈들이 법률적 이슈로 변해서 사법부의 판결에 의존하는 추세를 주목해볼 필요가 있다. 정책과정에 대한 사법부의 영향력은 점차 증대되고 있고, 판사의 법률제정 행사는 입법부의 특권에 대한 비정통적인 침해라는 비판도 일고 있지만 입법부보다 사법부의 판단이 시민의 신뢰를 받고 있다는 점에서 심각한 사회문제로 부각되고 있는 것은 아니다(Peters 1996: 91).

제8장

시민사회와 시장(기업)

시민사회(NGO)와 시장(기업)은 일반적으로 대립과 갈등의 관계에 있다. 시민사회의 NGO는 영리를 추구하는 기업과 경제단체들의 활동에 대해 견제와 비판의 기능을 일차적 기능으로 하고 있기 때문이다. 시민사회와 시장의 역사적 발전에 주목해보면, 양자는 자본주의의 발전과 더불어 대립과 갈등의 관계로 점철된 것으로 볼 수 있다. 자본주의와 민주주의의 타협을 모색한 서구의 경우도 시민사회의 자본주의에 대한 도전과 견제는 끊이지 않았다. 제3세계에서도 자본주의의 발전과 더불어 이를 견제하기 위한 장치로 시민사회의 발전이 진전되었다.

시민사회는 시장 영역으로, 또 시장은 시민사회 영역으로 각자의 영역을 확장하는 추세에 있다. 이 과정에서 양자 사이에 대립과 충돌이 일어나며 또 경쟁이 지배적이지만 협력과 공조의 동향도 있다. 또 기업과 NGO 사이의 경쟁은 국가(정부) 영역의 축소와 공공업무의 민영화와 용역에 대한 양자의 경쟁 관계가 강화되고 있다. 기업과 NGO 사이의 공조와 협력은 양자가 '사회적 책임'을 공유하고 있다는 점에서 실업, 청소년 문제 등 지역사회 문제해결과 시민의 '삶의 질' 향상을 위한 파트너십 프로젝트로 진행되고 있다.

1. 시장과 시민사회 관계

시장(기업)과 시민사회(NGO)의 관계는 기본적으로 전자에 대한 후자의 지속적인 도전에서 그 뿌리를 찾아볼 수 있다. 국가의 구속과 규제로부터 해방된 기업은 자유로운 영리활동을 추구하는 과정에서 비윤리적, 비공익적 비즈니스를 하며 소비자와 지역사회에 피해를 입히는 일이 늘어나면서 NGO의 강력한 도전을 받는다. 이에 대해 기업은 사회공헌과 윤리경영을 통해 기업의 '사회적 책임'을 추구하며 기업의 생존전략을 모색하는 과정에 있다. '기업시민정신'(corporate citizenship)의 개념이 그것이다(주성수 2003a, 2016: 제11장).

1) 시장에 대한 견제세력

베를린 장벽이 붕괴되고 동구에 민주화가 본격화되었던 1990년에, 경제학자 노박(Novak)은 사회주의의 붕괴를 시장의 위력으로 평가하며 다음과 같이 주장하였다(Deakin 2001: 141).

> 시장은 구심력을 갖고 있다. 시장의 내부 동력은 상호적, 시민적, 합리적 논의를 지향한다. 시장은 사람들을 분리시켜 소외로 내모는 게 아니라 정반대로 사람들이 서로 반대하는 입장에 있어도 긴밀히 접촉하게 만든다. 시장은 묵시적 이해, 전통, 관례 및 전승적 지식을 풍부하게 갖춘 특수한 사회기관이다… 시장은 인간의 이성에 의해 만들어진 걸작품 중 하나이다.

이런 시장편향적인 시각은 시민사회의 가치와 역할에 부정적 입장을 보인다. 노박의 논리에 따르면, 시민사회는 집단적 공동체라기보다 자유의지를 가진 합리적 개인들이 구성하는 사회이기 때문에 개인들의 참여에 의한 집합적 의사결정 방식에 대해 부정적인 입장을 취한다(Deakin 2001: 141). 노박에 의하면, 빈민층조차도 시장이 주는 다양한 선택의 기회를 갖기 때문에 자신의 개발을 책임지는 주체자가 되므로 시민사회의 집합적 역할은 불필요한 것이 된다(p.141).

한편 동구의 민주화를 간절히 염망했던 세계 금융재벌 조지 소로스(Soros)의 경험에서 만능적 시장에 대한 노박의 신념에 반박하는 논거를 찾아볼 수 있다. 소로스는 학창시절에 탐독했던 카알 포퍼(Popper)의 『열린 사회와 그 적들』(*The Open Society and Its Enemies*)을 철저히 신봉해서 동구의 민주화를 지원하기 위해 전제적인 국가권력에 맞서는 강력한 '시민사회'를 건설하는 데 많은 돈과 시간을 투자했다고 한다. 그런 소로스(1997)가 "자본주의의 위협"이라는 논문을 통해, 시장을 시민사회를 위협하는 새로운 적으로 보았다는 것은 흥미로운 일만은 아니다. 동구의 현실이 초기 정치민주화 단계를 거쳐 사회, 경제적 단계로 심화, 발전되면서 드러난 문제였다. 그는 통제를 받지 않은 시장이 사회생활에 깊숙이 침투해서, "자유방임 자본주의의 구속받지 않은 강화와 시장가치의 생활 전역에 확산으로 우리의 열린 민주사회가 위협받고 있다. 나는 열린 사회의 주된 적이 더 이상 공산주의의 위협이 아니라 자본주의의 위협이라고 믿는다"라고 강조한다(Soros 1997: 48). 그는 시장의 무차별적 침투는 불평등을 심화시키고 사적 권력이 소수의 수중에 집중되는 현상은 지금 민주주의와 시민사회를 위협하는 가장 심각한 위험요소라고 꼬집는다.

사실 동구 등 제3세계에서 시민사회는 독재적 또는 권위주의적 국가에 대항해 싸운 민주화 과정에서는 국가-대-시민사회라는 이분법 시각이 지배했지만, 민주화 이후 시장이 새로운 저항과 비판의 대상으로 추가된 것이다(EC 2000a: 2). 남미의 NGO들은 "사회적 약자와 심지어는 중산층에게까지 파멸적 영향을 미치는 자본주의의 구속받지 않은 성장에 대한 견제세력을 모색하는 사람들의 주요 목소리가 되어 왔다"(Breed 1998: 58).

따라서 '국가'뿐 아니라 '시장'으로부터 자유와 독립을 중시하며 국가와 시장 양자에 대한 견제세력으로 시민사회를 규정하는 시각이 강조되는 것은 자연스러운 일이다. 이런 시각에서는 후쿠야마 등 일부 학자들이 기업과 일부 시장조직들을 시민사회 영역에 포함시키는 것은 부적절할 정도로 지나치게 넓은 광의의 개념정의라고 볼 수 있다. 민주주의 이론가 바버(Barber 1998)는 국가와 시장으로부터 자유로운 영역으로 시민사회를 강조한다. 그는 시민사회가 "정부도 사적 시장도 주권이 없는, 자유로운 사회

생활의 독립적인 영역"이라고 정의하며, 그 영역은 "우리들 자신이 가족, 친지, 교회, 공동체에서 결사적인 집합행동을 통해 스스로 창조한 영역"이며, 동시에 "경제적 생산자이자 소비자로서 구체적인 개인성과 주권적 국민의 구성원으로서 추상적인 집단성 사이를 중개하는 제3섹터"라고 정의한다 (p.4). 또 에드워즈(Edwards 2001: 2)는 "시민사회가 사람들이 영리를 위해서나 정치권력을 위해서가 아니라 집단적 행동을 통해 어떤 일에 충분한 관심을 갖고 있기 때문에 자신들이 공유하는 이해관계를 증진시키기 위해 함께 모인 영역이다. 그 영역에는 기업을 제외한 가족과 국가 사이에 있는 모든 네트워크와 결사체들이 포함된다"라는 개념정의를 제시한다.

또 시민사회 이론가 에렌버그(Ehrenberg 1999: 235)는 국가와 시장, 양자에 대한 견제세력으로 시민사회의 중요성을 아래와 같이 설명한다.

> 시민사회 개념을 가장 생산적으로 활용하는 방법은 국가와 시장 사이에 위치한 사회적 관계와 구조들을 서술하는 것이다. 시민사회는 한편으로는 정치체제와 국가권위라는 공식적인 특징을 가진 영역으로부터, 다른 한편으로는 즉각적인 사익추구와 시장의 특성으로부터 구별되는 영역이다. 정치활동은 가장 좁은 의미의 개인적 이해추구에 의해 동기가 부여된다고 해도 사회의 가장 광의적인 문제들을 제기하는 영역에서 활성화된다. 또 경제활동은 가장 세계시민적인 국제영역에서 일어난 일이지만 가장 솔직한 방법으로 이익추구 문제가 조직되기 때문에 더욱 친숙한 것이 된다. 시민사회는 이 두 영역 사이의 회색지대에서 발견될 수 있다. 자원조직, 이익집단 및 사회운동은 항시 공공 정치영역과 사적 경제영역으로부터 상당 수준의 자율성을 유지하려 한다. 동시에 시민사회조직들은 부분적으로 국가와 시장에 의해 결정되어진다. 자율성과 외부결정의 모순적인 특성은 모든 중간조직

들의 특성으로 시민사회도 이에 종속된다.

또 다른 이론적인 측면에 접근해보면, 린드블럼(Lindblom 1977)의 정치경제 이론을 참고해볼 만하다. 미국 정치학회장을 역임한 린드블럼은 저서, 『정치와 시장』(*Politics and Markets*)에서 시장의 심각한 위협 때문에, "민주주의는 현존하는 다두제(polyarchy)의 절름발이 형태 그 이상으로 발전할 수 없다고 주장할 수 있다"라고 강조한다(p.354). 그는 현대 자본주의에서 "기업이 교리화(indoctrinization)의 강력한 도구"라고 보면서, "보다 완전한 민주주의에 대한 주요 제도적 장애물은 계급이라기보다는 자율적인 사기업이라고 볼 수 있다"라고 주장한다(p.356).

린드블럼은 사기업의 독점적 지위가 지배적인 문제점을 다음과 같이 지적한다(p.356).

> 대기업은 엄청나게 거대하고 풍부한 자원을 누리고 있고, 또 대부분 정부기관이 관리하는 것보다 훨씬 더 많은 자원을 관장한다. 또 이들은 정부에 대한 자신들의 요구가 다두제적 통제를 통해 표출되는 시민의 요구에 거역한다고 해도 정부가 자신들의 요구를 수용할 것을 광범위한 차원에서 주장한다. 나아가 이들은 법적으로 법인으로 되어 있기 때문에, 시민의 일부로서 역할을 할 수 있는 자격을 포기하려 하지 않는다. 또 이들은 특유의 거부권을 행사한다. 이미 살펴보았듯이 이 모든 측면에서 이들은 막강한 파워를 행사한다. 대기업은 민주주의의 이론과 비전에 어색하게 어울린다. 아니, 분명히 어울리지 않는다.

2) 신자유주의와 기업의 특권

이상과 같이 기업이 누리는 특권적 지위는 영구적으로 불변하는 것인가? 시대상황이 바뀌면서 기업의 사회적 위상이 추락하고 기업이 정책과정에서 누리는 특권적 지위는 심각한 도전을 받고 있다는 것을 알 수 있다. 신자유주의 이데올로기가 확대되면서 한편으로는 신자유주의 모델이 정부와 일반시민을 지배하는 것 같지만, 다른 한편으로는 일반시민이 NGO 활동을 통해 정부와 기업에 적지 않은 영향력을 행사하는 '거버넌스' 모델이 확대되고 있다.

기업의 특권적 지위에 대한 도전은 전통적인 맞상대인 노조를 위시해서 일반시민, NGO, 언론, 정부 등 다섯 방향에서 일제히 제기되고 있다(주성수 2003b: 224-31). 또 이 도전들에 직면한 기업과 기업집단들은 그 어느 때보다 심각한 사회적 위상의 실추와 함께 신뢰의 위기에 직면해 있다고 볼 수 있다.

노동조합의 도전

첫째, 기업과 전통적으로 대립관계를 유지해온 노조의 영향력을 들 수 있다. 노조는 지속적으로 경영참여의 압력을 행사하며, 스웨덴 등지의 스칸디나비아에서는 '경제민주주의'(economic democracy)를 추구하는 정치력을 발휘해 왔다(주성수 1992). 예를 들면, 스웨덴의 공동결정법은 노동조합에게 새로운 컴퓨터 체계와 기타 작업장 테크놀로지의 도입에 주요 역할을 부여함으로써 노조의 자치권력의 확대가 결과적으로 노동생산성의 향상 등 긍정적인 효과를 낳는다고 한다(Lindblom & Woodhouse 1993: 144-5). 반면에 미국의 풍토에서는 노조의 경영참여가 차단되어 있고, 경영층의 임의적 결정에 의한 대량해고에 노조는 거의 정치력을 발휘하지 못한다. 한국의 경우, 노사정위원회를 통해 노조가 임금협상뿐 아니라 주5일제 근무, 비정규직 노조의 인정 등에 대해 적지 않은 정치력을 행사하고 있다.

일반시민의 불신

둘째, 기업에 대한 시민의 불신 풍조를 주목해볼 필요가 있다. 세계적으로 기업에 대한 신뢰가 심각한 쇠퇴 국면에 있다는 것을 알 수 있다. 〈표 8-1〉을 보면, 45개국 평균에서 대기업을 신뢰한다고 답한 시민은 42%에 지나지 않는다. 노조에 대한 신뢰(48%)와 정부에 대한 신뢰(50%)보다 낮은 수준이며, NGO에 대한 신뢰(59%)와 비교할 수 없는 수준이다. 한국의 경우, 더욱 심각해서 대기업에 대한 신뢰도(35%)는 NGO 신뢰도(77%)는 물론이지만 노조 신뢰도(57%)와도 비교할 수 없는 심각한 국면에 있다. 기업이 시민의 지지를 받지 못하고 있는 것은 기업이 누리는 특권적 지위가 흔들리고 있다는 반증이 된다. 이런 분위기에서 기업에 대한 규제 정책과 재벌개혁, 그리고 기업의 횡포를 견제하는 소액주주의 집단소송제 도입에 관한 논의에서 시민들은 기업의 입장을 이해하기보다 NGO들의 주장에 동조하기 마련이다. 공공정책도 일반시민의 여론에 따르는 동향에 있다. 그만큼 시민의 신뢰와 지지는 민주사회에서 매우 중요한 정책결정요인이 되고 있다.

한국에서 기업에 대한 시민의 불신은 2010, 2014, 2017년에도 지속되고 있다. 갤럽의 조사 결과를 보면(주성수 2016, 2017c), 기업에 대한 신뢰도는 각기 55.9% → 43.4% → 41.6%로 하락하고 있다. 반면에 중앙정부에 대한 신뢰도는 49.5% → 40.9% → 56.2%로 크게 상승했다. NGO(시민단체)에 대한 신뢰도는 같은 기간에 62.4% → 68.3% → 67.4%로 여전히 높은 수준에 머물러 있다.

■ **표 8-1** 사회기관에 대한 신뢰도: 45개국과 한국

	정부	의회	법조	NGO	대기업	노동계	언론
전체(45)	50%	38%	48%	59%	42%	48%	50%
EU(12)	51	46	53	66	45	49	42
동중유럽(8)	40	27	23	47	26	34	51
중동(2)	14	16	46	46	39	30	26
북미(2)	74	47	61	69	44	54	52
남미(9)	27	23	31	53	43	36	51
아시아(7)	45	34	47	55	44	47	52
아프리카(3)	43	43	46	60	55	61	60
한국	25	11	31	77	35	57	47

자료 Gallup International 2003.

2019년 글로벌 조사에서는 NGO 또는 자선기관에 대한 신뢰는 크게 떨어져 있다. 글로벌 평균이 52%인데, 한국은 독일과 함께 31%로 최하위에 있다. 극우단체들과 정권과 대기업의 유착 등이 촛불혁명으로 밝혀진 상황이 반영된 부정적 평가인 것 같다. 한편 상위권에는 뉴질랜드 70%, 영국 62%, 미국 60%, 노르웨이 59%, 스위스 58% 등이며, 이어서 스웨덴 53%, 일본 44% 등이다.[19]

19 https://news.gallup.com/opinion/gallup/258230/one-three-worldwide-lack-confidence-ngos.aspx

언론과 여론의 불신

셋째, 의제설정에서부터 기업과 산업단체의 역할이 심각히 쇠퇴하는 추세를 주목해볼 수 있다. 베리(Berry 1999: 20, 24, 122)의 자료에서 기업은 의회청문회와 언론보도에서 더 이상 주요 이해당사자로서 스파트라이트를 받고 있지 않다는 것을 확인해볼 수 있다. 한국도 이와 비슷한 추세에 있는 것 같다(주성수 등 2003: 40-2). 이에 대해 베리(1999: 129)는 다음과 같이 언론보도와 여론의 중요성에 비추어 설명한다. 기업이 관련된 언론의 뉴스를 분석해본 결과, 기업에 대한 비난에 대해 개별 기업과 산입협회들이 대응하는 기시가 각기 2/3 이상과 44%에 이른다고 한다. 이는 미국의 언론들이 기업을 불신의 시각에서 부정적으로 보도한 것과 밀접히 관련된다는 것이다.

> 시민단체들은 공공정책에 대해 진실한 사실적인 정보원으로 비춰졌고, 이와는 대조적으로 기업은 더 이상 신뢰를 받지 못했다. 기업에 대한 이런 불리한 보도는 텔레비전 저널리즘이라는 거시적인 패턴과 관련된다… 저널리스트들은 갈등을 강조하는 것을 특히 좋아해서 이익집단들의 경쟁을 다룬 이야기를 흔히 좋은 녀석과 나쁜 녀석으로 짜맞추게 되는데, 이것이 기업집단에게는 불리하게 작용한다. 기업집단은 자신들의 커뮤니티를 보호하기 위해 조직적으로 투쟁하는 공익정신이 강한 시민들을 상대로 싸우는 악역으로 등장하기 때문이다.

NGO의 도전

넷째, 기업에 대한 NGO의 도전을 주목해볼 수 있다. 이런 도전이 더욱 강해진 배경은 일반시민의 확고한 지지에서 찾아볼 수 있다. 〈표 8-1〉에서 볼 수 있듯이, 시민들은 정부와 기업에 대한 강한 불신을 표명하면서 NGO

에 대해서는 확고한 신뢰를 보여준다. 특히 한국에서 이런 '제로섬' 현상이 지배적으로 나타난다(주성수 2003e).

NGO들은 기업의 생산활동 전반에 대한 문제를 제기하며 정책과정에서 기업이 누리는 특권에 대해서도 비민주적 정책이라며 강하게 비판한다. 서구에서는 1960년대부터 환경과 소비자, 인권 등 포스트모던 가치관으로 무장한 신사회운동이 분출하면서 기업이 가장 심각한 타격을 받아왔다. NGO들의 압력에 의해 일련의 규제정책이 도입되면서 정부와 기업의 관계는 전통적인 밀월 관계를 청산하고 새로운 관계설정의 국면으로 전환될 수밖에 없었다. 특히 세계화되는 경제질서에서 기업의 활동을 제한하는 국내의 환경을 탈출해 글로벌 차원으로 이동하는 다국적기업에 대해서도 글로벌 NGO들의 감시가 강화되고, 이에 따른 국제기관의 규제가 확대되면서 다국적기업들도 환경친화적인 생산활동을 하고 아동노동을 없애 인권을 준수하며 윤리경영을 실천하도록 강요받고 있다(주성수 2000a, 2003a).

기업에 대한 NGO의 도전은 여러 형태로 제시되고 있다. 가장 일반적인 유형은 기업에 대한 NGO의 '도전적 접근'과 '전략적 파트너십' 유형으로 구분될 수 있다(Kell & Ruggie 1999). 전자는 가장 보편화된 유형으로, NGO들이 기업의 비윤리적 행동에 대한 비난, 성명발표, 캠페인, 서명과 불매운동, 시위와 퍼포먼스 등으로 도전하는 직접행동의 유형이다. 또 후자, '전략적 파트너십'은 최근 UN과 국제기관들 및 글로벌 NGO들이 추구해온 방식으로, 기업의 사회적 책임을 유도해서 기업이 사회문제 해결과 공공재화와 서비스의 제공에 기여하도록 하는 전략에서 비롯된 것이다.

정부정책의 변화

마지막으로, 정부의 정책도 점차 변화되고 있다. 기업에 대한 불신이 심화되고 도전이 심각해지는 상황에서 정부가 취할 수 있는 선택의 여지는 많지 않다. 기업에 대한 규제를 강화하되, 점진적으로 시행하는 것이다. 그럼에도 기업들은 신자유주의의 시대적 조류를 타고 새로운 탈규제의 자유를 누리고 있다. 정부의 정책선택은 한편으로는 시민과 NGO의 압력에 부응하는 의미에서 기업에 대해 적절한 규제를 가하면서, 다른 한편으로는 기업이 정부로부터 요구하는 규제정책의 철회와 완화로 기업에 대가를 치르고 있다. 정부는 어떤 방식으로든 기업이 영리활동을 하는 데 방해가 되는 장애를 제거해주거나 도움을 주는 실질적인 지원을 할 수밖에 없다는 기본 원칙이 크게 바뀌고 있는 것은 아니다. 정부가 기업에 제공한 특혜가 말썽이 생기면 정부는 다른 새로운 인센티브를 찾아 기업에 제공해주며, 기업과의 기본적인 관계를 파기하지 않고 유지하려는 노력을 할 수밖에 없다.

3) 신자유주의와 거버넌스 모델

'신자유주의'와 '거버넌스'는 이 시대를 대변하는 주요 동향이지만 이들은 각기 기업의 특권적 지위와 역할에 대해 상호모순적인 시각을 제시해준다. 신자유주의는 기업의 지위와 역할이 확대되는 모델을, 반면에 거버넌스는 기업의 지위와 역할이 위축되는 모델을 각기 제시해준다. 신자유주의와 거버넌스는 이 시대의 패러다임 주도권 다툼을 하고 있다고 볼 수 있지만, 신자유주의 쇠퇴와 거버넌스의 확대가 뚜렷한 글로벌 동향으로 부각되고 있다.

■ **그림 8-1** 신자유주의 모델: 기업 지배

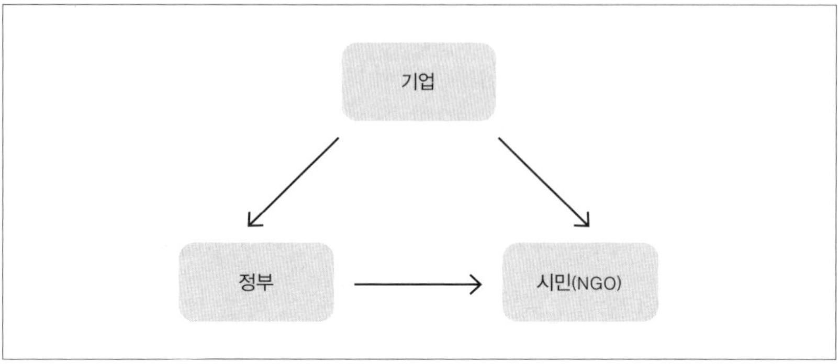

자료 Roper 2002: 116.

신자유주의 모델

세계화의 질서에서 신자유주의 이데올로기의 확대는 기업의 특권적 지위를 더욱 공고히 해주는 계기가 되고 있다. 기업과 시장이 정부의 규제와 감독으로부터 해방되어 정부에 대해 또 시민에 대해 기업의 통제력과 영향력을 행사하는 신자유주의 모델은 〈그림 8-1〉처럼 제시될 수 있다(Roper 2002: 116).

신자유주의 모델에서 일반시민은 "소비제품, 일자리 및 복지 측면에서 기업에 의존한다." 정부 또한 기업의 자유로운 영리활동에 적극적으로 협력하며 기업에 대한 규제정책을 호의적으로 철회하며 글로벌 경쟁력을 갖추도록 독려한다. 이런 의미에서 신자유주의 시대에 기업은 "의회뿐 아니라 법원과 언론도 통제하며, 또 유치원, 고교, 대학 할 것 없이 교육에 주도적 영향력을 행사한다"(Roper 2002: 115). 그럼으로써 글로벌 자유시장에서 활동적인 기업들은 "사회적 통제와 정치적 거버넌스에서 해방되는 위험한 상황에 처해 있다"라고 볼 수 있다(Gray 1998: 234).

■ **그림 8-2** 거버넌스 모델: 시민(NGO) 주도

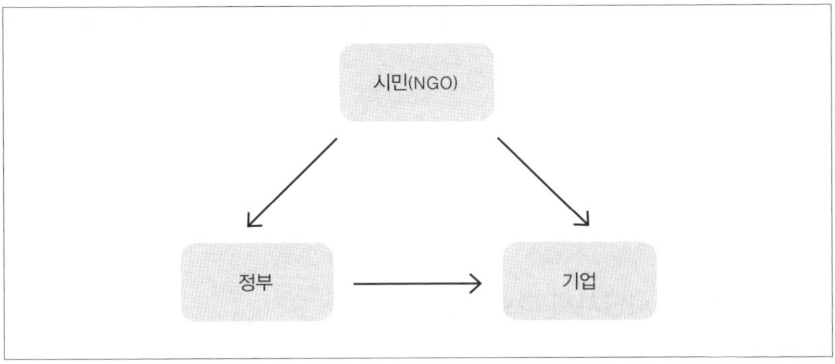

자료 Roper 2002: 119.

거버넌스 모델

이상과 같은 신자유주의 시각과는 대조적으로, 거버넌스의 시대는 기업의 영리활동을 크게 위축시킨다는 반대 시각을 제시한다. 위에서도 살펴보았듯이 기업에 대한 이미지가 일반시민과 언론에도 매우 부정적으로 알려지며, 기업에 대한 신뢰가 점차 실추되어온 것이 사실이다. 또 시민사회와 NGO의 도전과 정부정책의 변화 때문에도 기업의 특권적 지위는 심각한 도전을 받는다고 볼 수 있다. 〈그림 8-2〉는 거버넌스 모델을 보여주는데, 여기에서 일반시민과 NGO가 주도권을 갖고 정부와 기업을 통제하는 위치에 있다. 정권을 유지하려는 정부는 시민의 요구와 압력에 호응하며, 기업에 대한 규제와 통제를 행사한다. 인터넷 시대의 도래로 정부와 기업에 대한 시민의 통제력이 더욱 용이해졌고 점차 확대해가는 추세에 있다(Roper 2002: 120).

그럼에도 기업의 대응이 수동적인 것만은 아니다. 기업은 더욱 적극적인 방법으로 실추된 이미지 회복과 특권적 지위의 유지 노력을 기울이고

있다. 개별 기업과 기업협회들은 언론에 더 많은 광고와 홍보를 하고, 정치 후원 활동에 더 적극적이며, 기업내 공익관계 직원을 늘리고 더 많은 로비 활동을 한다(Hrebenar 1997: 292-5).

2. 기업과 시민사회 파트너십

기업과 NGO 관계는 정부와 NGO 관계만큼이나 복잡하지는 않지만 그 중요성은 결코 경시될 수 없다. 아래에서는 먼저 기업과 NGO 관계의 특징과 변화에 대해 살펴본 다음, 기업에 대한 NGO의 도전 측면과 NGO에 대한 기업의 대응 측면을 구분해 정리하며, 나아가 기업-NGO 교환관계에 대해 차례로 살펴본다.

기업과 NGO 관계에 초점을 맞춰보면, 그 관계는 일방적인 적대 또는 공조는 존재하지 않는다. 기업의 영리활동으로 사회의 부가 축적되고 경제적 풍요를 누리게 되면, 더불어 자각적인 시민의식이 발전되고 시민사회가 활동할 수 있는 여건이 갖춰지게 된다. 또 역으로 시민의 자발적인 참여에 의한 시민문화가 발전되고 시민사회가 건강한 사회에서, 기업의 영리활동이 왕성하며 동시에 기업의 '시민정신'이 사회공헌으로 실천되는 지속가능성을 갖게 된다. 따라서 양자의 관계는 서로의 존재를 인정하는 데서부터 출발해서 서로에 대한 견제와 비판을 통해 영향을 주고받는 관계이며, 동시에 상대로부터 자극과 비판을 수용하며 배우는 '학습의 과정'에 있다. 특히 기업의 입장에서 NGO의 자극과 도전에 대응하는 소극적인 입장에서 벗어나 NGO의 도전이 주는 교훈을 내부의 학습과정으로 바꿀 수 있는 분위기가 조성될 때 양자 사이에 '생산적 긴장'의 관계가 성립될 수 있다.

1) 기업과 NGO 관계

기업과 NGO 관계는 어떻게 나타나는가? 일반적으로 NGO의 도전에서 비롯되어, 이에 대한 기업의 대응으로 나타난다. 최근에는 양자 사이의 다양한 협력과 공조 또는 파트너십으로 제시되고 있다. 아래에서는 먼저 기업-NGO 관계에 관한 유형을 살펴보고, NGO의 도전에 대한 기업의 대응전략, 그리고 위협과 협력의 대안에서 나타나는 다양한 관계 유형을 정리해본다.

기업-NGO 관계 유형

기업-NGO 관계를 더욱 세분화된 유형으로 분류해보면, 보스웰(Bothwell 1998: 256-7)의 유형 분류를 참고할 만하다. 주요 영리추구 이해관계에 대한 반대, 영리추구 경제에 대한 협력, 영리추구 경제로부터의 자율, 전통적인 영리추구 경제에 대한 대안 등 네 가지가 그것들이다.

① "영리추구 이해관계에 대한 반대"이다. '정부에 대한 반대' 기능과 같은 비중에서 기업에 대한 반대, 즉 견제와 비판의 기능이 된다. 한국의 경우, 재벌개혁과 환경감시를 비롯한 각종 시민운동이 영리추구 이해에 대한 반대에 초점을 맞추고 있는 경향이 강하다.

② "영리추구 경제에 대한 협력"이다. 환경친화적인 생산활동을 대표적인 사례로 꼽을 수 있다. 더욱 구체적으로는 1) NGO들의 공공캠페인에 대

한 기업의 지지 또는 후원, 2) NGO에 대한 기업의 재정지원, 3) 기업과 NGO의 사회공익 마케팅에서의 협력관계, 4) NGO의 연구조사활동에 기업의 참여, 5) 기업간부들이 NGO 이사회 등에 참여, 6) 기업임직원의 시민사회 봉사활동 등이 대표적인 유형들이다.

③ "영리추구 경제로부터의 자율"이다. 정부와의 관계에서처럼 기업과의 협력 관계가 깊을수록 자율성 유지 문제가 발생한다. 특히 재정적 의존도가 높을수록 자율성 침해의 우려가 높아진다고 볼 수 있다. 한국의 경우 NGO의 재정은 기업보다는 정부지원에 더 의존하고 있는데, 이는 세계적인 추세라 볼 수 있다. 샐러먼 등(2004)의 34개국 평균 자료를 보면, NGO 재원의 정부의존도는 34%이며 기업과 재단으로부터의 기부는 12%에 지나지 않는다.

④ "전통적인 영리추구 경제에 대한 대안"이다. 즉, NGO는 영리추구 경제의 혜택을 누리지 못하는 많은 사람들에 대한 서비스제공 역할을 맡는다. 실업자를 대상으로 하는 고용 교육훈련, 일자리 제공 등의 '사회적 경제' 측면은 유럽에서 널리 활용되는 사회발전 전략이기도 하다. 지역사회 개발, 공동체 건설 등의 영역에서 기업과 NGO가 또는 정부를 포함한 삼자가 파트너십을 추구하는 사업들이 전통적인 영리추구 경제에 대한 대안으로 추진되는 사회기업가정신(social entrepreneurship)에서 비롯된 것이다(주성수 2017b).

NGO에 대한 기업의 대응

기업과 NGO 관계는 이상과 같은 기업에 대한 NGO 입장뿐 아니라 아래처럼 NGO에 대한 기업의 대응 측면을 살펴봄으로써 양측의 입장을 균형있는 시각으로 볼 수 있다. 캐롤(Carroll 1979)은 사회문제 해결에 대한 기

그림 8-3 기업 사회공헌의 4대 유형

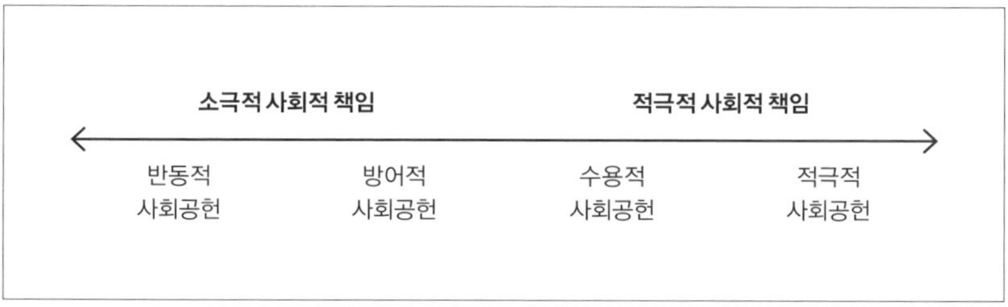

업의 사회공헌 활동 유형을 네 가지로 제시한다. 이 유형은 NGO를 포함한 사회 전체가 기업에 대한 요구와 기대 유형으로 볼 수 있다. 이는 사회공헌의 유형이 기업이 자발적으로 판단하는 사회적 책임에 대한 적극성 또는 소극성 정도에 따라 구분된다.

① 가장 소극적인 반동적(reactive) 사회공헌은 기업의 사회적 책임 자체를 거부하고 사회적 압력을 거부하기 어려운 상황에서 최소의 사회공헌에 머무는 유형이다.

② 이와는 대조적으로 적극적(proactive) 사회공헌은 기업의 사회적 책임을 당연한 사명으로 인식하고 사회적 책임의 구체적인 실천계획을 수립해서 실천하는 유형이다. 이 두 극단 사이에 방어적, 수용적 사회공헌, 두 가지 유형이 존재한다.

③ 방어적(defensive) 사회공헌은 기업에 대한 피해와 손실을 최소화 하기 위한 유형으로, 환경오염을 일으키는 기업이 지역사회와 NGO 등의 요구로 환경시설을 갖추고 소비자와 지역사회의 반발을 무마할 정도에서 적절한 조치를 취하는 경우이다.

④ 수용적(accommodative) 사회공헌은 단기적인 비용 문제에 매달리지 않고

중장기적인 지역사회 발전에 대한 이해당사자의 요구를 일부 수용하는 융통성을 가진 사회공헌이다.

2) 기업, NGO, 윤리적 소비

윤리적 소비(ethical consumerism)의 힘은 글로벌 기업들도 변화시키고 있다. 2000년대초 제3세계 농부들을 정당하게 대우하지 않는다는 사실이 알려지며 지탄을 받았던 스타벅스는 이후 친환경 기업의 이미지를 만들며 큰 호응을 얻었다. 착한 가치가 오히려 전화위복의 기회가 된 것이다. 실제로 착한 회사로 평가받은 40개 기업의 주식 수익이 S&P 500기업보다 더 높은 것으로 조사되었다. 아래의 페어폰과 위그린 사례는 KBS 방송에도 소개되며 윤리적 소비에 대한 관심을 높였다.[20]

윤리적 소비운동: 페어폰과 위그린 사례

첫 사례로 페어폰(Fair Phone)은 네덜란드의 사회적기업으로 윤리적 소비 촉진을 위한 공정무역 운동으로 페어폰을 상품화했다. 2013년 네덜란드에서 처음 출시된 '페어폰'은 분쟁광물을 사용하지 않고, 최대한 오래 사용할 수 있는 스마트폰을 만들고, 공장 노동자의 작업 환경을 개선하며 착한 생산을 하고 있다. 공정한 핸드폰인 것이다. 소비자들에게 핸드폰 제조 과정 이면에 드리워진 노동 착취와 환경오염 등의 문제를 알려, 윤리적 소비

---

20 KBS 〈명견만리〉 2015.12.11. 방송. http://tvpot.daum.net/v/sdbebhUvnUxUD7MU-VUh88mU

를 호소한다. 분쟁광물은 내전 등 분쟁지역 국가에서 강제노동 등으로 부당하게 생산되는 광물로, 휴대폰의 재료가 되는 탄탈, 텅스텐, 망간, 게르마늄 등이 대표적인 분쟁광물로 꼽힌다. 페어폰은 콩고의 분쟁광물에 대한 프로젝트를 진행하던 중 아이디어를 얻었다고 한다.

둘째 사례 위그린(We Green)의 윤리적 소비운동에서는 소비자는 위그린이 제공하는 상품정보를 스마트폰 앱으로 제공받아 소비선택을 하며 윤리적 소비에 동참한다(https://www.facebook.com/wegreeninc/). 아래에 소개된 Oxfam의 기업과 상품의 가치사슬 모니터링과 유사한 방법으로 윤리적 소비운동을 한다.

기업과 제품 가치사슬 모니터링

NGO는 기업의 다양한 비즈니스 활동을 모니터링해서 소비자에게 알리며 착한 소비, 윤리적 소비를 촉진하는 운동을 한다. 공정무역, 공정여행 등은 유럽에서 일반화되며 한국 사회에도 잘 알려져 있고, 기업의 제품과 서비스 등 비즈니스 활동 전반에 대한 NGO의 모니터링 정보를 소비자들이 참고해 윤리적 소비행동으로 실천하는 변화도 일어나고 있다.

대표적인 사례로 Oxfam은 글로벌 10대 식품사의 개발도상국 농업 생산품의 소싱에 대한 정책과 CSR 실천 자료를 분석해, 2010년부터 정기적으로 평가해 인터넷에 공시하고 있다. 가치사슬 일곱 가지 항목별 최대(10점)~최소(0점) 기준에서 백점으로 환산하면 1위인 유니레버의 점수는 74점에 불과하다. 토지는 화학비료 사용 등으로 인한 토양 훼손, 여성과 농민과 직원은 취약층의 고용과 임금, 기후는 그린하우스가스 배출, 투명성은 가치사슬의 투명성, 물은 친환경적 물 사용 등을 지표로 보여준다.

이 자료에서는 기업의 CSR은 아직도 많은 개선 과제들을 안고 있다

■ **표 8-2** Oxfam의 글로벌 10대 식품사의 가치사슬 평가 점수(2016년)

회사	점수	토지	여성	농민	직원	기후	투명성	물	합계
1. Unilever	74%	7	6	8	8	9	7	7	52/70
2. Nestlé	69%	8	5	5	6	8	7	7	48/70
3. Coca Cola	57%	8	6	3	6	6	5	6	40/70
4. Kellogg's	53%	5	62	5	3	8	5	6	37/70
5. Mars	49%	4	5	5	4	6	6	4	34/70
6. PepsiCo	49%	7	4	3	3	7	5	5	34/70
7. Mondelez	41%	4	6	4	4	5	4	2	29/70
8. General Mills	40%	2	3	3	3	6	5	6	28/70
9. ABFoods	36%	5	3	3	4	4	3	3	25/70
10. Danone	36%	2	2	3	3	6	5	4	25/70

자료 Oxfam. https://www.behindthebrands.org/company-scorecard/

는 것을 알 수 있다. Unilever, Nestlé, Coca Cola, Danone, General Mills 등은 BOP 시장에서 '포용적' 비즈니스로 CSV를 모범적으로 실천하는 우수기업들이지만(주성수, 김성현 2014), Oxfam의 평가에서는 낮은 수준의 평가를 받고 있고, 기업들은 지속적으로 가치사슬 개선으로 호응하고 있다. 2013~16년 사이에 Unilever 56% → 74%, Nestlé 61% → 69%, Coca Cola 46% → 57%로 개선된 결과를 보여준다. 또한 제품에 대한 가치사슬 평가

결과도 〈브랜드 평가〉 7개 항목별로 공시해 보여준다.

그밖에도 글로벌 차원의 물발자국(footprint)에 대한 관심이 높아지면서 기업 제품들의 물발자국 측정 및 공시가 유럽 등지에서는 소비자의 윤리행동으로 이어지고 있다. 글로벌 물발자국네트워크(WFN; Water Footprint Network)와 국제표준 'SO14046'에 따르면, 물발자국은 용수의 공급원별로 녹색(green), 청색(blue), 회색(grey) 물발자국으로 분류한다. 녹색은 자연상태로부터 공급된 강우량을, 청색은 인위적인 에너지가 투입된 지표수 또는 지하수의 양을, 회색은 제품 생산과정에서 발생한 오염원을 천연농도 또는 주변 수질 수준에 맞게 정화하기 위한 물의 양을 의미한다(www.waterfootprint.org). 물발자국은 1) 환경적 지속가능성(물은 최대 지속가능한 한도를 초과해서는 안된다), 2) 자원 효율성(생산물 단위당 물 사용 측정), 3) 균등한 배분(물발자국 측정으로 혜택을 누린다)이라는 중대한 의미가 있다. WFN에 따르면 물발자국은 개인, 생산물, 국가 단위로 측정되는데, 제품의 사례로는 우유(225리터), 오렌지쥬스(160리터), 쌀밥(375리터), 소고기햄버거(3000리터) 등을 들 수 있다.

물발자국 산정 및 인증을 위한 국제적인 노력은 WFN의 가이드라인과 국제표준화기구(ISO)의 국제표준 마련으로 제도화되는 과정이다. 'SO 14046'은 전 과정평가(Life Cycle Assessment)에 근거한 제품 및 공정의 물발자국 평가와 관련된 원칙, 요구사항 및 지침을 규정하고, 기존의 물 사용 측면을 고려한 물발자국 인증에서 산성화 등과 같은 물에 관한 모든 영향까지 포괄한 인증기준이다. 국제사회에서는 물발자국 지표를 지속가능한 수질 및 수자원관리 지표로 활용하고 있어, 한국에서도 입법의 필요성이 제기되어 있다(장영주, 김경민 2017).

3. 기업시민정신과 사회공헌

1) 기업시민정신의 의미

이제 기업측에 초점을 맞춰보면, 기업의 시민사회 참여를 고려해볼 수 있다. 이는 일반적으로 기업의 '사회적 책임', 사회공헌 등으로 논의되고 있는데, '사회적 책임'의 더욱 적극적인 형태가 '기업시민정신'이다. 기업이 비즈니스 목표뿐 아니라 사회적, 환경적 목표를 추구하는 시민으로서의 솔선이행을 기업시민정신이라 부른다. OECD(2003: 1)에 따르면, 기업의 사회적 책임은 "기업과 사회 사이의 효과적인 '조화'를 탐구하는 일이며, 여기에서 '조화'의 의미는 기업과 사회의 상호의존을 인식하는 것으로, 기업이 활동하는 사회가 어려움을 겪으면 기업은 번영하지 못하며 기업이 번영하지 못하면 일반적 복지가 쇠퇴한다. 기업의 사회적 책임은 이런 공생적 관계를 지칭한다."

기업시민정신이 급진전되는 배경을 살펴보면, 세계화와 IT 혁명의 영향에 따른 새로운 세계질서의 등장이며, 이 질서는 곧 정부, 기업, NGO 3대 섹터 사이의 근본적인 변혁, 이른바 '권력이동'(power shift)에 따른 것으로 볼 수 있다. 지금의 시대는 전대미문의 권력이동이 일어난, 혁명적인 변화를 맞고 있다. 사람들과 시장이 억압적이고 구속적인 국가로부터 해방되어 정치의 민주화, 시장의 자유화를 맞이했고, 이런 국가 역할의 상대적인 축소와 시장의 자유방임의 악영향에 대한 반작용으로 NGO의 역할이 크게 확대, 발전되고 있는 것이다.

'신경제'(New Economy) 시대의 기업 사회공헌은 이전의 것과 판이하게 다른 새로운 모델을 제시한다. 세계화와 IT 혁명의 시대적 특징을 갖고 있는 신경제의 영향으로 많은 소비자가 더욱 많은 정보를 입수해서 사회적 책임을 수행하는 기업의 '윤리적 상표'(ethical brand)를 선택하는 구매결정을 하는 경향이 있다. 많은 소비자가 지구촌 구석구석까지 기업이 어떤 영향을 미치며 비즈니스를 하는지를 더 잘 알게 되면서 다른 세계의 사람들의 처지에 대한 동정과 함께 지구촌 환경오염과 같은 기업의 비윤리적 비즈니스 활동에 대해 반감 또는 분노를 갖게 된다. 1999년에 조사된 유럽인의 기업에 대한 설문조사에서 절반 이상의 유럽인은 기업이 사회적 책임에 충분한 관심을 갖고 있지 않다고 답했고, 또 25% 이상은 지난 6개월 기간에 윤리적 구매결정을 하였다고 하며, 또 다른 조사의 결과 유럽인 86%가 사회공헌에 참여한 기업의 제품을 구매할 것이라는 '윤리적 소비의식'(ethical consumerism)을 밝힌다(Zadek et al. 2001: 30).

따라서 신경제 시대의 개막과 기업시민정신과는 밀접한 관련을 갖는다. 이에 대해 재덱 등(2001: 15)은, "기업들이 비즈니스 기본으로 자신들이 사회에 미치는 영향에 대한 더 많은 고려를 한다는 의미에서 기업시민정신은 신경제의 노출부분이다"라고 지적한다. 그들은 기업시민정신이 "비즈니스 목표뿐 아니라 사회적, 환경적 목표를 표출하는 무수한 자발적인 솔선으로 비즈니스 커뮤니티가 점차 시민사회단체들과 공공기관과의 파트너십으로 추진하는 것을 지칭한다"라고 설명한다(p.14).

한편 '사회적 책임'이란 무엇인가? 기업시민정신은 '기업의 사회적 책임'과 같은 의미 또는 다른 의미로 사용되기 때문에 몇 가지 개념정의를 살펴볼 만하다. '기업의 사회적 책임'은 경제적, 법률적, 윤리적, 재량적 책임으로 구분하기도 한다(Carroll 1979; Lewin et al. 1995; Wood 1991). '경제적' 책임은 경제적 부를 유지하며 소비욕구를 충족시키는 기업의 책임을 지칭하며, '법률적' 책임은 법률적 규제의 범위에서 경제적 사명을 성취하는 것이며, '윤리적' 책임은 사회에서 적절한 행동의 규범으로 규정한 도덕적 규율을 준수하는 것이며, '재량적' 책임은 '자선적' 책임과 같은 의미로 사회개량을 위한 기업의 책임있는 행동을 의미한다. 세계 30개국 120개 기업의 연합체인 '지속가능개발을 위한 세계기업위원회'(WBCSD 2001: 1)는 기업의 '사회적 책임'에 대해 다음과 같이 정의한다. "기업의 사회적 책임은 기업이 윤리적 행동과 경제개발에 대한 기여의 지속적인 이행이며 동시에 기업 종사원과 가족 나아가 지역사회와 사회 전체의 삶의 질을 개선하는 일이다." WBCSD는 특히 인권, 직원 인권, 환경보호, 지역사회 참여, 협력사 관계, 모니터링, 이해당사자 권리 측면에서 기업의 사회적 책임을 중시한다.

2) 기업시민정신의 배경

신경제 질서에서 기업시민정신이 강조되는 주요 배경요인은 무엇인가? 재덱 등(2001: 17)은 몇 가지 측면으로 구분해 설명한다. 첫째는 기존의 기업 평판을 유지시키고 잠정적인 재정 손실을 막기 위한, 방어적 동기이다. 둘째는 전통적인 비용-효과 비즈니스 측면으로, 사회공헌 활동이 유형의 재정적 이득을 생산할 것이라는 기대에서 나온 동기이다. 셋째는 전략적 비즈니스의 동기로, 기업시민정신이 장기적인 성취력에 대한 광범위한 전략적 접근의 통합적 요소가 된다는 것이다. 넷째는 '신경제' 시대상황의 동기로, 역동적인 복잡한 환경에 대처해서 기업시민정신으로 위기관리에 도움이 되고 혁신과 학습에 기여하기 위한 것이다.

한편 EC는 기업의 사회적 책임에 대한 글로벌 압력이 강하게 행사되는 글로벌 정치적 배경을 상세히 설명한다. UN과 글로벌 NGO 및 노조연맹들이 '글로벌 컴팩트'를 추진하며 기업의 윤리적 비즈니스를 협약으로 강요하는 추세에 있고, OECD 또한 최근 기업의 윤리강령을 제시하며 회원국의 윤리경영을 권고하고 있다. 한국에서 윤리경영의 바람이 일고 있는 것도 국내 NGO들의 활동과 관련되지만 이런 국제적 기관의 압력의 결과로 볼 수 있다.

EC는 기업의 사회적 책임이 강조되는 배경요인을 기업 내부적 요인들과 외부 환경적 요인들로 구분해서 제시한다(2001a: 8-15).

내부적 요인

① 인적 자원의 개발이다. 차별이 없는 고용, 청년실업자의 직업훈련 지원 등 사회공헌 활동이 기업의 중장기적 인적 자원 개발에 중요한 역할을 한다.

② 작업상의 보건 및 안전이다. 노동자의 기본적인 보건과 안전에 대한 복지의 책임을 가진다.

③ 변화하는 세계에 대한 적응이다. 구조조정의 과정에서 명예퇴직자 등에 주요 결정이 미치게 되는 영향에 대해 사회적 책임을 경시하지 않는다.

④ 환경적 영향과 자연자원의 관리이다. 기업의 비즈니스 활동이 지역사회 환경에 미치는 영향과 자연자원에 대한 피해를 신중히 고려한다.

외부적 요인

⑤ 무엇보다도 지역사회이다. 기업은 지역사회 구성원으로서 시민정신을 갖고 사회공헌에 대한 책임을 진다.

⑥ 다른 기업과의 파트너, 소비자 관계이다. 다른 기업과 공조하는 사회공헌, 소비자의 요구에 호응하는 사회적 책임을 수행한다.

⑦ 인권옹호 문제도 중요하다. 직원에 대한 인권보호뿐 아니라 아동노동 철폐 등 국제적 노동기준에 부합되는 노무정책, 인사정책으로 인권을 옹호한다.

⑧ 지구환경보호이다. 글로벌 차원에서 지구환경보호가 확대, 발전되며 UN이 중재해서 글로벌 차원에서 기업과 NGO가 환경보호에 공조하는 '글로벌 컴팩트'가 추진중이다.

3) 기업시민정신의 원칙

이상과 같은 '기업시민정신'과 기업의 '사회적 책임' 개념이 더욱 구체적으로 실천되는 원칙이 기업시민정신의 원칙이라고 볼 수 있다. 미국 보스턴 대학 연구진이 제시하는 기업시민정신의 원칙들을 우선 살펴볼 만하다.

보스턴 대학은 신경제 시대의 '기업시민정신 20대 원칙'을 제시해준다(Rogovsky 2000; Davenport 2000). 20대 원칙은 윤리적 비즈니스 실천, 이해당사자 기대부응, 환경보전 실행 등 3대 영역으로 구분되며, 이해당사자는 다시 지역사회, 소비자, 임직원, 투자자, 협력사 등 다섯 부분으로 구분되어 이들 각각의 요구에 대한 부응을 기업시민정신의 실천으로 중시한다.

윤리적 비즈니스 실천

- 이해당사자와의 관계에서 공정하며 정직한 비즈니스를 실천한다.
- 모든 임직원에 대해 높은 윤리적 행동 강령을 채택한다.

- 임원회의와 이사회에서 윤리적 판단에 의한 의사결정을 한다.

이해당사자 기대부응

- 모든 이해당사자가 회사는 "잘 경영되고 있다"라는 신뢰를 갖게 한다.
- 모든 이해당사자와 진지한 대화의 기회를 갖고 적극 참여한다.
- 비밀유지보다 공개에 가치를 두고 실천한다.

(a) 지역사회 이해관계

- 기업이 지역사회와 상호호혜적 관계를 형성한다.
- 기업이 생산활동을 하는 지역사회에 투자한다.

(b) 소비자 이해관계

- 소비자 권리를 존중한다.
- 양질의 제품과 서비스를 제공한다.
- 진실되며 유용한 정보를 제공한다.

(c) 임직원 이해관계

- 가족처럼 친근한 직장 분위기를 조성한다.
- 책임있는 인적자원 관리를 실천한다.
- 임직원에 대해 공평한 포상 및 임금을 제공한다.
- 임직원과 개방적이며 융통적인 커뮤니케이션을 갖는다.
- 임직원 개발에 투자한다.

(d) 투자자 이해관계

- 투자에 대해 경쟁력 있는 수익 보장에 전력한다.

(e) 협력사 이해관계

- 제품을 공급하는 협력사와 공정한 거래를 한다.

환경보전과 지속가능개발

- 환경보전에 확고한 실천력을 보여준다.
- 지속가능한 개발을 실천한다.

4) 기업 사회공헌 활동에 대한 평가

기업 사회공헌에 대한 시민들의 의식은 국가에 따라 긍정과 부정적 평가가 혼재되어 있다. 아래에서는 2013년의 EU 27개국 국민들의 의식조사 결과를 참고해, 기업 사회공헌의 문제점을 정리해볼 수 있다(EC 2013b).

기업 사회공헌에 대한 평가

EU 27개국의 유럽인 52%만이 기업이 사회에 미치는 영향에 대해 긍정적인 것으로 평가하고, 41%는 부정인 것으로, 그리고 7%는 모르겠다고 답했다. 국가별로는 북유럽인의 자국 기업에 대한 평판이 가장 높고, 남유럽인의 자국 기업들에 대한 평가가 가장 낮은 편이다.

- 북유럽에서 덴마크 85%, 핀란드 83%, 스웨덴 72%이며,
- 유렵 대륙에서 네덜란드 74%를 비롯해서 에스토니아 70%, 룩셈부르크 70%, 오스트리아 67%, 아일랜드 67%, 포르투갈 65%, 키프로스 61%, 라트비아 60%, 몰타 59%, 폴란드 58%, 벨기에 56%, 영국 54%, 독일 54%, 리투아니아 52%, 스페인 50%, 프랑스 50%, 슬로바키아 50%, 루마니아 49%, 불가리아 49%, 체코 43%, 헝가리 42%, 그리스 37%, 이탈리아 36%, 슬로베니아 36%, 터키 56%, 크로아티아 24% 등

으로 국가별 차이가 두드러지게 나타난다.

또 10년 전에 비해 기업들이 사회에 대한 영향에 관심을 더 갖고 있다는 긍정적 평가는 40%, 그렇지 않고 덜 갖고 있다는 평가는 39%로 팽팽하게 양분되어 있다.

기업 사회공헌의 효과

사회에 책임있는 행동을 한다는 평가에서 대기업은 48%, 중소기업은 71%로 훨씬 더 높은 평판을 사고 있다. 기업 사회공헌의 효과에 대해서는 절반 정도(53%)만이 효과적이라고 답했고, 사회공헌 제도를 시행하고 있지만 효과적이라고 생각하지 않는다(18%), 제도를 아직 시행하지 않고 있다

표 8-3 기업이 사회에 미치는 긍정적, 부정적 영향 비교: EU 29국, 2013 (단위: %)

기업이 사회에 미치는 긍정적 영향		기업이 사회에 미치는 부정적 영향	
일자리 마련	57	부정부패	41
경제 성장에 기여	32	종사자 감원	39
종사자 기술훈련	31	환경 오염	39
혁신적 제품과 서비스 개발	27	열악한 노동조건, 노동기준 위반	35
세금 납부	25	정부정책에 지나친 영향 행사	28
지역주민에게 금품 제공	16	과소비 조장	25
투자자에게 수익 제공	15	불량 제품, 서비스	19

자료 EC 2013b.

■ **그림 8-4** 기업이 사회적 책임을 수행하도록 누가 주도적 역할을 해야 하는가? (단위: %)

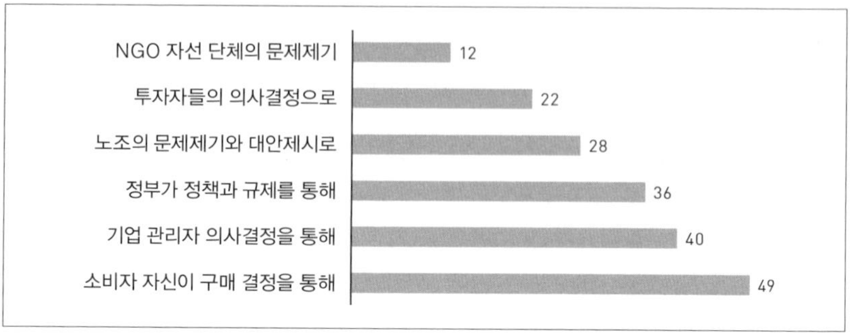

자료 EC 2013b.

(10%), 제도를 시행하는지 또는 계획하고 있는지 잘 모른다(19%) 등으로 조사되었다.

나아가 "자국에서 기업들이 사회적으로 책임있는 행동을 하고 있는지를 잘 알고 있는가" 하는 물음에 대해서는, '잘 알고 있다'는 응답이 36%에 불과하고, '잘 모른다'는 응답이 대부분 62%로 나타났다. 또 "자국에서 기업들이 사회적으로 책임있는 행동을 하고 있는지에 대해서는 '관심이 있다'(79%)로 '관심이 없다'(20%)를 크게 앞섰다.

기업의 사회적 영향

기업이 사회에 미치는 '긍정적' 영향과 '부정적' 영향을 비교해보면, 부정적 영향에서는 부정부패와 감원, 환경오염이 많이 언급되었다.

끝으로 "기업이 사회적 책임을 수행하도록 누가 주도적 역할을 해야 하는가?"에 대해서는 '소비자 자신'이라는 의견이 가장 높은 비중을 차지한다.

4. 공유가치창출(CSV)과 사회적 임팩트

기업의 사회공헌 활동은 기업이 사회적 책임을 완수하는 '기업시민정신'을 정립하는 데 그 의의를 찾을 수 있다. 기업시민정신 또는 사회공헌은 경제와 사회적 환경 변화에 따라 여러 단계를 거쳐 발전하고 있다. 아래에서는 먼저 기업시민정신 5대 모델의 발전을 정리해본 다음, 최근 가장 주목을 받는 공유가치창출(CSV) 모델의 특징을 살펴본다.

1) 기업시민정신의 발전 모델

보스톤 대학의 기업시민정신연구소는 기업시민정신의 발전 5단계 모델을 제시하고 있다(Mirvis 2006, 2008). 가장 낮은 수준부터 높은 수준으로 발전하는 모델을 기초 → 관여 → 혁신 → 통합 → 전환 모델로 제시한다.

그림 8-5 기업시민정신의 발전단계: 관여–혁신–통합–전환 모델

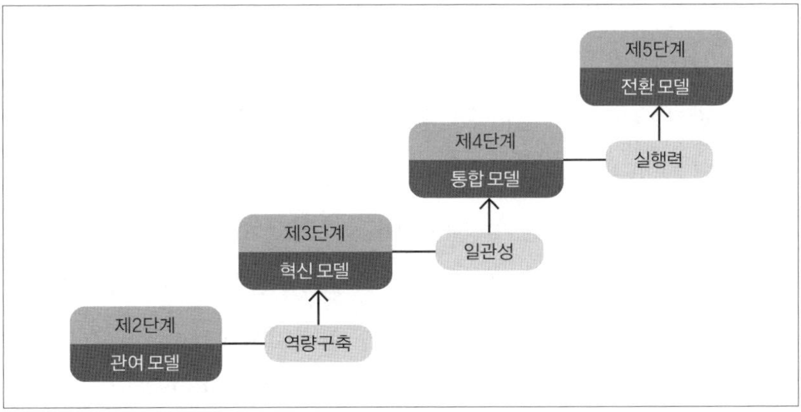

제1단계: 기초(Elementary) 모델

경제학자 밀톤 프리드만(Milton Friedman)에게 기업의 사명이란 "수익을 내고 세금을 납부하며 일자리를 제공하는데 있다." 기업의 일차적인 관심은 법을 준수하고 기업의 평판을 유지하는데 있기 때문에, 외부의 요청이나 압력에 대해 수동적, 방어적 입장을 고수한다. 1990년대의 Nike, Shell도 이런 입장에서 그 후 여러 단계 발전을 거듭하며 오늘의 전략적 CSR에 이르렀다(Porter and Kramer 2006). GE의 경우, CEO 잭 웰치(Jack Welch)는 20여 년간 재정수입 측면에서 성공적인 대표였지만, 허드슨 강에 독극물 PCB의 방출 사건에 대해 소극적 태도를 취하며 문제수습에만 급급하다 물러났고, 후임 제프리 임멜트(Jeffrey Immelt) 취임으로 기업시민정신을 기업 어젠다로 상정할 수 있었다. 문제해결에 필요한 재정적 부담뿐 아니라 예방대책을 제시하는 적극성을 보이며, '신뢰성'(credibility) 확보로 다음 단계로 발전될 수 있다.

제2단계: 관여(Engaged) 모델

기업에 대한 사회의 기대에 관심을 갖고 기업의 CSR에 대한 새로운 전망을 갖는다. 기업이 단순하게 환경법 준수의 위상에서 시민들의 신임을 얻는 단계로 발전한다. DuPont은 1989년에, Chiquita는 1998년에 언론의 비난을 받고 NGO들이 남미에서 착취적 고용에 대한 비판을 쏟아낸 후에야 변화된 것이다. 사원들로부터 여론을 수렴하고 핵심 가치를 수정하고 새로운 윤리강령을 시행하는 등 기업 내에서도 가시적인 실천을 보여준다. 기업이 법적 소송이나 기업 이미지 손상 리스크를 줄이기 위한 정책적 접근의 시기라고 볼 수 있다. CEO, 임원도 기업 정책 차원에서 CSR을 추진한다.

그럼에도 여전히 사회적, 환경적 이슈들에 수동적 방어 자세에 머물러 있다. 새로운 시각, 지식, 전문성을 갖춘 외부 전문가의 영입이 필요한 시기이다. 해외지사의 영업활동에서 인권보호, 환경친화적 테크놀러지(ISO 14000) 국제 인증, 재정 투명성, 가족친화적 기업 등 새로운 변화가 요청되는 단계이다. 기업 임원들이 다양한 이해관계자들의 참여에 치중되어 새로운 이슈들, 기회, 위협들에 대응한 여유를 갖지 못하는 문제가 있다. 고위층의 개입을 통한 새로운 혁신이 필요하며, 이를 위한 역량강화(capacity building) 도전을 받는다.

제3단계: 혁신(Innovative) 모델

'혁신모델'로의 발전은 두 경로를 거치게 된다. 하나는 더욱 포괄적인 시민정신의 개념을 수용하는 어젠다의 확장이며, 다른 하나는 '주도자'로서의 참여를 확장하면서 사회적 책임의 역할을 수행한다. 고차적인 혁신과 학습이 특징이다. 많은 이해관계자들과 개방적, 쌍방적 커뮤니케이션과 상호 영향의 관계를 가지며 협의를 확대하면서, 포럼, 회의, 전문 모임 등을 통해 주도적인 기업들과 전문가들과의 접촉을 확대한다.

기업시민정신 프로그램들이 기획되고, 재정이 투입되며 착수하게 되는 단계가 혁신적 단계이다. 여러 부처들이 관여하며 내부와 외부의 투입이 이뤄지고, 행동계획, 욕구와 기회의 분석, 예산과 인력의 기획 등이 활발하게 진행된다. 기업이 최초로 자신들의 사회적, 환경적 실적에 대해 모니터링을 하며, 그 결과를 '지속가능성' 보고서 형태로 공표한다. 일련의 금융 스캔들이 터지면서 재무 투명성과 외부 공개 등의 새로운 변화가 일어나고 있다. 또 공급사슬에서도 고용, 환경 보전, 지역사회 관계에 대해서도 실적으로 공개하는 것이 일반화되고 있다.

이 단계에서는 많은 새로운 프로그램들이 등장하고, 외부로부터 정보의 공개의 요청이 늘면서 다양한 이해관계자들과의 대화도 늘면서 새로운 발전의 위기 국면을 맞을 수도 있다. 거대한 복잡다양한 활동들을 조율해서 일관성(coherence)을 창출해야 하는 도전이 발생한다.

제4단계: 통합(Integrated) 모델

이 단계는 기업시민정신 추진의 동력을 '조정에서 공조로'(from coordination to collaboration) 발전을 해야 하는 단계이다. 의사결정기구인 이사회가 기업시민정신의 스탠다드를 설정하고 기업의 실적을 모니터링 하는 역할을 수행한다. 기업 전반에서 추진되는 정책으로는 리스크관리 체계, 이해관계자 협의 제도, 메니저와 종업원들의 지속가능성 교육훈련, 이슈 관리 등 기업시민정신을 기업 비즈니스 라인들에 접목시켜 타깃을 설정하고 주요 실적 지표들을 제시해 실적을 모니터링 하는 체제를 갖춘다. 사회적, 환경적 리포팅은 이제는 대기업들에게는 특별한 게 아니다. 그런데 이 보고서들의 15% 가량만이 외부 제3기관의 검증을 받아, 기업의 책무성 문제가 다음 단계로의 발전에 가장 중요한 이슈로 제기된다. BP는 기업시민정신을 조직의 상부부터 하부까지, 비즈니스 전체에 통합시킨 혁신적인 사례로 꼽힌다(Mirvis 2006, 2008). BP는 이사회 차원의 윤리와 환경보전위원회, 사회정책과 기업윤리, 기업이사, 그룹 차원의 감독기구를 광범하게 포함하는 통합적 거버넌스를 구축하였다.

이 단계의 기업들은 기업 시민으로서 자신들의 실적 부진이나 실패를 공표하는 것이 일반적이다.

기업시민정신은 기업의 비즈니스 전략에 통합될 때 가장 완전한 실현을 보게 된다. 다국적기업 BP의 사례는 미래 테크놀러지, 생산품과 서비스의 개발에서 환경적 지속가능성에 대한 전략적 이행에서 최고의 수준에 이르렀다. 이 단계의 기업들에 대한 도전은 시민정신에 기업이 어느 정도까지 심도있는 실천을 할 것인가 하는 문제이다. 현실에서의 사회적, 경제적, 환경적 문제들에 대해 기업의 노력의 상대적인 영향은 어느 정도가 바람직한지를 고려해야 한다. 전자에 더 많은 비중을 두고 실행하는 시민정신이 기업을 마지막 단계인 전환적 모델로 이동시킨다. '3대 핵심(TBL or 3BL)'이 통합형에서 필수적으로, 사람, 지구, 이윤(people, planet, profit)을 의미하며, 조직이나 사회적 성공을 측정하는 사회적, 환경적, 경제적 기준들이다. 이 세 가지가 CSR 전략으로 통합된 모델이 '통합' 모델이다.

제5단계: 전환(Transforming) 모델

이 단계의 기업들은 모방하지 않고 혁신하며 글로벌 시민정신을 갖고 실천하며 비전을 제시하는 리더 역할을 한다. 지도자들이 세계의 사회적, 환경적 문제들에 깊은 우려에서, 자신들의 기업이 문제해결의 의지가 있다는 정책을 발표한다. 특히 다른 기업들과, 또한 지역사회 집단들이나 NGO들과 함께 문제의식을 공유하며 새로운 시장을 개척해 지역사회 경제를 개발하는 역할을 수행한다. Unilever에서는 20개 글로벌 파트너십, 1,000개의 국가 차원 또는 지방의 파트너십이 있다. Ben & Jerry's, Body Shop, Patagonia 또한 사회적, 환경적 행동을 자신들의 기업 사명의 핵심에 두고 소비자들에게 어필하고 있다. '대의 관련'(cause-related) 마케팅을 하는 BodyShop, 환경친화적 제품을 판매하는 Patagonia 등은 모두 "선행을 하고(do good)" 동시에 "사업도 잘하는(do well)" 기업 이미지를 제시한다.

전환적 기업들은 비즈니스 게임의 방식을 바꾸려는 포부를 갖고 있다. 기업시민정신을 비즈니스 어젠다에 접목시켜 새로운 시장을 개척하려 한다. HP(Hewlett Packard)는 빈곤지역의 디지털 디바이드 문제를 해결하면서 동시에 새로운 시장 개척을 선도하는 기업이다. 브라질 상파울로, 인도와 남아공의 마을들, 미국 볼티모어의 도심에 디지털 마을 조성에 투자해, 새로운 시장을 개척하면서 낙후된 빈곤지역의 경제 개발을 지원한다. 지역의 비즈니스 지도자들, 지역단체들, NGO들과 공조해 교육, 보건의료, 농업 등 지역사회의 욕구들을 충족시켜주기 위한 웹 서비스를 한다. HP의 'e-포용(e-inclusion)' 전략인 것이다.

이상의 5단계 모델을 기초로 글로벌 기업들의 개발협력의 발전 단계를 평가한 연구를 참고해보면, 다음과 같이 해외 기업들과 한국 기업들의 두드러진 발전 수준의 차이를 확인해볼 수 있다(주성수, 김성현 2014).

먼저 해외 다국적기업의 경우, 글로벌 CSR 53개 사례들은 대부분 통합모델과 전환모델로 평가되고 있다(앞글: 89-90). 혁신모델은 6개에 불과하고, 통합모델은 21개, 전환모델이 26개로 가장 많은 비중을 차지한다. 그만큼 해외의 다국적, 사회적기업들의 개발협력의 성과를 경험적으로 확인해볼 수 있다. 전환 모델 26개의 일반적인 특징은 혁신이나 통합 모델들에 비해 기업시민정신, BOP 비즈니스 전략, 개발협력 성과 등 모든 차원에서 많은 두드러진 임팩트를 내고 있다는 점이다.

한편 한국기업들의 글로벌 CSR은 형식을 보여주는 기업정신과 미션, 전략적 의도와 미션 항목에서는 많은 사례에서 혁신, 통합 모델에 수렴하고 있다(앞글: 141-3). 그런데 글로벌 CSR의 실천과 내용을 보여주는 평가지표(BOP 비즈니스, 공급사슬, 기술훈련, 고용창출, 소득증대, BOP창업, 빈곤해소)에서는 혁신단계도 못 미치는 관여모델 수준에 머물러 있다. 개발협력의 성과지표가 되는 기술훈련에서는 비교적 양호한 편이지만, 고용창출, 소득증대, BOP 창업, 빈곤해소, 지역사회 기여 등 경제적 임팩트에서는 미흡한 성과를 보여준다.

2) 지역사회투자와 전략적 CSR

최근의 이론적 동향은 지역사회를 기업의 이해당사자로 보는 '이해당사자' 모델에 집중된다. 기업은 고용과 세금납부를 통해 지역사회 경제에 기여하면서도, 지역주민의 세금으로 지원되는 공장 등 부지의 면세혜택 및 각종 정부지원을 받으며 지역 노동력에 크게 의존하고 있다. 또 임직원이 지역사회 회원이라는 점, 지역주민에게 재화와 서비스를 판매하며 영리활동을 하고 있다는 점에서도 기업은 지역사회를 이해당사자로 적극적인 관심을 가질 수밖에 없다.

따라서 지역사회에 직접 투자하는 '지역사회투자'(CCI: Corporate Community Investment)로 사회공헌 모델이 전환되는 추세에 있다. 이는 곧 기업의 사회공헌이 기업과 지역사회 양자 모두의 상호호혜적 관계로 발전될 수 있을 때 가장 의미가 있고, 소비자로서 시민들의 호응과 지지를 끌어낼 수 있다는 시각의 변화이다. 관리에서 전문 기업가의 통합적인 컨설턴트가 주도적이며 과거 수동적이며 선별적인 호응 방식이 기업의 주도적인 비즈니스 투자로 바뀌면서 일회성, 일시적인 사회공헌이 아니라 중장기 지속적인 투자사업으로 추진되는 특징이 있다(Wilson 2000: 7).

World Bank(2006)는 '지역사회 투자'(community investment)를 전략적 CSR의 핵심으로 간주한다. 기업의 이윤추구 동기와 기대와 지역사회의 개발에 대한 동기와 기대가 잘 조화될 수 있을 때 지역사회의 개발과 기업의 장기적 투자 실행이 이뤄질 수 있다는 것이다. 이에 선도적인 기업들은 비즈니스 자산과 자선적 자산을 광범위하게 결합시켜 지역사회 개발에 투자한다. 투자 유형으로는 기업의 현금 투자, 비현금 투자(제품 기부, 임직원 자원봉사 등), 지역의 소수층 유통업자와 공급업자와의 비즈니스 관계, 지역의 고용 및 훈련 프로그램, 인프라와 시설 제공, 지역사회에 대한 금융투자, 지역사회와 경제 개발에 기여하는 공공정책 이슈들에 대한 기여 등이다(World Bank 2006: 14).

유럽이사회(EC 2011) 또한 '전략적 CSR'을 기업의 경쟁력 제고를 위한 CSR 전략으로 제시한다. 유럽이사회는 '전략적 CSR'의 중요성에 대해 리스크 관리, 비용 절감, 인력자원 관리, 혁신 역량 측면에서 기업에게 혜택을 주기 때문이라 설명한다. 전략적 CSR은 새로운 시장 개척과 성장의 기회를 창출한다는 점에서 이익이 되고, 또 전략적 CSR을 통해 기업들은 장기적으로 지속가능한 비즈니스 모델의 기초가 되는 임직원, 소비자, 시민 모두의 신뢰를 구축할 수 있다는 것이다. 높은 수준의 신뢰 형성은 기업이 성장하고 혁신하는데 필요한 여건과 환경을 조성해준다는 점도 중요하다.

3) 공유가치창출(CSV)과 사회적 임팩트

사회적 임팩트 창출의 공유가치

또 유럽이사회(EC 2011: 6)는 '전략적' CSR에 기초하는 새로운 CSR의 개념을 "사회적 임팩트에 대한 기업의 책임"이라 정의한다. "CSR을 완벽하게 충족시켜주기 위해, 기업들은 자신들의 주요 이해관계자들과 긴밀한 공조를 통해 사회적, 환경적, 윤리적, 인도적 권리들과 소비자 관심을 비즈니스 운영과 핵심 전략에 통합시키는 과정을 마련해야 한다."고 설명한다.

이같은 전략적 CSR의 목표는 두 가지로 제시된다. 하나는 "기업의 소유주와 주주들을 위해, 다른 이해관계자들과 넓게는 사회를 위해 공유된 가치의 창출을 극대화하는 것"이며, 다른 하나는 "잠정적인 부정적 영향들을 탐색해 예방하고 완화하는 일"이다. '공유가치창출'(CSV)의 극대화를 위해서는 장기적이고 '전략적 CSR'의 추구를 제시하며, 사회 전반의 웰빙에 기여하고 양질의 생산적 일자리를 마련하는 혁신적인 생산, 서비스, 비즈니스 모델의 개발 기회를 탐구하는 일이라 제안한다.

이상과 같이 세계은행(World Bank 2006)의 '지역사회 투자' CSR과 유럽이사회(EC2011)의 '전략적' CSR은 공통적으로 '공유가치창출'(Creating Shared Value: CSV)에 초점을 맞춘다. CSV는 이제 글로벌 CSR에서 널리 보편화된 개념으로 정착되어 있다. 실제로 Nestlé, Levi Strauss 등 선도적인 다국적기업들은 기업의 CSR을 CSV로 바꿔 규정하며, CSV의 목표를 설정해 추진하고 있다. 선도적인 해외 기업들의 글로벌 CSR 사례 대부분이 실제로 CSV 추구를 위한 비즈니스 전략을 추진하고 있고, 한국의 글로벌 다국적 기업들 일부도 선도적인 역할을 한다.

피터 드럭커(Drucker 1984)는 일찍이 CSV의 중요성을 시사한 바 있었다. 그는 바람직한 CSR에 대해, "사회문제를 경제적 기회와 경제적 혜택으로 바꾸고, 나아가 생산적 역량으로, 인간적 역량으로, 적절한 일자리로, 그리고 부(富)로 전환시키는 것"이라고 강조하였다. 빈곤과 질병 등의 빈곤국의 개발 문제를 다국적기업들이 경제적 기회와 경제적 혜택으로 바꾸고, 지역사회 개발로 바꿀 수 있다고 볼 수 있다. 드럭커가 제시하는 '사회문제를 경제적 기회'로 삼는 아이디어를 새로운 전략으로 확장시킨 것이 CSV 이론이다.

CSV 이론을 제시한 하버드 대학의 포터와 크레머(Porter and Kramer 2006: 5)는 다음과 같이 설명한다. "기업의 사회적 책임(CSR)은 비용부담이 되고 제약이 따르는 자선적인 행위 이상이 될 수 있다. 전략적으로 접근하면, CSR은 당면하고 있는 사회문제들을 해결하면서 기업들에게 기회, 혁신, 경쟁적 어드벤티지를 생산한다." 그들은 "성공적인 기업들은 건강한 사회를 필요로 한다"라며, 마찬가지로 "건강한 사회는 성공적인 기업들을 필요로 한다"라고 설명한다. 따라서 "기업과 사회의 상호 의존성은 기업의 의사결정과 사회정책 모두가 '공유된 가치'의 원칙을 따라야 한다는 것을 의미한다"라고 강조한다(앞글: 5). 그들은 기업들이 '전략적 CSR'을 추진하는 세 단계 접근법을 제시한다. 먼저 기업과 사회가 만나는 교차점을 파악한 다음, 해결해야 하는 사회적 이슈들을 선택해, 사회와 기업 모두에게 대규모의 뚜렷한 혜택을 생산할 수 있는 소규모의 창의적 사업들을 개시해보는 것이다(앞글: 6).

글로벌 금융위기가 확산되면서 자본주의에 대한 회의론이 확산되는 상황에서 CSV는 더욱 중시되고 있다. 포터와 크레머는 2011년 "공유가치 창출" 논문을 통해 "공유가치의 원칙은 사회의 욕구뿐 아니라 당면하는 도전들을 해결하면서 사회적 가치도 창출하는 방식으로 경제적 가치를 창출한다"라고 역설하였다(Porter and Kramer 2011: 5). 그들은 "기업은 자신의 성공을 사회적 진전에 연계시켜야 한다"라고 강조하면서, "공유된 가치는 사회적 책임, 자선, 지속가능성은 아니며, 경제적 성공을 달성하기 위한 새로운 방법이며, 그것은 기업이 하는 일의 주변이 아니라 중앙에 있는 것이다"라고 설명한다. 나아가 그들은 "CSV가 기업의 지역사회 투자 가이드 측면에서 CSR보다 우선시 되어야 한다"라면서, 그 이유에 대해 "CSV는 기업 특유의 자산과 전문역량을 활용해 사회적 가치를 창출하면서 경제적 가치를 창출"하게 하기 때문이라고 설명한다(앞글: 16).

글로벌 CSV의 발전

글로벌 거버넌스의 시대의 상황과 국제기관들의 다양한 이니셔티브들이 다국적기업들에 미치는 영향과 압력은 기업들의 '글로벌 CSR' 전략에서 몇 가지 두드러진 변화를 유도하였다. 변화의 방향은 CSV의 확대로 나타났다(주성수, 김성현 2014: 27-28).

첫째 요인으로는 다국적기업들이 자신들의 글로벌 활동에 대한 비난과 반성에서 새로운 변화가 시작되었다는 점이다. 지금의 글로벌 CSR이 전통적인 '자선적' 동기를 넘어서는 새로운 '전략적' 동기에서 비롯된 것은 1980년대부터라고 볼 수 있다. 1970년대만 해도 기업들은 정부의 통제없이 초국가적인 비즈니스 활동을 하며 개발도상국 정치인들과의 정경유착 등의 부정부패에 연류되는 경우가 비일비재했고, 일부 국가들에서는 쿠테타 세력들과 연류되는 일이 해외 토픽으로 소개되고는 했다(Doucin 2011: 7). 또 다국적기업들이 연류된 대형 사고의 발생도 끊이지 않았다. 석유회사들의 기름유출 사건들이 줄이어 발생했고, 1984년 인도의 보팔에서 발생한 유니언 카바이드사(Union Carbide Corporation)의 가스누출 대형 참사는 2만명의 사상자를 냈고 그 후 수백만명을 만성질환에 빠트렸다. 그 사고로 국제사회는 다국적기업에 대한 경계를 강화했고, 기업의 글로벌 비즈니스 책임에 대한 관심도 높아졌다. 이처럼 CSR의 등장 배경은 "기업들이 자신들의 비즈니스 책임이라고 생각하지 않았던 이슈들에 일반인들이 호응하고 있다는 사실에 놀란 다음에야 비로소 CSR을 인식하게 되었다"라는 점이다(Porter and Kramer 2006: 2).

또 동구 사회주의 붕괴로 인한 세계 정치경제 질서의 급변에 대한 '글로벌 거버넌스'의 확대 추세도 주요요인이 되었다. 1970년대 UN에서 먼저 제기되었던 기업의 윤리강령 제정이 실패하면서, 이후 OECD가 1976년 최초로 다국적기업 가이드라인을 제정해, 지금까지 중요한 글로벌 스탠다드 역할을 해왔다(Doucin 2011: 7). 2000년 OECD는 다국적기업의 글로벌 CSR

을 제고하기 위해 1976년 제정된 "다국적기업 가이드라인"에 뇌물방지, 소비자 보호 등을 추가해 새로운 가이드라인을 개정하였다. OECD 가이드라인은 법적 구속력은 없으나 회원국 공동 명의로 다국적기업에 대해 일정한 사회적 책임을 부여하는 국제규범으로 정착되고 있다.

둘째 요인은 다국적기업에 대한 '이해관계자'(stakeholder)의 기대와 선호를 꼽을 수 있다. 주주의 중요성이 부각되고, 전통적인 소유주와 경영의 분리라는 새로운 변화는 CSR의 전략적 접근을 개방시켜, 주주의 기대를 초월하는 새로운 '사회적 기대'라는 사고방식에서 '이해관계자 이론'이 등장한 것이다(Doucin 2011: 8). '이해관계자'란 경제학자 프리만(Freeman 1984)에 따르면, "집단적 행태가 조직의 장래에 직접적으로 영향을 미칠 수 있는 그룹"을 의미하는데, 내부 이해관계자로 주주와 임직원이, 외부 이해관계자로는 정부기관, 전문기관 등의 제도적 이해관계자와 공급자, 고객, 금융기관 등의 경제적 이해관계자, 그리고 NGO 등의 윤리적 이해관계자로 구분한다(앞글: 8). 소유자와 달리 관리자는 때로는 대립적인 기대들을 갖고 있는 여러 그룹들과 기업의 복잡한 관계들을 관리해야 할 필요가 있다. 여기에서 '경영' 비전 차원의 CSR이 발전되기 시작한다. 하나는 이해관계자들의 기대에 대한 불명확한 사정으로 인한 리스크를 최소화하는 것, 다른 하나는 이같은 기대들의 통합을 통해 총체적인 실적을 최적화시키는 것이다(앞글: 8). 이해관계자 호응에 따라 CSR은 소비자의 선호의 변화와 장래의 사회적, 환경적 규제들, 노동자의 창의적인 동기의 구축, 기업 평판의 보호를 고려하며 기업을 전략적으로 경영하는 하나의 방식으로 등장한다. CSR은 책임있는 기업들에게는 상대적 어드밴티지를 준다(앞글: 10). 새로운 '전략적' CSR 또는 'BOP 비즈니스' 전략으로 평가되는 '공유가치창출'(CSV)의 발전이다.

4) 정의로운 '순제로 탄소 경제'로의 전환

어느 기업이든 비즈니스를 하면서 사람을 위해서나 기후변화 해결에 기여하지 않는 일이 불가능해지는 시대가 열리고 있다. 선도적인 기업들은 지속가능성과 '포용적 비즈니스' (inclusive business) 또는 '기후금융'(climate finance)의 경영전략으로 혁신하고 있다. 심각한 기후변화가 압박하는 시대적 요청이다. UN은 지금이 기업의 '새로운 행동과 임팩트의 시대'라 선언하며, "UN 지속가능개발목표(SDGs)와 파리 기후협정은 건강한 지구에서의 평화와 번영을 달성하기 위한 가장 강력한 공동의 어젠다를 제시하는데, 이에 기업들이 핵심 역할을 할 것을 제안한다"(UNGC 2020).[21]

기후변화에 대한 글로벌 기후행동의 요청이 급증하고 있다. IPCC의 2018년 〈지구온난화 1.5°C〉 특별보고서는 1.5°C를 목표로 하지 않으면 인간의 건강과 경제성장에 심각한 위협을 초래할 것이라 경고한다. 1.5°C 목표 달성을 위해 2010-30년 기간에 탄소배출 45%를 감축해 2050년까지 순제로 배출 경제를 지향할 것을 제시한다(IPCC 2018).

'순제로 탄소'(net zero carbone) 경제로의 전환은 기후변화 위기를 예방하는 일뿐 아니라 경제적 번영과 인간 웰빙에 많은 혜택을 창출한다. 탈탄소화가 지구촌 에서 새로운 '러스트 벨트'(rust belt)를 만들어내는 일이 되어서는 안 된다. 녹색 일자리 성장에 대한 기대가 필요한 기술의 구축에 초점을 맞추지 않아 낮은 임금, 빈약한 노동권리의 특성을 가진 '긱 경제'(gig economy)로 나타날 수도 있다.

---

21 https://www.unglobalcompact.org/what-is-gc/strategy

'기후정의'는 인간 중심의 접근을 달성하는 인권과 개발을 연계해, 가장 취약한 사람들의 권리를 옹호하고 기후변화의 부담과 편익뿐 아니라 임팩트를 균등하고 공정하게 공유하는 원칙을 말한다(Robinson 2019: 12). 교황은 "우리는 기후 응급사태에 직면해 빈곤층과 미래세대를 향한 잔인한 불의의 행위를 영속화하지 않도록 회피하는 적절한 행동을 취해야 한다"고 역설하였다(앞글: 12).

'순제로 탄소' 경제를 위한 기후금융

기후금융(climate finance)은 UN 기후변화(UNCC)에 따르면, "기후변화를 해결하는 적응과 완화 행동을 취하는 공공, 민간 및 대안적 금융의 소스들에서 제공되는 지방, 국가, 초국가 파이낸싱"을 의미한다.[22] 기후협약, 교토 협약과 파리기후협정 모두가 금융 자원 여유가 있는 국가들로부터 취약국으로의 금융지원을 요청한다.

젊은 투자자, 밀레니얼은 지속가능한 투자에 더 강한 동기유발이 된다는 분석도 있다. 자산 소유자, 투자관리자, 투자은행 등 자본시장 형성자들이 만들 수 있는 거대한 변화는 저탄소 전환에 가장 심각하게 대처해야 하는 대기업들을 관여시키는 것이다. 투자자들의 결과 초점의 스투어드십 역할이 필요하다.

지구온난화 1.5°C 억제 추진전략

파리협정의 목표 달성을 향한 진도는 매우 느리다. 이 때문에 개발국

---

22 UNCC https://unfccc.int/topics/climate-finance/the-big-picture/introduction-to-climate-finance

이나 개발도상국 모두에게 SDGs 달성의 역량이 리스크에 직면해 있다. IPCC(2018)는 특별보고서에서 2019 지구온난화 1.5°C 억제 추진전략을 제시한다.[23] 이에 맞춰 국제기관들이 '순제로' 배출 경제로의 전환 전략을 추진하고 있다. 기후변화의 피해는 특히 아동과 노인에게 쏠려 있고, 여성에게 더 가혹한 피해를 주고 있다. 지구온난화 1.5°C 상승 이내에서도 가난한 사람들에게 더 많은 피해가 예측되고 있다. 기업들을 포함한 정부, 시민사회의 신속하고 강력한 기후행동을 요청한다.

5. 공익추구 비즈니스(mission-led business)

영리기업과 같이 수익을 목적으로 하면서도 공익을 목적으로 하는 '공익추구 비즈니스'(mission-led business: MLB)에 대한 관심이 높아지고 있다. MLB는 기업 분야에서 사회적, 환경적 목적을 주요 미션으로 추구하는 비즈니스 조직이다. 수익을 내지 않는 조직들이 포함된 사회목적조직(SPO)과 다른 특징이다.

공익추구 비즈니스의 의미

공익추구 비즈니스 MLB에 대한 이해와 관심이 높아지고 있지만, MLB의 개념 정의는 정확하게 합의되어 있지 않다. MLB가 '비즈니스'이기

---

23 https://www.ipcc.ch/sr15/

때문에 우선 기업 부문에 해당되지만, 공공 부문, 비영리부문, 사회적경제 부문 등 다양한 부문에 넓게 분포되어 있어 개념정의를 어렵게 한다.

영국 정부가 제시한 개념정의를 살펴보면 MLB의 중요성과 향후의 전망에 대한 이해에 도움이 된다. 영국의 시민사회부(Minister for Civil Society)가 자문위원회에 요청해 작성된 보고서 〈영국 경제에서의 미션〉에는 MLB의 주요 특징, 현황 및 전망을 제시해 보여준다. 자문위원회는 사회적기업과 협동조합 등 사회적경제 조직들은 MLB에 해당되며 또 비영리조직 중 상당수가 MLB에 해당되지만, 기업들 중에는 MLB 자격이 제한되어 있다고 설명한다(Advisory Panel 2016: 8-11). 기업들이 대부분 수익을 목적으로 하면서도 사회공헌 등 상당 수준의 공익지향적 비즈니스를 한다고 MLB에 해당된 것으로 보기는 어렵다는 것이다. 그래서 MLB는 최소한 다음과 같은 자격기준을 통과하는 비즈니스로 제시한다(앞글: 8).

> 첫째, 긍정적인 사회적 및 환경적 임팩트를 투명하게 보급하는 분명한 실행.
>
> 둘째, 주주 이외의 이해관계자들이 비즈니스의 결과에 정당한 관심을 갖는 데에 대한 이해.
>
> 셋째, 계약에 의한 이해관계자 관리(contractual stakeholder management)로부터 광범한 관여로 이동하며 가치를 지속적으로 전달하려는 인식 등이다.

바꿔 얘기하면 수익과 공익을 동시에 추구하는 일종의 공유된 가치 창출(Creating Shared Value: CSV)에 해당되는, 사회에 공익적인 사업을 하는 비즈니스가 MLB에 해당된 것으로 볼 수 있다. 사회나 환경을 위한 목적만을 추구하기 위해 설립된 MLB도 있지만 대부분의 MLB는 상업적 수익을 추구하는 과정에서 긍정적인 사회적, 환경적 임팩트를 창출한다고 볼 수 있다.

한편 더욱 경험적으로 MLB의 현황을 측정하는 영국의 연구에 따르면, MLB는 다음 네 가지에 해당되는 비즈니스라는 경험적 실체를 제시해 보여준다(Deloitte 2016: 7).

- 법률적 제약 없이 수익동결(profit lock)이나 법적 형태(CIC, 지역사회이해회사 등)를 통해 수익을 완전히 배분할 수 있고,
- 긍정적인 사회적 또는 환경적 임팩트를 비즈니스의 핵심 목적으로 하는 의도를 규정하며,
- 이런 의도를 비즈니스와 운영을 통해 장기적인 또는 구속적인 실행을 하고,
- 사회적 임팩트를 이해관계자들에게 보고한다.

이상을 객관적으로 검증하려면 비즈니스 전략, 거버넌스, (종사자, 고객, 공급자, 지역사회, 소유자 등 핵심 이해관계자들과의 상호작용을 포함한) 운영, 투자자 관계와 리포팅을 기준으로 삼아야 한다.

공익추구 비즈니스의 기준과 현황

특히 다음 네 가지 경험적 기준에서 MLB인지를 확인하는 절차가 중요하다(앞글: 11-18). 첫째는 의도다. 실제로 영국에서 조사된 MLB는 미션에 대다수가 사회적 이슈들을 그리고 1/4 가량은 환경 이슈들의 중요성을 표명하고 있다. 이같이 파악된 MLB 다수(65%)는 미션을 비즈니스 전략에 통합시키고 있다.

둘째는 비즈니스 모델이다. MLB의 20% 가량은 수익을 활용해 재투

자 또는 자선기관에 기부 방식으로 미션을 추구하는 실행을 공표하고 있다. 이같은 사회적, 환경적 미션을 지지하는 투자자들의 확보가 중요한 것으로 나타난다. 미션에 대한 핵심 상업 활동의 관계는 제품과 서비스의 미션과의 연관성 그리고 미션 달성을 위한 핵심 운영자산의 활용 여부 등으로 판단된다. 영국 사례에서는 MLB의 다수(56%)가 핵심 비즈니스 운영 자산을 활용한 미션의 수행 목적을 설정한 것으로 조사되었다.

셋째는 거버넌스다. 1/6 가량의 비즈니스들이 핵심 거버넌스 서류에 미션에 대한 실천방안들을 통합시켜 두고 있고, 1/3 이상은 운영 전반에 걸쳐 미션이 수행되는 방안들을 제시한다. 또 65% 가량은 연간보고서나 웹사이트를 통해 사회적, 환경적 임팩트를 공표한다. 그런데 재정적 성과 이외에 사회적 임팩트를 계량화하는 사례들은 흔하지 않지만 MLB의 32% 가량은 계량적 측정치를 보고한다. 또 MLB의 대다수(62%)는 기업 사회적 책임(CSR)을 수행한다고 보고한다. 특히 의사결정과정이 거버넌스의 핵심이 되는데, MLB들은 일반적으로 임직원들이 미션에 책무성을 갖도록 하기 위해 '비계서적' 리더십 구조의 비공식적 체제를 갖추고 있다. MLB 중 35%는 여성이나 소수인종집단이 리더십을 갖고 있는 것으로 나타난다.

마지막은 외부의 평판이다. 외부로부터의 평판 또한 MLB의 존재 이유 중 하나로 중요하다. 사회적, 환경적 임팩트가 외부의 좋은 평판을 받아 우수상 수상, 모범 사례 소개 등으로 알려진다. 특히 사회적, 환경적 임팩트에 대한 소비자의 긍정적인 평판은 MLB의 보편적인 평판 지표가 된다.

이상의 객관적 기준에 의해 파악된 영국 MLB의 시장 규모 등의 현황은 다음과 같다(앞글: 34-35). 전체 108만개의 수익이나 재무정보가 공시된 기업들 중 3.4%(36,720개)만이 MLB로 파악된다. 또 수익이나 재무정보가 전혀 없는 347만개 중에는 2.5%(86,750개) 정도가 MLB로 파악된다. 둘을 합산하면 전체의 약 2.7%로 11만 5000~13만 2000개 가량이 된다.

공익추구 비즈니스의 성장과 과제

공익추구 비즈니스의 성장은 최근의 일로, 영리기업과 비영리부문 그리고 정부 부문에서 동시적으로 발생한 혁신의 현상으로 볼 수 있다. 혁신의 핵심에는 사회적 임팩트에 대한 높은 관심과 사회적 임팩트 증진을 위한 다양한 방안 가운데 수익활동을 하는 비즈니스들의 사회적 임팩트 증진의 사명과 목적을 중시하는 기업들과 스타트업 활동이 급성장한 결과이다.

혁신의 한 축에서는 전통적인 기업 사회적 책임(CSR) 차원의 자원 분배의 '오프세트'(offset) 모델에서 탈피해 사회적 임팩트가 비즈니스 모델에 통합되는 광범위한 어젠다로의 업그레이드가 진행되고 있다(앞글: 9; Deloitte 2015). 또 포춘(*Fortune*)의 500대 기업들의 2014년 조사에 따르면 1/3 가량의 대기업들이 사회적 임팩트를 비즈니스 전략의 핵심으로 간주하고 있다. 또 많은 산업 부문의 기업들이 사회적 임팩트 목적을 새로운 시장개척과 공급사슬의 개선 전략으로 활용하고 있다(World Economic Forum 2016).

또 다른 한 축에서는 스타트업들이 사회문제 해결을 구체적으로 제시하며 창업되는 동향이다. 2000년경에 성인에 달하는 멜리니움 세대의 기업가들 절반 이상(59%)이 지역사회에 대한 긍정적 임팩트와 비즈니스 성장 목표를 동시에 제시하고 있으며, 또 청년 기업가들의 20% 이상은 '긍정적인 사회적 임팩트'가 창업의 가장 중요한 동기로 재정적 보상이나 개인적 지위보다 더 우선적으로 꼽았다(Advisory Panel 2016: 9). 와이어드 매거진(Wired Magazine)은 수익의 증가가 공익적 접근에도 불구하고 일어나는 게 아니라 공익적 접근으로 일어난다고 본다.

또 B Corp 운동과 같은 MLB를 공증하는 중간지원기관들의 활성화

표 8-4 B Corp과 사회적가치 지표

B Corp 지표	사회적가치 지표
1) 환경(environment) 기업의 설비, 자재, 에너지 사용 등 환경적 성과 평가. 또 기업의 수송/배분 채널과 공급사슬의 환경적 임팩트 평가.	1) 재난과 사고로부터 안전한 근로·생활환경의 유지 2) 건강한 생활이 가능한 보건복지 제공 3) 환경의 지속가능성 보전
2) 노동자(workers) 기업의 노동력과의 관계를 평가. 기업이 노동자에게 제공하는 보상, 수당, 훈련 소유 기회 등이 일차적인 초점이며, 또 관리/노동자 커뮤니케이션, 일자리 유동성, 기업문화, 노동자 보건과 안전 실천 등 노동환경 전반에 대한 평가.	4) 인간의 존엄성을 유지하는 기본 권리로서 인권의 보호 5) 노동권의 보장과 근로조건의 향상 6) 사회적 약자에 대한 기회제공과 사회통합 7) 품위 있는 삶을 누릴 수 있는 양질의 일자리 창출
3) 고객(customers) 기업이 고객에게 미치는 임팩트를 평가. 기업이 공익을 증진시키는 제품과 서비스의 판매 여부, 또 제품과 서비스의 취약층에게 혜택을 주는지의 여부를 평가.	8) 그 밖에 공동체의 이익실현과 공공성 강화
4) 지역사회(community) 지역사회 공동체에 미치는 기업의 임팩트를 평가. 공급자 관계, 다양성 및 지역 공동체의 관여 등에 초점을 맞춰, 지역사회 서비스와 자선적 기부의 공헌과 정책을 측정. 또 기업의 제품이나 서비스가 기초 서비스, 보건, 교육, 경제적 기회, 예술 등을 포함한 사회적 이슈 해결, 사회적 목적으로 기업에 대한 자본의 제공 등을 평가.	9) 대기업, 중소기업 간의 상생과 협력 10) 지역사회 활성화와 공동체 복원 11) 경제활동을 통한 이익이 지역에 순환되는 지역경제 공헌 12) 윤리적 생산과 유통을 포함한 기업의 자발적인 사회적 책임 이행
5) 거버넌스(governance) 기업의 미션, 윤리, 책무성, 투명성 부분으로, 사회적, 환경 미션을 갖고, 어떻게 임직원, 이사회, 지역사회를 관여시켜 미션을 달성하는지를 측정. 직원의 재무정보 접근, 고객의 피드백 제공 기회, 회상의 이사회의 다양성 평가.	13) 시민적 권리로서 민주적 의사결정과 참여의 실현

자료 B Corp https://bcorporation.net/; 사회적가치법(안)

역할도 MLB의 성장에 적지 않게 기여한 것으로 볼 수 있다. B Corp 운동은 미국에서 시작되어, 사회적 및 환경적 성과와 책무성과 투명성의 기준을 충족하는 비즈니스의 공증 시스템이다. 공증을 받은 B Corp들은 대부분이 일반 기업들과 다르지 않은 평범한 비즈니스로 보이지만, 실제로는 비즈니스의 긍정적인 사회적 임팩트를 증대하는 실천을 핵심 전략으로 삼고 있다. 전과자나 비행 청소년의 고용, 공급사슬에 사회적기업이나 자선단체들을 포용하는 '포용적 비즈니스' 시행 등 그 유형도 다양하다.[24] B Corp은 2020년 3월 현재 71개국에서 3천 개를 넘었는데, 한국의 경우 10개가 B Corp 인증을 받았다. B Corp은 환경, 노동자, 고객, 지역사회 분야의 인증을 받는데, 이를 한국의 사회적가치법(안)의 지표와 매핑해 비교해볼 수 있다. 고객 부분을 제외하면 지표들이 유사하다는 것을 알 수 있다.

24 https://www.bcorporation.net/

제9장

시민사회와 거버넌스

물질적 가치보다 '삶의 질'에 대한 가치를 중시하는 포스트모던 가치관이 정부정책의 내용을 바꿔놓고 있다. 나아가 정책 이해당사자의 구성까지도 바꿔놓는 변혁을 일으키고 있다. 정당과 이익집단 등 전통적인 이해당사자들보다 새로운 이해당사자로 부각된 시민과 NGO의 역할이 정책과정 전반에 점차 더 많은 영향력을 행사하고 있다. 이뿐만이 아니다. 세계화와 IT혁명의 급진전은 정부주도의 관료적 정책모델을 다수의 정책 이해당사자의 참여에 의존하는 개방적인 '거버넌스' 모델로 전환시켜 놓고 있다. 정부는 시민참여와 NGO 참여에 개방적인 '정책 거버넌스'를 모색해야 하는 시대적 요청을 받고 있다.

NGO들은 다양한 사회적 기능을 수행하며 공공정책에 상당한 영향을 미치고 있다. 사회문제의 제기와 의제설정부터 정책결정과 정책집행에 이르기까지 NGO들이 정책과정에 관여하지 않은 단계는 거의 없다. NGO의 참여는 공공정책과 정부의 투명성과 책무성뿐 아니라 효율성을 제고시키며 '민주적 거버넌스'를 지향한다. 그럼에도 NGO의 정책참여에는 한계가 분명하다. NGO 자체의 전문성 제고와 함께 투명성과 책무성 제고를 과제로 안고 있다.

1. 거버넌스와 시민사회

현대는 '포스트모던' 시대, '거버넌스' 시대, '시민사회' 시대 또는 'NGO' 시대라 부른다. 이 말들은 일맥상통하는 공통된 의미를 갖고 있다. 포스트모던 시대는 정부 역할의 한계와 함께 시민사회(NGO) 역할의 증대를 시대적 요청으로 제시하기 때문에 시민사회 시대, NGO 시대가 된 것이다. 또 시민사회와 NGO 시대의 특징은 포스트모던, 거버넌스 시대가 도래함으로써 가능해졌다는 것이다.

아래에서는 먼저 거버넌스의 의미에 대해 살펴보고, 거버넌스의 등장 배경과 시민사회와의 관계에 대해 알아본다. 특히 세계화, 민주화, IT혁명, 분권화, 그리고 이에 따른 권력이동 등 메가트랜드에 초점을 맞춰 거버넌스 시대의 배경을 정리해볼 만하다.

1) 거버넌스란 무엇인가

'거버넌스'란 무엇인가? 거버넌스는 '키를 조정한다'(steer)와 '항해한다'(pilot)는 의미를 갖고 있는 그리스어 kybenan와 kybernetes에서 비롯된 것이다. 따라서 어원에 충실하면, 거버넌스란 "한 조직 또는 사회가 스스로의 방향키를 조정하는 과정이며, 그 과정에는 커뮤니케이션과 통제의 역동력이 핵심적인 것이다"라고 볼 수 있다(Rosenau 1995: 15).

그럼에도 이런 '통제' 중심의 개념정의는 현대적 의미에서는 문제가 있다. 그것은 다분히 하향식의 통제와 지시를 내포하는 것으로, 다방적이며 다원적 의미를 갖고 있는 '민주적' 거버넌스 개념정의로는 적합하지 않다. 지금의 거버넌스는 "단순하지도 간결한 것도 않으며, 본질적으로 혼합적이고, 잠정적이며, 예측불가능하며 유동적인 특성을 갖는다"(Plumptre & Graham 2000). 또 거버넌스는 단일의 키잡이 주체에 의존하기보다 많은 행위자들을 포함시키고 있기 때문에, 거버넌스의 특징은 "포괄적인 권위가 없고 강제력이 없는 기능들"이라고 볼 수 있다(Gordenker & Weiss 1996: 18).

따라서 글로벌 거버넌스 위원회(CGG 1995: 2)는 '거버넌스'를 다음과 같이 정의한다. "거버넌스는 공공 및 사적 개인들과 제도들이 공공 목적을 달성하기 위해 자신들의 공통적인 업무를 관리하고 자원을 통제하고 권력을 행사하는 무수한 방법들의 집합이며, 갈등적인 이해나 다양한 이해관계들이 수용되면서 상호협력적인 행동이 취해질 수도 있다." 거버넌스 개념은 이렇듯이 공적, 사적 영역뿐 아니라 글로벌과 로컬, 모든 차원에 해당되며, 공식적 조직뿐 아니라 비공식적 규범과 실천, 또 의도적이거나 우발적인 통제의 시스템 모두에 공통적으로 해당된다(Lynn et al. 2001: 5). 캐나다의 거버넌스 연구소(Institute on Governance 2003: 1)는 거버넌스에 대해, "권력이 어떻게 행사되고, 시민은 어떻게 목소리를 내며, 또 공공현안에 대한 정책결정은 어떻게 이뤄지는지를 결정하는 전통, 제도 및 과정들이다"라고 정의한다.

거버넌스는 매우 복잡한 다면적인 개념으로, 구조와 과정 양면 모두에 해당된다. 구조에서는 1) 계서제로서 거버넌스, 2) 시장으로서 거버넌스, 3) 네트워크로서 거버넌스, 4) 커뮤니티로서 거버넌스 등으로 구분될 수 있고, 과정에서는 1) 키잡이(steering)와 조정의 거버넌스, 2) 분석틀의 거버넌스로 분류될 수 있다(Pierre & Peters 2000: 14-24). 구조에서는 전통적인 계서제로서 거버넌스가 시장, 네트워크, 커뮤니티 거버넌스로 이동하는 추세가 두드러지게 나타나고 있다.

2) 세계화, 민주화, 분권화

거버넌스의 등장배경은 무엇인가? 세계화, 민주화, 분권화 3대 메가트랜드를 주요 배경으로 꼽을 수 있다. 먼저 세계화의 영향으로 전통적인 정부개념이 근본적으로 변화하고 있다고 볼 수 있다. 세계화는 정부의 역할뿐 아니라 전통적인 정부의 개념에 근본적인 변화를 일으켜 놓고 있기 때문이다. "정부에 대한 긴장의 일부는 국제환경의 점진적인 중요성의 결과이자 동시에 글로벌 압력으로부터 자국의 경제와 사회를 차단시키려는 정부 능력의 한계에서 비롯된 것이다. 정부에 대한 압력은 국제자본시장에서 그리고 EU와 같은 초국가적 기구에서 나오고 있다"(Peters & Pierre 1998: 223). OECD(1996: 2)는 "주권의 개념을 외부의 간섭 없이 통제력을 행사할 수 있는 능력으로 정의한다면, 국민국가는 분명 주권의 약화를 경험하고 있다"라고 지적한다.

권력이동 이론

이론적인 측면에 접근해보면, 세계화는 심각한 '권력이동'을 일으켜 놓고 있다는 것을 주목해볼 만하다. 스트렌지(Strange 1996)는 저서, 『국가의 퇴각』(*The Retreat of the State*)에서 국가와 시장 사이의 균형이 1970년대부터 지속적으로 변화되어 이제 국가는 권위의 유일한 원천이 아니라 무수한 원천 중 하나에 지나지 않는다고 지적한다. 그녀는 통화가치의 유지, 경제유형과 세제형태의 선택, 인프라 구축 등 핵심적인 기능에서 권력이 정부로부터 시장으로 분산되어 왔다며, 이와 관련된 경험적 자료를 제시해준다. 또 잉글하트(Inglehart 1999)의 '포스트모던 이동'(postmodern shift) 이론에 따르면, "전통적 권위와 국가 권위로부터의 이동"이 두드러지게 나타난다. 한편 국제정치에서 새로운 패러다임의 등장을 분석한 터너(Turner 1998: 25)에 따르면, '거버넌스'의 독점적인 주체로서 국가의 권력이 "다국적기업의 권력, 규모 및 유동성"으로부터 심각한 도전을 받고 있다. 동시에 "국가적 및 국제적 NGO들 그리고 시민행동의 범위를 주권국가의 제도적 한계를 넘어서 확대시켜 놓았던 사회운동 또는 글로벌 시민사회의 확산"으로 국가권력은 심각한 도전에 직면해 있다는 것이다(p.25).

나아가 마티우즈(Mathews 1997)는 '권력이동' 이론을 제시한다. 그는 "냉전의 종말이 단순한 국가들간의 조정을 갖다주는 데 그친 게 아니라 국가, 시장, 그리고 시민사회 사이에 새로운 권력의 재분배를 일으켜 놓았다"라고 한다(p.51). 그는 "국민정부가 세계화되는 경제의 시대에 자율권을 상실해가고 있다고만 볼 수는 없으며, 정부는 이제 정치, 경제, 사회 및 주권의 핵심에 있는 안보 역할을 포함하는 권력에 대해 기업과 초국가기관과 또 NGO로 알려진 무수한 시민단체들과 공유하고 있다"라고 설명한다(p.51). 그에 따르면, "지리적으로 국한된 국가의 역할과 지리적 제한을 받지 않는 오늘날의 문제들과 해결방안 사이에서 일어나는 충돌에서 국가의 상대적인 권력은 앞으로 계속 쇠퇴할 수밖에 없다는 점을 강력하게 시사해준다"(p.51).

마티우즈가 제기하는 '권력이동'의 핵심에 접근해보면 다음과 같은 메가트랜드들이 권력이동의 핵심요소들로 꼽힐 수 있다. 그것들은 민주화, 분권화, 세계화, 거버넌스, 글로벌 NGO 네트워크, 그리고 지속가능한 개발 등이다(Mbogori & Chigudu 1999: 110-2). 아래에서는 민주화와 분권화, 거버넌스와 NGO 활동에 초점을 맞춰 국가(정부), 시장(기업), 시민사회(NGO) 3대 섹터 사이의 권력이동을 정리해본다.

민주적 정책결정

OECD(1996: 4-5)의 분석에 따르면, 세계화는 민주적 정책결정에 밝은 전망을 보여주지만 몇 가지 부정적인 측면들도 드러내고 있다. 긍정적인 측면들로는 정책결정에서 소외된 계층의 참여를 확대하며, 국제정치에서는 국제 권력 또는 영향력의 균형에서 근본적인 변화를 의미하며, 또 약소국가의 이해가 좀더 반영되는 민주적 과정의 특징이 있다.

또 IT혁명이 갖다주는 민주적 정책결정을 주목해볼 수 있다. 시민들은 인터넷 또는 글로벌 TV를 통해 세계동향을 수시로 주목하고 정보를 갖고 있는 추세에서 정부는 이런 정보의 흐름을 통제하거나 검열할 수 있는 능력도 권한도 갖고 있지 않다. 중국정부가 천안문사태 이후 인터넷을 강력히 통제하는 정책을 추진해 왔지만 그런 통제정책도 한계가 있다. 세계화와 IT혁명의 도전에 권위주의적 정부도 무력해질 수밖에 없는 것이다. IT혁명은 시민의 정치화, 조직화에 실질적인 기여를 하면서 정부의 역할을 크게 위축시켜 놓았다. 따라서 중국, 파키스탄 등 일부 권위주의적 정부는 심각한 권위의 도전을 받고 있다고 볼 수 있다.

지방분권화

또 분권화(decentralization)는 민주화만큼이나 중요한 정책환경 요인이다. 국가의 위상을 크게 축소시켜 놓았던 국내 정책환경 요인들 가운데 가장 중요한 측면은 지방자치단체로의 권력분산, 즉 분권화이다. 분권화의 배경은 국가마다 다양하지만 마치 세계화 현상처럼 일반적인 추세가 되어 온 것이 사실이다. 서구의 경우, 1970년대 말에 이르러 경제위기와 정부 재정위기가 겹치면서 급속한 정권교체가 이뤄졌으며, 이 시기에 미국의 레이건 대통령과 영국의 대처 수상의 집권으로 등장되었던 신보수주의 정치 이데올로기가 분권화 이념을 상징하기도 했다. 이와는 관계없이 개발도상국의 경우, 중앙정부 중심의 하향식 모델의 한계로 분권화 작업이 꾸준히 진행되어 왔다.

분권화는 다분히 행정적 개념이지만, 그 정치적인 의미는 상당하다. 분권화는 정부의 프로그램과 서비스의 지방분권화를 의미하며 또 정부권위의 분산을 의미하기 때문이다. 정부의 주요 정책결정권이 중앙정부로부터 지방자치단체로의 이양, 즉 중앙에서 지역과 지방으로의 권력이동을 의미한다. 프로그램과 서비스의 지방분권화는 실질적으로 서비스 전달의 효과성과 효율성을 높이기 위한 개발전략으로도 추진되면서, 새로운 민영화와 용역의 행정문화를 낳게 되었다. 민영화로 많은 영리기업들이 정부의 고유권한을 나눠 갖게 되었고, 또 무수한 시민사회단체들(NGO)이 다양한 개발과 공공서비스 영역에서 새로운 역할을 맡게 된 것이다.

분권화가 갖고 있는 중요한 의미는, 지방차원에서 시민의 폭넓은 정책과정 참여를 가능하게 하며 지방정부의 투명하고 민주적인 의사결정을 유도하는 데 있다. 이런 의미에서 분권화는 '거버넌스'와 밀접한 관계가 있다. UNDP(1993: 5)는 글로벌 차원의 분권화 동향에 대해, "중앙 수도로부터 지역, 타운 및 마을로 권력을 분권화시키는 일은 시민들에게 자치권력(empowerment)을 부여해줌으로써 정책참여를 조장하며 효율성을 높일 수 있는 최상의 대안들 중의 하나가 된다"라고 강조한다.

3) 국가 거버넌스의 분산

세계화의 정치적 특징들 가운데 하나는, '통치'(government)의 개념이 '거버넌스'(governance) 개념으로 점차 대체되고 있다는 사실이다. 통치의 시대가 가고, 거버넌스 시대가 오고 있는 동향이다. 거버넌스 개념의 등장은 전통적인 국가 중심의 정치와 외교 그리고 정책결정체제의 근본적인 변화를 의미한다. 정부 정책결정 영역은 전통적으로 정부의 독점적 영역으로 간주되어 왔지만, 이제는 영리기업과 시민사회의 NGO도 동참하는 '거버넌스'의 영역이 되고 있다. 세계화라는 밖으로부터의 막강한 영향으로 국가의 위상이 크게 실추되었고, 또 국내적으로는 다양한 집단의 욕구에 부응하기 힘들 정도로 국가의 관료화와 역량의 한계가 뚜렷해지고 있다. 그래서 "지금의 국가는 큰 문제를 다루기에는 너무 작고, 작은 문제를 다루기에는 너무 비대하다"라고 얘기한다(UNDP 1993: 5).

또 거버넌스를 "일반적인 권위의 행사"로 이해할 때, 거버넌스의 등장 배경은 "권력을 행사하는 주체의 절대적 또는 무제한적 권력의 위축"에서 찾아볼 수 있다(Michalski et al. 2001: 9). 권위행사의 위축은 국가와 사회라는 거시적 차원뿐 아니라 기업과 가족 단위의 미시적 차원에도 해당된다. 권위행사의 위축에 따른 거버넌스의 배경요인들로는 민주화와 세계화 동향이라고 볼 수 있는데, 이외에 다른 두 가지를 더 꼽을 수 있다. 하나는 경제적 풍요에 따른 '삶의 질'에 대한 관심(포스트모던 가치), 다른 하나는 가계, 기업 및 정부 내부의 구조와 조직적 기능의 근본적인 변화이다(Michalski et al. 2001: 9-11). 전자, 포스트모던 가치의 확대에 대해서는 뒤에서 자세히 설명을 하기 때문에 생략하지만, 후자에 대해서는 좀더 설명이 필요하다. 가계의 경우 여성의 사회진출과 직장활동으로 인한 가계내 권위구조의 변화, 또 여성의 사회진출뿐 아니라 글로벌 경쟁에 대응하는 기업내 구조조정과 관리혁신의 도입은 거버넌스의 정착을 유도했다. 마찬가지로 정부내 신공공관리 등 혁신 프로그램의 확대, 전자정부 등 IT혁명의 조직적 수용은 거버넌스의 확대를 불가피하게 만든다.

따라서 '거버넌스' 개념의 등장은 사회에 대한 국가통치의 한계를 의미한다고 볼 수 있다. 1980년대 말에 등장한 거버넌스 개념은 초기에는 국가행동의 효율성과 효과성에 관련되는 권력의 행사를 의미했지만, 최근에는 사회를 가장 효과적이고 효율적으로 관리하는 방법을 더 중시하는 의미를 갖는다. 시장과 사회에 대한 국가개입의 한계와 국가행동의 비효율성과 비효과성이 드러나면서, 거버넌스라는 개념이 '최소의 국가'(minimal state)와 동의어가 되고 있다. 국가권력이 약화되어 사부문과 공조하는 '정책 네트워크'에서 국가행동이 이뤄지고, 복지국가의 책임을 국가만이 떠맡지 않고 사부문에 민영화시키고 용역을 주고 위임하는 정책에 대한 '뉴 거버넌스' 이론이 정립되고 있다(Merrien 1998; Salamon 2002).

또 글로벌 차원에서도 거버넌스가 더 이상 정부 또는 통치를 의미하지는 않는다. 거버넌스의 주체는 정부의 일방적인 주도가 아니라, 의제에 따라 다양한 이해당사자들과 정부가 공동으로 정책을 결정하는 체제를 의미

■ **그림 9-1** 국가 거버넌스(national governance)의 8방 분산

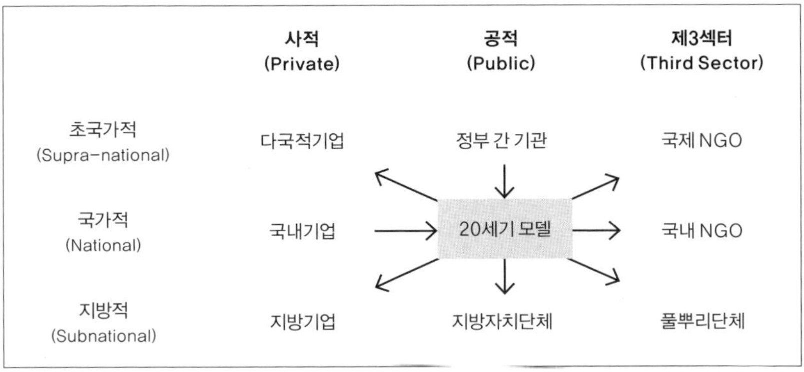

자료 Nye 1999: 4.

한다. 예를 들면, '글로벌 거버넌스'의 경우 1999년 몬트리얼 메시지에 실려 있듯이, "시민사회단체, 유엔, 국가, 지방정부, 기업섹터"가 동참해서 세계화의 폐해를 바로 잡는 글로벌 거버넌스의 공동책임자가 된다(WOCSOC 1999). 이들 사이의 동등한 파트너십을 지칭하는 개념이 거버넌스라고 볼 수 있다.

이상과 같이 세계화, 민주화, 분권화를 시대배경으로 하는 거버넌스는 다음과 같이 국가 거버넌스의 8방 분산을 주요 특징으로 제시되고 있다. 〈그림 9-1〉를 살펴보면, 먼저 국가 차원에서는 기업과 NGO들도 거버넌스의 파트너로 동참해서 중앙정부와 정책결정의 권리와 의무를 공유한다고 볼 수 있다. 또 국제적 차원에서는 다국적기업들과 정부간 기관들 및 국제 NGO들에게 중앙정부가 독점적으로 향유해온 정책결정의 권한과 책임을 위임하게 되거나 이들의 영향력을 받게 된다. 또 지방적 차원에서는 지방자치와 분권화의 영향으로 지방기업들과 지방자치단체 및 주민단체들에게 국가적 거버넌스의 권력을 위임하는 추세에 있다. 국가 차원의 중앙정부의 거버넌스는 그야말로 8방으로 독점적 권한이 제한을 받으며, 8방으로부터

심각한 거버넌스 도전을 받고 있다.

4) 거버넌스와 시민사회

거버넌스 시대의 개막은 민주주의와 시민사회에 어떤 의미를 부여하는가? 거버넌스는 시민사회의 활성화를 조장하지만, 이는 거버넌스 제도권 내의 활성화에 한정된 것일뿐, 제도권 밖의 정치적 도전과 저항의 활성화를 의미하지는 않는다. 특히 다음과 같은 다섯 가지 주요 변화를 꼽을 수 있다(Bang & Dyberg 2000: 149-50).

첫째, 정치가 어떤 구체적인 영역에 국한되는 게 아니라 공식적이고 비공식적 요소들이 어우러지는 네트워크로 간주된다. 국가-시민사회, 공적-사적 구분이 중요한 게 아니라, 정치적-비정치적, 공적-사적 구분을 어떻게 하느냐가 더 중요해진다. 전통적으로 배제되었던 사적 행위자들과 집단들도 정책 이해당사자로 정책을 형성하고 결정하는 거버넌스에 개방적으로 참여한다. 개방적인 정치, 개방적인 정책참여가 특징적이다.

둘째, 국가의 대의민주주의와 시민사회의 참여민주주의의 구분이 모호해진다. 양자의 갈등보다 균형이 모색된다. 시민사회 대표들이 대의민주주의 제도의 거버넌스에 참여하고 대의민주주의 리더들이 시민과 시민사회의 참여에 호응하며 정통성 유지에 노력한다. "시민활동가와 사회운동은 정책프로그램이 형성되고 집행되는 거버넌스 네트워크에 참여하는 '전문가 시민'(expert citizens)으로 점차 변화하고, 또 전문가들은 일반시민들이 공공정책의 지식을 갖추고 책임을 가지도록 자치권력을 강화하는 역할을 한다"(p.150).

셋째, 효과성과 정통성 사이의 트레이드오프(tradeoff)도 별 의미를 제시하지 않는다. 정통성이 취약한 정권이 정책 효과성을 중시하는 경우와 정통성은 확고하나 정책 성과가 미약한 경우가 그것이다. 양자의 균형을 유지하는 일은 더 이상 국가와 시민사회 사이의 주된 관심사가 못된다. 대신 지도자, 고용자, 사용자들 사이의 대화와 협력을 더 중시한다. 이 때문에 국가의 효율적 키잡이 조정 역할이 약화된다. 시민참여는 국가에 정향된 정치화된 활동보다는 정체성의 모색과 지역사회 제도에서의 정치권력의 행사에 쏠리게 된다.

넷째, 일반시민 활동가들은 시민사회단체(NGO)의 전문화에 대응해서 자신들의 참여의 중요성을 강조한다. 시민의 참여활동은 시간이 허용되고 자신들의 관심과 자기개발의 필요에 의해 결정된다. 시민들은 때로는 공공선에 대한 의무이행을 거부하기도 하고, 때로는 사회변화와 개혁을 추구하는 정치공동체의 일원이 되려고 한다.

마지막은 보편적인 정치적 도덕성을 가진 민주적 시민의 비전이 점차 사라지는 것이다. 합리적 절차와 포괄적인 원리에 대한 일체감보다는 차이의 인정과 수용을 중시된다. 공공선의 이상은 공공관심의 일상으로 대체된다.

거버넌스의 시대의 개막으로, 정당과 의회 중심의 의제설정이 다른 사회기관들, 즉 미디어, 행정부, 이익집단, 시민사회단체, 다국적기업 등이 서로 다양한 이슈 네트워크에서 상호작용하는 조직들에 의해 주도된다. 그럼에도 의제설정 역할이 강화된 시민사회단체(NGO) 역할에는 한계가 분명하다. 시민사회가 정부와 제도권 등 체제에 대한 도전에서 일반시민의 삶의 질이 개선된다는 '저항정치' 논리는 거버넌스 시대에는 설득력을 잃게 된다. "사회운동과 자원조직들은 해방의 원천으로 평가되기가 어렵게 된다"(p.150).

2. 공공정책과 거버넌스

NGO는 제도권 밖의 도전과 저항을 떠나 제도권의 거버넌스 파트너 역할을 할 수 있는가? 정책과정에서 NGO는 어떤 역할과 기능을 수행하는가? NGO는 정책의 문제제기 단계부터 의제설정과 대안형성, 나아가 정책결정과 정책집행 등 정책과정 전반에서 뚜렷한 역할과 기능을 하고 있다는 것을 아래에서 살펴볼 수 있다.

1) 거버넌스 파트너 역할

먼저 거버넌스에서 NGO의 역할을 정리해볼 필요가 있다. 1999년 영국 수섹스(Sussex) 대학이 22개국의 전문가들을 초청해서 개최한 "시민사회와 거버넌스" 국제회의에서 정리된 회의 결과물을 참고해볼 만하다. 이 회의는 거버넌스에서 NGO의 역할을 1) 공공정책과 정책결정에 대한 기능, 2) 투명성과 정보 유용성의 제고, 3) 정부성과의 향상에 대한 기여, 4) 사회정의, 권익과 법의 지배에 대한 기여로 정리하였다(Manor 1999: 2-3).

시민참여의 채널

첫째는 정치와 공공업무에 시민들의 관심을 모으고 이들의 참여를 유도하는 기능이다. 전통적인 이익집단들은 자금력과 조직력으로 정책결정에서 영향력을 행사하지만 시민들은 정책결정에서 배제된 집단으로 NGO들이 시민의 참여를 확대시켜 이들의 이해와 관심사를 공공정책에 반영시키는 역할을 한다. 정부 정책결정권의 지방분권화가 추진되어 지역사회 차원에서 주민의 참여를 높이는 제도적 장치들이 선행되어야 한다.

정책과정의 투명성

둘째는 투명성과 정보유용성의 제고이다. NGO들은 정책결정과 집행에 관한 투명성과 정보의 유용성을 높여주며 거버넌스에 기여한다. NGO들은 입법, 프로그램과 정책의 집행 등에 필요한 정보의 발굴, 출판 및 보급활동을 하며, 공공정책의 추진에 대한 압력을 행사하고 투명성을 요구함으로써 소외층을 위한 권익주창 역할을 맡는다.

공공서비스의 효과성

셋째는 공공서비스와 재정지출의 질과 효과성을 높여주는 데 기여하며 '모범 거버넌스'(good governance)를 지향한다. 정책형성 과정부터 참여해서 재정과 집행에 이르는 모든 과정에 정부기관과 파트너로 활동하면서 정부의 성과를 높여주면서 동시에 시민의 욕구충족에 기여한다.

사회정의와 시민권리

넷째는 사회정의, 시민권리 및 법의 지배 차원에서도 '모범 거버넌스' 구축에 기여한다. 인권에 관한 기존의 법집행에 대한 압력의 행사뿐 아니라 새로운 인권과 정의 관련법안의 제정도 NGO들의 주요활동이 된다. 그 밖에도 일반시민을 위한 각종 변호활동, 민원청구 기능들도 여기에 포함된다.

2) 개발 거버넌스 역할

한편 '글로벌 거버넌스'의 필요성을 분권화와 NGO의 역할에서 찾고 있는 UNDP의 1993년 『인간개발보고서』(*Human Development Report*)는 개발분야 거버넌스에서 NGO의 역할을 네 가지로 구분한다. 권익옹호, 자치권력, 극빈층에 대한 접촉, 긴급구호 기능 등이 그것들이다(UNDP 1993: 10).

권익주창 기능

첫째는 권익주창(advocacy) 기능으로, NGO들은 인권, 여성, 토착민 등의 이슈에서 소외층의 권익을 대변하며, 정부와 국제기관들의 정책결정의 사고방식에 근본적인 변화를 갖다주는 역할을 한다.

소외층의 자치권력

둘째, 소외층의 자치권력(empowerment) 기능이다. 개발도상국에서 소외층 빈곤 등의 문제는 물자의 절대적인 부족의 문제라기보다는 물자의 불균등한 배분이 더욱 심각하다. NGO들은 소외층을 동원해서 정부에 대해 그리고 지역 엘리트에게 토지와 물자를 요구하며 자신들의 주권적 권력을 행사하는 중요한 역할을 수행한다.

극빈계층 접촉

셋째, 극빈계층에 대한 접촉이다. NGO들은 정부기관들이 미치지 못하는 극빈층까지 서비스를 제공해줄 수 있다. 농촌과 산림지역의 극빈층에 대한 정부서비스는 거의 미치고 있지 않은 것이 빈곤 국가의 실정으로, 이 서비스의 상당부분을 NGO들에 의존하고 있다.

긴급구호 기능

넷째, 긴급구호 기능이다. 난민 등의 긴급상황이 발생하면 정부와 국제기관들보다 NGO들이 더 신속하게 인도적 구호를 제공하는 역할을 맡는다. NGO들이 해당 지역에서 오랫동안 활동을 한 경우가 많아 지역사정에 더 밝고 지역주민들의 욕구파악 및 협력관계 유지에 전문능력을 갖고 있다(주성수, 서영진 2000: 26-7).

3) 정부의 책무성과 투명성 제고

위에서 지적했듯이 NGO의 역할은 정부가 책임있는 활동을 하며 또 그 활동이 투명하도록 감시하는 데 있다고 볼 수 있다. 오커넬(O'Connell 1994)은 시민사회와 NGO의 일차적인 주요기능은 정부가 정직하고 책임있는 역할을 하도록 감시하는 데 있다고 강조한다.

책무성 제고

'책무성'(accountability)이란 무엇인가? 책무성은 "누구를 위해 또는 누구를 대신해서 제도가 정책을 결정하고 집행하는지에 대한 명확성을 요구한다. 나아가 책무성은 누가 제도의 업무를 제한시키거나 승인하는 권력을 갖고 있는지에 대한 명확성을 요구한다"(Woods 1999: 42). 따라서 정보의 공개와 정책결정과 집행의 투명성 유지가 책무성의 전제조건이 된다.

책무성은 "공직자들이 자신들의 권력과 의무에 대한 재량권을 이해당사자들에게 답변하며 자신들에게 부과되는 비판 또는 요구사항들에 순응해서 행동하며 또 실패, 무능 또는 기만에 대한 (일부) 책임을 수용하는 것이다"(UNDP 1997: 1). UNDP(1997)는 책무성의 중요성에 대해 세 가지 차원으로 구분해 제시한다. 첫째는 공직자들이 책임성을 갖도록 규제하는 메카니즘은 정부 부처간의 관계와 같은 조직관계적인(interorganizational) 것이 될 수 있다. 둘째는 수퍼바이저와 하급공직자들 사이의 관계, 조직내적인(intraorganizational) 것이 될 수도 있다. 또 마지막으로 공조직과 그의 기능적 조직들이 고객이나 이해당사자들에게 직접적으로 답변하는 것, 조직외적인(extraorganizational) 것이 될 수도 있다. 따라서 책무성은 "공직자에 관한 이슈뿐 아니라 공직자의 정책결정의 본질에 관한 이슈들에 관련될 수 있다"라며, "책무성은 정보의 자유, 이해당사자들의 조직적 행동의 능력 및 법의 지배를 전제로 한다"라고 설명한다(p.1).

투명성 제고

'투명성'(transparency)이란 무엇인가? UNDP(1997)의 개념정의에 따르면, "투명성은 정보의 자유로운 흐름에 기초하는 것으로, 과정, 제도 및 정보가 이것들에 관심을 갖는 사람들에게 직접적으로 접근가능한 것이 되어야 하며, 또 그것들을 이해하고 모니터하기 위해 충분한 정보가 제공되어야 한다"(p.7). 또 OECD(1998: 39)는 투명성이 "정부정책이 갖는 장기적인 환경, 사회, 경제적 의미에 관한 적절한 정보와 정보에 대한 접근을 의미한다"라고 지적한다. 또 투명성은 한편으로는 정치인들과 고위 공직자들이 누가 정책결정에 투입을 제공했거나 영향을 미쳤는지에 대한 지식을 포함해서 정책결정에서 이용되는 과정에 대한 명확성을 의미하며, 다른 한편으로는 정책결정 이전에 있었던 문제의 정의와 대안의 고려 과정에 대한 지식을 갖고 있는 것을 의미하는데, 이는 이해당사자들과 일반시민 사이에 정책토의를 조장하는 중요성을 지적한다(p.40).

사실 정부의 투명성과 책임성에 대한 감시활동이 NGO의 일차적인 활동목표가 된다. 여기에서 투명성은 다음과 같은 서로 구분되는, 다섯 가지 측면들이 있다(OECD 1998: 40).

① 정책결정에 대한 광범위한 공개(출판),
② 정책결정에 대한 분명한 설명,
③ 정책결정에 투입을 제공한 사람의 신상공개,
④ 투입의 내용에 대한 공개,
⑤ 정책결정 이전의 문제정의 및 대안고려에 관한 공개.

부패방지와 내부고발

'모범 거버넌스'의 전제조건이 되는 부패방지에서 NGO들이 중추적인 역할을 맡는다. 국제투명성본부(Transparency International 1996)는 "권력이 중앙정부로부터 지방정부로 이양됨에 따라 부패의 기회가 시민사회와 더욱 직접적으로 접촉하는 새로운 행위자들로, 즉 아래로 옮겨간다"라고 지적하면서, 이는 "공직자들의 활동을 모니터링을 하고 현장검색을 하고 뒤를 캐고 하는 시민사회의 능력이 시민사회가 지방이슈들에 대한 밀착성과 친근성 때문에도 향상되고 있다는 것을 의미한다"라고 설명한다.

또 글로벌 거버넌스 위원회(CGG 1999)는 정부와 국제기관들이 NGO의 거버넌스 참여로부터 얻는 혜택에 대해 다음과 같이 설명한다.

> 독립적인 단체들은 언론과 공조하면서 정부, 국제기관, NGO 3대 영역에서 불법행위나 무능력에 대해서 그리고 부상하는 정책이슈들에 대한 관심의 유도에서도 결정적인 '내부고발자'(whistle blower) 기능을 할 수 있다. 일부 관

리들은 이것을 당장 성가시거나 괴롭히는 것으로 생각할 지 모르지만 장기적으로 이런 과정은 더욱 건강하고 생존가능하며 더욱 호응적인 제도를 만들어주는 자기교정과 정기적 조정을 위한 메카니즘을 제공해줄 수 있다… 시간이 지남에 따라 이런 독립적인 모니터링 과정은 공공기관이나 시민단체들의 정통성뿐 아니라 효과성을 향상시켜주는 듯하다. 활성적이고 독립적이며 역동적인 시민사회의 방해받지 않는 발전을 조장해주고 또 상호존경과 자연스러운 노동분담에 기초한 긴밀한 관계유지를 구축하는 일은 국민정부와 국제기관들의 장기적인 이해증진이 된다.

4) 정책과정에 대한 기여

이상과 같은 기본적인 조건들을 갖춘 NGO들은 공공정책 결정과정에 실질적인 파트너로 참여하게 된다. 정부의 정책파트너가 되면 어떤 역할을 하는가? NGO는 입법 자문, 정책혁신, 효율성 제고 등으로 정책형성에 기여한다고 볼 수 있다(Kimball 1997: 1-3). 나아가 국제사회에서도 NGO는 다양한 방법으로 참여해서 적지 않은 영향력을 행사하고 있으며, 이는 NGO가 갖고 있는 자원, 즉 전문지식과 여론동원 능력, 그리고 실행능력을 통해 행사된다(Simmons 1998: 83).

의제설정과 입법자문

'의제설정'이란 사회의 주요 관심사가 되는 문제에 대한 여론의 조성 또는 공론화의 과정이다. 여기에서 NGO들은 정부의 정책결정자들이 시민사회가 요구하는 이슈에 관심을 갖도록 하고, 이를 공식적인 의제로 설정하도록 하는 역할을 한다. 한국에서는 그간 동강댐건설, 새만금 사업, 러브호텔건설, 국민기초생활보장, 육아와 보육 등 다양한 정책들이 NGO들의 지속적인 요구와 압력에 의해 의제로 설정되고 공공정책으로 결정되고 집행되었다.

또 NGO는 정책의제에 대한 전문지식을 제공해주며, 특정 문제에 대한 이해부터 조사와 연구, 대안개발 등에 실질적인 입법자문을 제공해준다. 많은 국가에서 NGO들은 입법청원 형식으로 전문화된 정책의 입법화를 제안하는 역할도 수행한다. NGO들은 입법제안뿐 아니라 입법을 위한 토론회, 청문회 등 공식화된 정책개발 및 토의과정에서 중요한 참여자로서 역할을 수행한다.

창의적인 정책제안

둘째, NGO들은 창의적인 정책의 도입을 제안하는 역할을 한다. 소비자, 의료, 환경, 노동, 여성, 사회복지 등 다양하게 전문화된 영역에서 정부는 새로운 창의적인 정책개발의 역량을 발휘할 수 없는 한계에 이르렀다. 정부가 적은 돈으로 많은 일을 하기를 바라는 어려운 시대적 상황에서 시민들은 정부보다는 NGO의 역할을 더 신뢰하고 있는 실정이다. 그럼에도 NGO들이 창의적인 정책을 제안할 수 있기 위해서는 무엇보다도 전문지식과 영향력의 확보가 전제되어야 한다.

갈등조정과 소외층 대변

셋째는 사회적 갈등의 조정과 협력 창출의 역할이다. NGO는 이익집단간의 또는 지역주민 등의 집단이기주의 문제에 적절히 개입해서 조정과 협력을 이끌어냄으로써 원만한 정책의 도입 또는 집행에 도움을 준다. 의약

분쟁 당시의 NGO의 중재역할, 쓰레기 하치장이나 폐기물시설 건설을 두고 지방정부와 주민 사이에 벌어지는 대립에 NGO가 개입해서 정책결정과 집행에 적지 않은 도움을 준 사례들은 무수하다. 물론 NGO가 개입해서 정부의 정책결정과 집행을 방해하는 경우도 있다. 이 경우 정책과정이 NGO와 시민참여에 폐쇄적이었거나 충분한 토의와 합의에 의한 '정책 거버넌스'를 갖추지 않고 정부의 일방적인 입장을 강행함으로써 빚어지는 경우가 많다. 한국의 핵폐기장 건설이 1980년대 말부터 부안군 사태에 이르기까지 지역 주민들과 NGO들의 강력한 반발 투쟁에 부딪혀 전혀 해결의 실마리를 찾지 못한 것도 따지고 보면 지역주민들의 참여를 무시하고 정부의 일방적인 정책결정과 집행에 따른 결과로 평가할 수 있다. 현대 민주주의가 일부 막강한 조직력과 자금을 가진 이익집단들의 독점 내지는 횡포에 휩쓸리는 위험성을 갖고 있는 상황에서, NGO들은 소외층과 불이익계층을 대변하거나 대표해서 이들의 이해가 정책에 반영되도록 하는 사회정의를 구현한다.

정책 정당성 인정

넷째는 '정당성 부여'의 역할로, NGO가 정부의 정책을 비판하고 반대하는 입장에만 서는 게 아니라는 것을 보여준다. NGO는 공론화와 대중적 지지동원을 통해 정부나 공공기관의 정책결정 및 집행이 적절하다고 판단해서 이를 지지함으로써 그 실효성을 증대시킨다. 많은 정부기관들이 정책과정에 NGO 대표를 주요 이해당사자로 참여시키고 있는 이유 중 하나가 공공정책에 대한 정당성 확보라고 볼 수 있다.

정책 효율성 제고

다섯째, NGO들은 공공정책이 적은 돈으로 많은 효과를 거둘 수 있도록 하는 효율성 제고에 기여한다. 정부가 직접 하는 일보다 NGO들이 정책집행의 책임을 맡는 경우 상당한 비용이 절감되며 효과도 높아진다는 많은 경험적 사례들이 있다. 또 정책결정 과정에서 정부중심의 일방적인 결정으로 집행되는 경우보다 NGO들이 시민과 이해당사자들을 대신하거나 대표해서 정책결정에 참여해서 결정한 정책이 더욱 순조롭게 집행될 수 있으며, 시민과 이해당사자의 협조를 구하며 집행되기 때문에 많은 비용을 절감하게 된다.

5) 정책집행과 공공서비스 제공

한편 NGO는 정책집행 측면에서 정부를 대신하거나 보조하는 역할, 특히 공공서비스의 제공 기능을 담당한다. NGO의 서비스제공 기능과 그에 따른 문제점들은 아래와 같이 여덟 가지로 나누어 정리될 수 있다(Clayton et al. 2000; UNRISD 2000a: 2-3).

빈곤층 접근

첫째, NGO는 빈곤층에 접근하는 데 성공했는가? 일반적으로 빈곤층에 대한 서비스 제공에서 정부보다 NGO가 더 효과적인 역할을 한다. 그럼에도 정부의 역할에 비해 일부 인구층에 대해 서비스 제공을 하는 한계가 있다. NGO의 역할이 일반시민에게 확대되어야 하는 문제가 있지만, NGO의 활동이 지역사회에 기반을 두는 특성 때문에 일반시민을 대상으로 하는 활동의 한계는 분명하다.

서비스의 질

둘째, NGO가 제공하는 서비스의 질은 어떤가? NGO에 대한 지원을 확대하면 서비스 질이 높아지는가? 이에 대해서는 글로벌 차원의 일반적인 확증은 없고, 대조적인 사례들이 제시되고 있다. 시각장애인 등 소외층을 위한 전문화된 서비스 제공에서는 서비스의 질적 향상을 갖다준 사례들이 많다. 즉, 정부가 해서는 안되고 잘 할 수도 없는 일부 전문영역에서는 NGO의 기능과 역할이 양질의 서비스 제공을 하게 된다. 그렇지만 NGO의 전문영역이 아닌 다른 일반 영역에서는 정부가 제공하는 서비스의 질이 더 높다는 사례들도 있다.

효율성과 비용효과성

셋째, NGO의 서비스 전달은 효율적이고 또 비용효과적(cost effective)인가? 일반적으로 정부보다는 효율성과 비용효과성이 높다는 인식이 있지만 이를 객관적으로 증명하기란 어려운 일이다. 일반적으로 '규모의 경제'를 고려하면 소규모 서비스에 치중하는 NGO보다는 대규모 서비스를 다루는 정부의 서비스 제공이 더 효율적이다. 그렇지만 불필요한 절차(red tape), 미약한 창의력 등의 '관료화' 측면을 고려하면, 정부의 서비스 전달이 NGO에 비해 효율적이거나 비용효과적이라고 단언할 수도 없다.

지속가능성

넷째, NGO활동은 얼마나 지속가능한(sustainable) 것인가? NGO는 일반적으로 정부, 원조국, 국제사회 등의 원조, 프로젝트 지원에 크게 의존하기 때문에 활동의 지속가능성이 취약하다. 일부 지원기관들이 이용자부담 방안을 제시하지만, 이는 소외층 지원이라는 NGO의 활동목표에 배치된다.

정부 전달체계 연계

다섯째, NGO의 서비스 전달과 정부 서비스 전달은 서로 어떻게 연계되는가? 서비스 전달자로서 NGO의 취약점은 국가 또는 지역 차원에서 포괄적인 전달체계 역할을 수행하지 못한다는 점이다. 따라서 전문화된 서비스 이외에 일반적인 서비스 전달에서 NGO 전달체계는 정부의 전달체계에 종속되는 하위 전달체계 역할을 수행할 수밖에 없다. 이런 공공서비스 대리점으로 NGO의 위상은 NGO의 자율성을 훼손하며 정체성 문제를 야기하는 심각한 사안이다. 미국의 많은 비영리 NGO들이 이런 문제들을 안고 있다(제10장 3절 참조).

정부 용역기관 변화

여섯째, NGO 서비스 전달 용역사업의 동향은 어떠한가? 과거에는 NGO 자율적인 서비스 제공 역할이 많았지만 이제는 정부나 지원기관의 요청에 호응하는 서비스 제공이 점차 늘고 있다. 정책형성 과정에서 자발적 참여조직으로서 역할보다는 용역기관 역할을 하며 NGO의 투입(input)이 감소되고 있다. 이는 NGO의 일차적인 기능이 되는 '권익주창' 기능의 약화에 따른 정체성 문제를 제기한다(제10장 2절 참조).

입법에 대한 영향

일곱째, NGO에 관한 정부의 입법이 미치는 영향은 무엇인가? NGO의 서비스 제공이 점차 증가되면서 NGO를 규제하는 긍정적인 '일출효과'(spillover effect)가 발생한다. 정부가 NGO 활동의 규제 완화를 통해 NGO의 정치활동의 공간을 확대시켜줄지는 아직 분명하지 않다(제10장 2절 참조).

정치적 영향력 확대

여덟째, NGO의 서비스 제공 역할이 확대되면 아울러 지역사회에서 이들의 정치적 영향력이 확대되는가? 이 문제는 서비스의 질, 서비스전달 실적 등에 밀접히 관련된 문제로 NGO의 전문성과 책무성 제고 과제가 된다. 한국에서 최근 지역사회 문제해결에 효과적인 활동을 하는 NGO들이 지방정치에 차츰 진출하는 추세를 주목해볼 만하다(주성수 2017a: 298-304).

3. NGO 역할의 조건과 한계

NGO는 이상과 같은 주요 역할과 기능을 수행하지만 정부의 입장에서는 NGO가 정책파트너로 참여하기 위해서는 몇 가지 기본적인 요건을 갖춰야 한다. 또 전통적인 정책 이해당사자인 정당, 기업, 노조, 이익집단 등과 수시로 대립하거나 경쟁을 해서 시민의 공익을 정책에 반영시키기 위해서는 NGO는 전문성 제고 등의 과제를 안고 있다.

1) 정책 파트너 역할의 조건

정부가 NGO를 거버넌스의 파트너로 필요로 하는 이유는 몇 가지가 있다(Richards & Smith 2002: 173). 첫째는 정통성인데, 정부정책이 집행되는 교육, 의료, 복지 등 주요 영역의 NGO들로부터 정책의 정당성을 인정받는 것이 무엇보다도 중요하므로 정부는 NGO의 요구에 경청하게 된다. 둘째, 교육, 의료 등 전문화된 영역에 대한 NGO의 전문지식과 자문을 정책결정의 투입으로 필요로 한다. 셋째, 정부가 집행부서를 무수하게 조직하지 않는 한 집행에 필요한 지원을 확보하기 어렵기 때문에 NGO의 지원을 필요로 한다. 넷째, 정부는 사회질서의 유지를 위해서도 안정적인 NGO의 도움을 필요로 한다.

나아가 NGO가 정부정책에 실질적인 영향력을 행사하기 위해서는 몇 가지 조건들이 충족될 필요가 있다. 그것들은 NGO의 존재, 지식, 접근, 영향력이다(UNRISD 2000: 3-4). 이것들은 NGO의 존재 자체가 갖는 정당성, NGO가 정책형성에 제시하는 전문성, NGO가 시민과 정부를 연결시켜주는 중개능력, 그리고 일의 성취력으로 나타나는 효과성이다. 이것들을 시비쿠스(CIVICUS)가 추진하는 시민사회지표(Civil Society Index)의 네 가지 구성에 비유해 볼 수도 있다. 한 국가의 시민사회지표는 시민사회(NGO)가 자율적으로 활동할 수 있는 구조, NGO 활동을 지원하는 사회정치적 환경, NGO 활동을 지지하는 사회적 가치, 그리고 NGO 활동으로 생산되는 민주적 효과가 그것들이다(제6장 4절 참조).

NGO의 존재 인정

첫째, NGO는 법적으로 또는 사회적으로 존재가치를 인정받아야 한다. 일부 국가들에서는 NGO의 설립과 활동에 관한 법을 두고 있고, NGO 활동에 필요한 재정지원을 하기 위한 법과 정책을 제도화 해둔 경우가 있다. 또 시민들이 NGO의 존재가치와 NGO 활동에 대한 지지와 회비납부와 자원봉사활동 등의 기여가 뒷받침되어야 한다. 그렇게 될 때만이 정부는 NGO를 정부정책을 조언하거나 중요한 파트너로 인정할 수 있게 될 것이다.

NGO의 전문성 제고

둘째, NGO들은 기본 지식과 정보를 갖추어야 한다. NGO들이 활동 대상 또는 영역에서 일어나는 기본적인 현황과 문제점뿐 아니라 그에 대한 합리적인 대안을 제시할 수 있는 역량이 필요하다. 정부에 비해 NGO들이 갖고 있는 장점은 지역사회 현지에서 일어나는 문제에 밝고, 지역주민의 문제와 욕구를 잘 파악하고 있다는 점이다. 예를 들면, 세계의 많은 분쟁지역에서 UN평화유지군이 현지에 파견되기 전에 그곳에서 장기간 활동해온 NGO들의 조언을 많이 참고한다. 따라서 최근 세계은행의 무수한 개발 프로젝트에 NGO들이 프로젝트 기획단계부터 참여해서 전문지식을 제공하고 조언하는 일이 점차 늘어나고 있고, 세계은행(2000c)은 이런 장점들 때문에 NGO를 개발정책의 중요한 파트너로 인정하고 있다.

NGO의 접근 수단

셋째는 '접근'으로, NGO가 시민과 정부를 연결시켜주며 양측의 중개 역할을 하는 중요한 기능이다. 바꿔 얘기하면, NGO들이 정부정책에 더욱 실질적인 영향력을 행사할 수 있기 위해서는 정부의 정책결정에 대한 접근 기회를 확대시켜야 한다. 정부기관의 형식적인 자문역할보다는 정책결정의 주요 참여자로 활동할 수 있는 정부의 입법, 행정부에 대한 접근의 기회가 확대되어야 한다. 동시에 시민에 대한 접근의 기회가 최소 수준에서 확보되지 않으면 시민의 지지뿐 아니라 정부에 대한 접근의 기회도 확보될 수 없다. 이런 점에서 언론을 활용할 수 없는 NGO들은 시민뿐 아니라 정부정책에 대해서도 최소한의 접근기회를 얻지 못하고 활동이 정체될 수밖에 없다.

NGO의 성취력

마지막으로 '영향력'은 NGO 활동의 성취력에 관한 것이다. NGO들은 자신들이 하는 활동을 통해 지적 설득력, 정치적 영향력 또는 재정적 역량을 달성할 수 있을 때 정책과정에 중요한 파트너로 참여할 수 있다. NGO들의 주요 활동이 문제제기 수준에 쏠려 대안제시 능력을 갖지 못하는 경우, 지적 설득력과 정치력 역량을 확보하지 못할 것이다. 또 시민의 회비납부로 재정자립을 갖출 역량이 부족하면, 정부와 기업에 의존해서 자율성을 침해받고 정부의 정책파트너로 인정받지 못하게 된다.

2) NGO의 투명성과 책무성

또 중요한 쟁점은 NGO 자체의 투명성과 책무성에 관한 것이다. NGO들과 함께 활동하는 기관, 기구들이 "적절한 책무성과 평가 메카니즘"을 확립해야 한다는 목소리를 높이고 있는 것이다(UNGA 1999). NGO들의 활동 또한 일정한 성과를 평가받아 더욱 책임있는 활동을 해야 하는 필요성이 강조되고 있다. "자체 모니터링을 통해서 그리고 언론과 공공 감시단체들의 완전한 정밀조사를 수용함으로써, 시민사회는 정부와 국제기관들로부터 원하지 않는 방해를 회피하는 최상의 기회를 갖게 된다"(CGG 1999).

NGO의 투명성

NGO의 책무성과 투명성에 대해서는 글로벌 거버넌스 위원회의 보고서(CGG 1999)가 몇 가지 중요한 측면들을 지적한다. 일반적으로 NGO들은 정부들과 기업 등의 사부문에 대해 지속적으로 가혹한 입장을 견지하고 있는데, 이런 태도로는 글로벌 거버넌스의 주체적 행위자로 참여하기 어렵다는 지적이 있다. 글로벌 거버넌스 위원회는 1995년 보고서, 『우리의 글로벌 이웃』(*Our Global Neighborhood*)에서, "NGO 섹터는 엄청난 규모의 단체들을 포함하고 있는데, 이들 모두가 구조상 민주적인 것들도 아니며 또 참여에서도 광범위한 대표성을 띠고 있는 것도 아니다"라고 지적한다.

글로벌 거버넌스 위원회의 1999년 보고서(CGG 1999)는 다음과 같이 강조한다.

> 자신들의 내부 관행이 민주적이지 않고 자국의 일반적 의견을 대표하지도 않는 시민단체들은 정부와 국제기관들이 충분히 민주적이지 않거나 호응적이지 않다며 비난할 수 있는 이상적인 위상을 갖추기 어려울 것이다. 정부기관이든 NGO이든 정치과정에서 제역할을 하려면 모두가 완전하게 신뢰를 받을 만하며 책무성을 가져야만 한다. 어떤 실수가 발생하게 되면 모든 이해당사자들이 공동으로 책임을 분담해야 할 것이다.

또 글로벌 거버넌스 위원회(CGG 1999)는 NGO들의 정부에 대한 재정 의존에 대한 경계와 재정적 투명성을 강하게 요구한다. NGO들이 정책 관련 후원 또는 로비활동을 수행하면서 정부와 국제기관들로부터 재정 또는 물질 제공을 받게 되면 독립성과 자율성이 침해된다며 특히 경고한다. 또 NGO들의 재정적 투명성을 확보하기 위해서는 시비쿠스(CIVICUS) 등의 공인단체가 자금출처와 사용의 적절성에 관한 '윤리강령'을 개발, 적용하는 것도 바람직하다고 권고한다.

특히 NGO들이 자국 정부와의 관계에서 지나치게 재정적으로 의존하는 것을 경계할 필요가 있다는 것이 글로벌 거버넌스 위원회의 지적이다.

최근의 국제형사재판소와 대인지뢰금지 두 사례에서처럼 NGO들과 정부 대표들 사이의 관계가 개선되고 있지만, "이같은 시민사회와 공공경계선을 넘어서는 상호협력은 시민사회의 독립성과 신빙성이 타협되지 않는 한도에서 환영할 만한 것이다." 글로벌 거버넌스 위원회(1999)는 "정책관련 권익 주창 활동이나 로비활동을 하는 NGO들이 정부나 국제기관으로부터 재정 또는 물질 지원을 받게 되면 자신들의 독립성이 불가피하게 의문시될 수 있다"라는 점을 지적해준다.

NGO의 책무성

정부와 기업에 대해 책무성과 투명성을 강력히 요구하는 만큼 NGO 자체도 책무성과 투명성을 갖춰야 하는 견제를 받고 있다. 사실 NGO의 존재이유는 정부와 기업이 각기 시민과 소비자에 대해 책무성과 투명성을 갖추도록 하는 활동에서 찾을 수 있다. 국제전문학자 우즈(Woods 1999: 45)는 "NGO들은 광범위하고 일반적으로 규제를 받지 않는 단체들의 스펙트럼으로 일부는 정당하며, 일부는 자기만족적이며 부패해 있기 때문에 모범적 거버넌스 기준에서는 NGO들 스스로가 책무성과 모범적 거버넌스의 기준에 종속될 필요가 있다"라고 지적한다.

세계은행의 연구용역을 수행했던 국제비영리법센터의 평가보고서는 세계 각국의 NGO 관련 법과 제도를 분석한 결과를 제시해준다. 이 보고서는 "일부 국가들은 NGO들이 일단 설립하게 되면 이들에 대해 전혀 또는 거의 수퍼비전을 하지 않는다. 이것은 바람직한 관행이 아니다"라고 꼬집는다(World Bank 1997: 67). 또 "NGO 섹터에서 부정행위와 오용은 가능하며 법에 대한 위반행위들이 방지되고 최소화되기 위해서는 감시가 필요하다"라고 지적한다(p.67). 나아가 다음과 같은 설명이 이어진다(p.67).

NGO들이 비교적 쉽게 설립되는 데에 대한 기본적인 대가는 책무성과 투명성이다. 법인의 자격을 쉽게 인정하는 법의 보호에 대한 대가로 기존의 제도화된 NGO는 일반인들이 NGO의 운영과 활동에 대해 갖게 되는 정당한 관심에 적절한 서류보고 요건들과 법의 엄격한 시행을 수용해야만 한다.

그렇다면 NGO들은 누가 또는 어떤 일에 대해 책무를 갖는가? 이에 대해 국제비영리법센터는 세 가지로 구분해서 지적한다. 아래와 같은 '책무성'을 확보하기 위해서는 "모든 NGO들은 회계장부를 공개해서 일반인의 감시를 받아야만 한다"라는 지적이 강조된다(pp.66-7).

① 재정적 책무성: NGO의 재정이 적용가능한 기준에 따라 사용되었는지에 대한 책무.
② 수혜층 책무성: NGO들이 제공하는 각종 서비스 또는 활동의 수혜층에 대한 책무.
③ 일반인 책무성: 직접적인 수혜층은 아니지만 NGO 활동에 어떤 형태로든 영향을 받는 시민에 대한 책무.

3) NGO의 한계와 정부의 역할

이상과 같은 투명성과 책무성의 과제뿐 아니라 NGO 역할의 근본적인 한계에 대해 정리할 필요가 있다(Wigglesworth & Kendall 2000: 2).

첫째는 비호응성(unresponsiveness) 문제이다. NGO는 시민의 정당한 요구에 호응할 수 있는 한계가 분명하다. 시장(기업)은 소비자에 대해, 국가(정부)는 유권자이자 납세자에 대해 분명한 호응성을 갖게 되지만, NGO는 일반시민에 대한 호응성이 미약하다.

둘째는 아마추어리즘(amateurism) 문제이다. 샐러먼(Salamon 1995)이 지적했듯이 이 문제는 제3섹터(시민사회)가 안고 있는 속성이기도 하다. 이와는 정반대가 되는 지나친 전문화 문제는 일반시민의 참여가 배제시키고 전문가 중심의 '권익주창' 활동을 하는 한계를 보여준다.

셋째, 특정성(particularism) 문제는 앞에서 공공서비스 제공에서 지적되었던 문제로, NGO 활동은 광범위한 커뮤니티 또는 사회에 보편적으로 적용되거나 서비스를 공급하지 못하고 특정 지역 또는 특정 이해에 초점을 맞추는 한계가 있다.

넷째는 고질적인 재정자립의 문제가 있다. 이는 샐러먼이 지적한 '자원섹터 실패'의 한 측면이다.

마지막은 앞에서 지적한 NGO의 책무성 문제이다.

그럼에도 한 가지 유의해야 할 사항은 정부의 적절한 역할에 관한 것이다. 정부는 NGO에 대한 책무성과 투명성을 강화한다는 이유로 개입해서 NGO의 자율적인 활동을 방해하거나 지나치게 규제함으로써 오히려 시민들로부터 정부의 정통성에 훼손을 입게 된다는 한계를 분명히 해야만 한다(World Bank 1997: 36, 68). 가장 바람직한 것은, NGO 스스로가 자체 감사를 강화해서 정부로부터 지나친 간섭과 규제를 미연에 예방할 수 있는 자치력을 강화하는 방향일 것이다. 또 연구기관의 평가와 언론의 감시와 견제 역할도 경시될 수 없다. 국제비영리법센터의 연구가 세계 주요국의 사례분석을 통해 지적했듯이, NGO 섹터가 더욱 성숙할수록 NGO 관련법의 내용은 더욱 복잡해지며 동시에 NGO 스스로의 자체 감사도 강화되는 것이다(World Bank 1997: 99).

정부는 NGO의 설립뿐 아니라 활동에 필요한 환경을 조성해볼 필요가 있다. 다음 여섯 단계는 민주주의 발전을 위한 전제조건으로 정부의 NGO 활동에 대한 지원 역할로 제시할 수 있다(Hundewadt 1995: 12).

① 보편적 인권선언의 제19조와 20조에 기초해서 정부는 헌법에 표현의 자유, 집회의 자유 및 결사의 자유를 보장해야 한다.
② NGO들이 명확하고 건설적인 역할을 하는 로비활동을 민주주의 발전에 중요한 활동을 인정하는 정치적 환경을 조성할 필요가 있다.
③ NGO들은 자신들의 법률적, 정치적, 경제적 기초에 영향을 미치는 헌법과 법률 제정 과정에 적극적으로 참여하는 자치권력을 갖출 필요가 있다.
④ 정부는 NGO들이 자율적으로 활동할 수 있는 입법적 기초를 제공해주어야 한다.
⑤ NGO들이 다양한 법률적 기초를 선택할 수 있는 기회가 주어져야 한다. NGO 등록은 기능적인 필요가 없으면 강제해서는 안된다.
⑥ 정부는 NGO의 특성과 역할에 대해 충분히 인지하고 NGO와 정치 분야 사이의 건설적인 대화를 위한 기초사항들을 마련할 필요가 있다.

4) 변혁의 주도 역할 과제

그렇다면 NGO는 위와 같은 역할을 제대로 수행할 수 있는 역량을 갖고 있는가? 거버넌스 시대에 들어서면서 NGO가 정부와 시장과 어깨를 나란히 할 수 있을 정도의 권위와 정통성을 갖춘, 더욱 발전적인 사회세력으로 발전할 수 있는가? 에드워즈(Edwards 2000: 4-9)는 이런 지적과 함께 NGO와 시민사회의 발전과제를 "캠페인 슬로건에서 변화의 주도세력으로" 꼽는다. 그가 지적하는 한 가지 사례는 자유무역에 대한 찬반 논쟁으로 NGO들이 일방적으로 반대하는 자유무역의 폐해가 만약 폐해보다는 더 많은 혜택을 주는 것으로 장래에 확인된다면 NGO들은 이에 대한 책임을 어떻게 감당할 것인가 문제이다. 그에 대한 대가는 NGO들이 아니라 농민 또는 일반 소비자들이 떠안게 된다는 지적이다. 즉, NGO들이 주창하고 로비활동을 하는 일 등에 대해 "정당한 근거가 있는지, 실험되고 또 비판되는" 그런 문제가 제기되고 있다.

에드워즈는 기업이나 정부가 NGO와 경쟁하는 경쟁자로 볼 때, 이들이 자신들의 정책을 지지하는 지지세력을 확보하려는 경쟁에서 NGO들도 더욱 전문성을 갖추고, 더욱 확실한 대안을 제시하면 책임있는 변화의 주도세력이 될 것을 제안한다. 그는 "맹목적인 반대의 정치" 시대가 저물면서, NGO들이 취할 수 있는 건설적인 선택은 "고정화된 결과에 대한 단순한 로비활동보다는 대화의 과정을 지지하는 데 목표를 두는 '협약' 전략"으로 기본전략을 바꾸는 것이라고 주장한다(pp.8-9). 그렇게 함으로써 "NGO들은 자신들의 의제에 거의 존재하지 않았던 정책개혁을 위한 공공 지지세력 구축이라는 분명한 기반이 되는 차원으로 발전할 것이다"(p.9). 또 이런 변화가 캠페인이나 저항세력으로 파워행사를 포기하라는 의미가 아니라 전통적인 권익주창과 중장기적인 사회개혁과 정의실현 사이에 균형을 갖추며, 이를 구체적으로 추구하기 위해 "공공 커뮤니케이션의 새 기법과 역량을 광범위하게 개발하며, 무역과 노동시장의 현안에서 더욱 다면적 위상을 개발, 표출하는 데 도움을 구하는 학계, 싱크탱크, 노조, 기타 단체들과의 관계개선이 필요하다"라는 지적이다(p.9).

결국 새 밀레니움 시대의 시민사회와 NGO의 활동은 그 어느 때보다 혁명적인 변화의 추세에서 활성화되고 있고, 또 그만큼 확대, 발전됨에 따라 일정한 책무성과 투명성의 요청을 받고 있다. 즉, 이제 NGO 활동은 활성화 단계에서 내실화 단계로 업그레이드를 하는 질적 발전의 과제가 시대적 요청이 되고 있다.

4. 사회혁신의 파트너십

1) 영국의 컴팩트(Compact)와 '사회적 가치' 법

정부와 시민사회의 컴팩트(Compact)

영국은 1998년 정부와 시민사회를 대표하는 영국 총리실과 영국 전국시민사회연맹(NCVO)이 공익증진을 위한 세기적인 컴팩트를 체결해, 시행해오고 있다. '컴팩트'(compact) 또는 협약이기 때문에 법적 구속력이 없지만, 실제로는 정부의 정책과 제도 그리고 관련된 법률의 제정 등으로 제도화된 특징이 있다. 시민사회 또한 정부와의 협약을 실천하는 실행 계획을 매년 정부와 공동으로 수립해, 추진하며 추진과정을 모니터링하며, 추신 결과를 공시해 알리면 국민의 공신력을 얻고 있다. 총리실에는 '시민사회부'(Office of Civil Society)가, 영국전국시민사회협회에는 컴팩트 보이스(Compact Voice)가 각각 컴팩트 운영의 책임을 맡고 있고, 정부측은 중앙부처 대부분이 참여해 위원회를 조직해 컴팩트 공동계획안 수립과 집행의 책임을 공유하는데, 부처마다 컴팩트 전담관(Compact lead)을 두어 컴팩트 기획과 집행의 책임을 부여한다. 또 전국의 지자체들도 거의 예외없이 자발적으로 '지역 컴팩트'를 제정해 지자체와 지역 시민사회 사이의 협약을 중앙 차원과 같은 방식으로 공동계획 → 실행 → 점검 → 평가 → 공시 시스템을 갖추고 있다.

2009년에 개정되어 현재 유지되고 있는 컴팩트의 전문을 소개하면 아래와 같다. 먼저 5대 목표를 설정해 정부와 시민사회조직(CSO)이 공동으로 실천할 것을 선언한다.

영국의 '사회적 가치' 법

영국에서는 2013년 1월부터 공공서비스(사회적 가치) 법(Public Service (Social Vaue) Act)이 시행되었다. 또 시민사회가 생산하는 사회적 가치의 중요성을 인정해 '사회적 가치법'으로 시행하는 영국의 사례를 살펴보면(표 9-2), 시민사회의 사회적 가치 증진을 정부의 공공정책과 서비스 공급의 혁신에 활용하는 국정 철학을 엿볼 수 있다. 법이 시행되면서 모든 공공기관

표 9-1 영국의 정부-시민사회 컴팩트(Compact)

정부와 시민사회조직(Civil Society Organisations: CSOs) 사이의 효과적인 파트너십은 다음의 결과를 달성하는데 기여한다.

1. 강력한, 다양한, 독립적인 시민사회
2. 공공정책, 프로그램, 공공서비스의 효과적이며 투명한 디자인과 개발
3. 호응적인, 고품질의 프로그램과 서비스
4. 프로그램과 서비스의 변화를 관리하는 분명한 제도적 마련
5. 평등한, 공정한 사회

이상의 결과를 달성하기 위한 정부와 시민사회조직은 다음을 실천한다.

1. **강력한, 다양한, 독립적인 시민사회**

1) 정부측 실행

1.1 정부는 CSO와의 재정적 관계나 다른 모든 관계에서 캠페인 활동을 포함한 미션을 수행하는 CSO의 독립성을 존중하고 진흥시킨다.

1.2 CSO들이 정부의 목표 수행에 도움을 주는 활동에서 합리적이고 공정하게 지원을 받고 자원을 제공받도록 보장한다.

1.3 정부는 집합적으로 (총리실을 통해) CSO들이 긍정적 결과를 생산하는 역량과 능력을 갖추도록 지원하기 위해 국가 및 지역의 지원과 개발 조직들이 자원을 제공할 필요성을 인지할 것을 보장한다.

1.4 정부는 데이터와 정보에 대한 접근을 확대시켜, CSO들이 기존의 서비스 제공에 새로운 변화를 일으키고 새로운 시장에 접근하며 정부의 책무성을 제고하는데 도움을 줄 것을 보장한다.

1.5 정부는 국가 소유의 토지와 자원에 대한 접근의 확대 등 CSO를 지원하는 다양한 방안들을 고려한다.

1.6 자원봉사자들이 범죄기록국의 검증을 자유롭게 이용할 수 있도록 보장하며, 공익을 위해 활동하는 자원봉사자를 위한 간소한 절차를 마련한다.

2) CSO측 실행

1.7 캠페인이나 주창 활동을 할 때, 대표되는 대상층과 지역사회의 근거와 범위에 관한 정보 등 확고한 증거가 제시되도록 한다.

1.8 시민사회조직은 정부와의 재정적 또는 다른 모든 관계에서 자신들이 대표하는 공익에 초점을 맞춰 독립성을 유지할 것을 보장한다.

2. **정책, 프로그램, 공공서비스의 효과적이며 투명한 디자인과 개발**

1) 정부측 실행

2.1 정책, 프로그램, 공공서비스의 디자인, 개발, 실행에서 사회적, 환경적, 경제적 가치가 기준이 될 것을 확인한다.

2.2 정책과 프로그램 개발의 결과로 나타나는 사회적 임팩드를 고려하며, 특히 이런 임팩트가 지역사회 차원에서 사회적 행동을 조장하고 지역공동체 임파워링에 임팩트를 생산하는지를 고려한다.

2.3 정책, 프로그램, 공공서비스의 디자인 초기 단계부터 시민사회조직들과 공조한다. 의견을 제시하는 CSO들이 초기부터 참여하도록 보장하며 이들의 기여 활동을 방해할 수 있는 장애물을 제거한다.

2.4 CSO들이 서비스 이용자, 수혜자, 회원, 자원봉사 및 이사들의 의견을 준비할 수 있는 충분한 시간적 여유를 주기 위해 가능하면 조기에 향후 면담에 대해 알린다. 가능하면 의미있는 참여가 되도록 명확한 설명과 함께 단기간 또는 비공식적 접근에 관한 명확한 설명과 필요성을 알리는 12주간의 공식적인 서면 협의를 시행한다.

2.5 협의대상 CSO들이 어떻게 정책, 프로그램, 공공서비스의 디자인과 개발에 영향을 미쳤는지를 설명하는(일례로 전반적인 정부의 반응을 통해) 피드백을 제공하는 방안을 검토하며, 대상 CSO의 견해가 반영되지 않은 부분에 대해 시도 설명해야 한다.

2.6 특히 군소 CSO들이 당면하는 관료적 부담을 줄이기 위한 새로운 정책, 입법 및 지침들에 관한 의미를 사정한다.

2) CSO측 실행

2.7 가능한 한 정부와의 협의를 진흥하고 호응한다.

2.8 정부와의 협의에 대표성을 갖기 위해 서비스 이용자, 고객, 수혜자, 회원, 자원봉사자, 이사들의 의견을 구한다. 누구를 대표하며, 대표는 어느 정도의 역량으로 어떤 기준에서 이뤄지는지를 명확하게 제시한다.

2.9 아이디어를 제시할 경우 긍정적 결과에 대한 명확한 프로포절을 가지고 증거 기반의 해결방안(evidence-based solutions)에 초점을 맞춘다.

2.10 사회적 가치는 사회적, 환경적, 경제적 비용과 혜택들을 종합적으로 고려한 광범한 가치의 개념으로, 정부 개입의 직접적인 효과뿐 아니라 경제의 다른 부분들에 대한 효과 또한 고려될 것을 의미한다.

3. 호응적이며 고품질의 프로그램과 서비스

1) 정부측 실행

3.1 CSO들이 광범위한 공공서비스 개혁 조치들과 일치하는 새로운 시장을 개방해 공공서비스를 공급하는데 그리고 현행 시장의 위탁 환경을 개혁하는데 CSO들이 더 많은 역할을 하고 더 많은 기회를 갖게 한다.

3.2 증여, 용역, 융자 금융, 기금 등 다양한 방법으로 CSO들에 보조금이나 자원을 지원할 것으로 고려한다. 이런 정부 지원에 대한 CSO들의 접근을 방해하는 장애물을 제거해, 약소 조직들도 계획된 결과의 달성 역할을 할 수 있는 분야에서 서비스 공급에 참여하도록 조장한다.

3.3 모든 재정지원 결정에 대한 명확한 명분을 제공하며 투명성을 제고한다.

3.4 적절한 경우 그리고 금전의 부가가치가 있는 경우 다년 재정지원을 실행한다. 재정지원 기간은 계획된 결과 달성에 필요한 시간이 고려되어야 한다. 다년 지원이 목표 달성에 최상의 방법으로 판단되지 않는 경우, 그 결정에 대한 이유를 설명한다.

3.5 프로그램의 목표와 결과 달성에 적절한, 잘 관리된, 투명한 신청 과정을 보장한다.

3.6 계약이나 지원 계약이 체결되기에 앞서 사회적, 환경적, 경제적 가치들을 포함하는 결과들이 어떻게 모니터링 될 것인지를 CSO들과 협의한다. 모니터링과 리포팅은 재정지원의 속성과 규모에 관련되도록 하며, 어떤 정보가 요청될 것이며 정보는 왜, 어떻게 이용될 것인지를 명확히 제시한다.

3.7 용역 신청 과정에서 모든 분야에 걸쳐 리포팅과 모니터링 지침들을 포함한 절차들이 동등하게 이뤄질 것을 보장한다.

3.8 CSO들이 증여(grant)를 신청할 때 관련된 적정 수준의 인건비가 포함될 수 있고 훈련과 자원봉사자 활동과 관련된 비용들을 포함시킬 수 있도록 한다.

3.9 CSO들과 리스크 관리를 토의하며 리스크 관리에 최상의 역량을 가진 조직들에 리스크 분담을 시킨다. 주계약업체(Prime Contractor)가 있는 경우, 이들에게도 리스크 분담 원칙들을 준수하도록 한다. 재정지원 기회의 속성과 가치에 적합한 리스크와 공급 조건들을 확인한다.

3.10 가능하면 많은 수의 조직들이 적절한 재정지원과 금융 모델을 통해 서비스 공급에 동참할 수 있도록 확인한다. 예를 들면 결과 기반의 지불과 비용 지출에 앞선 선도 지불 등의 금융 모델이 있다. 지출 이전의 선도 지불은 금전의 가치(value for money)가 있는 사례에 따라 고려되어야 한다.

3.11 정부를 대신하는 모든 재정을 배분하는 기관들은 컴팩트의 실행 원칙들을 준수해야 한다. 주계약업체와 공급사슬(supply chains) 사이의 관계도 포함된다. 재정지원의 지침과 금융 지원이 어떻게 군소 및 전문 공급체들이 더 많은 역할을 하도록 조장할 것인지를 제시한다.

3.12 EU의 재정지원을 배분하는 경우에도 Compact 원칙을 적용한다. EU 규제가 마찰이 있는 경우, 잠정적인 효과를 토의해 해결방안을 합의한다.

3.13 정부와 CSO와의 파트너십의 효과성에 대해 그리고 파트너십이 목표 달성에 얼마나 성공했는지에 대해 광범하게 다양한 기관들의 피트백을 진흥시킨다. 이같은 피드백을 공시하는 방안도 고려한다.

2) CSO측 실행

3.14 재정지원 신청에 앞서 자격요건을 확인하고 계획된 결과가 어떻게 달성될 것인지를 명확하게 제시한다.

3.15 확고한 거버넌스 조치들을 제시해, 서비스 공급과 금융 모델과 관련된 리스크 관리를 잘 갖출 수 있다는 것을 제시한다. 재정지원 기관들에게 두드러진 상황의 변화에 대해 조기 통보가 포함된다.

3.16 내부 또는 외부의 모니터링은 바람직한 관리 실천방안의 하나라는 인식에서 개방적이며 투명한 리포팅을 한다.

3.17 적절한 경우 제공된 프로그램과 서비스의 사회적, 환경적, 경제적 가치들을 제시한다.

3.18 이용자와 지역공동체의 피드백을 정부에 전달해 프로그램과 서비스 공급 개선이 이뤄지도록 돕는다.

3.19 CSO들이 재정지원에 대해 공시할 것을 정부가 정당하게 기대할 수 있다는 것을 인지한다.

4. 프로그램과 서비스 변화 관리를 위한 명확한 지침

1) 정부측 실행

4.1 프로그램 또는 서비스에 문제가 발생하는 경우, 재정적 관계를 종결하는 결정을 하기에 앞서 성과 개선을 위한 행동의 일정표를 CSO들과 상의한다.

4.2 재정지원의 종결 또는 축소를 결정하기에 앞서 수혜자, 서비스 이용자와 자원봉사자에 미치는 임팩트를 사정한다. 동일한 집단에 서비스를 제공하는 다른 조직에 재정을 재배분하는 필요성을 사정한다.

4.3 장래의 자원에 제약이나 변화가 발생할 경우, 가능한 한 조기에 CSO와 잠정적 의미에 대해 상의하고 최종 결정을 내리기에 앞서 조직의 반응을 들어 완전하게 고려한다.

4.4 재정 지원의 관계 또는 다른 지원을 종결하거나 변화의 결정에 앞서 예외적인 상황을 제외하고 최소 3개월 전에 통지하고, 그같은 결정이 이뤄진 이유에 대해 명확한 근거를 제시한다.

2) CSO측 실행

4.5 수혜자와 조직에 잠정적인 부정적 임팩트를 축소하기 위해 재정지원의 종결에 대비한 계획을 수립한다.

4.6 프로그램과 재정지원의 실행에 관한 평가에 긍정적으로 기여한다.

4.7 재정지원의 변화로 인한 사회적, 환경적, 경제적 임팩트에 대해 그리고 취약한 상황에 처한 대상층에 미치는 영향을 최소화 하는 방안에 대해 정부에 자문한다.

5. **평등하고 공정한 사회**

1) 정부측 실행

5.1 법에 의해 특별히 보호받는 취약층과 다른 취약층들을 대표하거나 지원하거나 서비스를 제공하는 CSO들과 공조한다. 서비스 이용자와 고객의 입장을 적극적으로 수용해 취약층의 구체적인 요구들을 이해한다. 임팩트 사정을 포함한 이들의 입장을 정책, 프로그램, 서비스의 디자인과 집행에 고려한다.

5.2 취약층을 대표하는 조직들이 사회적, 지역공동체 통합을 증진시키는 역할을 할 수 있으므로 국가 재정지원에 동등한 접근의 기회를 가져야 한다는 점을 인지한다.

5.3 불법적인 차별을 철폐하고 평등을 증진시키며 취약층의 목소리를 부장하는 실질적인 행동을 취한다.

2) CSO측 실행

5.4 정부기관으로부터 재정지원을 받으면 정부기관이 평등의 증진과 차별의 해소에 의무를 수행하는데 어떤 도움을 줄 수 있는지, 활동의 가치를 제시한다.

5.5 불법적 차별을 없애고 기회의 평등을 증진시키며 강력한 공동체를 구축하기 위해 재정지원 입찰 등과 같은 실천적 행동을 취한다.

자료 HM Government (2010) "The Compact."
http://www.compactvoice.org.uk/sites/default/files/the_compact.pdf

은 서비스를 위탁하거나 구매할 때 경제적, 사회적, 환경적 웰빙을 고려하도록 규제한다.

사회적 가치법의 시행 이후 실제로 중앙과 지방의 정부기관뿐 아니라 사회적경제를 비롯한 시민사회조직들도 사회적 가치 인식의 사업계획과 추진을 해온 것으로 평가받고 있다. 그런데 2013년 1월 시행 이후 2014년

■ **표 9-2** 영국의 '사회적 가치' 법

모든 공공기관은 서비스를 위탁하거나 구매할 때 경제적, 사회적, 환경적 웰빙을 고려하도록 규제한다. '사회적 가치'(social value) 법은 공공기관들의 위탁과 구매에서 '금전의 가치'(value for money) 개념에 기초할 것을 규제한다. '금전의 가치' 개념에는 경제적 가치뿐 아니라 사회적, 환경적 가치들도 고려해야 한다. 사회적 가치법에 따라 재화와 노동이 포함된 공공서비스 계약이 EU의 기준 금액 이상인 경우 모두 적용된다. 2015년 현재는 중앙정부의 경우 11만 1,676파운드, (약 1억 8,000만 원), 기타 공공기관의 경우 17만 2514파운드(약 2억 8,000만 원)이다. 모든 공공기관들은 구매나 위탁 계약 이전 단계에 사회적 가치 요소를 기획해 실행할 것으로 규제한다. 법에 따르면, '사회적 가치'란 "재화, 서비스 및 결과물의 직접적인 구매에 대한 위탁/구매 과정으로부터 얻어지는 지역사회의 혜택"으로 정의된다. 이 같은 혜택들의 목록은 제시되지 않고 있지만, 지역 실정과 욕구에 따라 융통적으로 적용될 것을 법에 명시되어 있다. 일부 지역에서는 실업이, 다른 지역에서는 보건 불평등 문제가 심각한 지역사회 이슈가 되어 여기에 초점을 맞춘 공공 위탁과 구매가 사회적 가치를 창출하는 것으로 인정될 수 있다는 것이다.

자료 "Public Services (Social Value) Act 2012"
https://www.legislation.gov.uk/ukpga/2012/3

과 2015년에 실시된 지방 시민사회조직 조사에 따르면, 자기 지방에서 공공기관이 시행하고 시민사회조직도 참고하는 '사회적 가치 프레임워크'(시행방안)가 있는지에 대해서는 2014년 19%, 2015년 25%로 나타나, 더딘 진전을 보여준다(Compact Voice 2015: 22).

2) 미국의 사회혁신기금과 '사회혁신 파트너십' 법

미국은 영국과 함께 빈곤과 실업 등의 심각한 사회문제를 혁신적으로 해결하기 위한 해법으로 시민사회와의 사회혁신 파트너십을 오래간 추진해왔다. 오바마 정부에서는 대표적으로 사회혁신기금의 운영과 2016년에 입법 발의된 사회혁신 파트너십 법을 사례로 살펴볼 만하다.

사회혁신기금(Social Innovation Fund: SIF)

미국 백악관의 사회혁신과 시민참여실(Office of Social Innovation and Civic Participation: SICP)과 국가봉사단(Corporation for National and Community Service: CNCS)은 서비스와 자원봉사를 진흥시키고 성과와 임팩트를 내는 새로운 해법에 대한 투자를 증대시키고 혁신적인 파트너십 모델들을 진흥시키는 역할을 한다. 2009년부터 시행되고 있는 사회혁신기금(SIF)이 대표적이다. SIF는 지역사회의 문제해결 방안을 찾아내 성과의 증거로써 확장시키는 민간 자원의 임팩트 동원에 연방 정부가 촉매자 역할을 하는 강력한 접근법이다. 2009년 에드워드 케네디 상원의원의 '미국 자원봉사법'(Serve America Act)이 도입되면서 시행된 SIF는 국가봉사단(CNCS)의 혁신적 프로그램으로, 지역사회의 변화를 이끈 두드러진 임팩트 성과를 내고 있는 지속가능한 해결방안들을 비영리기관들이 지정해 지원하도록 권한을 부여하는 프로그램이다.

SIF는 지역사회가 당면하는 다양한 문제들을 탐색해, 문제해결의 접근법을 검증하고 확장시키는 비영리기관들에 증여를 제공한다. SIF는 지역사회가 당면하는 문제들의 해결에 비영리기관들의 혁신적 접근법을 지원하는 목표를 달성하는데 다음 여섯 개의 핵심요소들에 기초한다.[25]

첫째는 혁신(Innovation)이다. SIF는 비효과적인, 정체된 프로그램들

25 http://www.nationalservice.gov/programs/social-innovation-fund/our-model

을 대신해 혁신적 해결방안들에 투자한다. SIF에서 '사회혁신'(social innovation)은 "공공선을 위해 비용효과적, 데이터 기반의 바람직한 결과를 생산하는, 전통적인 문제들을 해결하는 새로운 방식"을 의미한다. SIF는 초기 단계를 지나 효과성을 입증해주는 그래서 더 큰 규모의 임팩트 잠재력을 가진 혁신방안들을 지원하는 특징이 있다.

둘째는 증거(Evidence)이다. SIF는 효과적인 비영리기관들이 전문성, 자원, 인프라가 부족해 사회적 임팩트를 제시하는 의미있는 평가를 수행해 전망있는 프로그램을 검증된 프로그램으로 발전시킬 수 있는 한계에 직면하는 문제들을 해결하는데 지원바 역할을 한다. 일반적으로 증여 프로그램들이 프로그램 평가를 잘 지원해주지 못하는 문제들을 안고 있지만, SIF는 평가 수행에 드는 비용과 기술을 지원하는 특징이 있다. 완벽한 평가를 통해 어떤 프로그램이 효과적이며, 비용절약을 하고 지역사회 문제해결에 바람직한 성과를 내는지, 전문적 자료와 정보를 제공해준다.

셋째는 규모(Scale)이다. SIF는 중간지원기관(intermediaries)을 지원해 중간지원기관들이 다시 비영리기관들, 주정부와 지방정부들에 재정을 지원해 시행하도록 하면서, 지역사회 더 깊고 광범위한 임팩트를 창출하게 하는 특징이 있다. 증여 지원을 받은 프로그램들의 성공적인 규모 확장을 보장하기 위해 시행기관들이 지역사회 주민들에 접근해 삶을 변화시키는 역량을 구축하도록 지원하며 역량구축 과정에 필요한 기술훈련과 기술지원을 제공한다.

넷째는 증여 제공기관(Grantmakers)이다. 중앙정부 단독으로 모든 문제해결의 역할을 할 수 있기 때문에, 중간지원기관인 증여 제공기관들을 잘 선정해 이들이 경쟁적으로 프로그램들을 선정해 검증하고 성과 확장의 기술력을 발휘하도록 협력하는 방안이 핵심이다. 증여 제공기관들도 전국적인 공개 경쟁을 통해 선정되며, 증여 제공기관들도 공개적인 공모 절차를 통해 혁신적인 비영리기관, 주정부와 지방정부와 협력해 프로그램을 수행하게 한다. 증여 제공기관들과의 파트너십으로 시간을 절약하고 비용을 절감하며 자선기관들과 비영리섹터의 현장 경험과 지식을 신속하게 파급시키는 임팩트를 생산할 수 있다.

다섯째는 매치(Match)이다. SIF는 한정된 연방 정부의 투자금을 활용해 현금 자원과 공조활동을 동원하는 역할을 한다. SIF의 클래식 프로그램과 성공지불 프로그램(Classic and Pay for Success programs)에서 중간지원기관들은 연방 재정과 1:1의 매칭 펀드를 하도록 공모한다. 클래식 프로그램에서는 중간지원기관들이 다시 1:1의 매칭 자금을 제시하는 비영리기관들과 주정부와 지방정부들의 프로그램을 선정하는 과정을 거친다. 이와는 달리 성공지불 프로그램에서는 중간지원기관들이 1:1 매칭을 요구하지는 않고 오히려 비영리기관들과 주정부와 지방정부들의 역량구축에 기술지원과 자문을 하는 특징이 있다.

마지막은 지식 공유(Knowledge Sharing)이다. SIF는 비영리기관, 중간지원기관(증여 제공기관), 정부기관들이 자료를 수집해 분석하고 교훈과 모범사례들에 관한 정보와 지식을 공유하며 효과성을 개선하도록 지원한다.

SIF는 클래식과 성과지불제, 두 개의 독특한 프로그램으로 구분된다. SIF 클래식 프로그램은 전국의 저소득 지역사회 주민의 삶을 개선하는데 강력한 증거를 갖고 있는 혁신적인 지역사회 기반의 해결방안의 임팩트를 확장시키는데 정부와 민간의 자원을 결합시킨다. SIF는 임팩트 지원기관 또는 중간지원조직들에 증여를 제공해 이들이 가장 유망한 프로그램을 파악해 프로그램의 임팩트를 확장시켜 강력한 성과의 증거를 창출하도록 지원하는 재정기반을 제공한다. 증여 금액은 5년간 기간까지 연간 백만

~천만 달러 규모이다. 정부의 증여 지원을 받은 중간지원기관은 연방 증여에 1:1 매칭 기금을 민간투자로 조성해 강력한 증거를 가진 혁신적인 지역사회 기반의 조직들을 공모를 통해 선정한다. SIF 지원금의 80% 이상이 하청 시행기관 프로그램에 투자되도록 되어 있다. SIF와 시행기관들은 프로그램 관련 데이터, 학습과 결과를 공유한다. 클래식 SIF 증여 지원을 받은 중간지원기관은 2010년 11개, 2011년 5개, 2012년 4개, 2014년 7개로 전체 35개이다. 이들은 경제적 기회, 청소년 개발, 건강한 미래 등 삼대 핵심 정책 영역의 프로그램을 시행한다.

클래식 SIF와 다른 새로운 혁신적 지원방식이 성과지불(PFS: Pay for Success)로, 혁신적 계약과 파이낸싱 모델이다. 자선기관 등의 민간 자본을 대규모 유치해 결과를 성과로 창출하는 서비스 기관들에게 정부와 공조해 지불하는 방식이다.[26]

SIF의 PFS 프로그램은 다음을 목표로 추구한다. 첫째는 PFS 프로젝트에 동참하는 준비를 갖춘 정부와 NPO들의 파이프라인을 강화하고 다양화하는 것이다. 둘째는 다양한 지리적 배경의 다양한 대상층과 관련된 다양한 사회적 이슈들을 파악하는데 PFS의 잠재력을 검증한다. 셋째는 저소득 지역사회가 당면한 심각한 문제들에 대한 효과적인 해결방안을 강화, 성장, 유지시키는 활동을 하는 우수한 성과를 가진 기관들에 투자할 자본을 유치하는 것이다.

SIF의 PFS 지원을 받은 중간지원기관들은 저소득 지역사회의 혁신적인 지역사회 기반의 해결방안의 임팩트를 증진시키기 위해 PFS 프로젝

---

26 http://www.nationalservice.gov/programs/social-innovation-fund/our-programs/pay-success

트를 개발하는 활동을 지원한다. 2014년 80개의 시행기관들이 공모를 통해 3년 기간까지 지원을 받는 PFS 시행기관으로 선정되었다. Nonprofit Finance Fund(NFF) 등 8개의 중간지원기관들이 각기 평균 10개의 PFS 프로그램을 공모로 선정해 프로그램 디자인부터 평가에 이르는 전과정에 자문과 서비스를 제공한다.

일례로 하버드대학 케네디 정부대학의 GPL(Government Performance Lab)과 하청 시행기관들의 프로그램 개요는 아래와 같다. GPL은 3년간 193만 달러의 증여 지원을 받아, PFS 프로젝트의 디자인과 시행방안에 관한 정부측의 기술지원을 지원한다. 프로젝트는 다음 네 개의 구조를 갖추고 있다. 첫째는 두 개의 전국 공모이다. 2014년과 2015년에 걸쳐 15개월간 PFS 프로젝트 풀타임 기술지원을 받게 되는 10개의 파트너 기관들을 선정하였다. 둘째는 파트너 기관의 구성이다. 각 공모에서 다섯 파트너 기관 중 1~2개는 주정부나 지방정부 하나가 아닌 여러 정부들의 그룹으로 선정해 성과 역량을 개발하기 위한 코호르트 기반(cohort-based)의 모델을 테스트한다. 이 그룹의 정부들은 풀타임 휄로우(fellow)의 지원을 받으며 행정구역을 초월한 공조와 지식 공유에 동참한다. 셋째는 GPL은 기술지원과 역량구축에서의 핵심적 학습을 보급하는 출판물을 지속적으로 생산해 PFS 모델에 대한 인식이 높아지며 다른 비참여 기관들도 혜택을 공유하도록 한다. 마지막으로는 학습의 교훈을 보급하는 과정에서 프로젝트 개발의 기술측면의 평가를 구하는 정부에 단기적으로 기술지원을 하는 독립적인 평가과정을 개발한다.

SIF는 시행 6년간 지속적으로 확대되며 사회적 임팩트를 확장시키고 있다.

표 9-3 미국의 사회혁신기금(SIF) 추진 성과: 2010~2015년

혁신의 파트너십	전국 311개 중간지원조직과의 파트너십(1:1) 매칭 – 경제적 기회, 건강한 삶, 청소년 개발의 공조활동
매칭 펀드	연방 증여(SIF 중간지원조직 증여: $2억 4,300만) 민간기금 매칭(SIF 중간지원조직과 시행기관 증여: $5억 2,800만)
지식 공유	프로그램 평가 86개 시행 고차원의 임팩트 모델을 위한 증거기반 구축비($6,600만)
임팩트 확장	35개 주정부 시행, 59만 2,000명 개인 대상

자료 CNCS 2016. http://www.nationalservice.gov/SIF

사회적 임팩트 파트너십 법

2018년 2월에 사회임팩트 파트너십 결과지불법(Social Impact Partnerships for Pay for Results Act)이 입법안으로 시행되었다. 이는 교육, 복지 등 사회 프로젝트의 재정지원 방식의 혁명적 변화가 일어나고 있다는 것을 예시해준다(Gustafsson-Wright and Gardiner 2016). 측정 가능한, 확고하게 정의된 사회적 혜택의 결과를 생산하는 사회임팩트 파트너십 프로젝트에 주정부와 지방정부가 프로포절에 응모하도록 요청한다. 사회적 혜택의 결과로는 16~24세 청년 실업자의 고용, 고교 졸업, 10대의 계획에 없는 임신 감소, 아동학대와 방치의 발생과 그에 따른 부정적인 결과 해소 등이다.

사회혁신 파트너십 법은 연방 중앙부처들이 참여하는 위원회(Council)로 공조하는 네트워크를 갖추고, 대통령이 임명하는 민관 파트너십 위원회(Commission)로 정부와 시민사회가 사회혁신을 추진하는 행정 및 재정의 파트너십을 갖춘 특징이 있다. 법에는 사회혁신 파트너십 법의 목적이 일곱 가지로 명시되어 있다.

■ **표 9-4** 미국 사회적 임팩트 파트너십 법의 목적

(a) 실질적인 결과를 달성하는 사회 프로그램에 재정을 지원해서 곤경에 처한 가정과 개인들의 삶을 개선하기 위해.
(b) 객관적 자료의 기준에서 비효과적인 프로그램에서 검증된 측정가능한 결과를 달성한 프로그램으로 재정을 전환시키기 위해.
(c) 연방 재정이 서비스 수혜자와 납세자 모두에게 긍정적인 결과를 생산하는 사회서비스에 효과적으로 활용되기 위해.
(d) 국가의 가장 심각한 문제들 일부를 해결하기 위해 사회적 임팩트 파트너십의 활용을 정착시키기 위해.
(e) 전국적으로 민간 조직들, 비영리조직들, 자선기관들 및 주정부와 지방정부들이 이미 시행하고 있는 효과적인 사회적 개입들의 스케일을 확장시키기 위해, 기존의 공공 지출에 자선적 또는 다른 민간 자원을 복합시키는 민관 파트너십의 창출을 진흥시키기 위해.
(f) 비효율적이거나 중복적인 지출을 재조정하면서 핵심적인 사회서비스의 임팩트와 효과성 개선을 국가적으로 추진하기 위해, 사회섹터에 성과지불(pay-for-performance) 제도를 적용하기 위해.
(g) 결과측정과 임의통제실험 또는 다른 프로그램 임팩트 사정을 위한 강력한 방법들을 통합시키기 위해.

자료 Social Impact Partnerships to Pay for Results Act
http://www.congress.gov/bill/114th-congress/house-bill/5170/text

3) 정부-시민사회 Compact와 정권교체

정부와 시민사회 관계는 영국의 Compact 사례처럼 정권이 바뀌어도 유지, 발전되는 경우도 있지만, 반대로 정치이념 때문에 Compact가 폐지되거나 변화되는 사례들도 있다. 영국에서도 2009년에 선거를 앞두고 Compact 1차 개정이 추진되었지만 선거에 승리한 보수당 연립정권은 보수당 강령(Conservative Manifesto)의 결과지불(Pay for Result) 제도와 민간자

본을 활용하는 빅소사이어티(Big Society) 정책추진을 Compact 개정에 담았다.

한편 영연방에 속하는 캐나다와 호주도 영국 Compact의 영향으로 각기 노동당이 정부-시민사회 Compact를 추진했지만, 보수 정당들의 집권으로 Compact가 정치이념의 대결의 대상이 되면서 백지화되는 정치적 변화가 있었다.

영국의 2차 Compact 개정

Compact의 시민사회측 관리운영의 책임을 맡아온 Compact Voice(2011)는 2010년 새로운 보수당-자유민주당 연립 정권이 제시하는 새로운 국정철학 빅소사이어티(Big Society)에 대한 공식적인 입장을 제시하였다. Big Society는 공공선 실행에 공공 민간의 자원을 적극 활용하는 새로운 사회혁신의 방안으로, 보수당의 정책노선의 하나로 제시되었다.

Compact Voice는 Compact와 Big Society의 공통점을 다음과 같이 제시한다. 첫째, 국가적으로 합의된 원칙들에 기초한다는 점이다. 그 원칙은 지역의 욕구를 최상으로 반영해 고려하며, 명확한 결과를 내는 원칙이다.

둘째, 사회문제를 해결하고 지역사회를 건설하는 최상의 방법은 핵심 파트너들이 함께 하는 중요성을 인정하는 것이다.

셋째, 지역사회 차원에서 보다 균등한 파트너십의 중요성을 인정하는 것이다. Compact는 지역사회 임파워링을 해서, 지역 단체들과 조직들이 지역의 공공기관들과 효과적으로 공조하기 위한 생태계를 창출하는 것이다.

마지막으로, 지역 서비스의 디자인과 전달에 지역사회가 영향력을 행사하는 권리를 갖는 것이 중요하다는 인식을 공유한다. Compact는 지역의 욕구가 충족되도록 프로그램의 디자인과 전달 방안에 대한 확고한 원칙들을 제도화해 두고, 다양한 재정지원 모델로 시민사회를 지원하는 여러 방안들을 갖고 있다.

캐나다의 정부-제3섹터 Compact

캐나다의 제3섹터는 세계 2위로 광대하다. GDP의 7.8% 비중을 차지해 자동차와 제조업 분야보다 경제력이 더 높으며, 고용인구는 노동인구의 11%로 2백만명이 넘는다(Amyot 2012: 119). 특히 사회적경제는 안정적인 고용을 창출하고, 지역 경제에 순환하는 수입을 창출하며 사회적 가치가 있는 재화와 서비스를 제공함으로써 사회적 포용의 증대와 빈곤 감소에 기여한다.

캐나다도 1999년에 정부와 제3섹터(자원섹터) 관계정립을 위한 Compact를 발표해, 연방, 주, 지방 단위에서 정책으로 시행해왔다. Compact 내용은 영국과 다소 다르지만 정부와 제3섹터 사이의 관계를 기본적으로 규정하는 중요한 선언적 국정방향이라고 볼 수 있다. 먼저 양자 사이의 상호의존과 협력을 동등한 관계 시각에서 밝히고 있으며, 자원섹터의 독자적이고 자율적인 역할을 정부가 존중하며 제3섹터의 '주창'활동에 대해서도 자율성을 존중한다는 원칙도 강조한다. 또 사회개발과 사회문제 해결을 위한 양자의 신뢰를 바탕으로 하는 지속적인 대화와 공조의 약속은 꾸준히 지켜지고 있는 주요원칙들이다.

Compact 시행과 동시에 도입된 실천적 제도 VSI(Voluntary Sector Initiative)는 캐나다에서 가장 광범위한 최초의 정부-자원섹터 협약 실행방안으로 2000~4년 기간에 추진되었다. 정부-자원섹터 관계 역량 구축의 목표로 다음 몇 가지 실행방안을 추진하였다(Social Development Canada 2004: 1).

a) 정부와 자원섹터의 협약 실행(Accord)의 개발
b) 재정지원과 협의 모범사례 코드(codes) 작성
c) 자원섹터의 테크놀러지 혜택 접근 개선
d) 정부기관의 자원섹터 인식 개선
e) 자원섹디 관련 새로운 지식과 연구 개발
f) 자원섹터 인력 자원과 기술 개발
g) UN 세계 자원봉사자의 해 유지의 자원봉사 진흥
h) 정부 규제정책 개선
i) 자원섹터의 정부 정책개발 참여 역량 개선

VSI 특징은 다음과 같다(앞글: 1-2).

첫째, 정부와 자원섹터 관계 개선 구축을 위한 종합 목표를 제시한다. 정부와 자원섹터 공동위원회의 종합목표 개발 과정과 결과 모두가 중요하다.

둘째, 공동의 목표 추진과정이 혁신적이다. 공동위원회는 6개의 조인트테이블(Joint Table)을 설치해 위원회는 정부와 자원섹터 각기 동수의 14~16명 위원과 공동위원장 구조를 갖추었다. 공동 실행방안, 인식, 역량, 정보관리와 IT, 국가 자원봉사 이니셔티브, 공동 규제 등 6개가 그것이다.

셋째, VSI의 규모는 전국적, 모든 정책 차원에 광범위하게 적용된다. 중앙정부 등 관련 공공기관 대부분과 자원섹터대표 조직 대부분이 참여해 대표성을 가진다. 조인트 테이블은 정부-자원섹터 협의 차원과 정부 내의 정부부처 사이, 자원섹터 내의 영역 사이의 협의 차원으로 종횡이 복합되

어 있다.

시행 몇 년후 VSI에 대한 평가는 정부-자원섹터 관계 개선에도 불구하고, 많은 목표 설정으로 인한 목표 달성의 어려움을 보여준 '목표 과부하(goal overload)' 라고 결론짓는다. 정부-자원섹터 관계는 "단명되는 경향이 있었고, 심지어는 책무성, 스탭 이직, 연방정부 우선정책의 변화 등으로 부정적인 영향을 받았다"라고 평가한다(Human Resources and Skills Canada 2009: xiii). 9개의 목표 중 자원섹터 인식, 관여, 역량, 정책개발은 달성하기 어려운 목표로 드러났다. 비영리 회사법(Not-for-Profit Corporations Act)의 경우 2004년 최초 논의 이후 지속적으로 입법이 추진되지 않았다(앞글: xv).

호주의 정부-시민사회 Compact

호주의 시민사회는 1990년대까지 정부와 특별한 법과 제도적 협력과 관계 없이 독자적인 사회문제 해결 역할을 맡아 왔다. 정부의 복지수혜 자격이 안 되는 대상층이나 정부 서비스 제공이 미치지 못하는 취약층의 복지와 생계 지원에서 자선적 역할을 맡아온 것이다(Butcher 2015: 148). 이같은 보충적 역할에 대한 정부의 인식 개선은 1990년대초 정부 사업보조금 제도가 점차 시행되면서 시작되었다. 이른바 '조건부 보조금'으로 정부 기관별로 비영리단체의 서비스 공급, 대상 수혜층, 성과지표 등을 판단해 지급되었다. 공공서비스 공급의 위임이 공식적으로 시행된 것이다.

그러다 하워드 연립정권(Howard Coalition government)은 집권기간(1996-2007)에 신자유주의 시장논리가 지배적인 정책을 추진하며 사실상 정부-시민사회 공조에 회의적인 태도로 일관하였다(앞글: 149-50). 시민사회 역할을 시장이 모두 대신할 수 있다는 확신에서 국정을 운영하였다. 이에 노동당은 정부-시민사회 협약에 선거 전략의 초점을 맞춰 집권 이후 전략적 파트너십으로서의 Compact가 제시된 것이다.

호주의 정부-시민사회 Compact는 2004년 노동당이 논의를 시작했지만, 이후 하워드 보수연합정부에서 백지화되다 다시 노동당 집권 기간(2007-12)에 부활된 다음에, 다시 연합정권에서 폐지되는 일련의 정치적 시련을 겪었다. 2006년 케빈 러드(Kevin Rudd)는 노동당 대표가 되어 정부와 시민사회의 공조 정책을 추진하였다. 블레어식 '제3의 길' 정책을 표방하며 앞선 하워드 정권의 신자유주의 노선을 수정해, 새로운 Compact 모델을 2010년에 완성하였다(앞글: 151-3). 그러나 시행도 제대로 못한 채 2013년 선거에서 패배했고, 아보트 연립 정권(Tony Abbott Coalition)이 등장해 다시 Compact를 무효화시켰다. 비영리섹터실도 폐지되고 2014년 자선법의 시행을 미루었고, 호주자선위원회(ACNC) 폐지 입법도 단행하였다(앞글: 153).

제 10장

시민사회와 NGO 이슈들

시민사회의 활성화는 위기에 처한 현대 민주주의에 밝은 희망을 주고 있는가? 그래서 21세기가 '시민사회의 시대', 'NGO의 시대'로 진입해가는 발전을 낙관적으로 전망할 수 있는가? 밝은 전망만을 기대할 수 없다는 것이 많은 연구자들의 지배적인 시각이다. '거버넌스' 시대의 도래로 공공정책이 더욱 많은 이해당사자 사이의 토의와 조정에 의해 결정되며 민주주의의 질적 향상을 기대할 수 있지만, 정부의 조정과 키잡이 역할이 약화되면서 국정의 난맥상을 보일 수도 있다. 또 대의민주주의의 위기를 극복하기 위해 시민사회(NGO)의 역할에 기초하는 참여민주주의의 보충적 기능에 기대하면서도 대의민주주의의 문제를 근본적으로 해결할 수 있는 제도적 대안이 제시되지 않은 가운데 NGO의 정치화가 심각한 논쟁거리로 부각되고 있다.

나아가 NGO 자체의 내재적 문제들도 심각한 수준에 달한 것으로 논의되고 있다. NGO는 재정적으로 자립할 수 있는 역량을 갖고 있는가? 그럼으로써 시민의 자발적인 참여에 의한 재정 자립의 달성과 나아가 자율적 시민사회의 건설은 가능한가? 아니면 유토피아로 머물러 있는가?

1. 참여민주주의의 성장

현대 민주주의의 위기는 대의민주주의의 위기로 부각되고 있다. 국민의 대표기구인 의회와 정당의 역할이 심각히 쇠퇴하며 이들의 대표성에 대한 신뢰는 사상 최악의 수준에 달해 있다(제8장 〈표 8-1〉 참조). 국민대표기구가 대표의 기능을 제대로 하지 못하고 시민과 정부 사이의 갭을 더욱 확대시키고 있는 상황에서 NGO 활동이 활성화되고 있는 것이다. 따라서 대의민주주의의 위기를 극복하는 한 대안으로 참여민주주의의 보충 역할을 기대하고 있지만, 참여민주주의 또한 일정한 한계가 있다.

1) 대의민주주의의 위기

1970년대 ‘정부위기’ 이론을 제시했던 학자들은 시민이 정부로부터 기대하는 기대치와 정부의 실질적인 성과 사이의 갭에서 정부에 대한 불신이 팽배했다고 지적한다. 1970년대 1, 2차 오일쇼크로 경제악화의 상황을 맞이했고, 이어서 무역적자와 정부재정적자가 일상화되면서 정치의 역할과 기능의 한계가 노출되었다. 실제로 정부가 추진하는 주요 정책과 서비스 수행에 적지 않은 차질을 빚었다. 1980년대에 와서 ‘작은 정부’와 복지국가의 축소를 주창하는 신보수주의가 미국과 영국 등 유럽에 확대되며 정부정책에 일대 변화가 있었다. 또 1990년대에는 세계화가 본격화되면서 정부의 정책 수행력은 외부환경으로부터 심각한 도전을 받아 더욱 자치력을 상실해가는 추세가 진행되어 왔다.

민주주의의 위기

1970년대 중반 유럽, 미국, 일본의 사례를 분석해서 『민주주의의 위기』를 발표한 크로저 등(Crozier et al. 1975)의 연구결과는, 몇 가지 심각한 도전들이 정부 권위의 위기를 초래한다고 진단하였다. 그것들은 1) 공산권의 안보위협, 오일쇼크, 국제경제질서의 불안 등 외부환경의 도전, 2) 사회운동, 지식인, 언론의 파워 증대에 따른 내부 사회적 동향, 3) 민주주의의 내재적 결함에 의한 민주주의 악화 등이다. 그 때의 상황과 25년이 지난 후의 상황을 비교한 헌팅톤(Huntington 2000: xxv)은, “당시 관찰되었던 민주정부에 대한 도전들이 정부에 대한 시민의 신뢰에 심각한 쇠퇴를 양산시켰는데, 25년이 지난 지금, 우리가 지목했던 도전들이 사라졌지만 미국과 다른 국가들에서 정부에 대한 낮은 신뢰는 지속되었거나 심화되었다”라고 지적한다.

이를 어떻게 설명할 수 있는가? 결국 새로운 해석이 필요하다고 볼 수 있다. 25년 후의 새 프로젝트 책임을 맡은 풋남 등(Putnam et al. 2000)은 정부와 정치에 대한 불신의 요인을 먼저 정부와 의회 등 민주적 제도의 성과 실패에서 찾는다. 또 민주적 제도의 실패 요인들로는 시민의 이해와 욕구에 부응하지 못한 정부와 정치인의 역량과 충실도의 쇠퇴 및 사회자본의 쇠퇴를 꼽고 있다. 풋남 등(2000)은 민주적 제도의 성과 실패와 함께 시민의 입장에서의 주요 변화 두 가지에 또 주목한다. 하나는 시민이 정부와 제도의 실적에 대해 부정부패 등 부정적인 측면에 더 많은 정보를 갖게된 측면이다. 다른 하나는 정부와 제도의 실적에 대한 평가의 기준이 더욱 복잡화되어 정부가 시민이 바라는 이해와 욕구를 충족시킬 수 있는 기준도 복잡화되어 정부성과의 실패가 거듭된다는 설명이다.

민주주의 결핍

'제도적' 해석은 정치과정에서 심각한 변화로 인해 정부와 시민 사이의 거리 또는 갭이 확대되는 추세를 정부 불신의 주요 요인으로 간주한다. 미국의 연구자들은 정부의 불신에 대한 주요 요인을 정부의 불합리한 권력의 행사, 정부정책과 서비스의 비효과성과 비효율성, 정부와 시민 사이의 갭 확대 등으로 들고 있다(Berman 1997: 105-6; King & Stivers 1998: 7-12).

제도적 해석의 기초가 되는 '민주주의 결핍'(democratic deficit) 이론은 정부 신뢰의 문제를 근본적으로 대의민주주의의 문제로 제기한다. 국민의 대표로 선출된 의회 엘리트와 일반시민의 의사를 반영하는 여론 사이를 연결시켜 주는 중개기관으로서 의회, 정당, 이익집단의 역할이 쇠퇴했고, 또 이들의 역할에 대해 일반 유권자들이 심각한 의문을 제기해왔다는 해석이다(Hayward 1995, 1996). 민주국가 중에서도 일당지배적인 국가, 정권교체가 안되는 국가, 준영구적인 정당연합 지배구조 국가 등지에서 시민의 정치적 불만과 대표기구들에 대한 불신이 팽배해왔다(Norris 1999a). 시민은 이런 정체된 국가지배구조에 대한 불만을 갖게 되고 선거를 통해 변화를 추구할 수 있는 한계에 직면한다. 또 시민들이 의회, 정당, 이익집단을 통해 정책과정에 영향을 미칠 수 있는 범위와 기회가 크게 위축된 상황에 있다.

무력한 시민

제도적 해석이 간주하는 일반시민의 모습은 '무력한' 시민의 모습으로 각인된다. 제자리를 잃은 시민(displaced citizen), 정치전문가에 밀려난 시민 등으로 상징화되고 있다(Mathews 1999: 14-27). 첫째, 일반시민은 정부와 정치에서 자신의 의견이 반영되지도 않고 자신의 역할이 어떤 영향력도 갖지 못한다는 무력감을 갖는다. 둘째, 일반시민은 정치인, 로비스트, 언론 등 정치전문가에게 제자리를 빼앗기고 밀려나 정부와 정치에 대해 어떤 통제력도 행사하지 못하고 있다. 시민이 선출한 정치인이 대표기능을 수행하는 것이 아니라 이익집단의 로비스트가 이익을 대표하고 있다. 언론은 시민의 견해와 관심에 부응하기보다 자신들의 편협한 이해에 사로잡혀 여론을 주도하며 정부와 정치를 부정적인 보도로 흥미를 일삼으며 결국 정부와 시민 사이의 거리를 더욱 멀어지게 만들고 있다. 선거에서도 선거 캠페인에 의해 시민의 정치적 선택이 왜곡되고 있다. 시민이 정치인을 접촉할 수 있는 기회도 없고, 정치인은 호응하지도 않는다. 또 심각한 문제는 정치전문가들은 자신들의 사익만을 추구할뿐, 공익은 관심도 갖지 않는다는 점이다. 시민에 의해 선출된 의원도 개인의 사익에 사로잡혀 있고 특수 이익집단의 이해를 대표하고 있을 뿐, 시민의 이익과 공익을 대표하지는 않는다.

NGO의 준정당적 기능

따라서 '제도적' 해석에 따르면, 일반시민이 의회와 정당 등의 대의민주주의를 떠나 참여민주주의에서 새로운 기회를 찾고 있는 것은 당연한 일이다. 시민들이 향유하는 정치적 권리와 시민적 자유가 광범위하게 보장된 국가가 그렇지 않은 국가보다 더 높은 신뢰를 받고 있다는 것이 25개국 여론조사 결과로 제시되고 있다(Norris 1999b). 정치적 권리와 시민적 자유가 보장된 국가에서 국가기관에 대한 신뢰도가 높고, 반대로 정치적 권리가 제한되고 시민의 집회, 표현, 출판의 자유가 억압을 받는 국가에서는 국가기관에 대한 신뢰가 낮을 수밖에 없다. 인도와 필리핀 등지의 제3세계 국가의 경우, 정당과 노조의 나약성 때문에 그 공백을 NGO가 대행하며 '준정당적' 기능을 수행한다(Clarke 1998: 40-1). 국회와 정당이 사상 최악의 신뢰위기 상태에 있는 한국에서도 NGO들이 '대의의 대행' 역할을 한다고 볼 수 있다(제5장 〈표 5-1〉 참조).

시민사회는 대의민주주의 위기를 극복하는 감시자 역할을 수행한다 (EC 2000a: 11).

> 대의민주주의가 시민들의 요구에 적절히 호응하지 않을 경우 시민사회는 일종의 "경계신호" 스위치를 켜는 역할을 한다. 정치 대표자들을 직접 선출했다고 해서 이들이 시민의 요구를 자동적으로 의식하고 있다는 것을 보장하는 것은 아니다. 시민사회 조직들은 사회적 요구들이 정치 대표자들의 관심에 전달되도록 하는 중요한 역할을 맡고 있다.

2) 참여민주주의와 NGO

국내외의 '시민불복종' 운동 사례들은 대의민주주의와 참여민주주의의 충돌을 보여준 중대한 사건들이다. 대의민주제에 대한 참여민주제의 도전인 것이다. 매년 한국의 국정감사장에서는 NGO 대표들이 국회의원의 국정감사 활동을 모니터링하며 점수를 매겨 발표해 왔고, 나아가 2000년 총선때는 부패한 비민주적 후보들을 낙선시키는 시민불복종 운동을 성사시켰고, 2004년 총선에서 다시 낙선운동이 재개되며 당선운동도 등장하였다. 국민의 대표로 선출된 의원들과 정부 관료들이 합법적인 국정활동을 하는데 NGO들은 어떤 '정당성'의 근거에서 불복종운동 등의 직접행동으로 개입하는가?

참여민주주의의 정당성

이 문제를 이해하기 위해서는 먼저 참여민주주의에 대한 이해가 필요하다. NGO 활동이 참여민주주의를 지향하는 적절한 활동이며, 또 국민이 이를 '정당하다'고 지지하는 이상 문제가 될 수는 없다. 정치학 원론에 따르면, 정통성(legitimacy)은 선거 등의 합법적 절차와 제도뿐 아니라 국민 다수의 지지를 받는 실질적 정통성에 기초한다. 현대 민주주의의 현실은 대의민주주의가 전자에 의존하고, 시민사회(NGO)가 후자에 의존하는 상태이다. NGO를 중심으로 하는 시민사회는 대의민주주의에 도전자라기보다는 그것을 지지하는 보충자 역할을 한다. 시민사회의 참여민주주의는 전통적인 대의민주주의와 상호보완적 관계를 갖는다. 어느 한 쪽만이 국민으로부터 대표성 또는 정통성을 독점하는 것은 아니다. 앞의 제9장에서 살펴보았듯이 거버넌스 시대는 대의민주주의와 참여민주주의의 대립을 조화로 변화시키고 있다.

거버넌스 파트너가 되는 시민사회와 NGO는 민주주의 발전에 기여하는 독특한 기능을 수행한다(EC 2000a: 10-1). 사회공론의 장 역할을 하며, 대의민주주의 감시자 역할을 하며, 정책결정에 직접 참여하기를 바라는 시민의 참여 매개 역할을 하는 참여민주주의를 조장한다. EC(2000a: 11)에 따르면, "참여민주주의는 정책결정에 앞서 특정 정치적 규제에 이해관계를 갖고 있는 사람들과 협의한다는 아이디어에 기초한다. 시민사회 조직들을 통해서만이 이런 참여민주주의가 실현될 수 있다."

그렇다면 참여민주주의의 정당성에 대해서는 어떻게 설명할 수 있는가? 다음과 같은 설명을 참고해볼 만하다(Marschall 1999: 173-4).

> 시민참여는 그 자체가 자가발전적 정통성(self-originated legitimacy)을 수반하므로, 대의제로부터 정통성을 빌려올 필요는 없다. 간략해보면, 시민사회는 새로운 학문적 유행이 아니라 정통적인 공공생활의 참여가 시민사회가 하는 일에 기초하는 실천적 현실이다. 따라서 시민사회단체에 정통성을 부여해주는 것은 이 단체들이 자신들의 시민 회원들을 대표하는 사실뿐 아니라 이들이 갖고 있는 아이디어의 정당성, 또 이들이 추구하는 가치들 및 이들이 중시하는 이슈들에서 찾을 수 있다. 시민적 가치와 민주적 실천이 시민사회를 정부, 사부문 및 "정치사회"로부터 구별짓는다. 이 점이 거버넌스에 대한 시민사회의 아주 특별한 기여이다.

또 대의민주주의가 스스로의 역할을 못하는 가운데 행정부 주도적인 정책결정에 NGO가 의회를 대신해서 대의민주주의 기능을 보충해준다(EC 2000a: 13). 정책형성 과정에서 행정부는 세밀한 조사와 자료를 바탕으로 전문적 기술과 분석으로 정책형성을 하지만 의회는 거시적인 정치, 경제, 사회적 이슈들에만 매달리는 경향이 있기 때문에 행정부가 주도적으로 정책을 형성하고 있는 실정이다. 따라서 NGO의 정책감시 활동이 강화되지 않으면 대의제도의 행정감시 기능은 더욱 심각한 위기에 빠질 수밖에 없다고 볼 수 있다.

참여민주주의의 한계

정부 권위의 위기와 더불어 NGO의 활성화가 진행되고 있지만, NGO의 대표, 참여에는 일정한 한계가 있다. 정부의 권위가 크게 실추되고 있는 추세에서 참여민주주의의 확대는 자칫 정치위기를 초래할 수 있다는 문제가 제기되고 있다. 참여민주주의는 기존의 대의민주주의가 잘 작용할 수 있도록 자극해서 투명성과 책무성을 제고하도록 하는 보충적인 역할에 머물 수밖에 없다. 아래와 같은 시각들은 참여민주주의의 '과잉' 문제를 경계하는 대표적인 것들이다.

먼저 OECD(2000)는 최근 회원국들이 직면하는 정부권위의 위기를 분석하는 보고서, 『미래의 정부』(*Government of the Future*)에서 참여민주주의의 한계에 대해 다음과 같이 지적한다(pp.33-4).

> 일부 NGO들은 자신들이 정부보다 시민의 집단의지를 더 잘 대표했다고 주장해왔다. 또 실제로 일부 심각한 이슈들에서 NGO들이 구체적 정책현안에 대해 시민단체들을 동원하는 데 더 잘 조직화되어 있다. 그럼에도 NGO들이 모든 시민을 대표하는 것은 아니다. 또 NGO들이 소규모 인구집단 이상을 대표하는 데 필요한 책무성, 민주주의, 교육과 투명성 등의 기준을 자동적으로 충족시키고 있는 것도 아니다. 한편 민주적 정부는 모든 시

민의 이해관계에 균형을 잡아주는 역할을 해야 하는데, NGO들에게 경청하면 일부 시민단체들의 견해를 잘 이해할 수 있게 되지만, 대의민주주의 측면에서는 이런 견해는 시민의 욕구에 대한 정부의 이해를 보충해주기(complement)보다는 대체시킨다(replace).

또 시민사회가 사회자본을 축적하며 민주주의에 크게 기여한다고 설명하는 후쿠야마(Fukuyama 2000: 8)는 시민사회의 한계에 대해서도 다음과 같이 지적한다. 그럼에도 공익추구적인 NGO를 사익추구적인 이익집단과 구분하지 않고, 시민사회를 지나치게 광의적으로 해석하고 있다는 것을 알 수 있다.

시민사회에 연루된 개인은 다른 사람의 지대추구(rent-seeking) 대상이 될 수 있다. 시민사회의 대부분은 공적 자원을 자신의 목적을 위해 전용하려는 이익집단들로 구성되어 있다고 말할 수 있다. 공공선택(public choice) 이론은 지대추구 행위가 현대 민주주의에 갖다주는 해악들을 분석해 놓고 있는데, 예컨대 올슨(Mancur Olson)은 영국경제의 장기불황의 배후에는 이기적인 이익집단들의 장기적인 성장이 있었다고 주장한다. 이처럼 공공의 이해를 대변한다는 NGO들이 실제로도 공공의 이해를 대변하고 있다고는 장담할 수 없다. 또 NGO 영역의 과도한 활성화는 공적 생활의 지나친 정치화를 의미하는 것일 수도 있으며, 그럴 경우 공공정책의 왜곡을 가져올 위험도 있다.

끝으로, 일부 학자들은 다음과 같은 NGO의 대표성 문제 등에 관한 비판의 목소리를 전달된다(Fernando & Heston 1997). NGO들이 경청할 만한 지적들이지만, 대부분 경험적 검증을 필요로 하는 문제제기인 것 같다.

비판론자들은 NGO들에 대해 의문을 갖고 회의적이며 때로는 노골적으로 적대적이다. 그 이유는 NGO들이 산출해내는 사회적 과정들이 내용 면에서는 반동적이고, 그들이 대변하는 이해관계 면에서는 엘리트적이고, 빈곤층과 무산층의 진정한 이해에는 무관심하기 때문이라는 것이다… 좀더 동정적인 관찰자들은 NGO들의 좋은 의도와는 달리, 자신들이 지향하는 목표에 따라 현안과제들을 실행하는 데 필요한 조건들이 종종 갖춰지지 않으며 이런 조건들을 변화시킨다는 것이 자신들의 통제에 벗어나 있기 때문에 그들의 활동은 예측불가능한 밀물과 썰물을 뒤따른다고 지적한다. NGO들이 광범위하게 지속발전적인 사회변화를 달성해 놓았다는 사례들, 그리고 소규모 현장에서 성공적인 NGO 활동이 대규모 현장으로 응용될 수 있다는 확증을 거의 찾아볼 수 없다.

3) 시민사회와 민주주의

한편 민주주의와의 관계 측면에서 시민사회를 살펴보면, 양자의 관계가 일방적으로 상호호혜적인 관계로만 볼 수 있는 것은 아니다. 민주주의가 발전하면 시민사회도 발전하며, 시민사회가 발전하면 민주주의도 발전한다는 일방적인 긍정의 관계로만 보기 어렵다는 것이 이론과 실제 양면의 시각들이다.

역사적으로 살펴보면, 시민사회 제도들이 전재하지 않은 상태에서 민주주의는 존재하지도 않았고 발전되지도 않았다. 시민사회가 없는 과거 동구 공산권이 주장하는 민주주의는 일당지배적인 전제주의에 지나지 않았고, 또 시장의 자유는 개방하고 시민사회의 자유는 제한시키는 지금의 중국에서 민주주의가 진전되고 있다고 볼 수는 없다. 시민사회가 민주주의에 필요요건이지만 충분조건이 되는 것은 아니다. 이 점은 "시민사회는 민주주의 없이 존재할 수 있고, 시민사회가 자동적으로 민주주의 정치체제를 유도하는 것은 아니라는 사실"에서 입증되며, "특정 시민사회 형태들은 민주주의 질서를 왜곡시킬 수 있고, 또 시민 결사체들은 많은 비시민적이고 비민주적 요소들을 갖고 있을 수도 있다"(He 2002: 209-10).

샐러먼(Salamon 1993)은 시민사회(비영리섹터)가 민주주의에 필요조건이 될 수도 있고, 장애물로 제기될 수도 있으며, 또 전혀 무관한 관계로도 나타날 수가 있다고 지적한다(Van Til 2000: 195).

첫째, "국가가 오만한 권력을 행사하며 자율적인 사회영역의 존재를 위협하는 경우, 비영리섹터는 민주주의에 필요조건이 될 수 있다." 이것은 제3세계 민주화 과정에서 일반화된 현상으로 볼 수 있다. 민주주의의 공고화에 대한 시민사회의 기여는 사회집단들의 "집약된, 신뢰할 만한 그리고 실행가능한 정보"를 정부에 전달하는 것이며, "자기표현과 정체성 표현을 위한 채널" 역할을 한다(Schmitter 1993: 10).

둘째, "사적 집단들, 경제적 이해, 민족배경 또는 기타 다른 근거에 기초하는 사적 집단들이 진정한 공동 목적의 의식을 해치며 시민권의 결속을 왜곡시키게 되면, 비영리섹터는 민주주의에 심각한 장애물이 될 수 있다." 많은 이익집단들이 집단이기주의를 추구하는 문제로 볼 수 있다. 슈미터(1993: 11)에 따르면, 시민사회가 민주주의에 방해가 되는 부정적인 영향을 미치는 경우는, 다수결의 형성을 더 어렵게 하고 시간을 끌며 불투명하게 함으로써 민주적 정부의 정통성을 약화시킬 수 있다는 점이다. 또 슈미터는 샷수나이더(Schattschneider)가 미국의 경우를 지적했듯이 정책과정에 상위계층 주도의 목소리(upperclass accent)가 대표되는 문제, 즉 "체계적으로 편향된 영향력의 분포" 문제가 제기될 수도 있고, 또 각 사회집단 또는 사회운동이 자신들만의 이해를 챙기는 문제(pork barrel)가 발생하기도 한다고 지적한다(p.11).

셋째, "비영리조직들이 권익주창 활동에서 물러나 자신들의 좁은 의미의 역할을 추구하게 되면, 비영리조직들은 민주주의에 대체적으로 무관한 관계를 가질 수 있다." 서구 사회에서 일반화된 '상업화' 문제로 지적되고 있다(다음 제4절을 참조).

한편 피오리나(Fiorina 1999: 409)는 미국의 정치현실에 대해, "더 많은 참여민주주의로의 이동은 대규모 정치논의에서 극단적인 목소리를 내는 비대표적인 참여자들의 수중에 정치를 갖다주는 것이다"라고 지적한다. 그는 1960년대와 70년대에 '권익주창' NGO들이 폭발적으로 늘어나면서 미국 정치체제가 근본적으로 변화되었고, 이런 NGO들의 분출은 정부에 대한 신뢰의 위기와 관련되며 미국의 민주주의가 심각한 위기를 맞고 있다고 분석한다(p.407). 이는 스카치폴(1998, 1999a, 1999b)이 미국의 시민사회가 민주주의에 기여했다는 '역사제도적' 시각과 대조를 이룬다.

2. 권익주창과 정치화

일반적으로 NGO들은 정부정책에 대한 지지와 압력을 행사하며 정치활동을 한다. 정부정책을 지지하거나 반대하는 과정에서 유권자인 일반시민에게 적지 않은 정치적 영향을 미치고 있다. 정부정책에 관한 지지와 압력은 일반적으로 '권익주창'으로 분류되면서, 미국과 캐나다에서는 '권익주창' NGO 활동을 규제하는 법안이 통과되거나 심각한 논쟁이 일기도 했다. 또 더욱 심각한 문제는 NGO가 선거에 개입해서 활동하는 문제로, 이에 대해 많은 국가들은 선거법 등의 관련법으로 엄격히 규제하고 있지만 일부 국가에서는 특정 이슈와 관련된 후보에 대한 지지와 반대를 선택적으로 허용하기도 한다. 이 두 가지 정치활동에 관한 문제를 살펴보면서, 스카치폴의 이론적 설명을 참고해본다.

1) NGO의 정치참여 논쟁

첫째, 선거와 관련해서는 "일반적으로 NGO는 정당이 아니므로 정당의 통상적인 영역에 해당된 활동에 관여하는 것을 허용되어서는 안된다"라고 볼 수 있다(World Bank 1997: 61). 정치후보를 위한 모금활동 및 특정후보에 대한 지지활동은 분명 NGO가 관여할 영역은 아니다. 그럼에도 또 다른 차원에서는 "민주주의에서 NGO가 설립된 목적에 부합되는 근거에서 NGO들이 후보를 추천하거나 지지하는 활동에서 차단되어서는 안된다"(p.63)는 원칙이 제시될 수 있다. 이 원칙에서 각국의 실정에 따라 융통적으로 선거법과의 조율을 통해 NGO의 정치활동을 크게 제한시키지 않는 것이 바람직할 것이다. 환경 NGO들이 환경보호에 적극적인 후보를 지지하거나 환경보호를 해치는 개발정책을 지지했던 후보를 반대하는 활동은 기본적인 '의사와 표현의 자유'로 보장되어야 한다. 환경, 교육, 복지 등 정책지향적 정치활동을 지향할 필요가 있다. 이에 대해 세계은행은 다음과 같이 지적한다(p.63).

(일반시민에게 제공되는) 정보가 환경단체의 견해에 지나지 않는다고 볼 수 있지만, 이 단체의 회원이나 시민들 전체에게는 이런 정보는 유권자들이 누구에게 표를 던질 것인가를 결정하는 데 도움을 준다. 만약 NGO들이 이런 활동을 하지 못하도록 규제를 받게되면 유권자 개개인은 지적 시민권(intelligent citizenship)과 관련된 주요 연구와 정보를 박탈당하게 될 것이다.

세계적인 추세는 많은 국가들이 정치후보를 지지하거나 반대하는 것을 허용하지만 일부 국가들은 법으로 제한시키고 있다. 말라위와 브라질은 제약 없이 허용하고 있지만, 네팔, 터키 등은 법으로 제한시키며, 미국의 경우 세법의 조항 501(c)(3)에 따라 면세혜택을 받는 비영리단체들(NPO)은 정치후보를 지지하거나 반대하는 일체의 선거캠페인에 참여할 수 없다(pp.62-3).

영국은 1998년 '정부-시민사회 컴팩트'를 통해 시민사회의 자율적인 주창 활동을 보장해왔다. 시민사회의 주창 활동을 "합법적으로 추진하는 권리"로 인정한 것이다(HM Government 2010; 〈표 6-3〉 참조). 이에 대해 영국 선거관리위원회(Electoral Commission 2014)는 시민사회조직들의 선거 등 정치적 캠페인 활동은 선거법상 규제 대상이 아니라고 밝힌다. 정당이나 후보뿐 아니라 시민사회조직 등의 역할은 건강한 민주주의에 필수적이라는 인식을 바탕으로 시민사회조직들의 선거를 포함한 정치적 주창 활동을 할 수 있다는 해석이다(앞글: 3).

영국의 공익법(Charities Act)에 따르면, 시민사회를 대표하는 공익법인과 조직들은 자선 등의 공익의 목적을 위해 조직되었으므로, 정치적 목적으로 조직된 경우는 비영리법인이나 조직으로 인정될 수 없다. 공익법에 허용된 정치적 활동은 다음과 같다(앞글: 7).

- 조직의 공익 목적의 연장인 경우
- 조직의 조직상 규정이 있는 경우
- 정당의 정치활동에는 어떤 형태든 관여하지 않은 경우
- 조직의 독립성과 정치적 중립성을 확보한 경우

공익법에 따르면, 공익 시민사회조직들은 정당이나 후보를 지지하거나 반대하는 활동을 해서는 안 된다. 그러나 시민사회조직들은 자신들의 공익활동을 위해 중앙정부나 지방정부를 포함한 공공기관의 법이나 정책의 변화에 대한 지지, 반대의 정치적 주창 활동을 할 수 있다.

2) NGO의 권익주창 활동

다음으로 '권익주창' 문제가 정치활동의 성격으로 강하게 표출되면서 심각한 문제로 제기된다. NGO들의 '권익주창' 활동이 헌법과 국제법상의 표현의 자유에 해당되는 당연한 활동으로 간주할 수 있지만, 각국의 실정에 따라 일정한 제약을 받을 수밖에 없다. NGO들의 권익주창 활동이 부족하지 않고 적절한 만큼의 "시간, 매너 및 장소에 관한 합당한 제약을 가하는 것이 적절하다"라고 볼 수 있다(World Bank 1997: 61). 세계적으로 많은 국가들이 이런 제한적 권익주창 활동을 보장하며, 또 다른 일부 국가들은 거의 제약을 받지 않는 완전한 권익주창 활동을 보장한다(pp.61-2).

NGO들의 권익주창이 허용되어야 하는 중요한 명분은 특히 소수집단의 권익옹호에서 찾아볼 수 있다. 이에 대해 세계은행은 다음과 같이 지적한다(p.62).

많은 사회에서 NGO들은 무수한 빈곤층, 취약계층 또는 소수집단을 대변하는 유일한 대변자 역할을 한다. 개발 때문에 가장 긍정적으로 또는 부정적으로 영향을 받고 있거나 받게 되는 집단이 바로 이들이다… 이것이 지적하는 최소한의 의미는 개발 프로젝트에 영향을 받는 빈곤층, 여성, 소수민족 등의 집단들을 대표하는 독립적인 NGO들이 개발 프로젝트가 선택, 기획, 집행되는 과정 전반에 완전한 참여자가 되어야만 한다는 점이다.

사실 '권익주창' NGO에 관한 문제는 미국에서 최근까지 심각한 정치쟁점이 되어 왔던 중대사안이다(Van Til 2000: 44-67). 일례로 1993년 클린턴 행정부가 국가봉사조직인 어메리코어(AmeriCorps)를 도입했을 때 의회 다수파였던 공화당은 이를 결사적으로 반대하고 나섰다. 공화당은 정부가 시민사회에 대해 간섭이나 개입해서는 안되며 시민사회 스스로가 사회문제 해결에 노력하도록 장려하는 정도의 정책으로 충분하다는 원칙을 내세웠다. 이런 심각한 정치이념상의 차이가 있었지만 예산을 일부 삭감하고, 어메리코어가 봉사활동 이외에 권익옹호와 정책변화 주장을 하는 권익주창 활동을 하지 않는다는 선에서 양당이 타협을 함으로써 어메리코어가 출범할 수 있었다.

이 권익주창 문제가 클린턴 행정부 내내 의회를 시끄럽게 만들었던 뜨거운 감자와도 같은 이슈였다. 공화당 의원들은 소수민족 문제, 빈곤층 문제, 에이즈 감염사, 동성연애자 등 소외층과 문제집단의 권리신장과 권익옹호, 정부정책의 변화와 로비활동에 활동하는 NGO들에 대해 정부지원과 세금감면 등의 혜택에서 제외되어야 한다는 법안을 꾸준히 상정하고는 하였다. NGO가 면세혜택과 정부재정 지원을 받기 위해서는 재정의 20% 이상을 권익주창 활동에 투입하지 못하도록 제한시키고 있는 캐나다의 입법

사례를 따른 것이다. 와이오밍주의 심슨 공화당의원은 권익주창에 관계하는 사회복지기관들에게 연방정부가 그란트를 주지 못하도록 하는 법안을 상원에 제출했었고, 조지아주의 샘넌 민주당의원과 뉴멕시코주의 공화당 의원이 공동으로 제출한 법안은 공공정책 이슈에 대해 일반시민과 의회에 교육을 목적으로 연구하는 활동에 상당한 시간과 재정을 투입하는 교육기관들이 연방 세금감면 혜택을 받지 못하도록 제한시키자고 주장했다(Van Til 2000: 33-4).

권익주창 NGO에 적대적인 보수주의자들의 입법 노력은 실패했지만, 보수성향 권익주창 NGO들이 대신 활성화되고 있다. 사실 권익주창 NGO는 인권, 여성운동, 빈곤층 옹호 등 사회적 약자를 위한 사회운동과 환경, 동물복지 등 포스트모던 운동으로 발전되어 왔지만, 이제는 보수성향의 NGO들도 권익주창에 적극적이며 정부의 재정지원을 받고 있는 것이 미국의 현실이다(Crenson & Ginsberg 2002: 146).

3) 권익주창의 과두화

사회학자 스카치폴은 미국 민주주의와 시민사회의 활성화 관계를 분석하며, 이에 비판적으로 평가한다. 스카치폴(Skocpol 1998)은 "거대정부를 비난하지 말라"는 논문에서 보수주의자들이 사회운동이 크게 활성화되었던 1960~70년대에 연방정부가 사회정책을 확대시킴으로써 지역사회 NGO들의 자유로운 활동을 저해시켰다는 지적에 대해, 오히려 연방정부의 적절한 개입정책으로 NGO들의 역할과 시민사회의 발전에 크게 기여했다는 반론을 제시한다. 특히 사회적으로 소외된 계층의 권익을 옹호하는 권익주창 집단들의 분출과 인권, 여성, 소비자, 환경운동 등 권익주창의 활성화는 정부의 지원과 호응에 적지 않은 영향을 받았고 또 정부의 정책에 많은 영향을 미쳤다는 지적이다. 즉, 권익주창 NGO들이 미국 민주주의 발전에 획기적으로 기여했다는 주장이다. 스카치폴이 권익주창 NGO들을 중시하는 것과는 대조적으로, 미국의 보수주의자들은 권익주창을 하지 않는 지역사회 복지와 봉사단체들의 역할을 중시한다는 심각한 차이점을 발견해볼 수 있다.

그렇지만 최근의 동향을 지켜보는 스카치폴의 시각은 다분히 비관적이다. 그녀는 미국의 시민사회운동이 시민참여가 없고, 권익주창 활동 또한 '과두적' 성향에 빠져 있어, "권익주창 단체들이 아래로부터 회원들의 지레작용의 기회를 거의 주어지지 않고 위로부터 관리되고 있다"라고 비판한다(1999b: 499). 그녀가 제시하는 환경운동 자료를 보면, 1961~90년 기간에 전국적으로 활동하는 환경단체의 수가 119개에서 396개로 세 배 증가했고 여기에서 일하는 전문 관리자의 수는 316명에서 2,917명으로 열 배 가량 증가했지만, 회원의 수는 오히려 감소했다(2003: 144). 이런 NGO의 전문화는 환경, 소비자, 청소년단체 또 전통적인 많은 조직들까지 확산되었다. 따라서 "21세기초 지금의 미국인은 '위축된 민주주의', 즉 훨씬 덜 참여적이고 더 과두적으로 운영되는 시민세계에서 생활하고 있다"라는 것이다(2003: 11).

미국과 유럽의 NGO들이 전문가와 직업운동가 중심의 '권익주창 NGO'로 정착된 것은 이미 오래전의 일이다. 시민들은 NGO를 통한 직접 참여보다 정기적으로 회비와 후원금을 보내주는 정도의 '간접 참여'에 머물러 있다(Maloney 1999). 참여민주주의에서도 볼 수 있는 '대의의 문화'인 것이다. 전문가, 지식인, 직업 운동가가 시민의 목소리와 이해를 대변한다. 사실 권익주창 NGO란 개인 회원들을 갖고 있지 않고 전문가 중심으로 구성되는 것이 일반적이므로 인권, 환경, 여성, 소비자 권리, 사형제 폐지, 동물권리 등 무수한 권익주창에 초점을 맞춘 신사회운동으로 NGO의 활동은 각계 전문가와 지식인의 역할에 크게 의존할 수밖에 없다(주성수 2002a: 27). 언론에 알리고 정부와 정치인을 대상으로 로비활동을 하는 권익주창 활동은 불가피하게 소수의 전문 활동가에 의해 주도될 수밖에 없는 것이다(Van Til 2000).

한국은 민주화의 공고화 단계에서 NGO의 권익주창 활동을 요청하는 시대적 상황에 있다. NGO의 권익주창 활동으로 민주화를 앞당기고 정치개혁과 사회개혁을 꾸준히 추구할 필요가 있다. 경실련, 참여연대 등은 정부와 기업을 견제하고 비판하는 권익주창을 주목적으로 하기 때문에 고소와 고발, 소송, 정책제안 등 제도적 운동방식으로 전문가 중심의 NGO를 지향할 수밖에 없을 것이다. 더욱 많은 다양한 전문가 집단을 네트워킹을 해야 할 필요가 있다. 사실 이들 권익주창 NGO에 시민들이 직접 참여해서 할 수 있는 일도 제한되어 있다. 사회문제를 지속적으로 제기하고 잊지 않고 회비를 꾸준히 납부해주는 시민들만 적지 않아도 NGO의 자생력과 정체성이 상실될 위험은 없다. 적절한 수의 시민참여가 있어야 '규모의 정치'가 가능하고 시민 개인의 회비는 재원마련의 종잣돈 역할을 한다.

그럼에도 미국 비영리조직들의 주창과 로비 활동은 비교적 활발한 것으로 나타난다. 샐러먼 등의 조사에 따르면, 주창과 로비활동의 활성화는 다양한 이유들이 있는데, 특히 조직의 사업(프로그램)이나 대상층 관련 입법 활동이 가장 중요한 동기로 조사되고 있다(표 10-1).

또 소속된 협회나 연대조직의 후원도 중요한 요인이 되는데, 협회/연대조직을 통한 로비나 주창 활동으로 집중화되는 추이를 주목해볼 만하다. 시민사회조직들이 협회/연대조직을 통한 로비/주창 활동은 여러 이유에서 중

■ **표 10-1** 미국 비영리조직의 로비/주창 활동: 연간 활동 비율 (단위: %)

	연간 수시로	연 3회 이상
〈로비활동〉		
1. 정부관리에 보내는 연대 서명	57	38
2. 정부 관리 방문	50	31
3. 정부 관리 통화	50	30
4. 시민 대상으로 정부관리 접촉 홍보	35	21
〈주창 활동〉		
1. 정부관리의 정보 요청에 응답	55	31
2. 정보 자료의 배포/홍보	51	30
3. 청문회 출석 증언	35	13
4. 언론 기고/편집자 의견 전달	33	10
5. 대중 행사 조직	29	6
6. 연구 보고서 발표	24	9
7. 법률소송 또는 연대활동	3	0

자료 Salamon and Geller 2008, p.5.

■ **표 10-2** 미국 비영리조직의 주창/로비활동 이유 (단위: %)

	로비	주창 활동
1. 조직의 프로그램에 관련된 입법	95	94
2. 조직의 주요 수혜층과 관련된 입법	92	95
3. 조직 대표의 관심사	92	93
4. 주와 지방의 정치적, 재정적 분위기	81	81
5. 소속된 협회/연대조직의 후원	75	82
6. 도덕적 의무감	75	74
7. 임직원의 관심사	69	68
8. 고객/소비자의 관심사	50	45
9. 이사회의 관심사	33	37
10. 재정지원기관의 지원	20	18

자료 Salamon and Geller 2008, p.10. 참고: 수치는 중복응답.

요하고 효과적인 것으로 나타난다(중복응답, 각 문항이 중요하다는 응답율)(앞글: 16).

- 회원단체가 많을수록 더 큰 임팩트가 있다 73%
- 협회/연대 단체들이 제공하는 자원과 교육 68%
- 협회/연대 단체들이 제기하는 이슈들에 대한 관심 68%
- 단체들의 확고한 경력 개선 62%
- 단독으로 로비/주창 활동 시간 부족 54%
- 단독으로 로비/주창 활동 자원 부족 53%
- 네트워킹 참여 기회 50%
- 협회/연대 단체들의 정치적 연계망 49%
- 로비/주창 활동의 실행방안 자원 34%

3. 재정자립과 상업화

'글로벌 결사체 혁명'을 관찰했던 샐러먼(Salamon 1994) 교수는 혁명의 요인을 전통적인 시장실패, 정부실패와 함께 '자원섹터 실패'(voluntary sector failure)에서 찾는다. 자원섹터 또는 시민사회는 특히 자급자족의 역량이 부족해서 정부의 재정지원에 의존하거나 수익사업에 생존전략을 모색할 수밖에 없다는 지적이다. 따라서 정체성의 문제와 자율성의 문제가 심각하게 제기된다. 먼저 샐러먼이 제시하는 '자원섹터 실패'에 관한 이론적 기초를 검토한 다음, 오커넬의 '정부-용역' 경계론, 크렌슨과 긴스버그의 '사적 민주주의' 이론과 반 틸의 '시민참여' 부재론을 차례로 살펴볼 만하다.

1) 자원섹터 실패론

샐러먼이 제시하는 '자원섹터 실패' 이론에서는 정부가 자생력이 부족한 제3섹터 기관들을 지원해서 정부가 직접 하는 것보다 이들 기관들이 대행함으로써 효과성과 효율성을 높일 수 있다는 논리가 핵심적이다. 즉, 정부가 사회복지와 공공서비스의 공급과 제공을 중단하고 자원섹터 기관들의 역할로 대체시킬 수 없는 것이 자원섹터가 여러 실패에 직면해 있다는 평가에 기초한다.

샐러먼(1995: 44-9)은 그 실패를 "자선적(philanthropic) 자원부족, 자선적 특정성, 자선적 국지성, 자선적 아마추어리즘" 등 네 가지로 꼽는다. 자원섹터는 자원의 절대 부족으로 프로그램을 운영할 수 있는 자체 역량이 부족해서 정부의 재원지원을 받아야 하며, 자원섹터는 정부와는 달리 보편성을 지니기보다 특정성(particularism)과 국지성(parochialism) 때문에 정부의 지도와 관리 차원의 개입을 받으며, 또한 자원섹터가 아마추어리즘을 극복할 수 있도록 정부는 다양한 각계 파트너십 기회를 확대시켜 전문성 제고에 도움을 줄 수 있다. 이처럼 자원섹터의 확대발전은 자원섹터가 안고 있는 내재적 실패를 극복하기 위한 정부-자원섹터 파트너십으로 가능했다는 것이 샐러먼의 이론적 핵심이다. 미국을 포함한 많은 국가에서 정부정책으로 추진되는 각종 용역사업들이 대표적인 사례이다. 샐러먼(1995)은 '제3자 정부' 이론을 소개하며, 미국에서 정부는 이미 '제3자 정부'가 되었다고 분석한다. 각종 사회복지 서비스 제공의 기능과 역할이 이제 정부보다는 자원섹터 기관이 대행하고 있는 것이 현실이다.

위와 같은 자원섹터 실패가 초래하는 문제에 대한 대안이 되는 '상업화' 추세는 또 다른 심각한 문제를 초래한다. NGO가 추구하는 목표를 상실한 가능성이 더욱 높아지고 있다는 점이며, 또 NGO로서 존재하는 이유가 되는 정부와 시장에 대한 비판기능의 상실과 시민과 소외층을 위한 '권익주창' 역할의 약화로 부각된다. 샐러먼(1995: 218)은 다음과 같이 지적한다.

> 비영리섹터의 커다란 장점들 중 하나는 정부와 시장 섹터에 대한 비판의 원천, 따라서 정부정책의 혁신의 원천 기능을 한다는 점이다. 비영리조직들이 경쟁적인 시장경제에 더욱 빠져들게 되면서 조직의 책임을 맡은 관리자들이 이런 형태의 권익주창 업무에 시간과 인센티브 양자 모두를 상실하게 된다. 그 이유는 권익주창이란 부정적인 평판으로 이끌게 되고 게다가 조직간부들의 시간과 에너지를 크게 소모시키기 때문이다… 비영리섹터의 상업화로 인해 이런 경향이 더욱 강화될 것이며 또 비영리조직들을 정책혁신가와 사회비판가보다는 서비스 제공자로 점차 전환시키게 될 것이다.

2) 정부용역 경계론

미국 시민사회 지도자 오커넬 교수는 시민사회와 NGO의 상업화 유혹과 위험을 꾸준히 경계해오면서, 정부의 지원에 따른 시민사회의 자율성 상실 문제를 심각하게 지적해왔다. 시민사회에 일생을 몸담아온 오커넬(O'Connell 1996: 223)은, "나의 경험은 한 기관 또는 복합적 기관들이 장기간 정부지원을 받게 되면 독립적인 세력으로서 가치를 상실하고 준정부조직(quango)이 된다는 것을 알려준다"라고 지적한다. 그래서 그는 이제 정부, 독립섹터 두 영역이 존재하는 게 아니라 정부, 준정부, 독립섹터 등 세 영역이 존재하는 현실을 비판한다. 많은 비영리조직들이 더 많은 정부사업을 맡게 되면서 '준정부조직'에 편입되는 추세를 비판하는 것이다. 이는 제I장에서 살펴보았듯이 월치(Wolch 1990)와 디킨(Deakin 2001)이 지적하는 '그림자 국가'의 확대 추세이다.

오커넬은 비영리조직들이 "유연성, 혁신, 창의성 및 비판"의 측면에서 정부정책을 지원하는 역할을 하면서도, '일반적 복지'에 지나치게 개입해서 책임을 맡는 것은 본연의 사명이 아니라는 점을 인식해야 한다고 강조한다(p.224). 그는 일반적 복지는 정부가 결코 위임할 수 없는 정부만의 책임이라고 지적한다. 또 그는 "정부가 모든 서비스와 프로그램을 운영해야 된다"라는 것을 주장하는 것은 아니지만, 서비스 전달체계나 프로그램 운영에 관한 다양한 "활동이 위임될 수 있을 지 모르지만 책임은 위임될 수 없다"라고 강조한다(p.225).

오커넬은 또 자신의 저서, 『민중 권력』(*People Power*)에서 강조했던 서비스, 권익주창, 자치권력의 상대적 중요성을 재차 강조한다. "서비스를 더 강조하는 것은 비영리섹터의 서비스 부분이 돈과 인력 측면에서 권익주창과 자치권력을 위축시키고 불명확하게 만든다는 것을 의미한다"라고 지적하면서, 이런 서비스 활동은 "돈과 인력이 상대적으로 왜소한 권익주창과 자치권력 기능에 대해 확실하게 이차적인 기능"이라고 덧붙인다(pp.224-5). 그는 NGO의 역할은 "서비스를 제공하고 정부가 공공 책임을 수행하도록 만드는 매개체 역할을 하는 것을 포함하지만, 가장 커다란 기여는 혁신, 비판, 그리고 필요한 경우 개혁을 지향하는 독립성이다"라고 강조한다(p.225). 오커넬은 한편으로는 NGO들이 정부재정에 안주하려는 많은 유혹을 받는 문제로 볼 수 있고, 또 다른 한편으로는 정부가 NGO들을 활용하려는 강한 동기를 갖게 된다는 점을 지적한다. 그는 정부에 대해서도 다음과 같이 경고한다(p.225).

자원조직들이 정신, 참여, 서비스, 영향력 및 자율성의 자유 등 고귀한 요소들을 제공해주지만, 만약 정부가 자원조직들로 하여금 공공서비스의 기본적인 책임을 맡고 그들의 싼 임금을 이용하고 그들의 권익주창과 비판 역할을 제한시키며 많은 책임을 떠맡기게 되면 자원조직들은 사회를 실패로 이끌게 된다. 그렇게 되면 사람들이 정부가 모든 일을 하도록 요구하며 미국은 또 다른 국론분열의 상황에 이르게 될 것이다.

3) 사적 민주주의론

정치학자 크렌슨과 긴스버그(Crenson & Ginsberg 2002)는 NGO의 정부용역 수행에 따른 심각한 문제를 공익추구적 민주주의가 개인화된 '사적 민주주의'(private democracy)로의 변질로 꼬집는다. 재정자립에 취약한 제3섹터 기관들이 정부영역을 수행하게 되면 정책문제를 제기하기 위해 시민을 동원하는 등의 정치적 활동의 제약을 받게 된다는 것이다. 특히 사회복지 서비스 기관들은 사회복지 서비스의 특성이 수혜층 개인별 서비스의 제공에 한정되어 있기 때문에 수혜층 집단의 행동에 근본적인 제약을 받는다는 것이다. "정부용역은 비영리단체들이 더욱 시장정향적 실행에 적응하고 지역사회의 욕구보다 개인 수혜자의 요구를 충족시키도록 강요되므로 비영리단체의 탈정치화를 조장한다"(p.225).

정부의 입장에서는 NGO에 대한 용역을 통해 정부 자체를 확대하지 않고도 앞에서 살펴보았던 '그림자 국가' 영역을 확대시켜 정부의 서비스 제공 효과를 높이며 정통성 유지에 어려움을 겪지도 않아도 된다. "비영리단체에 대한 사회서비스 용역은 정부 자체를 확대시키지 않고 복지국가를 확대시킬 뿐 아니라 정치적 동원가들의 탈정치화에 기여하는 방안이다"(p.225). 용역은 "정부에 잠정인 도전자들을 흡수하거나 침묵하도록 한다"(p.226). 또 이런 시민과 NGO의 탈정치화와 시민 자원봉사활동의 확대는 시기적으로 일치한다. 따라서 일반시민은 정치적 관심을 갖고 활동하는 '시민'(citizen)의 위치에서 서비스를 소비하는 '고객'(customer) 또는 서비스 전달에 봉사하는 '자원봉사자'(volunteer)로 바뀌고 있다.

개발도상국의 개발 문제도 같은 시각으로 평가해볼 수 있다. 심각한 재정문제에 직면한 개발도상국의 NGO들도 신자유주의의 세계화 영향으로 상업화에 이끌리고 있다. 빈민층 구호와 서비스 제공에 주요 역할을 하는 NGO들은 외국과 국제기관의 원조에 크게 의존하며, 이들이 제시하는 신자유주의 처방에 따라 국가에 대한 정치활동이나 권익주창보다는 빈민층을 직접 상대로 하는 신자유주의식 '자치권력'(empowerment) 전략으로 지역사회 개발 활동을 한다. 이런 지적과 함께 카맷(Kamat 2003: 67)은 '자치권력'의 신자유주의식 개념은 사회적 정체성과 관계를 시장화로 바꿔놓는다며, 다음과 같이 설명한다.

> 개인의 시장접근 능력을 향상시키는 과정, 즉 자치권력 과정을 개인화시킴으로써 공공복지의 개념을 사익의 개념으로 환원시킨다. '시민'의 정체성이 '고객'의 정체성으로 축소되며 사회불평등의 해결이 시장에 대한 개인의 접근 능력을 구축에 맡겨진다. 공공복지가 개인적 이득의 집합체로 환원되며, 공공복지가 사익을 우선해서 중시되어야 할 것이라는 사회민주주의 의미가 퇴색된다. 공공재화와 서비스 문제나 분배 이슈들이 자치권력과 참여의 모델에서는 무시된다. NGO들이 대표하는 민주화란 실질적인 것보다 상징적인 것이다. NGO들은 기껏해야 신자유주의 경제 질서와 충돌하거나 그

범위에서 기능할 수 있는 특정 형태의 민주주의를 창출하는 일에 관여할 따름이다.

따라서 NGO에 대한 신자유주의 영향은 오히려 NGO의 정치활동과 권익주창의 필요성을 강하게 부각시킨다. 노벨경제학상을 수상한 아마타 센(Amartya Sen) 교수는 정치적 NGO들과 다른 조직들이 신자유주의 개발 정책에서 무시되고 있는 재분배와 국가들 사이의 형평성 이슈들에 관심을 갖도록 해야 한다고 강조한다(Kamat 2003: 68).

4) 시민참여 부재론

반 틸은 미국의 사례를 중심으로 비영리섹터의 상업화 경향과 함께 영리섹터와 비영리섹터 사이에 점차 모호해지는 영역구분 문제를 제기한다. 그는 이 문제가 한편으로는 비영리섹터 조직들이 비즈니스 경영을 모방하는 데서 발생하는 문제와 다른 한편으로는 "자금과 권력이 기업의 이윤과 통제로부터 비영리조직과 행동으로 옮겨가는 전환" 문제, 두 가지로 구분해 지적한다. 알렉산더 등(Alexander et al. 1999)의 경험적인 사례연구는 미국의 복지개혁으로 복지의 책임이 정부로부터 비영리섹터로 대폭 이동함으로써 시민사회의 공적 역할이 크게 약화되며, 시민사회 전체에 부정적인 영향을 미친다고 분석한다. 또 그들은 이 문제는 드러나게 나타나지 않고 진행되기 때문에 논의의 대상이 되지 않고 있는 위험성마저도 있다고 지적한다.

반 틸은 제3섹터 조직들의 상업화로 인해, "시민의 영향력이 거의 부재하다"라는 심각한 문제를 제기한다(2000: 194). 그는 미국의 비영리섹터가 얼마나 시민의 참여와 이해를 대변하지 못하는지, 그 실태에 대해 다음과 같이 지적한다. "비영리섹터가 그 자체의 거버넌스와 조직운영에 시민의 직접적인 참여에 개방적인 구조를 이용해서 광범위한 시민의 관심사안들을 다루는 단체는 전체의 1/6에 지나지 않는다. 비영리섹터의 82%가 보건의료기관, 학교와 대학 및 비즈니스 조직들로, 이들 중 극히 일부만이 자신들의 거버넌스에 활성적인 시민의 참여에 개방적이거나 서비스제공에서 자원봉사자를 광범위하게 이용한다."(p.194)

4. 시민없는 시민운동

이상과 같은 논의에서 시민사회의 또 다른 심각한 문제로 제기되고 있는 것이 시민참여의 문제이다. NGO의 권익주창 활동이 지배적이면서 일반시민은 참여하지 않고 변호사 등의 전문가들이 주로 참여하며, 또 NGO의 상업화 추세로 회원 봉사자보다 전문가 중심의 정부 프로그램 수행이 늘면서 NGO의 정체성 문제마저 제기되고 있다. 미국의 경우, 정치체제가 기본적으로 이익집단 다원주의 정치에 의존하기 때문에 시위 등 직접행동에 의존하는 전통적인 시민운동이 로비활동으로 제도권에 진입한 것은 논리적으로 당연한 수순이었다(Berry 1999: 28). 시민운동이 로비중심의 활동과 법률소송 등으로 전문화한 데 따른 의도되지 않은 결과는 시민운동의 성장이 아니라 쇠퇴라는 주장이 제기되고 있다.

1) 시민의 간접참여

미국의 연방법령과 법원의 판례는 시민 누구나 공공정책에 이의를 제기해 법원이 판결해주도록 하는 고소인 제도를 도입했다. 그럼으로써 법원이 정책결정 과정의 주변에서 핵심으로 이동한 변화, 즉 '신정치'가 가능해졌다. 이 때문에 시민 개인이 NGO에 참여하거나 동원되어 활동하지 않아도 정책소송을 제기할 수 있게 됨으로써 NGO가 시민동원과 참여 모델에서 소수 전문가 모델로 변화한다. 소송에서 이기기 위해서는 시민들이 아니라 변호사를 동원할 필요가 있는 것이다. 환경운동의 경우가 대표적이다. 미국의 환경단체들은 막강한 자금과 조직력을 갖고 있는 기업과 기업협회에 맞서 환경소송에서 이기기 위해 지속적으로 법률가, 과학자 등 전문가에 의존하는 활동을 지향할 수밖에 없었다. 회원들이 단체의 활동에 직접 참여하는 경우가 크게 줄었고 몇 달에 한번 회비를 보내주는 수표책 회원(cheque-book member)으로 머물러 있는 게 미국뿐 아니라 서구 NGO 회원의 주요 회원활동이다.

사실 권익주창 NGO란 개인 회원들을 갖고 있지 않고 전문가 중심으로 구성되는 것이 일반적이다(Maloney & Jordan 1997; UNRISD 2000b). 인권, 환경, 여성, 소비자 권리, 사형제 폐지, 동물권리 등 무수한 권익주창에 초점을 맞춘 신사회운동으로서 NGO의 활동은 전문지식인의 역할에 크게 의존할 수밖에 없다고 볼 수 있다. 언론에 알리고 정부와 정치인을 대상으로 로비활동을 하는 권익주창 활동은 불가피하게 소수의 전문활동가에 의해 주도될 수밖에 없는 특징이 있다(Hudson 2000; Van Til 2000). 각계의 전문지식인이 NGO의 조직과 관리에 자원봉사자로 참여하는 경우도 있지만, 전문 직업인으로서 NGO 활동가가 지식인 집단으로 발전하는 추세가 더욱 강하다.

서구의 경우, 1960년대와 70대에는 많은 신사회운동 NGO들이 초기에는 "정열적인 아마추어들"에 의해 운영되다, 90년대에 와서 전문가 중심의 관료화된, 심지어는 '기업스타일'의 NGO로 변모되는 추세를 보여준다(Maloney & Jordan 1997: 107). 그렇다고 이런 추세가 불가피하거나 바람직한 것으로 볼 수는 없지만, 그만큼 시민의 관심과 참여를 크게 기대할 수 없는 것이 서구의 실정이다. 시민들이 할 수 있는 역할은 자신이 좋아하는 NGO에 수표를 써서 보내주는 정도의 관심이라는 시대적 추세를 반영해주듯이 수표책 단체들이 서구의 NGO를 대표하는 추세에 있다(Maloney 1999). 이런 추세는 한국에서도 일부 진행되고 있는 것으로 보여진다. 따라서 NGO들이 전문가에 의지하느냐 시민참여에 의존하느냐 하는 일종의 양자택일의 선택에 직면해 있다(주성수 2003d). 더욱 강력한 권익주창을 위해서는 전문가에 더 의존하는 것이 불가피하지만 최소한의 시민참여가 없다면 NGO로서의 존재이유가 의심받을 수밖에 없다.

2) 시민사회 쇠퇴론

이같은 시민참여의 쇠퇴 동향을 분석하는 스카치폴의 시각은 다분히 비관적이다. 스카치폴은 미국 시민사회가 성장한 게 아니라 쇠퇴해왔다고 진제하면시, 그 쇠퇴의 원인을 정치권과 정부정책에서 찾는다. 미국 시민단체의 주요 회원으로 구성된 중상류층 이상의 계층은 지역사회와 거의 관계를 갖지 않으며 와싱톤에 본부를 둔 전문가 중심의 권익주창 단체에 더 많은 지원을 보내고 있다는 것이다. 미국 시민사회의 많은 대표 단체들은 상류층 중심의 엘리트 주도적인 연맹체라고 볼 수 있다. 스카치폴(Skocpol

1999b: 491)은 "전통적인 미국의 협회 창설작업은 전국에서 도덕적 또는 정치적 영향력을 갖기 위한 최상의 방법이 전국, 주, 지방조직들이 정기적으로 모임을 갖고 어느 정도의 대표적 거버넌스에 관여하며 상호 연대하는 것으로 여겼었다"라고 설명한다. 그래서 이 협회들이 회원수에 따른 파워뿐 아니라 회원의 회비에 크게 의존하게 되었는데, 지금은 이 협회들이 회원들보다는 정부의 재정지원, 재단의 지원금, 부유층 후원금, 우편모금 또는 소송의 반대급부로 유지되고 있다(Crenson & Ginsberg 2002: 11).

스카치폴은 최근의 동향에서 무수한 지지집단과 자원봉사활동이 크게 활성화되고 있다는 사실에 주목한다. 그녀는 이런 활동들이 소외층 등의 대상집단과 "공동으로 하는 활동"(doing with)보다는 그들을 "대상으로 하는 활동"(doing for)에 크게 치우쳐 있고, 지역사회 환경문제에 초점을 맞추는 풀뿌리조직들의 활동도 일반시민의 참여는 거의 없고 전문가 집단과 중산층 이상의 고학력, 고소득자 중심으로 진행중이라고 지적한다. 스카치폴(1999b: 505-6)은 '역사제도적' 시각에서 미국 민주주의 역사와 시민사회의 변화를 다음과 같이 설명한다.

> 미국의 민주주의는 19세기부터 20세기 중반까지 독특한 국가와 사회의 매트릭스(matrix)에서 번성해왔다. 미국은 세계 최초의 인간적 민주주의 국가였고 또 세계 최초로 대중교육을 제도화했던 국가로, 시장이 확대했지만 시민사회를 포섭할 수는 없었고 또 중앙, 주, 지방 정부가 심사숙고해서 간접적으로 자원적 결사체들을 조직하는 데 도움을 주었던 그런 독특한 균형을 이루는 시민생활을 유지했었다. 전통적인 시민중심의 미국에서 수백만 명의 일반시민들이 서로 접촉하며, 특권층과 격의 없이 나란히 단체에 참여했고, 또 지역사회와 국가적인 일에 영향력을 행사하였다. 극빈계층이 소외되

었지만 나머지 대다수가 포용되었었다. 그래서 국가 엘리트들이 수백만 명의 일반 미국인들의 가치와 이해에 관심을 기울였다.

최근에는 전문가 주도적인 권익주창 집단들과 회원들에 거의 저촉을 받지 않는 비영리기관들의 요란한 활동에 의해 전통적인 미국 시민사회가 시들해졌고 또 주변으로 밀려나 있다. 공유된 시민권의 이상과 민주적 지레작용의 가능성이 과정상에서 타협대상이 되어 버렸다. 1960년대 이래로 미국에는 많은 좋은 일들이 있었다. 새로운 목소리들을 들었고, 평등과 자유 측면에서 가치로 환산할 수 없는 이득을 누렸다. 그럼에도 국가의 결사적 생활에서 생명선과 같은 연결고리들이 마모되어 버렸고, 이제 미국이 동료 민주시민들이 아니라 이탈된 방관자들의 국가로 되는 일이 없도록 하기 위해서는 우리는 이 연결고리를 수리할 수 있는 창의적인 방안을 모색해야 한다.

스카치폴은 앞에서도 지적했듯이 일반시민이 아닌 전문가 주도의 시민사회를 특히 경계한다. 이는 '위축된 민주주의'(diminished democracy)를 의미하기 때문이다. 그녀에 따르면, 지금의 미국인은 "훨씬 덜 참여적이고 더 과두적으로 운영되는 시민세계에서 생활하고 있다"(2003: 11). 이 때문에 그녀는 미국의 시민사회가 1960년대 인권운동 이후로 줄곧 민주화에 기여했다는 자유주의자들의 신념에도 문제가 있다고 지적한다. 1960~70년대의 사회운동은 시민사회의 재편을 촉발시켜, 계급초월적인 회원조직들이 쇠퇴한 반면에 전문가 주도의 결사체들과 세도들이 번창하는데 일조했다는 것이다. 전문가운영 조직들은 "이들이 대체시켰던 1960년대 이전의 회원연합체들보다 민주적이지도 않고 참여적이지도 않다"라는 지적이다(2003: 13).

3) 시민참여 불평등

'시민없는 시민운동'에 대해 버바 등(Verba et al. 1995)은 시민참여의 불평등 문제를 심각하게 제기한다. 그들은 미국인의 정치적, 사회적 참여에 관한 경험적인 연구결과를 『발언과 평등』(*Voice and Equality*)에서 정리하면서, 선거캠페인 참여, 모금활동, 편지쓰기, 회의와 집회 참여, 지역사회 봉사활동, 기부 등 정치적, 사회적 참여에서 다수인 중저소득층의 참여는 저조하며, 소수인 중상류층이 주도하는 참여가 되고 있다는 것이다. 버바 등이 분석한 미국의 시민사회는 경제적 불평등과 특권의 영역이다.

버바 등은 "정치활동은 미국 사회구조에 확고히 기초하고 있고, 바로 그 사회구조는 활동상의 불평등의 주요원천이 된다"라고 강조한다(p.532). 소득불평등의 영향을 바꿔놓을 수 있는 막강한 시민사회 기관들은 찾아볼 수 없으며, 시민사회 자체가 오히려 소득불평등을 더욱 강화 또는 배가시키고 있다고 분석한다. 앞에서 샐러먼(1993)이 지적했듯이 시민사회가 민주주의에 장애물이 될 수 있다는 부정적인 시각을 뒷받침해주는 실증적인 분석이다. 스카치폴 또한 다음과 같이 단호하게 주장한다. "회원이 없는 권익주창 단체이건, 지부를 가진 권익주창 단체이건, 또 우편수취자 명단에 의존하는 결사체이건 또는 비영리기관들이건 모두에게 불가피하게 적용되는 결론은 가장 부유하고 최고 교육을 받은 미국인들이 1960년대 이전에 계급 차이를 넘어 멤버십 연합체 중심의 시민세계의 구성원들에 비해 새로운 시민세계에서 더 많은 특권적 지위를 누리고 있다는 점이다"(1999b: 500).

버바 등은 시민참여의 불평등 문제는 매우 심각해서, '계급' 시각으로 볼 수 밖에 없다고 주장한다. 그들은 다음과 같이 설명한다(p.532).

다른 민주주의 국가들과는 대조적으로 미국의 정치적 갈등은 전통적으로 계급의 수사에 깊게 빠져들지 않은 편이다. 그럼에도 최근 몇 년간 계급을 언급하는 것이 뉴딜 시대 이후 그 어느 때보다도 우리의 정치 단어장에 잘 등장하지 않게 되었다. 이런 상황은 구체적으로 지난 10~20여 년 기간에 일어났던 몇 가지 발전에 기인한 것으로 볼 수 있다. 즉, 공화당이 자체를 일반 국민의 당으로 규정한 일, 노동조합의 멤버십과 파워의 상실, 다문화주의에 대한 강조, 지적 도구로서 마르크시스트 사회분석이 갖는 설득력의 쇠퇴, 그리고 직업구조의 변화와 그에 따른 제조업 고용의 감소 등이다. 그럼에도 이 책에서 주장하는 분명한 사실은 우리의 정치대화에서 계급에 대한 언급이 사라졌지만, 정치참여의 문제에서는 미국정치에 계급이 심각하게 문제시되고 있다는 점이다.

버바 등이 제기하는 심각한 문제는, 민주주의와 정치에서 시민사회의 역할을 평가할 때 일반시민의 사회경제적 배경(교육, 소득, 직업 등)이 결코 경시될 수 없는 매우 중요한 결정요인들이라는 점이다. 버바 등은 자신들의 연구결과를 다음과 같이 결론짓는다(p.509).

우리는 서론에서 의미있는 민주적 참여는 정치에서 시민들의 목소리가 분명하고, 우렁차며 또 평등할 것을 기초로 한다고 전제하였다. 즉, 공직자들은 시민들이 원하고 필요로 하는 것이 무엇인지를 알 수 있을 정도로 분명하며, 공직자들이 들은 목소리에 대해 관심을 기울이는 인센티브를 가질 정도로 우렁차고, 또 모든 시민들의 선호와 이해에 대해 평등하게 대하는 호응성의 민주적 이상이 방해를 받지 않도록 평등한 목소리이다. 미국 정치에서 자발적인 활동에 대한 우리의 분석 결과는 일반 대중의 목소리가 자주

우렁차며, 가끔 분명하지만, 전혀 평등하지 않다는 것이다.

4) 다수공익의 배제

교육과 소득에 따른 시민참여의 불평등 문제는, '세계가치조사'에 따르면 미국뿐 아니라 유럽과 제3세계에서도 점차 보편화되는 추세로 나타난다(Norris 2002). 한국도 예외는 아니지만, 시민 누가 어떻게 참여하며, 누가 왜 배제되고 있는지를 더욱 실증적인 분석을 통해 검증해볼 중요한 연구과제가 있다.

시민참여의 불평등 추세는 시민 전체의 공익보다는 일부 참여층의 개별적 이해를 반영하는 정책의 왜곡을 초래하며 민주적 대표성 문제를 제기한다. "자원과 교육으로 개인적 정치접근의 기회를 이용할 수 있는 시민들은 자신들의 견해를 정책결정자에게 전달할 수 있는 능력이 있기에 혜택을 받는다"(Crenson & Ginsberg 2002: 78-9). 그렇지만 대다수 시민들은 이런 혜택을 받지 못하며 정치과정에서 배제되어 있다. 버바 등은 이를 "대표성의 왜곡"이라 지적한다. 일부 중상류층을 주회원으로 하는 환경운동은 그들의 여유와 라이프 스타일과 관련된 숲보전, 희귀종과 동물보호 어젠다에 관심을 가질뿐, 일반시민과 저소득층의 일상생활과 밀접히 관련된 산업안전, 하수장과 쓰레기, 폐기물 처리, 공중보건 등을 경시하게 된다(Crenson & Ginsberg 2002: 192). 이런 생활환경 문제들은 결국 지역의 환경단체나 연대조직에 의해 수행되는데, 이를 중앙에서는 님비(NIMBY) 또는 집단이기주의로 비난한다. 환경뿐 아니라 인권, 소비자, 사회복지 등도 동일한 상황에 있어, 시민참여와 NGO 역할을 민주주의 원리에 비추어 재평가할 필요성이

제기된다.

중앙집중적, 전문가 주도의 NGO 활동의 심각한 문제 중 하나는 공동체의 공공선과 일반시민의 보편적 이해를 경시하는 문제이다. 이런 단체들이 "지역에서 시민을 동원하는 경우, 대중적 심사숙고와 공동체 건설과 같은 광범위한 형태의 이해보다는 협소한 이해를 동원하는 경향이 있다"(Sirianni & Friedland 2001: 11). 정책 중에서도 다수 시민을 대상으로 하는 모호한 프로그램보다 이해관계가 확고한 소수 고객들의 정치적 지지를 받는 프로그램들만이 존속된다. 정치학자 다알(Dahl 1994)은 NGO를 포함한 정책결정에 영향을 미치는 각종 이익집단들이 분출하고 분화하고 있지만, 이 집단들을 통합시켜 집단들 사이에 또 일반시민을 위해 더 대표적인 정치행위자들과 집단들의 타협을 통해 상호호혜적 정책을 모색할 수 있는 정치적 제도가 존재하지 않는 심각한 문제가 있다고 지적한다.

시민참여의 불평등, '시민없는 시민운동' 문제는, 시민사회와 NGO 자체 또는 시민 스스로의 문제보다는 대부분 정부의 제도와 정책의 구조적 모순에서 비롯된다. 정부와 정치인은 정치적 이유에서만 시민과 NGO의 참여를 형식적으로 인정할 뿐, 시민과 NGO의 적극적인 참여 역할이 생산하는 민주주의 발전이라는 궁극적 목표에는 의미를 부여하지 않는다. 시민과 NGO의 참여가 정부와 정책을 지지해주는 한도에서만, 또 시민과 NGO의 참여에 따른 정치적 부담과 갈등을 인내할 만한 수준에서만 시민과 NGO의 참여가 정부정책과 사회개혁에 유용될 따름이다.

5. 한국 시민사회와 정부

한국 시민사회 30년 역사에서 정부와 시민사회는 정권에 따라 공조 또는 대립이라는 대조적인 관계를 보였다. 1987년 민주항쟁 이후 김영삼-김대중-노무현 정부 기간에는 협력과 공조가 지배적이었다면, 이명박-박근혜 정부 기간에는 대립과 갈등이 지배적이었다(주성수 2017a).

1) 정부-시민사회의 재정적 관계 30년(1987~2017)

정부의 시민사회의 재정적 관계는 계약 관계상 정부가 '갑'이며 시민사회가 '을'이 되지만, 정권에 따라 '갑질 정치'도 더해지는 경우가 적지 않았다. 일종의 불공정, 불평등 계약 관계이며, 그로 인해 국민의 세금에 대한 투명성과 책무성 문제가 심각하게 제기되어 왔다. 국가보조금이나 각종 지원사업비는 각기 보조금지원 법률이나 비영리민간단체지원법에 기초해 시행되지만, 자격과 선정기준, 사업영역, 평가 등 전반에 걸쳐 정부가 주도한다. 계약 관계상 '을'에 해당되는 시민사회단체들은 개선방안을 여러 차례 제시해왔다.

시민사회단체의 수입원 중 정부로부터의 수입은 시민사회단체 전체 수입의 30%를 넘지 않는다. 최초의 공식적인 통계가 되는 국세청 공시자료에서는 2015년 9,500개의 비영리법인과 비영리단체 등 시민사회 전체 평균이 사업수입금 55%, 정부지원 28%, 기부금 34%로 나타나 있다.[27]

27 국세청 공시자료 http://www.guidestar.or.kr/npo/search/npo_search.asp#

기부금 모금이 상당히 개선되었는데, 그간 기부금품모집과 사용 법률의 개정, 기부금단체 지정 확대 등 제도적 개선뿐 아니라, 시민들의 나눔문화 인식 개선과 기부와 자원봉사 확대 등도 시민사회의 재정적 안정화에 기여한 것으로 볼 수 있다(주성수 2017a; 고경환 2016).

한국 시민사회의 정부 재정 의존도는 외국에 비교하면 낮은 수준이다. 국제적인 34개국 평균에서 시민사회단체의 정부 수입은 34%를 넘는데, 같은 조사에서 한국의 경우 24%에 지나지 않는다(Salamon et al. 2004: 30-37). 34개국 평균에서 정부 이외의 수입에서 회비와 수수료가 53%로 가장 많은 비중을 차지하고, 기업이나 개인의 기부금이 12%를 차지하는데, 한국은 회비를 포함한 사업수입이 대부분(71%)을 차지하고, 개인이나 기업 등의 기부금(4%)이 매우 저조하다. 최근의 조사에서도 시민사회단체의 정부 재정수입 의존도는 미국과 영국의 경우 30% 이상을 차지한다. 미국의 경우, 2015년 정부로부터의 수입(보조금과 사업수익)이 32.5%를 차지한다(Urban Institute 2015). 영국의 경우 2015년 시민사회 전체 수입 중 정부로부터의 보조금과 용역 등 사업수입이 전체 34%를 차지한다(NCVO 2016).

2) 관변단체지원 특별법과 비영리민간단체지원법

관변단체지원 특별법에 의한 특혜 지원

시민사회단체에 대한 정부의 재정지원의 시대적 배경은 법과 제도로서 국가보조금 법률, 3대 관변단체(새마을운동, 자유총연맹, 바르게 살기)를 지원하는 특별법, 그리고 2000년에 시행된 비영리민간단체지원법을 통해 살펴볼 수 있다. 국가보조금 제도는 이승만 정권 시절인 1949년 반공을 이념으로 만들어진 반공연맹을 지원하면서 정부가 관변단체들에 특혜 지원을 하는 역사가 시작되었다. 1970~80년대 박정희 정권을 거치면서 새마을운동중앙회·바르게살기운동중앙협의회 등 정권과 밀착해 각종 특혜를 누렸던 관변단체들이 지금까지 상당한 특혜를 누려왔다. 새마을운동은 유신정권의 국가보위입법회의에서 '새마을운동조직육성법'을 제정하여 새마을운동중앙본부를 설립한 것이다. 새마을운동중앙본부 및 부녀, 직장, 공장 등 기타 산하조직에 국가의 출연금 조성 및 보조금 교부, 국·공유재산 대부, 조세 감면 등 특혜를 제공한다(박영선 2011). 또 한국자유총연맹육성에관한법률은 노태우 정부가 박정희 정권 당시에 제정된 한국반공연맹법을 폐지한 후, 그를 대체하기 위해 1989년 제정한 법률이다. 바르게살기운동조직육성법 또한 5공화국 군사정권에서 제정된 사회정화운동조직육성법의 후신이다.

민주화 이전 시기부터 정부는 특별법 제정으로 관변단체 조직부터 지원해 다양한 재정지원을 해왔다. 김영삼 정부가 집권한 이후에도 관변단체에 대한 예산지원은 오히려 늘어났다. 김대중 정부에 와서도 새로운 법 시행에도 불구하고 관변단체에 대한 편중 지원은 지속되었고, 노무현 정부 기간도 마찬가지로 지속되었다. 2004년 13개 관변단체가 받은 액수는 734억 원으로 전체의 60%를 차지했고, 새마을중앙회·자유총연맹·바르게살기협의회 등 세 단체가 받은 액수만 339억 8310만 원(27.7%)에 이른다.

관변단체에 대한 편중 지원은 이명박 정부와 박근혜 정부에 와서 더 확대되었다. 이명박 정부는 2009~2013년 5년 동안 세 개 관변단체에 연평균 44억 원씩, 219억 원을 지급했다.[28] 지방의회들은 이들을 지원하는 조

28 세 개 관변단체에 대한 국고보조금은 김대중 정부 5년간 총액은 60억 원으로 연평균 12억 원이 지출됐고, 노무현 정부 5년간 3대 단체에 지급된 국고보조금은 연평균 3억 원씩, 13억 원에 그쳤

례까지 잇달아 만들었는데, 관변단체 지원조례는 이명박 정부 집권기인 2010년 6.2 지방선거 이후 크게 늘어나, 제정된 조례는 전국적으로 모두 240개이며, 이 가운데 65%인 158개가 6.2 지방선거 이후 만들어졌다.[29]

비영리민간단체지원법과 공익지원사업

정부의 비영리민간단체 지원사업은 국고보조금 지원과 함께 무수한 정치적 논란의 대상이 되어 왔다. 먼저 관변단체에 대한 편중 지원이 오래된 논란이 되었고, 이어 불법시위단체에 대한 배제 논란도 뒤따랐다(주성수 2017a: 178-82).

관변단체에 대한 국고보조금 지원은 국가의 법적 의무는 아니다. 다만 3개 관변단체를 지원하는 특별법 모두가 새마을운동처럼, "국가 또는 지방자치단체는 새마을운동조직의 운영에 필요한 비용에 충당하기 위하여 출연금 또는 보조금을 교부할 수 있다"라는 규정에 근거해 지속적으로 지원해왔다.[30] 관변단체에 대한 과도한 재정지원으로 다른 시민사회단체 사업의 상대적 위축을 조장한 것이다.

그러다 수년전부터 공익활동 지원사업에도 관변단체들에 대한 우선적 지원이 문제로 제기되자 공모사업에서 '관변단체 중복지원'을 이유로 사업참여 자격을 제한시켰다. 그러나 또 다른 지원방식이 되는 민간경상보조

다. 새마을운동중앙회, 바르게살기운동협의회, 자유총연맹에 지원된 사회단체 보조금이 2013년에만 모두 346억 원에 이르는 것으로 집계됐다(경향신문 2017.4.20.).

29 지원 조례의 급증은 지방의회에 이들 단체 출신 의원들이 진출한 것과 무관하지 않은 것으로 볼 수 있다. 조례를 제정한 132개 지방의회 의원들의 경력을 분석한 결과 85개(64%)에는 해당 단체 출신들이었다(뉴스타파 2014.1.28.).

30 1980.12.13. 제정, 전문개정 2011.25.30. 자유총연맹, 바르게살기 또한 똑같은 규정을 두고 있다.

로 대신해, 오히려 관변단체들이 공모 경쟁 없이 특혜 지원을 받은 셈이 되었다. 행정자치부의 〈공익활동 지원사업〉은 2014년부터 보조금 지원에서 새마을운동, 자유총연맹, 바르게살기를 배제시켰으나, 대신 민간경상보조를 통해 공개경쟁 없이 더 많은 국고보조금 특혜를 주었다.[31]

87 민주항쟁 이후 시민사회의 성장을 지원하는 정부의 새로운 정책은 시민사회단체의 사업에 '공모지원' 방식으로, 국가보조금 사업을 보완하였다. 김영삼 문민정부부터 1994년, 공보처가 시민사회 주도의 개혁을 지원한다는 명분에서 흥사단, YMCA 등 13개 단체에 대해 6억 7천만 원을 지원하기 시작했다(주성수 2004). 그간 3대 관변단체에 집중된 정부의 재정지원을 다변화시킨 것으로 1987년 민주항쟁 이후 시민사회의 지속적인 요구를 뒤늦게 수용한 것이다(박영선 2011).

1999년 김대중 정부에서는 정부 예산으로 지원하는 '민간단체 보조사업'이 처음 중앙정부 부처들과 전국 16개 시도에서 일제히 시행되었다. 그간 관변단체들만 지원을 받다가 이들을 포함한 모든 시민사회단체가 공모로 경쟁해서 보조금 지원을 받는 새로운 패러다임 전환이다. 전체 150억 원의 지원금 가운데 절반은 행정자치부가 전국단위 시민단체들의 프로젝트를 심사, 직접 집행하고 다른 절반 75억 원은 전국 16개 시도에 배분해 지역 시민단체들의 사업을 지원하였다. 그런데 지원 내역을 보면 전체 보조금 중 41%가 관변단체에 편중되었다. 관변단체 특별법 폐지를 주장해온 시민사회의 요구와 압력에 비하면 상당히 실망스러운 출발이었고, 이어서 김대

---

31 국고보조금 공시 자료를 보면(http://www.gosims.go.kr/ha/ha001/retrieveMain.do), 2017년 비영리민간단체지원사업 민간경상보조금은 전체 64억 원인데 비해, 새마을운동에 지원된 국가보조금은 86억 1,100만 원이며, 자유총연맹 2억 5,000만, 바르게살기 5억 8,500만 등이다.

중-노무현 정부에도 그대로 유지되었고 이명박-박근혜 정부에서는 보수단체 편향의 화이트리스트 특혜 지원의 역사로 확대되었다.[32]

공익지원사업 예산은 김대중-노무현 정부를 거치면서 현상유지를 해오다 2008년 촛불시위를 계기로 이후 이명박 정부 기간 2009년과 2010년에 50억 원 규모로 대폭 축소되다 다시 2011년에 150억 원 규모로 원상 회복, 그리고 박근혜 정부 기간(2014-15-16-17년) 136 → 91 → 91 → 64억 원으로 다시 축소되는 급변이 있었다(주성수, 박영선 2014).[33] 이명박-박근혜 정부 기간의 공익지원사업은 보수단체 편파지원으로 변질되는 블랙리스트와 화이트리스트 정치의 수단으로 전락되었다.

3) 정권의 블랙리스트와 화이트리스트 정치

정부와 시민사회 사이의 대립과 갈등은 집회와 시위에 초점이 맞춰졌다. 정부는 시민사회단체들이 정부정책에 반대하는 집회나 시위를 불법으로 규정하고 반면에 시민사회단체들은 정당한 집회와 표현의 자유라고 맞서 대립한 것이다. 이에 따라 정부가 지원하는 각종 지원사업에서 이른바 불법시위에 참석한 단체들의 명단을 경찰로부터 넘겨받아 이들을 지원대

---

32 3대 국민운동단체에 예산지원 현황을 보면, 박근혜 정부가 예산편성에 관여한 2014년부터 올해까지 4년간 194억 원이 지급되어, 이는 연평균 49억 원꼴로 이명박 정부(연평균 44억 원) 때 지원금을 뛰어넘는 역대 최고 수준이다(경향신문 2017.4.20.).

33 2014~17년 자료는 비영리민간단체 공익활동지원사업 관리정보시스템 아래 참조.
https://npas.mois.go.kr/nsbms/hmp/infoPblntf/sbsidySportYearTrnsitn/sbsidySportYearTrnsitnChart.do

상에서 제외시키는 일이 성행했다(주성수 2017a: 180-1).

이명박 정부의 집권은 비영리단체들에 대한 지원 방향이 진보에서 보수로 크게 바뀌는 일대 전환이 일어났다. 보수정권의 출범이 보수단체들에게 정치적 기회를 제공해주었고, 2008년 미국산소고기수입반대 촛불시위에 정부에 비판적인 진보단체들에게는 불법시위단체 명목으로 보조금 지원을 배제시키는 정책을 추진하였다. 이명박 정부의 집권으로 뉴라이트 단체, 군대와 안보 관련 단체, 북한에 비판적인 반북 단체 등 다양한 단체들이 새로 조직되거나 활동이 활성화되었다(앞글: 182-3).

반면에 상당수 시민사회단체들이 '불법 · 폭력시위 단체'라는 이유로 선정 과정에서 탈락하거나 스스로 지원을 포기했다. 159개 단체의 162개 사업에 49억 원을 지원했는데, 이들 중 120곳(75%)이 새로 선정되었다. 반면에 한국여성노동자회, 한글문화연대, 강살리기네트워크 등은 공익사업 지원을 신청했으나, 지난해 촛불집회를 주도한 '광우병국민대책회의'에 참여했다는 이유로 제외됐다.

전국 16개 시도에서도 진보단체 배제, 보수단체 편중이 확인되었다. 기초 시 · 군에서 활동하는 시민단체에 신청 자격을 준 지방정부는 인천 · 대구 · 대전 · 전북 · 제주 등에 불과했다. 나머지 지방정부 대부분은 시위를 주도하거나 시위로 처벌을 받은 경력이 있는 단체에 신청 자격을 주지 않았다.[34]

박근혜 정권도 블랙리스트 정치에 의존해 많은 문화예술단체들을

---

34 인천 · 전북 · 제주를 뺀 나머지 13개 지방정부는 1) 시위를 주최 · 주도하거나 2) 시위에 적극적으로 참여하거나 3) 구성원이 시위에 참여해 '집회 및 시위에 관한 법률' 위반으로 처벌받은 단체는 신청 자격이 없다고 사업 시행 공고에 명시했다(한겨레신문 2009.10.6.). 반면에 뉴라이트 계열인 민생정책경제연구소가 설립한 지 7개월 만에 정부뿐 아니라 기업 등의 소액대출 · 사회적기업 관련 비영리 공익사업을 세 개나 따내는 정치력을 보였다.

정부지원사업에서 배제시키며 상당한 불이익을 준 것으로 확인되었다. 2013년부터 2015년까지 문체부의 민간단체 예산지원에서 블랙리스트에 오른 개인이나 단체 대다수가 예산이 삭감되거나 아예 심의에서 탈락했다(주성수 2017a: 184).

정권 유지를 위한 화이트리스트 정치 또한 이명박-박근혜 정부의 공통점이다. 이명박 정부는 국가정보원이 주도하는 수구단체들의 관제 집회와 시위를 사주한 협의를 받고 있다.[35] 박근혜 정부 또한 정권초기부터 좌파 척결에 갖은 수단을 동원했는데, 대기업의 자금으로 친정부 단체들의 관제 집회와 시위를 사주했다(앞글: 184).[36] 청와대와 결탁한 수구단체들은 세월호 특별법 반대 집회, 세월호 특별조사위원회 활동을 저지하는 활동, 국정교과서 지지뿐 아니라, 위안부 한일 합의와 관련해 "할머니들이 희생해달라"는 주장도 폈다.

4) 정부와 시민사회 협약: 지원에서 협력으로

정부가 보조금이나 지원금 등 재정으로 시민사회에 대해 권력을 행사하는 특징은 한국 시민사회사 30년의 역사에서 잘 드러나 있다. 먼저 정부-시민사회의 재정적 관계 관련 법률과 제도에서 정부의 일방적인 정치

---

35 어버이연합은 박원순 시장을 겨냥한 19차례의 집회를 열었는데, 모두 국정원의 청부 집회였다는 게 국정원 개혁위원회 조사 결과다(KBS 2017.9.20.).

36 청와대가 2013년부터 추진한 엄마부대, 어버이연합 등의 수구단체에 지원한 70억 원은 전경련이 삼성과 현대차, SK, LG 등에서 거두는 창구역할을 했다.

적 결정에 의해 관변단체들을 지원하는 특별법을 제정해, 법에 의해 국·공유재산의 대부 및 시설지원, 조세감면, 소득계산 특례 적용 등의 특혜를 주었다. 국가보조금으로 지원하는 동시에 시도, 시군구 지자체들도 각기 지방보조금이나 공익지원사업을 통해 이중, 삼중의 지원을 해왔다.

관변단체 특혜지원 제도 개선

민주항쟁 이후 30년이 넘도록 아직 정리하지 못한 관변단체의 특혜에 대한 제한이 불가피하다. 3개 관변단체의 개별 특별법을 폐지하라는 주장이 지속되었고(사회단체보조금 제도개선 전국네트워크 2004), 특별법을 개정하거나 다른 기본법인 비영리민간단체지원법에서 관변단체 특혜를 제한하는 규정을 마련하는 방안이 유력하다. 마침 국정 100대 과제에 '시민사회발전법' 제정이 있어(국정기획자문위원회 2017), 새로운 법에 관변단체 특혜 지원을 없애고, 다른 단체들과 동일한 공정성과 형평성을 유지하는 원칙이 제시될 필요가 있다. 국가의 기본법이나 새로운 시민사회발전법에서 규정됨으로써 중앙정부 차원뿐 아니라 시도와 시군구의 지자체 차원에서 편중 지원되는 관변단체 특혜가 제거될 수 있을 것이다. 공시자료에서도 확인되었듯이 새마을운동과 자유총연맹의 경우, 정부의 특혜 지원 없이도 가진 자산이 많아 수익사업비로 충분히 유지될 수 있는 거대 관변조직이다.

정권의 블랙/화이트리스트 편파 지원 차단

또 정권이 재정적 관계를 이용해 시민사회단체에 불법적인 불이익을 가하거나 불법적인 유착으로 관제 집회나 시위 등을 하지 못하도록 법 규정을 마련할 필요가 있다. 기본의 비영리민간단체지원법에 새로운 조항을 신설하거나, 새로 제정될 '공익증진 시민사회발전법'에 다음과 같은 '국가와 지방자치단체의 책무' 규정을 명시할 필요가 있다.

(국가와 지방자치단체의 책무) 국가 및 지방자치단체는 시민사회조직을 지원함에 있어 다음 각 호의 원칙을 따라야 한다.

1. 합리적인 이유없이 특정 사람이나 단체에 대한 배제·우대 금지,
2. 시민의 공익활동 및 시민사회조직 설립·운영의 자율성 보장,
3. 공익활동 촉진 및 성과 제고,
4. 과정의 공정성·투명성 보장.

정부-시민사회의 책무 협약(Compact)

나아가 정부와 시민사회의 재정적 관계는 더욱 넓은 의미에서 양측의 독립성과 자율성을 존중하는 기본원칙에서 건설적인 파트너십 관계에서 규정될 필요가 있다. 현행 비영리민간단체지원법은 정부가 시민사회를 지원하는 법률로 이런 기본원칙을 제시하지 않고 있다. 이를 개선하기 위해 지원법에 우선하는 '공익증진 시민사회발전' 기본법에 정부와 시민사회의 관계를 상호 독립성과 자율성의 존중, 공익증진을 위한 정책이나 서비스 제공에 공조하는 파트너 관계를 선언할 필요가 있다. 관행적인 정부 → 시민사회 일방적 지원 관계를 정부 ↔ 시민사회 공조적 파트너십으로 패러다임 전환하는 것이 핵심이다.

국정 과제로 새로 제정될 '공익증진 시민사회발전법'은 다음과 같이 정부-시민사회의 공익증진을 위한 파트너십 관계를 제시하는 것이 바람직하다. 첫째, 법의 명칭도 시민사회를 발전시키는 의미의 지원법 성격에서 '공익증진을 위한 시민사회발전법'으로 시민사회가 정부와 공익증진을 위해 공조하는 동등한 파트너 관계로 위상을 정립할 필요가 있다. 정부가 시민

사회 발전을 위한 지원법의 성격에서 벗어나, 정부와 시민사회가 동등하게 공익증진을 위해 상호 공조하는 새로운 파트너십 패러다임 전환을 모색할 수 있다.

둘째, 법의 제1조 목적에서 다음과 같이 목적과 기본원칙을 제시할 필요가 있다.

(목적) "이 법은 국가 및 지방자치단체와 시민사회의 상호협력 및 시민사회 발전에 관한 정책의 방향과 그 추진에 필요한 기본적인 사항을 규정함으로써 공익증진과 국민의 삶의 질 개선에 이바지함을 목적으로 한다."

제11장

글로벌 시민사회와 NGO

글로벌 동향으로서 '글로벌 시민사회'의 등장 배경은 무엇인가? 이론가들이 제시하는 다양한 시각들과 이론들 가운데 일치하는 배경요인들은 동구 사회주의의 붕괴와 민주화, 또 세계화와 IT혁명 등이다. 동구는 사회주의의 위기를, 제3세계는 개발의 위기를, 서구는 복지국가의 위기를 각각 경험하였다. 나아가 지구촌 전역의 보편적인 위기가 되는 환경의 위기를 '글로벌 시민사회'의 등장배경으로 꼽을 만하다.

한편 '시장'의 위협에 대한 견제세력 또는 대안으로서 시민사회가 강력한 이론적 기초를 갖게된 것은 1990년대 중반 이후로 볼 수 있다. 동구 등 제3세계에서는 초기 정치적 민주화 과정을 거친 다음 단계로서 경제민주화에 대한 시민사회의 역할이 커다란 주목을 받게 되었다. 나아가 1992년 리우 환경회담의 개최와 글로벌 거버넌스 위원회의 창설에 따른 새로운 개념 또는 패러다임으로서 '거버넌스' 논의의 활성화, 1995년 덴마크 코펜하겐에서 개최된 UN 사회개발정상회담, 그리고 그 이후 세계회담에서의 '신자유주의 합의'의 실패에 대한 새로운 대안모색 등을 특히 주목해볼 수 있다.

1. 글로벌 NGO 혁명

글로벌 차원의 시민사회의 등장에 대해, 샐러먼(Salamon 1994)은 2대 혁명(경제성장과 커뮤니케이션 혁명), 3대 실패(시장실패, 정부실패, 자원섹터 실패), 4대 위기(복지국가, 개발, 환경, 사회주의의 위기), 그리고 3대 압력(위로부터, 아래로부터, 밖으로부터의 압력)을 주요 배경요인으로 꼽는다. 경제성장과 IT혁명의 덕분에 시민사회가 글로벌 차원으로 발전될 수 있는 유리한 환경을 갖게 되었고, 여기에 전통적인 시장실패와 정부실패, 그리고 자원섹터 실패가 시민사회의 등장을 정당화시키는 시대적 요청이 되었다. 특히 서구의 복지국가 위기, 제3세계의 개발의 위기, 동구 사회주의의 위기, 글로벌 차원의 환경의 위기는 글로벌 거버넌스의 필요성을 중시하는 시대적 요청이었다. 또 국내적으로는 위로부터 리더십의 의지, 아래부터 일반시민의 지지, 그리고 밖으로부터 타국과 국제적 영향력이 삼박자 지지와 압력으로 작용하며 시민사회의 성장과 NGO 활동을 지원하였다.

또 에드워즈(Edwards 2001: 1-4)는 국제개발에 대한 새로운 사고의 변화, 새로운 거버넌스 개념의 등장, 그리고 UN, IMF, 세계은행 등 국제기관들의 적극적인 호응 등 세 가지를 글로벌 시민사회 등장의 주요요인으로 꼽는다. 그는 이 요인들이 시민사회의 등장과 영향력의 확대에 결정적으로 중요한 역할을 했지만, 1990년대 말부터 시민사회의 역할에 대한 새로운 평가, 즉 정당성과 책무성 문제가 심각하게 제기되면서 국제사회에서 시민사회의 위상에 대해서는 패러다임 이동과 같은 확실한 추세보다는 불확실한 전환기에 있다고 평가한다.

1) '신자유주의 합의'의 실패

글로벌 차원의 시민사회의 등장 주요요인 중 첫째는 '신자유주의 합의' 또는 '와싱톤 합의'(Washington consensus)의 실패에서 찾는다. '신자유주의 합의'의 실패는 1990년대 중반 이후 시민사회의 확대발전과 밀접히 연관된다. '신자유주의' 이론의 산실 역할을 했던 세계은행에서 부총재를 역임한 경제학자 조셉 스티글리츠(Stiglitz)도 "와싱톤 합의에 의해 추진된 정책들이 결코 완성되지 않고 있으며 때로는 잘못 기획된 것이다"라고 지적한다(Salamon et al. 1999: 4-5). 또 1995년 UN 사회개발정상회담도 신자유주의의 실패를 공식화될 정도였다. 사회개발정상회담 이후 5년을 평가하기 위해 조직된 「제네바 2000」은 다음과 같이 평가한다. "인간개발을 위한 가장 가능한 환경을 제공해준다던 규제를 받지 않은 시장의 능력에 대한 신임은 이제 너무 지나친 수준에까지 가버리고 말았다. 시장의 보이지 않는 손에 대한 지나친 의존으로 세계는 지속가능할 수 없는 수준의 불평등과 박탈을 강요당하고 있다. 공적 이해와 사적 이해 사이에 새로운 균형이 모색되어야만 한다"(Geneva 2000: 1-2).

한편 에드워즈(2001: 2)는 "시장 자유화와 서구식 민주주의가 전세계적으로 성장과 빈곤해결을 위한 보편적인 청사진을 제공해준다는 믿음, 즉 '와싱톤 합의'로 알려지는 것으로부터 두드러진 이탈 현상이 있었다"라고 지적한다. 그는 "지금 진행중인 '와싱톤 합의 이후' 현상에 핵심이 되는 것은 시민사회를 개발정책 토의의 중심부에 갖다놓는 아이디어들이다"라고 설명하며, 그 아이디어 네 가지를 다음과 같이 소개한다(p.2). 첫째는 강력한 사회적 및 제도적 인프라 즉, '사회자본'이 다른 유형의 자본에 못지 않게 개발과 성장에 중요하며, 그 사회자본의 축적은 시민사회의 독특한 활동으로 가능하다는 것이다. 둘째는 더욱 다원적인 형태의 거버넌스와 정책결정과정이 구조적 변화에 대한 사회적 합의를 이끄는 데 더 효과적이라는 점이다. 셋째는 공공영역, 시장영역, 시민사회, 3대 영역의 역할에 대한 새로운 개념화 작업을 통해 3대 영역간의 파트너십을 통한 개발과 문제해결이 모색되고 있다는 사실이다. 마지막으로, 정부와 국제기관들이 정통성 확보를 위해서도 강력한 공공 및 정치적 지지세력을 필요로 하며, 시민사회가 그런 지지기반의 역할을 한다는 점이다.

또 샐러먼 등(Salamon et al. 1999)도 '글로벌 시민사회'의 등장을 가능하게 하는 주도적인 요인을 '신자유주의 합의'의 실패에서 찾는다. 그들은 1990년대 말의 상황, 즉 아시아 금융위기, 사회불안의 상황이 새로이 전개되면서, 지난 20년간 세계경제 정책을 지배해왔던 '신자유주의 합의'가 무너지고 있다며, 다음과 같이 설명한다(p.5).

시장과 국가 영역 밖에 있는 유일한 위상, 일반적으로 작은 규모의 특성, 시민과의 관련성, 유연성, 공적 목적을 달성하기 위해 사적 창의력을 발휘하는 역량, 그리고 새로이 재발견된 "사회자본"에 대한 기여 때문에, 지금 꾸준히 진행중인 전적으로 시장에 대한 의존과 전적으로 국가에 대한 의존 사이에 있는 "중도의 길" 탐구 과정에서 시민사회조직들이 전략적으로 주요 참가자로 부각되고 있다.

2) 글로벌 NGO 혁명

'신자유주의 합의 실패' 이후는 시민사회의 시대를 의미하는가? 반드시 그렇다고 볼 수는 없지만, 그 가능성이 더욱 확실해지고 있다는 시각이 지배적이다. 코피 아난 UN사무총장은 '글로벌 시민사회'의 정립이 UN과 더불어 지구촌 문제해결에 막중한 역할을 할 것으로 기대하며, '글로벌 시민사회' 시대의 의미를 다음과 같이 강조한다(UNSG 1998: 2).

> 비국가(non-state) 행위자들은 세계 도처에서 공공생활의 필수적인 차원이 되고 있다. 따라서 UN의 개혁과 구조조정은 세계를 휩쓸고 있는 세계화의 힘에 대응하는 새로운 참여적 국제체제의 등장과 일치한다. 비국가 행위자들의 영향력과 역할의 증대는 변화하는 국제환경의 증표이자 동시에 운동이 되어 왔다. 사회운동이 추구하는 목표와 구성원 및 주요현안들을 조직화하는 영역, 즉 "시민사회"라고 일컬어지는 영역에서 NGO들은 가장 명백한 운동형태이다… UN은 그간 다양한 차원, 다양한 방법으로 이 추세에 적응하고 시민사회에 문호를 개방하려는 노력을 기울여오면서, 1990년대 전

반부에 개최된 일련의 세계정상회담과 회의들에서 가장 가시적인 성과를 이뤘다. 또 이 성과들을 이어나가기 위해 모든 UN체계에서 그리고 UN의 거의 모든 활동에서 NGO들과의 상호협력을 강화하는 조치들이 취해져 왔다.

또 참고로 〈그림 11-1〉을 통해 엿볼 수 있듯이, UN과 국제사회에서 활약해온 무수한 NGO들이 폭증하며 그들의 역할이 확대, 강화되면서 지구촌은 이제 '글로벌 시민사회'의 등장을 내다볼 수 있는 밝은 전망을 갖게 되었다. NGO의 폭증 추세는 1990년대에 와서 특히 두드러지게 나타나, 1914~2000년 기간에 새로 등장한 NGO들 중 20%가 90년대에 설립된 것으로 나타난다(Kamat 2003: 67). 1914년에 1,083개에 불과한 것이 2000년에

그림 11-1 국제 사회에서 활동하는 INGO의 활성화: 1945~2015

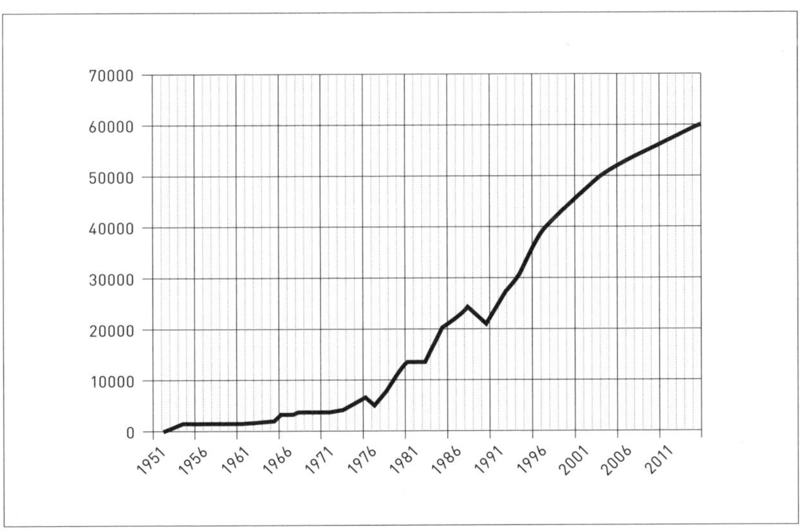

자료 Yearbook of International Organizations, 2015-2016,

37,000개로 30배 이상 불어났다. NGO의 권익주창 정치활동과 더불어 사회서비스 제공 활동도 크게 늘었기 때문이다. 한편으로는 세계화의 폐해에 대한 NGO들의 국제연대와 네트워크가 강화되면서 '글로벌 시민사회'에 대한 논의가 크게 활성화되고 있지만, 다른 한편으로는 외국과 국제기관의 원조에 의존하는 많은 개발도상국 NGO들이 정치활동보다 빈곤퇴치 등 사회서비스 영역에 더 치중하는 동향도 있다. 21세기 새로운 세계 정치경제 질서를 모색하기 위한 강력한 대안으로서 '글로벌 거버넌스'에 대한 인식이 확대되며, 이론화와 더불어 구체적인 정책들이 지속적으로 제시되고 있다(주성수 2000a).

국제활동을 하는 INGO들은 동구 사회주의 붕괴 이후 1990년대 초부터 많이 조직된 것으로 알려지고 있다. 국제조직협회(Union of International Organizations)의 2015/16년 국제조직연보에 소개된 INGO들은 6만개가 넘는다.

한편 샐러먼(1994) 교수는 이미 1994년에 글로벌 차원의 '결사체 혁명'을 분석하며, 그 배경에 관해 다원적인 요인들로 설명한다. 그는 "지금 지구촌에서 일고 있는 일대 변혁 가운데 하나는 조직화된 자원봉사활동이며, 개인, 비영리 또는 비정부조직들의 창설이다"라고 지적하면서, "북미, 유럽 및 아시아의 선진국가들로부터 아프리카, 남미 및 구소련권 국가들에 이르기까지 휴먼서비스를 전달하고 지역경제발전을 촉진시키고 환경을 보호하고 시민권리를 수호하며 국가가 무관심하거나 방치해둔 그밖에 수천여 문제들을 해결하려고 협회를 만들고 있고 재단과 그밖에 유사한 조직들을 창설하고 있다"라고 서술한다(p.109).

또 각국의 시민사회 동향을 분석한 『글로벌 시민사회』에서, 샐러먼 등(1999: 4)은 '와싱톤 합의'의 실패에 따른 '글로벌 결사체 혁명'을 다음과 같이 설명한다.

> 북부 선진사회의 대부분에서는 전통적인 사회복지정책에 대한 심각한 의문에서, 남부 개발도상국의 많은 사회에서는 국가주도의 개발의 진전에 대한 실망에서, 남유럽과 동유럽에서는 국가사회주의의 실험의 실패에서, 그리고 세계 도처 어디에서나 인간의 건강과 안전을 끊임없이 위협하는 환경파괴에 대한 관심에서 명백해지고 있는 위기인 것이다. 이런 국가에 대한 의문은 시장정향적 경제정책에 대한 지지를 유도해오면서 세계 도처에서 작동하고 있는 시민사회단체들에 대해 새로운 관심과 새로운 기대를 집중시켜 왔다. 또 이들의 숫자와 규모가 수직 성장을 하고 있다는 사실 때문에도 이 단체들에 대한 관심이 이끌리면서 실로 세계 도처에서 실제적인 "글로벌 결사체 혁명", 즉 조직화된 사적, 자발적 활동의 대규모 폭증 추세가 진행중인 것으로 보여진다.

UN은 회원국 (첫째 UN), 스탭 (둘째 UN), 그리고 시민사회대표 (셋째 UN)로 칭해질 정도로 NGO의 위상은 높아졌다(Weiss et.al. 2009). UN에 참여하는 NGO들은 UN의 통합 정보 시스템[37]에 따르면, 2017년말 현재 3만여 개에 달하며, 특히 경제사회이사회(ECOSOC)의 협의적 지위를 획득한 NGO들은 5천여 개에 달한다. 이들 중 일반적 지위가 143개로 소수 INGO에 한정되어, 분야별 특별 지위 NGO와 로스터 NGO는 각기 3,812와 974개에 달한다.

---

37 http://esango.un.org/civilsociety/login.do

3) 시민과 시민사회의 등장

이상과 같이 '거버넌스 시대'의 도래는 시민사회의 시대의 개막을 의미하기도 한다. 글로벌 동향을 보면, 거버넌스 시대의 개막과 시민사회(NGO) 시대의 개막은 거의 일치한다고 볼 수 있다(곽진영 2000: 257). 1980년대 말 냉전체제의 붕괴는 NGO에게도 커다란 영향을 미치며 UN과 NGO 관계에 새로운 도약의 전기를 갖다 준다. 냉전체제가 붕괴한 이래 글로벌 NGO는 양적으로 팽창했을 뿐 아니라 국제사회에서 그 영향력이 급성장하였다(Gordenker & Weiss 1996). 또 냉전의 종식은 국제정치에 있어 새로운 이슈들을 부각시키는 계기가 되었다. 환경, 인권, 난민, 기아, 여성, 개발 이슈들이 그것들이다. 이 이슈들은 냉전기간에는 군사안보적 이슈들에 의해 가려져 부차적인 문제로 무시되거나 경시되어 왔지만, 지난 수십년간 NGO들에 의해 꾸준히 제기되어져 왔던 심각한 이슈들이었다. 이들의 공통된 특징은 주권국가의 배타적 능력범위 안에 있었던 군사안보 문제와는 달리 개별 정부의 힘만으로는 해결할 수 없는 초국가적 이슈들이라는 점이다. 그에 따라 국가역할의 재평가와 함께 문제해결을 위한 새로운 대안으로 NGO의 역할이 크게 부각되었다.

탈냉전의 도래로 인한 국제정치의 변화 이외에도 IT혁명의 급진전 또한 1990년대 NGO의 성장에 결정적으로 중요한 배경요인이 된다. 인터넷과 팩스 등 정보통신의 발달로 국경의 의미가 퇴색되고, 이에 따라 NGO에 내해 적대적인 국가라 해도 NGO를 통한 정보의 흐름을 통제하기 어렵게 되었다. 동시성, 쌍방성, 초공간성의 특성을 지니는 인터넷의 발달은 공동의 가치와 목적에 기반을 두는 공동체의 출현을 불러와 그 자체가 하나의 새로운 세력이 되기도 하고 NGO 활동에 든든한 후원자가 되기도 한다. 일례로 1997년 노벨평화상을 수상한 대인지뢰사용금지를 위한 글로벌 캠페인(ICBL)을 참고해볼 만하다. 이 단체는 23개국을 대표하는 350여 개의 인도적 NGO들과 무기감축 NGO들로 구성된 연합체로, 인터넷, 팩스, 이메일, 슈퍼맨과 배트맨 만화책 제작 등 다양하고 창의적인 기술과 방법을 동원하여 대인지뢰 금지에 대한 세계적 관심을 유도해서 14개월만에 122개국이 대인지뢰금지협약에 서명하도록 하는 놀라운 성과를 올렸다. 또 국제형사재판소(International Criminal Court)의 창설을 주창하는 NGO들도 국제연대를 이끌어내는 성과를 올렸는데, 여기에도 이메일이 가장 효과적인 방법이 되었다.

특히 '시민'의 등장을 주목해볼 만하다. 세계화, 탈냉전 등의 글로벌 동향의 중심에는 정부와 NGO뿐 아니라 시민이 중요한 행위 주체로 부상하고 있다. 정부와 정치에 무관심하거나 무력한 시민이 아니라 정부와 정치에 비판적이며 NGO 등의 자발적 시민사회단체에 참여하는 자발적 시민의 등장은 거버넌스 시대와 NGO 시대의 주요 특징이다. OECD(2000)는 회원국 정부의 동향을 분석한 보고서에서, 시민들이 자신들의 사적 이해만을 챙기는 시민이 아니라 소비자보호, 환경보호, 소외층옹호 등 실질적인 사회문제 해결과 공익추구를 바라는 '자주적 시민'으로 등장한 것이 거버넌스 시대의 특징이라고 지적한다.

또 지구촌 시민사회조직들의 구심체 역할을 하는 시비쿠스(CIVICUS)는, "주제와 관심사는 장소에 따라 또 시간에 따라 다양하게 다르지만 시민운동이 이제는 지속적인 글로벌 현상이다"라고 전제하면서, 다음과 같이 시민의 등장을 강조한다(De Oliveria & Tandon 1994: 2).

> 지난 20여 년 기간에 다양한 계급, 종교 및 인종의 배경을 가진 모든 사람들이 민주주의와 인권을 수호하고 더욱 형평적인 개발과 더욱 안전한 환경을

위해, 또는 더 간단히 얘기하면 자신들의 이웃과 지역사회에서 도움을 필요로 하는 사람들을 돕고 일상 삶의 질을 향상시키기 위해 조직들을 구성하였다… 오늘날 두드러지게 나타나고 있는 특징은 이런 연대와 공공영역에 대한 책임의 미덕을 글로벌 차원으로 확대시켜가고 있다는 점이다… 더 광범위한 시민참여와 더 강력한 시민영향력을 지향하는 대규모, 거의 보편적인 운동이 하나의 새로운 현상으로, 어떤 단일의 포괄적인 구조에 의해 조장되고 있는 것도 아니고, 어떤 고정된 주소도 없으며, 어떤 종교적 개종이나 정치적 교전을 추구하는 것도 아니며, 또 국가권력에 타겟을 맞춘 것도 아니다. 그 중심에는 시민이라는 인물이 있으며, 또 다양한 얼굴과 다원적 관심사 그리고 오늘의 세계에서 영감의 원천들을 가진 많은 시민들이 있다.

나아가 국제 NGO(INGO)에 동참하는 시민의 수가 지난 10년에 72% 급증하였다(Anheier et al. 2001: 6). 특정 지역에 치우친 현상이 아니라 세계적으로 고루 보편적으로 급증하였고, 고소득 국가보다 중소득, 저소득 국가에서 더 많은 NGO 회원수가 불어났다. 1990년대 민주화의 시대를 맞은 동구와 중앙아시아에서는 335%에 달하는 혁명적인 급변화가 일어나며, 인구당 회원수가 세계에서 가장 밀집된 지역으로 나타난다.

4) 개발 패러다임의 이동

한편 에드워즈(2000)는 또 국제기관들이 시민사회와 NGO의 역할을 중시하는 새로운 '개발 패러다임'을 제시한다고 지적한다. 국제개발 전문가 코르텐(1990)의 관찰에 의하면, "1980년대는 개발 정책결정과 개발자원의 관리 측면에서 정부가 독점적인 정통성을 가진 기관이라는 신화가 점차 깨지게 되는 현상을 목격하면서, 이제는 그 두 가지 측면 모두에서 시민사회가 중심적인 역할은 아니지만 중요한 역할을 맡고 있다." 또 샐러먼(1995)은 "개발 비즈니스는 지난 30여 년을 국가에다 베팅(betting)을 하며 시간을 낭비했고 또 최근 10여 년을 시장에다 베팅을 해왔다. 이제는 국가 중앙집중주의와 시장의 잔혹함 양측의 지나침에 대한 견제와 균형을 통해 지난 시기의 베팅을 양다리 베팅으로 하는 제3의 베팅을 하고 있다"라고 지적하며, 이제 개발영역에서 NGO에 본격적인 베팅이 이뤄지고 있다고 관찰하였다.

최근 개발 패러다임이 '거버넌스' 패러다임으로 등장하게 된 배경은 두 가지로 구분해볼 수 있다. 하나는 세계화의 폐해에 대한 강력한 '글로벌 거버넌스'의 대응에 대해 글로벌 합의가 이뤄지고 있다는 점이며, 다른 하나는 개발정책의 이데올로기적 기초가 되었던 신자유주의의 실패에 따른 세계은행, IMF, UNDP 등 국제개발기구들의 새로운 정책변화를 꼽아볼 수 있다.

UNDP(2000b: 6)는 시장경제의 자유화, 세계화, IT혁명 등으로 "제도적 효율성, 구조조정에 초점을 맞추는 새로운 개발 패러다임의 등장을 초래했다"라면서, 새로운 개발 패러다임은 "국가의 역할을 부정하는 것은 아니지만, 다원주의적 구조, 정치적 정통성 및 합의에 기초하는 국가의 다른 역할을 추구한다"라고 지적한다. "국가 및 지방정부와 기관들, 시민사회 기관들 및 사적 부문"이 주요 역할을 하는 거버넌스가 새로운 패러다임으로 등장되었다는 것이다(p.6). UNDP에 따르면, 지난 반세기의 개발정책은 네 단계 발전을 통해 최근에는 세계화와 이에 대응하는 '거버넌스' 모델로 정립되고 있다. UNDP는 1992년부터 '거버넌스' 개발정책을 일부 시행하기 시작했고, 1995년에는 전담조직을 갖추다가 1997년에 와서 공식적으로 "거버넌스 정책은 거버넌스가 지속가능한 인간개발의 결정적으로 중요한 요소로 인정한다"라고 밝힌다(p.2).

세계은행의 경우, 지난 20년간 시민사회와 파트너십을 통해 새로운 개발 모델을 실험해왔다. 세계은행(2000b: 2)에 따르면, NGO들이 세계은행의 개발 프로젝트에 참여한 비중이 계속 증가해서 1999년에는 전체 299개 프로젝트의 52%를 차지할 정도에 달했다. 세계은행이 NGO에 의존하는 배경에는 몇 가지 이유가 있다. 정부의 관료제보다 NGO가 빈민층에 필요한 개발자원을 전달하는 데 비교 우위에 있다는 점, 또 NGO가 주민 여론을 수렴해서 세계은행에 개발의 문제를 제기하는 효과적인 역할을 한다는 점이다(O'Brien et al 2001: 28). 이런 추세를 긍정적으로만 볼 수는 없다. 사실 NGO들은 세계은행 등의 신자유주의 국제기관들의 원조에 크게 의존할 수밖에 없기 때문에 주로 빈곤층에 대한 서비스 제공 등 사회서비스 활동에 치중하고, 그럼으로써 정부에 대한 정치적 비판활동이나 사회정의와 재분배 이슈에 관한 권익주창 활동을 멀리하는 경향이 있다(Kamat 2003).

세계은행 프로젝트의 NGO 참여율은 1990년 이전에 5% 정도에 불과했지만, 이후에는 2010년 80%까지 크게 늘었다. NGO들이 참여하는 주요 프로젝트들은 환경에서 82%로 가장 높게 나타났고, 그 다음으로 보건, 영양 및 인구 79%, 교육 77%, 도시개발 66% 등이다. 또 세계은행과의 프로젝트 수행과정에서 문제파악과 기획단계부터 각기 27%, 78% 참여율을 보여주며, 그밖에도 연구조사 10%, 프로젝드 집행과 관리가 각기 80%, 74%로 가장 높으며, 또 교육 및 모니터링 32%, 훈련 27%로 나타났다.

World Bank는 1983년에 최초로 CSO에 대한 프로젝트 직접 지원사업인 시민사회기금(Civil Society Fund)을 시행하며 CSO의 프로젝트 관여 비중을 점차 높여, 최근 2012~14년 기간에는 80% 이상으로 확대되었다.

그림 11-2 NGO/CSO의 세계은행 프로젝트 참여(1990~2012)

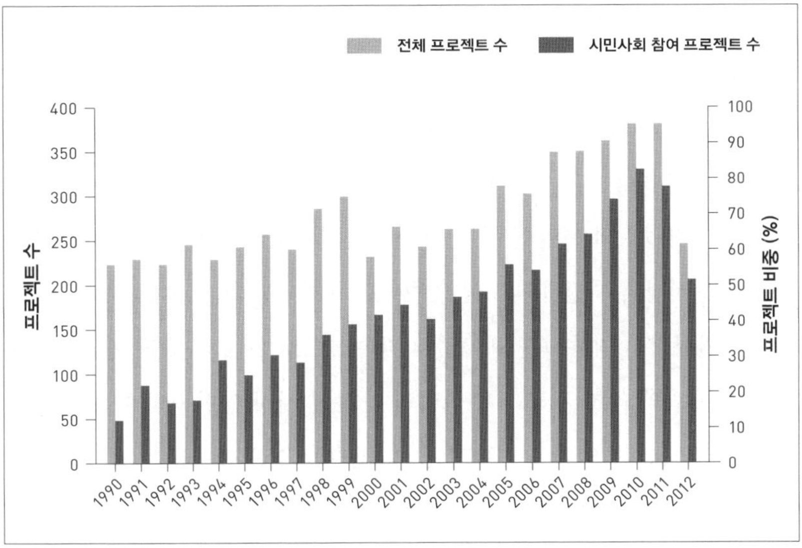

자료 World Bank (2012).

OECD DAC 또한 CSO에 대한(to CSO) ODA, CSO를 통한(through CSO) ODA 비중을 점차 늘렸다. 이 둘의 합계가 2001년 4.7% 비중에서 2008년 9%, 2011년 14.4%로 점차 증가했다. 한국은 CSO를 통한 ODA 금액은 2008년 $1천만 → 2009년 $1,100만 → 2010년 $1,800만 → 2011년 $2,300만 달러로 증가했지만, 2011년까지 OECD 통계상 개도국 CSO에 대한 ODA 직접 지원은 하지 않고 있다. 미국, 이탈리아, 그리스, 한국 4개국이 CSO에 대한 ODA 직접지원을 하지 않는다. 반면에 대부분의 유럽 국가들과 일본은 CSO에 대한 ODA 직접지원을 하는 국가 그룹에 해당된다(OECD 2012).

또 에드워즈(2000)는 시민사회의 발전에 관한 마지막 주요 요인을 새로운 거버넌스의 개념으로 꼽는다. 그는 새로운 거버넌스의 등장을 '새로운 외교', '글로벌 사회정책'에서 찾는다. '새로운 외교'에 관해 아난 UN사무총장은, "보다 확대되는 새로운 파트너십의 시대를 맞으며 시민사회가 할 수 있는 일에 거의 제약이 없어, NGO, 국제기관과 정부가 목표를 추구하기 위해 공조할 수 있는 새로운 외교가 분명 등장하고 있다"라고 지적한다(p.1). 글로벌 거버넌스의 특징이 되는 규율, 규범 및 제도들이 새로 바뀌면서 정부보다는 시장과 시민사회의 영향력이 크게 확대된다는 것이다.

시민사회의 영향력은 제약없이 지속적으로 확대되는가? 이론상으로는 시민사회의 역할은 국가 주권력의 약화와 시장 영향력의 확대 동향에 맞서는 '견제세력' 역할을 한다고 볼 수 있지만, 실제로는 많은 제약들이 있다(Edwards 2000: 5-7). 특히 NGO들이 어떻게 공식화된 권위를 인정받을 수 있는가 하는 문제가 제기된다. 그럼에도 1980년대 중반부터 세계은행이 NGO 실무그룹을 구성해서 개발현장에 NGO의 참여를 개방, 확대하는 등 국제기관들의 파트너십으로 NGO 활동이 정당성을 인정받으며, '글로벌 시민사회'의 건설이라는 진전이 이뤄지고 있다. 이 국제기관들이 NGO와 더불어 새로운 개념, '글로벌 사회정책' 등을 제시하며 세계화와 자유무역에 따른 사회적 폐해 문제, 빈국의 부채탕감 문제, 국가간 디지털 디바이드 문제 등 글로벌 현안들을 숙의하며, 귀찮고 말썽을 일으키는 존재로만 간주되었던 NGO들을 이제는 파트너 또는 지지세력으로 긍정적인 평가를 하며 더욱 의존하게 될 것이라는 전망이 유력하다(Edwards 2000: 3-4).

2. 글로벌 거버넌스와 NGO

2000년 5월 NGO들의 세계포럼인 밀레니움 포럼에서, 코피 아난 UN 사무총장은 「우리 모든 인류들: 21세기 UN의 역할」이라는 특별보고서를 통해, "오늘 우리가 당면하고 있는 핵심적인 도전은 세계화가 수십억 인류를 처참한 상태로 내버려두는 일이 없도록 세계의 모든 인류에게 긍정적인 세력이 되도록 보장해주는 일이다"라고 지적한다. 아난 UN사무총장은 "포용적인 세계화가 시장의 엄청난 가능성의 세력 위에 건설되어야만 하지만 시장세력들 자체만이 이것을 달성할 수는 없다. 모든 다양성에서 우리의 공통적인 인간성에 기초하는 공유된 미래를 창출하는 더욱 광범위한 노력을 필요로 한다"라고 강조한다.

또 UNDP의 『1999 인간개발보고서』는 "20세기 마지막 십 년 기간에 주도세력이 되는 세계화는 국가, 경제, 사람들 사이의 새로운 상호작용의 시대를 형성하고 있는 중이며, 또 경제, 테크놀로지, 문화 그리고 거버넌스에서 국경을 초월하는 사람들 사이의 접촉을 계속 증가시키고 있다"라고 서술한다(p.25). 그럼에도 "세계화는 동시에 생산과정, 노동시장, 정치기관들과 사회를 분열시키고 있다. 그래서 세계화는 긍정적이고, 혁신적이며 동태적인 측면들을 갖고 있지만, 동시에 부정적이고 파괴적이며 배타적인 측면들을 또 갖고 있다"라고 지적한다(p.25). 이런 세계화의 위기에 대한 긴급진단을 통해 '글로벌 거버넌스'의 필요성을 강력하게 제시하고 있는 UNDP는, "선진국과 개발도상국 모든 국가들에서 인간개발과 인권에 대한 지속적이고 광범위한 지지에 글로벌 경쟁과 자유시장 접근법을 조화시키는 일이다"라며, 글로벌 거버넌스는 "하나의 선택이 아니라 21세기에 필수불가결한 것이다"라고 선언한다(p.97).

1) 세계화와 글로벌 거버넌스

'글로벌 거버넌스'란 글로벌 차원의 거버넌스를 의미한다. '글로벌' 차원이란 국가의 국경을 초월한 지구촌의 공동 관심사 또는 문제 영역에서 무엇보다도 지구촌 다수의 국가들과 사람들의 동의를 구해야 하는 필요성을 강조하고 있다. 또 '거버넌스' 측면은 지구촌의 문제 또는 과제의 해결을 위한 주체가 정부 또는 UN과 같은 국제적인 정부들의 연합체와 같은 전통적인 이해당사자들에만 국한되는 게 아니라 새로운 초국가적, 글로벌 이해당사자들도 포함시키는 새로운 패러다임을 제시한다. 예를 들면, 거버넌스에 참여하는 이해당사자들로, "브레튼우즈 기관들과 같은 국가간기구, UN기관, OECD 등, 국제 NGO, 다국적기업, 글로벌 사회운동단체, 초국가적 정책 네트워크, 지식인 공동체, 하청 컨설턴트 기업"을 꼽아볼 수 있다(Deacon 1998: 3).

동구 사회주의의 붕괴 직후에 특별히 구성되었던 글로벌 거버넌스 위원회의 명칭 자체가 '글로벌 거버넌스'에 대한 관심을 불러일으키며 많은 기대를 갖게 만들었다. 이 위원회가 1995년에 발표한 『우리의 지구촌 이웃』(*Our Global Neighborhood*) 특별보고서는 세계화가 갖다주는 기회보다도 위기에 더 많은 주의와 경고를 보냈다. 그 보고서는 고차적이며 점증하는 경제적 통합의 수준과 "안정적이고 지속가능한 방법으로 체제를 관리하는 구조의 결핍" 사이에 존재하는 불균형에 초점을 맞추면서, 나음과 같이 경고하였다. "경제가 더욱 상호의존하게 되면서 부의 창출을 배가시키는 기회와 동시에 한 국가에서 다른 국가로 불안정화의 쇼크가 옮겨가는 기회가 되고 있다… (그렇지만) 이런 미래의 쇼크를 내다보고 적절히 대응하기 위한 어떤 만족스러운 메카니즘도 존재하지 않는다." 이 보고서는 곧 바로 이어진 금융위기를 미리 예측한 듯한 예리한 관찰력을 갖고 있었다. 보고서가 나온 직후의 지구촌은 러시아, 동남아시아, 남미, 한국 등지에서 연속적인 금융위기를 맞이하며 보고서에 담긴 '글로벌 거버넌스'의 재창출에 강하게 동감하고 있다(CGG 1999). 금융과 무역 등 거시경제의 세계화에 따른 글로벌 경제 거버넌스뿐 아니라 인권과 평화, 개발과 환경, 복지와 주거 등 많은 영역에서 '글로벌 거버넌스'의 필요성이 끊임없이 응용되고 있다.

'글로벌 거버넌스'의 필요성은, 구시대의 '글로벌 거버넌스'를 새 시대에 적합한 내용과 형태로 개혁하는 데 있다. UN이 창설되었을 때와 또 미국 브레튼우즈에서 국제회의 결과로 세계은행과 IMF가 창설되었을 때는 불과 50여 개국들만이 참여했고, 또 그 중에서도 G7으로 일컬어지는 강대국들만이 지배적인 영향력을 행사해왔다. 반세기가 지난 지금은 세계 200여 국가들이 존재하며, 또 인구와 경제규모에 있어서도 적지 않은 개발도상국 대표들이 UN과 브레튼우즈 기관들에서 주요 역할을 해야 한다는 민주주의 원칙이 '글로벌 거버넌스'의 주요 어젠다가 된다.

글로벌 거버넌스 위원회의 1995년 보고서에 담긴 '글로벌 거버넌스'의 의미를 살펴보면 다음과 같다(CGG 1995: 2).

> 거버넌스는 공공 및 사적 개인들과 제도들이 공공 목적을 달성하기 위해 자신들의 공통적인 업무를 관리하고, 자원을 통제하고 권력을 행사하는 무수한 방법들의 집합이며, 갈등적인 이해나 다양한 이해관계들이 수용되면서 상호협력적인 행동이 취해질 수도 있다. 거버넌스에는 순응을 집행하는 권력행사를 하는 공식적인 제도와 레짐들뿐 아니라 일반인과 제도들이 동의하거나 자신들의 이해관계로 간주하는 비공식적인 관행들도 포함된다… 글로벌 차원에서 거버넌스란 주로 정부간의 관계로 간주되어 왔지만 이제

는 NGO, 시민운동, 다국적기업 및 글로벌 자본시장을 또한 포함하는 것으로 이해되고 있다. 또 극적으로 대단한 영향력을 확대해가고 있는 글로벌 매스 미디어도 이들과 상호작용을 하고 있다.

1990년대 말 한국, 태국, 인도네시아 등지의 경제위기는 글로벌 경제 거버넌스의 결함을 극명하게 보여주었던 계기가 되었다. 처음에는 그 위기가 국내정책 행동의 약점에서 비롯된 것으로 보게 되었지만, 추후에 국제 영향력에 결정적으로 기인한 것으로 분석되었다. 이에 대해 UNDP(1999: 97)는 "국제 거버넌스의 변화에 대한 필요성이 이제 광범위하게 수용되고 있으며 또 국제 커뮤니티는 새로운 열정으로 해결책을 모색하기 시작했다"라고 설명한다. 사실 그 사태를 계기로 UN, IMF, OECD, 세계은행 등 주요 국제기관들이 글로벌 경제 거버넌스의 필요성을 공감하면서 더욱 구체적인 거버넌스 체제의 확립을 위한 준비에 착수하기도 했다. 1997년 동아시아 지역에서 1천억 달러 규모의 자본은 글로벌 차원에서는 형편없는 규모이지만 이들 지역의 GDP의 10%에 달하는 막대한 자금으로 이 자본이 한꺼번에 유출되면서 이들 국가들이 위기에 빠졌었고, 또 같은 방식으로 러시아와 브라질이 혹독한 경험을 치렀다(ODI 1999).

이런 금융위기는 일부 국가 또는 일부 지역만의 문제로 남아 있는 것은 아니다. 글로벌 시대에는 개방경제 구조를 갖고 있는 모든 국가들이 심각한 영향을 받기 마련이다. 마치 산사태와 같이 처음에는 하나 또는 일부 국가에서 시작해서 시간이 지날수록 무수한 국가들이 일시에 산사태에 휘몰려 허물어지는 파급효과를 발휘하는 것이 금융위기의 특성이다. 그럼에도 아시아의 금융위기가 전면적인 글로벌 경제위기로 확대되지 않았던 것은 미국, 인도, 중국, 대만 등지의 경제성장이 주도하는 세계경제의 흐름으로 차단되면서 1999년 세계경제가 1997년에 비하면 절반 수준밖에 안 되는 2% 수준으로나마 성장할 수 있었다. 위기에 처했던 아시아 5개국은 1998년에 GNP의 8~10% 손실을 보았고 인도네시아는 가장 심각한 15% 수준에까지 큰 피해를 입었다(CGG 1999).

동시에 무역 분야에서도 심각한 '글로벌 거버넌스' 어젠다가 제기되고 있다. 1994년 GATT(무역과 관세에 관한 일반협정)를 대신하는 새로운 무역기구인 WTO가 출범했을 때, 글로벌 거버넌스의 기대가 높았다. 그렇지만 출발서부터 많은 개발도상국들이 선진강대국의 이해에 기초하는 불공정 문제와 비대표성 문제를 심각하게 제기하였다. 1999년말 밀레니움 라운드를 타결하려는 미국 시애틀 총회장에서 심각한 사태가 발생하면서 WTO의 민주성, 책임성, 투명성 문제가 WTO가 독점적인 권한을 누리고 있는 글로벌 무역 거버넌스의 정통성마저도 위협하는 위기로까지 확대되어 왔다. WTO는 UN의 경제사회이사회 등 어떤 기구와도 협의적 관계도 갖고 있지 않은 독불장군의 지위를 누리고 있다. 따라서 UN뿐 아니라 OECD 등 국제기관들도 WTO의 민주적 개혁을 강력하게 주문하고 있다.

2) 글로벌 거버넌스 기관의 실패

영국의 브렉시트, '미국 우선주의' 등 세계화에 역행하는 새로운 변혁이 일어나면서 세계화에 부정적인 시각도 확산되고 있다. 실제로 세계화는 글로벌 경제를 '빈익빈, 부익부'의 불평등 세계로 재편해온 것이 사실이다. 그래서 세계화의 혜택이 고루 배분될 수 있도록 세계화를 교정해야 한다는 시각이 주류를 형성하고 있다(OECD 2017: 1). 그럼에도 세계화를 역행하게 되면, 보호주의의 확대로 오히려 부와 기회의 순손실이 발생하고 위험스러운 자국 중심의 정책들로 지난 수십년간 이룩해놓은 혜택들 대부분이 리스크에 처해지게 될 것이다(앞글: 1).

글로벌 금융위기는 단순한 경제질서의 붕괴 이상으로 지속적인 글로벌 거버넌스의 실패를 의미했다. 2008년의 글로벌 금융위기는 국제공동체가 직면하는 많은 이슈들 중 하나에 불과한 것은 아니다. 글로벌 불평등의 증가, 에너지와 식량위기, 기후변화, 글로벌 전염병 등 글로벌 도전들도 인류 모두에게 심각한 문제가 되는 중대 이슈들이다.

글로벌 거버넌스 기관의 실패

세계경제의 거버넌스는 금융위기 이후 취약층 보호에 실패했다. 뿐만 아니라 각국 정부들이 국민들을 보호하고 빈곤층의 생계보장 유지에도 효과가 없는 정책들을 추진해서 스스로가 경제적 보장을 잠식시켰다(Jayadev 2010: 1-2). 데이비드 헬드(David Held 2006)는 "우리 시대의 패러독스는 해결되어야 할 집단적 이슈들이 점차 국경을 초월하는 확장성과 강도를 높이지만 이를 해결할 수단들은 국가 기반으로 취약하며 불완전하다"라고 지적한다(앞글: 2). 이런 인식에서 글로벌 통합을 이루기 위한 적합한 제도적 구조들에 대한 논의와 더불어, UN, 국제금융기관, WTO 등 기존의 다자기관들이 당면하는 딜레마와 이슈들에 대한 논의도 한창이다.

글로벌 거버넌스 기관들은 글로벌 북반부(Global North)의 강대국들이 행사하는 경제적, 정치적 파워로 창립되었다. 이들이 글로벌 거버넌스 기관들에서 독점적인 통제력을 유지하고 있다. 반면에 글로벌 남반부(Global South)의 개발도상국들이 실제로는 글로벌 경제적 산출과 인구의 상당 부분을 차지해 이들의 정책결정이 글로벌 거버넌스에 더 큰 결과들을 낳고 있음에도, 기존의 글로벌 북반부 주도의 글로벌 거버넌스는 실패를 거듭하고 있다(Jayadev 2010: 3).

이같은 제도적 타성은 글로벌 대표성 문제에서 확인된다. 일례로 IMF에서 벨기에는 브라질보다 더 많은 의결권 쿼터를 갖고 있다(2.12% 대 1.41%). 마찬가지로 UN 안전보장이사회의 상임이사국은 지난 60여 년간 전혀 변함이 없었다. 이런 글로벌 거버넌스 기관에 대한 재평가와 재개념화가 필요한 정당성은 2008년 이후의 글로벌 금융위기에 대한 기존의 기관들의 무능한 대응과 빈약한 성과에 있다고 볼 수 있다(앞글: 3). 중국과 인도를 포함한 BRICS와 다른 개발도상국의 글로벌 역할은 날로 증대하고 있다. 이들은 글로벌 유동성의 원천으로 높은 비중을 차지하며 지역 블록이나 다른 연대조직을 경제 거버넌스의 의존도를 높이고 있다. G20, G77 등 새로운 중간 그룹의 등장, 자선기관들의 글로벌 정책결정 동참 등 새로운 변화들이 있다.

글로벌 기관의 거버넌스 전환

"누구도 방치하지 않겠다"라는 2030 어젠다를 위협하는 새로운 글로벌 문제들이 적지 않다. 불평등과 배제, 폭력과 극단주의, 난민과 이주, 오염과 환경퇴화 등은 모두가 인간이 자초한 문제들이며 국경을 초월하는 관련성을 보여준다. 그래서 문제해결의 해법은 개별 국가들의 행동뿐 아니라 어느 한 국가의 노력만으로 달성할 수 없는 글로벌 성과를 내기 위한 집단적 역량의 구축, 즉 글로벌 거버넌스에 의존할 수밖에 없다(UNDP 2016: 137).

또 이 모든 문제들은 세계화와 인간 연계성과 밀접히 관련되어 성장하는 글로벌 공공재화(global public goods)와 그 부수효과와 관련된다. 그린하우스가스 배출의 감축, 노동권리 보호, 최저임금 보장, 취약국가의 역량

개선을 위한 개발협력, 최빈곤층에 대한 인도적 구호와 피난처 제공 등 무수한 글로벌 도전들에 대한 해결은 지금 개별 국가정책들이 서로 조정되지 않은 상태에서 필요불충분할 수밖에 없다.

따라서 글로벌 이슈들의 시스템 차원의 관심과 모니터링과 조정을 이루기 위해서는 글로벌 및 지역 차원의 제도들을 필요로 한다. 국제기관들과 또 관련된 글로벌 질서로 인간 개발의 상당한 진전이 이루었지만 동시에 이 기관들은 만연된 극심한 박탈에 직면해 있는 상당 규모의 글로벌 인구를 방치해둔 것도 사실이다. 국제기관들 중에는 재화와 서비스, 자본과 노동의 상호교환을 규제하는 규율과 규제장치들을 갖추고 있고, 다국적조직들은 글로벌 공공재화의 설치와 집행을 담당하며, 글로벌 시민 네트워크들은 다양한 이해관계자들을 갖고 있다.

바람직한 글로벌 제도들과 글로벌 거버넌스의 구축은 다음과 같은 원칙들에 기초하면 가능하다고 볼 수 있다(앞글: 137-8).

첫째, 개발 정책들을 과잉 규제하는 규율들은 세계화의 불가피한 결과는 아니다. 오히려 세계화의 특정 경로의 결과로 빚어진 것으로 일부 국가들과 일부 세력이 협상 테이블에서 과잉 대표된 문제다. 따라서 더욱 시스템 차원에서, 더욱 균등하게, 더 광범한 의견들이 포용된다면 모든 이해관계자들을 위한 인간개발 친화적인 규율들을 제정할 수 있다. 특히 국가들이 민주적 원칙들에 기초해 자국의 정책결정을 위한 의미있는 재량권을 확보하도록 기회를 확장하는 것이 중요하다.

둘째, 글로벌 공공재화의 창출은 공공선을 공공 책임에 연계할 능력을 가진, 정통성을 갖춘 다자주의와 정책 일관성의 강화를 필요로 한다. 예를 들면 이주자들의 유입을 차단하는 정책은 해외에서 극심한 박탈에 직면한 사람들을 보호할 의무와 완전히 별개의 문제로 다뤄질 수는 없다.

셋째, 개발도상국들이 지속가능한 개발을 위해 세계화를 이용하는 역량의 개선이 뒷받침되어야 한다. 지금까지 개발도상국들은 민주적 과정을 통해 투자보호 협정, 해외기업의 세제 인센티브와 무역 자유화에서 자국의 정책결정의 제약을 수용해왔다. 그런데 일부 자유화 조치들은 일부 국가에서는 개발정책에 장애가 되기도 했다.

다자기관 거버넌스의 불균형

다자기관들의 거버넌스는 이들의 핵심 기능의 달성뿐 아니라 국가들 사이의 집단적 역량 확대를 위해서도 중요한 이슈가 된다. 다자기관들의 기능의 정당성과 질을 보장하는 것은 적절한 구조를 갖추었는지 여부에 달려 있다(앞글: 141). IMF는 글로벌 통화시스템의 안정과 건전성에 영향을 미치는 정보, 실행 및 조정의 문제 해결을 핵심 기능으로 삼는다. IMF의 거버넌스 구조는 G7 국가들이 지배하는 문제가 심각하다. 2010년에 합의되어 2016년 시행된 개혁으로 미국만이 의결권 17%를 차지하는 거부권 행사 국가가 되었다. BRICS(브라질, 러시아, 인도, 중국, 남아공화국)의 합계는 14%에 불과하다. 주요 의결권 행사자인 주주 국가들의 이해와 관련해서 대출 결정이 이뤄지고 있다는 불만이 제기된 것도 사실이다.

그런데 IMF에 대한 신뢰도가 회원국들 사이에서 심각한 의문을 제기하는 수준에 이르렀다. 아시아, 남미 그리고 거대 신흥국 정부들은 가장 회의적인 그룹이고, 거대 개발국인 유럽국들은 대부분 무관심국 그룹에 해당된다는 조사가 있다. 이런 신뢰의 약화는 금융 자문기관이자 위기 수습 시에는 자금제공자라는 IMF의 역할에 좋지 않은 영향을 미치게 된다. 그래서 개발도상국들은 다소 비용 부담이 되고 또 세계적으로는 비효율적인 선택이 되는 대규모 보전금을 자가보험으로 축적해두는 실정이다.

세계은행 또한 G7 국가들이 주주 국가로 지배하는 거버넌스 구조를 갖고 있다. 2010년 개혁으로 중국이 미국과 일본 다음으로 3대 대주주로 동참했지만 여전히 G7이 주도하는 조직이다. 세계은행에서는 빈곤퇴치 목표와 자본시장 실패 해소 목표, 그리고 글로벌 공공재화의 공급 목표 사이에 끊임없는 긴장관계가 있다.

국제무역 거버넌스는 관세와 무역에 관한 일반협정(GATT)과 이를 계승한 세계무역기구(WTO) 등의 규율에 의해 지배된다. 이 국제기관들은 1980년대와 90년대 구조조정의 결과로 개발도상국의 무역자유화 배경에서 글로벌 무역의 확대를 지향해왔다. 그런데 자유무역의 규율들은 국내 공공정책의 자율성을 심각하게 위축시키는 결과를 초래하였다. 과거 선진 개발국들이 이용했던 산업진흥 정책 등을 지금 개발도상국들이 같은 방식으로 지원하는 것을 차단시키고 있다. 일종의 '사다리 걷어치기'에 해당된다(장하준 2007).

3) 글로벌 컴팩트와 글로벌 인증

글로벌 컴팩트(Global Compact)

한 가지 주목할 만한 글로벌 동향은 다국적기업과 NGO와 각국의 정부 그리고 UN 등 국제기구들이 인권, 노동, 환경 등 주요 글로벌 이슈에 공동으로 대응하는, '글로벌 컴팩트'(global compact)를 추진하는 일이다(UNGC 2000). 한편으로는 기업-NGO 관계의 대립과 갈등이 심화되는 추세에서 또 다른 한편으로는 기업-NGO 관계가 새로운 파트너십을 모색하는 동향에서, UN이 중재자를 자임하고 나서 글로벌 차원의 기업-NGO 파트너십을 모색하는 글로벌 컴팩트를 추진하고 있다. 글로벌 컴팩트는 UN에 의해 2000년 10월에 출범한 조직으로, 공식성과 구속력이 없는 특성을 갖고 있다. 기업들이 자발성의 원칙에 따라 글로벌 컴팩트 기업으로 참여하고, 다만 기업연합체, 연맹들이 많은 기업들의 동참을 유도하고 있다. NGO들과 노조연맹, UN 산하기관들도 자발성의 원칙에 의해 동참한다.

지금의 글로벌 컴팩트가 등장하게 된 글로벌 배경을 살펴보면, 1980년대 신자유주의의 등장과 함께 글로벌 기업활동의 자유화를 주목해볼 필요가 있다. 따라서 글로벌 컴팩트는 UN이 신자유주의에 편향된 기업 선호적인 정책의 표현이라는 비판이 NGO계의 지배적인 의견이라 볼 수 있다(Paine 2000). 1970년대 세계적으로 무수한 신생 독립국들이 UN에 대거 참여하면서, UN은 다수 개발도상국이 세계자원의 공정하고 균등한 배분을 요구하면서 이른바 신국제경제 질서의 분위기가 주도하였다. 세계를 무대로 이윤을 추구하는 대기업들에게는 위협적인 분위기가 조성된 것과 같았다. 이 때 등장한 미국의 로날드 레이건, 영국의 마가렛 대처의 집권은 UN의 분위기를 신자유주의의 반격으로 바꿔놓기에 충분한 정치력을 발휘했다. 레이건 신보수주의 정치철학의 정립에 산실 역할을 했던 헤리티지 재단은 UN이 기업활동을 규제하고 글로벌 자원의 강제적인 재분배를 조장한다는 비난을 서슴지 않는 등 무수한 UN비판 보고서를 발간하였다(Paine 2000: 1). 또 실질적으로 UN이 추진하는 해양법 개정, 다국적기업에 대한 윤리강령 채택, UN의 환경규제 레짐의 등장을 비판하고 방해하는 역할을 수행하기도 했다. 또 국제상공회의소(ICC) 등의 기업연맹들은 유수한 언론을 활용하고 정치인들에 대한 로비활동을 통해 UN의 관료성, 무능성을 비판하며 UN의 개혁과 예산삭감 등을 주문하고 나섰다. 성장산업이었던 군수업계는 UN의 군축정책에 정면으로 도전하였고, 막강한 정유사들은 글로벌 기후연대를 조직하며 UN의 환경정책과 기후변화 개선안과 맞서 싸웠다. 또 미국의 담배회사들은 거대한 로비조직을 만들어 세계보건기구(WHO)의 보건정책을 비난하고 나섰다. 로비의 창구로 보수언론을 이용하는 다양한 방법을 활용했는데, 월스트리트 저널은 "WHO가 사회주의적 약을 조제하는가?"(1996.5.14) 하는 비난보도를 싣도록 하기도 했다. 1980년대를 통해 헤리티지 재단과 담배회사의 UN비판은 신자유주의 주류를 대표하는 것으로, 이 기관들의 시각에서는 정부와 공공영역은 비효율적, 부패적, 관료적 조직이며 공익에 비호응적인 조직이라는 비난의 대상으로 몰리고, 이와는 대조적으로 기업은 자유, 유연성, 역동성, 민주주의를 상징하며 효율적이고 부패로부터 자유롭고 공익에 호응적인 조직으로 간주한다.

사실 미국 정부 또한 UN에 대단히 비판적인 것으로 알려지고 있다(Paine 2000: 4-5). 미의회는 1983~85년에 UN지원 예산을 삭감했고, 분담금 납부를 연기해왔다. 냉전 직후의 첫 UN사무총장인 부트로스 갈리(Boutros-Ghali)가 임명되었을 당시에도 미국과 기업들의 영향력에 의해 갈리 사무총장은 기업에 비우호적인 경제사회 관련 조직을 축소시켰고 또 다국적기업센터를 폐쇄시키기도 했다. 미국의 신보수주의 정치지도자와 기업대표들은 기업에 대한 UN의 공적 감시를 제한시켜 기업 자율성을 확대시키는 정책의 도입을 추진했지만, UNDP 등의 일부 기관들의 개혁적인 노력을 저지하지는 못했다. UNDP가 1990년부터 발간한 『인간개발보고서』는 개발의 심각성을 부각시키며 국제기구들의 정통성 문제, 자원의 재분배 문제, 빈곤문제 등을 심각하게 제기하였다. 이런 분위기는 갈리 사무총장의 연임을 반대하는 미국의 영향에 의해 새로운 사무총장의 임명으로 다시 변화되었다. 아난 사무총장의 등장으로 1997년부터 UN이 매우 우호적으로 기업우대 정책으로 선향하고 있다는 것이 국제전문가들의 관찰이다

(Paine 2000: 7).

아난 사무총장의 친기업적인 성향은 임기 초기부터 세계경제포럼, 국제상공회의소와의 관계에서 일부 확인되고 있고, 또 최근 UN이 NGO와의 제도적 관계에 기대하는 비중 만큼이나 기업에 대해 같은 비중으로 대한다는 사실에서도 확인된다. 이런 맥락에서 최근 UN이 전통적으로 고수해온 NGO의 개념보다 기업 등의 영리영역을 총체적으로 포용하는 개념인 CSO를 대신 제시하고 있다는 점도 한 단서로 볼 수 있다(Paine 2000: 7). UN의 친기업적인 정책은 UN의 주요 정책결정에 대한 기업의 영향력을 수용하는 것을 의미하며, 동시에 재정적으로 어려움을 겪고 있는 UN에 대한 기업의 재정적 기여, 그리고 기업을 통한 지구촌 문제해결과 같은 '기업 시민정신'을 의미한다. UNHCR은 난민 프로그램을 지원하는 '기업 인도주의 포럼'과 파트너십을 맺는 등 많은 UN 기관들이 기업과 파트너십을 맺는 일이 확대되면서, '글로벌 컴팩트'가 공식적으로 제안된 것이다. 그럼에도 NGO 커뮤니티에서는 사익을 추구하는 기업과 공익을 우선으로 하는 UN의 파트너십이 극복해야 할 과제도 많다는 입장에서 글로벌 컴팩트를 부정적으로 평가한다(NGO Panel 2001).

기업이 글로벌 컴팩트에 참여하는 이유는 여러 가지가 있다(Paine 2000: 10-1). 첫째는 기업들이 집단적으로 UN의 경제사회 정책결정에 영향력을 행사해서 자신들의 글로벌 비즈니스를 방해하지 않도록 규제와 과세, 무역장벽의 시도를 최소화시키는 데 있다. 둘째는 사기업의 해결방식이 지금의 지구촌 문제를 해결하는 유일한 방식이며, 지금의 NGO를 이용하는 비시장적 접근방식을 철회하도록 UN의 연설, 출판, 보고서 등의 이데올로기적 생산물에 영향력을 행사하는 데 있다. 셋째는 NGO들의 활동이 기업 비판의 근원이 되므로 여기에 맞서 대응하는 목표도 중요하다. 넷째는 기업의 새로운 비즈니스 영역 개척과 관련된다. IT혁명 이후 지구촌이 디지털 디바이드 문제의 심각성을 우려하는 가운데 시스코(Cisco)는 디지털 디바이드를 감소시키기 위한 컴퓨터 보급의 필요성을 UNDP 등 UN기구들이 앞장서 강조하며 비즈니스에 도움을 준다. 다섯째는 지구촌 소비자들이 기업에 대해 좋은 이미지를 갖도록 하는 비즈니스 전략도 중요하다. 한국의 아시아나 항공사는 비행기에 "우리는 UNICEF를 지원한다"라는 로고를 만들어 항공사 이미지 제고에 노력한다. 마지막으로, 일부 기업들은 UN 관할의 국제활동에 자신들의 제품을 판매하는 목표를 갖기도 한다. 전화사 에릭슨(Ericsson)은 난민캠프 등지에서 인도주의 활동가들이 자신의 모빌폰 제품을 사용하도록 해서 제품판매에 도움을 얻기도 한다.

UN 글로벌 컴팩트는 착수부터 기업과 NGO뿐 아니라 노조와 UN 기관들의 동참에 의해 추진되었다. 2014년 글로벌 컴팩트 참여기관(기업, 노동, 정부기관, 시민사회, 학계 등)은 12,095개로, 그 중 기업과 기업협회들은 7,960개에 이른다.[38] 2007년 2,356개의 기업들이 참여한 것과 비교해보면 지난 세 배 이상 급증한 것이다. 시작부터 국제상공회의소(ICC)가 UN과의 협의를 통해 글로벌 컴팩트를 이끌어낸 핵심적인 역할을 수행했고, 기업계를 대표해서 각종 산업연합회들도 글로벌 컴팩트의 파트너 기관으로 동참하였다.

또 세계적인 인권, 환경 NGO들이 글로벌 컴팩트에 참여해, 기업의 협약 이행을 모니터링 하는 역할을 맡는다. 또 기업 거버넌스를 중시하는 글로벌 리포팅 이니셔티브(GRI), 국제투명성본부(Transparency International), 글로벌 설리번 원칙(Global Sullivan Principles) 등도 동참한다. 글로벌 컴팩트는

38 UNGC www.ungc.org

기업과 NGO의 관계를 갈등에서 협력의 관계로 모색하는 UN의 역할이 중요하기 때문에 노동, 인권, 환경 영역과 직접, 간접적으로 관련되는 UN 기관들이 글로벌 컴팩트의 파트너 기관으로 참여하고 있다.

글로벌 리포팅과 인증

글로벌 시대의 배경은 다국적기업들에 대한 '글로벌 기업시민정신' 요청과 압력을 가증시켰으며, 이를 국제규범으로 제도화하는 일련의 글로벌 이니셔티브들이 개시되는 새로운 전환기가 전개되었다. 다국적기업들의 글로벌 기업시민정신의 투명성과 책무성을 감시하는 다양한 사회적 리포팅(reporting), 다양한 전문기관들에 의한 인증(certification) 시스템이 발전된 것이다. 기업의 "사회적 성과를 측정해 공표하는 것은 기업의 행동에 영향을 미치는 잠정적으로 강력한 수단이 된다"(Porter and Kramer 2006: 3).

기업의 자발적인 윤리강령의 준수에 대한 NGO들의 글로벌 운동도 활성화되어 왔다. 1998년 '윤리적 무역활동 이니셔티브'(Ethical Trading Initiave: ETI)는 다국적기업, 노동조합 및 NGO들이 참여하는 공정무역과 기업윤리강령에 관한 논의를 해서, 세계 100대 다국적기업에 속하는 영국의 9개 기업 중 6개가 이런 윤리강령을 채택하고 나섰다(Deacon 2000). 강령에는 다국적기업뿐 아니라 해외 지부를 포함한 하청업체들도 준수하도록 하는 비교적 신뢰할 만한 윤리강령이었다. 또 영국의 15대 주요 기업들이 협약하고 있는 ETI 윤리강령은 국제노동기구(ILO)의 협약에 기초한 내용으로 결사의 자유와 함께 보건과 안전에 관한 기준, 아동노동, 고용시간, 차별 등에 관한 내용들을 비교적 포괄적으로 포용하였다.

나아가 다국적기업의 사회적 책임과 환경보호 및 '지속가능한 개발' 책임에 대한 글로벌 기준도 마련되는 변화가 뒤따랐다. 1992년 리우 UN환경개발회담(UNCED)에서 일련의 환경에 관한 윤리강령이 채택된 이후, UN기관들이 다국적기업의 행동기준을 글로벌 컴팩트의 10개 원칙에 포함시켜 제시해 주었다. 기업들이 환경적으로 건전한 관리와 에너지 보전에 관한 일반적인 기준에 대한 정보를 제공하고, 자국에서 하는 것과 같은 기준에서 해외 생산 활동에서의 환경적 책임에 관한 일반적인 기준의 시행 등이 그것들이다.

다국적기업들이 윤리강령을 도입하며 윤리적 비즈니스를 시행하게 된 배경은 다양하다. 기업 스스로가 솔선수범해서, 또는 기업연합회의 권고로, 또는 NGO 등의 인증기관들과 협약으로 하는 경우 등이 그것들이다. 특히 기업의 '사회적 리포팅'은 기업의 환경적, 사회적 실천을 공개하는 것으로 이제 일부 인증기관들이 기업에 압력을 행사하며 사회적 리포팅을 하도록 한다. 표준화된 글로벌 기준을 제시하는 인증기관으로는 Global Reporting Initiative(GRI)를 대표적인 기관으로 들 수 있으며, 또 2010년에 설립된 ISO 26000(사회적 책임)은 UN 글로벌 컴팩트와 더불어 기업들이 가장 많이 참여하는 글로벌 CSR 리포팅 및 인증기관이다. ISO 26000에 따르면, 기업들이 글로벌 인증을 필요로 하는 배경은 a) 계약의 조건 또는 규제의 요건, b) 소비자 선호를 충족시킬 필요성, c) 리스크 관리 프로그램의 배경, d) 관리시스템 개발의 목표 설정으로 임직원의 동기유발을 하는 것 등 다양하다.[39]

39 ISO 26000 http://www.iso.org/iso/home/standards/certification.htm

3. UN과 글로벌 NGO

UN과 NGO의 역사는 제1장에서 살펴보았듯이 UN 창설 이전의 역사부터 거슬러 올라가 살펴볼 수 있다. UN 창설 이전에 이미 조직된 ILO, UNHCS 등의 NGO들이 UN의 공식 조직으로 흡수되면서 UN의 창설과 동시에 NGO 관계가 이뤄졌다. 아래에서는 먼저 UN 창설 당시의 NGO 관계에 관한 역사적 배경을 1990년대 현대적 의미의 역사 이전과 이후를 구분해 정리해볼 필요가 있다(주성수 2004: 273-80).

1) 역사적 발전 배경

제2차 세계대전이 종료되기 직전인 1945년 4월 샌프란시스코에서는 50개국 대표들이 모인 가운데 UN창설을 위한 국제회의가 열린다. UN헌장의 기초작업이 이루어진 이 회의에는 정부 대표뿐 아니라 많은 NGO 대표들이 참여해 자신들의 요구를 관철하기 위해 노력하였으며, 그 결과 UN의 역사에 있어 주목할 만한 두 가지 성과를 거두게 된다. 그 중 하나가 UN헌장이 인권조항을 포함하도록 만든 일이다. 이와 관련해 미국의 NGO들이 두드러진 활약을 했다. 당시 회의에 미국 정부 대표단의 자문역으로 초대되었던 42개 NGO들은 인권보장이 국내적 사안뿐 아니라 세계평화를 위한 필수적인 문제임을 주장하는 요구서를 작성해 국무장관에게 제출하는 등 UN헌장이 인권문제를 명시하도록 자국 정부를 설득해 나갔다. 이들의 요구는 총회와 경제사회이사회의 강화를 원했던 여러 약소국들과 NGO들의 주장과 더해져 결국 인권관련 조항이 UN헌장에 추가되기에 이른다(Gaer 1996). UN헌장 기초 당시 주요 정부 대표들은 인권문제를 논의의 대상으로 인식하지 않고 있었다. 따라서 이런 NGO의 활동이 없었다면 오늘날 국제인권법의 발전은 지난한 과정을 경험해야 했을 것이다.

다른 하나는 경제사회이사회와 NGO 사이의 협의관계를 제도화한 일이다. 이 과정에도 미국 NGO들의 역할이 크게 작용하였다. 회의 개최국으로서 이점으로 참여가 용이했던 이들은 농업, 기업, 노동, 교육 NGO들의 대표들로 구성된 'ABLE'이라는 협의회를 조직, 경제사회이사회와 관련된 UN헌장 초안에 네 가지 수정안을 제시하였다. 그 첫 번째가 경제사회이사회는 정기적으로 회의를 소집하여 NGO로부터 건의를 받아들여야 한다는 것이었다. 이들 이외에도 NGO의 지위에 대한 논의를 촉발시킨 단체로 세계노동조합협의회(WTUC)가 있다. 이들은 곧 발족하게 되는 세계노동조합연맹(WFTU)이 안전보장이사회와 경제사회이사회에서 특별 지위를 인정받기를 희망하였고, 여기에 자극을 받은 다른 NGO들이 가세하게 된다. 하지만 당시 WTUC는 소련의 후원 아래에 있었기 때문에 미국은 이에 대한 경계심으로 NGO에 대한 어떠한 공식적인 지위의 인정도 반대하였다. 그러나 헌장기초위원회에서 NGO의 "투표권 없는 참여"라는 표현을 '협의'(consultation)라는 단어로 대체한 타협안을 제시한 데다 NGO들의 압력이 거세지자 미국은 이를 받아들이게 되었다.

또 이 과정에서 협의적 지위가 인정되는 NGO의 범위에 대한 확장도 이루어진다. 그때까지 '국제 NGO'들만이 UN 내에서 역할을 인정받는 것이 통념이었으나 국내 NGO들도 포함한다는 내용이 추가된 것이다. 이 수정은 미국의 제안에 의한 것으로 이는 당시 미국의 국내상황과 관련이 있다. 미국의 노조는 AFL과 CIO로 양분되어 서로 경쟁하고 있었는데, CIO는 국제조직인 WFTU의 회원이었으므로 국제 NGO로 인정되었지만, AFL

은 그렇지 않았기 때문이었다. 이에 따라 미국정부는 AFL의 반발과 UN에 대한 국내 NGO들의 비판을 피하기 위해 국제 NGO뿐 아니라 국내 NGO도 포함할 것을 제안하게 되었다(Seary 1998: 27). 그 결과 UN헌장 제71조가 채택되었으며, 이에 근거해 경제사회이사회와 NGO간의 관계가 발전되어 왔다.

UN헌장 제71조에 따라 NGO들은 경제사회이사회와 협정체결을 통해 '협의적 지위'를 획득할 수 있었다. 경제사회이사회는 1946년 6월 NGO위원회를 설치하여 NGO와의 협정체결에 있어 필요한 제반 규칙들을 마련하게 된다. 이로써 첫 해에 4개의 NGO가 협의적 지위를 획득하게 되고, 2년 후에는 그 수가 41개로 늘게 된다. 이에 따라 1948년에는 이들에 의해 NGO협의회(CONGO)가 설립되었는데, 이를 통해 경제사회이사회와 협의적 관계에 있는 NGO들은 자신들의 의견을 집단적으로 대변하고 UN내에서 자신들의 영향력을 더욱 확장할 수 있는 토대를 마련한다.

한편, 1950년대와 60년대 초에는 동서간 냉전이 극에 달하면서 NGO사회에도 그 영향을 미치게 된다. 많은 국제 NGO들이 이데올로기에 따라 분화되는가 하면, 몇몇 친소련 NGO들은 서방국가가 다수를 차지하는 경제사회이사회에서 그 협의적 지위를 박탈당하기도 한다. 여기에 협의적 지위를 갖는 NGO의 숫자를 제한하려는 움직임마저 일어나 한때 비슷한 목적을 가진 NGO들은 공동으로 자격을 주는가 하면, UN전문기구와 그 기능이 같은 NGO들의 진입을 막기도 했다.

그러나 NGO에 대한 이 같은 주권국가들의 견제에도 불구하고 UN의 업무에 참여하는 NGO의 숫자는 계속 증가한다. 이는 무엇보다 60년대 중반 이래로 사회경제적 발전에 따른 새로운 글로벌 이슈들이 생겨나기 시작함으로써 새로운 영역에서 활동하는 NGO들이 속속 등장했기 때문이라 할 수 있다. 여기에다 처음에는 UN 참여에 별다른 욕구를 가지지 못했던 NGO들도 시간이 흐름에 따라 협의적 지위를 획득해 UN과 공조해 나가는 것이 이득이 크다는 사실을 알게 된 것도 한 가지 중요한 이유라 볼 수 있다(Willetts 1998).

1972년에는 UN-NGO 관계의 진전을 가져다준 획기적인 사건이 발생하는데, 그것은 스톡홀름에서 있었던 UN인간환경회의(UNCHE)이다. 인간환경회의는 이전까지 세계와 관계를 갖지 않았던 무수한 환경NGO들이 대거 참여하는 계기가 되었을 뿐 아니라, 다음 몇 가지 점에서 이후 열리는 UN의 각종 글로벌 회담에 중대한 영향을 미친다. 하나는 공식적인 정부 대표 회담과 어깨를 나란히 하는 NGO포럼이 UN이 주최하는 글로벌 회담에서 최초로 진행되었다는 점이다. 이는 UN에 의해 공식적으로 인가되고 후원되었다는 점에서 더욱 의미가 크다. 다른 하나는 여기에 모인 NGO들의 긴밀한 정보입수와 교류를 위해 일간지가 발간되었다는 점인데, 이는 NGO들의 결속뿐 아니라 대정부 협상력과 위상을 드높이는 결과를 갖다 주었다. 또 회의기간 동안의 활동뿐 아니라 준비작업에서부터 회의의 성과를 보장하기 위한 UN사무국과 NGO간의 긴밀한 협조가 있었던 점도 주목할 만한 사항이다.

이후 1970년대와 80년대 인구, 식량, 여성, 해비타트(주거), 과학과 테크놀로지 등 각종 글로벌 회담에서 스톡홀름 패턴이 지속되며 확대되는 추세를 보이게 된다(Rice & Ritchie 1995). NGO들의 성장은 80년대에도 꾸준히 지속된다. NGO들은 이디오피아 기아현장 등에서 구호활동이나 환경, 인권감시활동 등을 통해 세계적 주목과 지지를 받았다. 또 UN과도 각종 영역에서 공조활동을 전개해 나갔는데 특히 인권, 환경보존, 지속적 개발, 여성, 군축, 국제평화와 안전과 같은 다양한 이슈에서 활발한 활동을 전개하였다.

2) 글로벌 NGO의 등장

1980년대 말 냉전체제의 붕괴는 NGO들에게도 커다란 영향을 미치며 UN과 NGO 관계에 새로운 도약의 전기를 갖다 준다. 냉전체제가 붕괴한 이래 글로벌 NGO는 양적으로 팽창했을 뿐 아니라 국제사회에서 그 영향력이 급성장하게 되었는데, 이는 구체적으로 냉전의 종말이 가져온 다음과 같은 변화에 근거한다(Gordenker & Weiss 1996: 17). 냉전체제에서 미국과 소련 등 강대국들의 대외정책결정에 있어 가장 큰 고려사항이 '권력'에 관한 것이었지만, 탈냉전의 도래는 정책결정자들이 이런 냉전적 사고로부터 자유로워질 수 있도록 만들었다. 그 결과, NGO들은 정부의 대외정책에 대한 발언권을 확대할 수 있게 되었으며, 이는 UN에서의 영향력 증대로 이어지게 된다. 냉전이 창출했던 이데올로기적 갈등이 완화되자 UN에서 활동하는 정부 대표들은 그간의 경직된 태도에서 벗어나 좀더 자유롭게 NGO와 교류할 수 있게 되었다. 예를 들면, 냉전기간에는 소련의 NGO와 접촉하려는 서방의 외교관은 신제국주의적 간섭이라는 오해에 시달려야 했고, 그 반대의 경우는 공산주의자들의 공작이라는 식의 이념적 편견을 감내해야 하는 형편이었다. 따라서 냉전의 종식에 따른 상황변화는 NGO들에게 UN의 정책결정 과정에 좀더 많은 영향력을 행사할 수 있는 길을 열어주는 계기가 되었다.

냉전의 종말과 NGO 활동

냉전의 종식은 국제정치에 있어 새로운 이슈들을 부각시키는 계기가 되었다. 환경, 인권, 난민, 기아, 여성, 개발 등의 이슈들이 그것들이다. 이 이슈들은 냉전기간에는 군사안보적 이슈들에 의해 가려져 부차적인 문제로 무시되거나 경시되어 왔지만 NGO들에 의해 꾸준히 제기되어져 왔던 심각한 문제들이었다. 이 문제의 특징은 주권국가의 배타적 능력범위 안에 있었던 군사안보 문제와는 달리 개별 정부의 힘만으로는 해결할 수 없는 초국가적 이슈들이라는 것이다. 그에 따라 국가역할의 재평가와 함께 문제해결을 위한 새로운 대안으로서 NGO의 역할이 크게 부각되었다.

탈냉전의 도래로 인한 국제정치의 변화 이외에도 기술의 발전 역시 1990년대 NGO의 성장에 중요한 요인이다. 인터넷과 팩스 등 정보통신의 발달로 국경의 의미가 퇴색되고 있으며, 이에 따라 NGO에 대해 적대적인 국가라 해도 이를 통한 정보의 흐름을 통제하기 어렵게 되었다. 동시성과 초공간성을 가진 인터넷의 발달은 공동의 가치와 목적에 기반을 두는 공동체의 출현을 불러와 그 자체가 하나의 새로운 세력이 되기도 하고 NGO 활동에 든든한 후원자가 되기도 한다. 1997년 노벨평화상을 수상한 대인지뢰사용금지를 위한 글로벌 캠페인(ICBL)은 23개국을 대표하는 350여 개의 인도적 NGO들과 무기감축 NGO들로 구성된 연합체로, 인터넷, 팩스, 이메일 등 창의적인 기술과 방법을 동원하여 대인지뢰금지에 대한 세계적 관심을 유도해서 122개국이 대인지뢰금지 협약에 서명하도록 하는 성과를 올렸다. 또 국제형사재판소(ICC)의 창설을 주창하는 NGO들은 다시 국제연대를 이끌어내는 성과를 올리고 있는데, 여기에도 이메일이 가장 효과적인 방법이 되기도 했다(UNPR 1998.7.14). 2017년 ICAN(핵폐기국제캠페인)이 다시 ICBL과 같은 방식의 국제캠페인으로 노벨평화상을 수상하였다(www.icanw.org).

글로벌 회담과 NGO

UN이 주최하는 글로벌 회담에 NGO들이 참여하기 시작한 것은 1990년대의 현상이다. 사회주의가 붕괴되고 UN 주도의 글로벌 거버넌스

■ **표 11-1** UN의 글로벌 회담에 참여한 NGO: 1968~2003

	주 제	개최지	새로 등록한 NGO(수)	NGO 포럼 참가자(수)
1968	인권	테헤란	57	해당 없음
1972	인간환경	스톡홀름	300 이상	?
1975	국제여성의해	멕시코시	114	6,000
1985	여성십년기	나이로비	163	13,500
1992	환경과 개발	리우	1,378	18,000
1993	인권	비엔나	841	1,000
1994	인구와 개발	카이로	934	?
1995	사회개발	코펜하겐	1,138	30,000
1995	여성	북경	2,600	300,000
2001	인종주의	더반	1,290	15,000
2002	개발재정	몬테레이	107	?
2003	지속가능 개발	다국적	737	35,000

자료 UNSG 2003.

의 발전에 따른 새로운 변화이다. NGO들이 UN이 주재하는 글로벌 거버넌스에 대거 동참해서 인권, 환경, 주거, 여성 등 전문 분야에서 글로벌 어젠다를 제시하며 UN과의 긴밀한 관계를 유지해 온 것이다. 1990년 이전에 개최된 UN 글로벌 회담에도 NGO들이 참여해 왔지만, 참여 성격이 1990년대와 근본적으로 달랐다. 1990년대 이전에는 서구의 일부 영향력 있는 전문가 중심의 NGO 대표들만이 참여해서 정부 대표들과 전문적인 어젠다에 토의하며 의견을 제시하는 수준이었다. 이와는 대조적으로 1990년대의 특징은 한 마디로 "완전히 새로운 현상"이었다(UNSG 2003). 1990년대의 글로벌 회담은 단일 이슈에 초점을 맞추지만 그 이슈들이 다양한 방법으로 제기되었고, 다양한 로비활동이 이뤄졌으며, 다양한 정보교환과 정보제공, 언론을 통한 홍보 등 다양한 특징을 보여주었다(UNSG 2003).

특히 글로벌 NGO 활동의 역사적인 전환점이 되었던 것은 1992년 브라질 리우에서 개최된 리우UN환경개발회담(UNCED)이었다. 이 회담이 갖고 있는 역사적인 의의는 UNDP, UNEP, UNNGLS 등 많은 공식기구들이 공동으로 NGO들의 참여를 적극적으로 유도하여, 그 결과 사상 최대 규모의 NGO들이 참여했다는 데 있다. 그간 '협의적 지위'를 가진 NGO들만이 참여해서 목소리를 내던 관례를 깨고 그렇지 않은 NGO들도 공식적으로 참가해 의견을 개진할 수 있는 기회를 가졌다. 그 결과, 리우회담이 채택한 의제 21(Agenda 21)은 그 목표들을 집행하는 데 있어 NGO들의 참여와 역할이 중요함을 확인하였다.

이처럼 리우 회담을 기점으로 다양한 이해관계자들이 한 자리에 모여 토의하는 '거버넌스' 체제가 발전된 사실을 주요 특징으로 꼽을 수 있다. UN사무총장의 보고는 다음과 같이 서술한다(UNSG 2003).

> 사상 최초로 거대 규모로 모든 주요 제도들의 구성원들이 주어진 주제의 전문가로 한 자리에 모였다. 정부, 전문가 기관, NGO, 일반 회원조직, 싱크 탱크, 노조, 영리 기업, 미디어, 의회지도자, 종교기관 그리고 기타 여론형성층을 대표한 것이다. 글로벌 회담은 쟁점 사항들에 대해 수주간의 집중적인 토론을 가능하게 해주었고, 그럼으로써 정부 대표들과 로비스트들 사이에, 남

측과 북측 사이에, 제도권과 급진파 사이에, 그리고 종교, 문화, 세대, 젠더 사이에 많은 분열과 긴장이 일어났다. 거의 드러나지 않은 채 냉전시대의 단일의 글로벌 분열이 이처럼 다양한 단층선들(fault-lines)로 대체된 것이다. 글로벌 회담은 시민사회의 본질적인 상이성을 보여주었지만, 시민사회가 어젠다에 단순히 영향력을 행사하는 게 아니라 어젠다를 설정하고, 정책결정자들의 입장을 바꿔놓고 세계 공론을 형성하는 집단적 파워를 과시하였다.

UN에서의 NGO 활동

사실 UN과 공조하는 NGO들은 지속적으로 급증해 왔다. UN과 NGO 관계의 역사를 통계로 살펴보면, 경제사회이사회와 협의적 관계를 맺은 NGO의 수가 1948년 41개에 불과하던 것이 1968년에 317개, 1992년에는 868개, 그리고 2003년 2,379개로 급증한다. 또 NGO와의 관계를 제도화하고 있는 또 다른 UN기관인 UN공보국(DPI)의 경우도 공식적 관계를 맺은 NGO가 1968년에 200여 개였던 것이 30년이 지난 1999년에는 100여개국 1616개로 크게 불어난다.

〈표 11-2〉를 보면 UN과 공식적인 관계를 갖는 NGO의 지위는 세 가지로 구분된다. 먼저 '일반적 지위'(general status)는 경제사회이사회가 행하는 대부분의 활동에 있어 실질적이고도 지속적인 공헌을 기대할 수 있는 NGO에게 주어진다. 조직면에서는 광범위한 지역과 국가, 다수의 개인 및 단체를 포괄하는 국제 NGO들이다. 일반적 협의 지위에 있는 NGO들은 경제사회이사회와 그 산하기관 및 위원회의 의제에 대해 해당 기관과 협의할 수 있음은 물론, 의제를 제안할 수 있다. 또 회의에 대표자를 옵서버로 참석시켜 구두로 진술할 수 있으며, 해당 사안에 대해 특별한 능력이 인정되는 경우 문서화된 의견서를 제출할 수 있다. 다음으로 '특별 지위'(special

■ **표 11-2** UN 경제사회이사회에 등록한 NGO(1948~2017)

	일반 지위	특별 지위	명부 지위	합계
1948	13	26	2	41
1968	17	78	222	317
1992	38	297	533	868
1994	40	334	560	934
1996	76	468	646	1,190
1998	100	742	669	1,511
2000	122	1,048	880	2,050
2003	131	1,317	931	2,379
2017	136	3,880	974	4,990

자료 ECOSOC 2003; ECOSOC 2017
http://esango.un.org/civilsociety/displayConsultativeStatusSearch.do

status)를 가진 NGO는 인권이나 환경, 보건 등 경제사회이사회와 그 부속기관의 업무중 특정 분야의 활동에 대해 관련이 있거나 공헌이 기대되는 NGO들이다. 특별 협의 지위의 NGO들은 일반적 협의 지위의 NGO와는 달리 의제를 제출할 수는 없으나 경제사회이사회와 그 부속기관, 위원회의 회의에 참석할 수 있다. 마지막으로, '명부 지위'(Roster)를 가진 NGO는 일반적 또는 특별 협의 지위에 있지는 않지만 경제사회이사회나 사무총장에 의해 이사회 및 그밖의 UN기관의 활동에 때때로 유용한 공헌을 할 수 있다고 판단되면 명부에 포함될 수 있다. 또 전문기구나 기타의 UN기관과 협의적 관계를 맺고 있는 NGO들 역시 명부의 지위를 누릴 수 있다. 명부에 올라간 NGO들은 기본적으로 경제사회이사회와 그 의제에 관하여 협의할 수 있는 자격이 있지만, 일반적 또는 특별 협의 지위에 있는 NGO들에 비해 제한적인 권한만을 갖는다.

UN-NGO 파트너십

UN과 NGO 파트너십은 양적 팽창에서 뿐 아니라 질적 성장에서도 눈부신 성과를 거두어 왔다. UN과 NGO의 공조활동 영역은 지구촌 구석구석에 미치고 있으며 그 분야도 인도적 구호, 환경, 인권, 식량, 주거, 교육, 인구, 군축 및 평화, 여성, 아동, 노인, 마약 및 범죄, 지속개발, 그리고 최근에는 IT, 선거와 평화유지 등 거의 모든 글로벌 이슈를 포함하고 있다. 이런 UN과 NGO의 공조활동은 체첸, 코소보, 모잠비크, 동티모르, 앙골라, 아프가니스탄 등 분쟁지역에서 활발히 이루어지고 있다. 뿐만 아니라 UN이 주최하는 각종 글로벌 회담에 대한 NGO들의 관심과 역할의 증가도 UN과 NGO의 관계가 긴밀한 파트너 관계로 발전되고 있다는 사실을 뒷받침해준다.

UN과 NGO의 관계가 진전될 수 있었던 것은 무엇보다 양측이 기대하고 취할 수 있는 이점들이 많았기 때문이라 볼 수 있다. NGO의 입장에서 UN체계에 포함된다는 것은 국제사회에 있어서의 공식적인 발언권을 획득하고 그 영향력을 제고시킴으로써 추구하는 목표를 더욱 수월하게 달성할 수 있으며, UN이라는 국제기구의 공인을 통해 각국 정부에 의한 탄압을 억제할 수 있다는 이점이 있다(박홍순 1995). UN의 입장에서도 NGO와의 협력은 국제평화, 경제·사회적 정의, 인권존중이라는 UN헌장에 나타난 이념을 더욱 효과적으로 실현시키는 주요 방편으로 인식되고 있다. UN이 NGO와 공조에서 얻는 이득은 실로 다양하다. NGO들은 특정 분야 또는 지역에 대한 자신의 경험과 지식을 바탕으로 사무총장과 UN기구의 정책 및 활동에 대해 자문을 제공한다. 또 NGO는 다양한 자원을 동원, UN의 각종 프로그램의 집행을 지원한다.

그러나 UN이 NGO와 협력을 통해 무엇보다 크게 기대하는 것은 NGO를 매개로 한 지구촌 시민들과의 직접적인 연계일 것이다. NGO들은 정부 대표들에 의해 대표되지 않는 소외집단의 목소리를 대변해 전달할 뿐 아니라, 자신의 회원과 주변 시민들에게 UN의 활동에 대한 정보를 전파하여 미디어의 보도가 부적절할 경우 발생할 수 있는 정보의 단절을 이어주는 역할을 한다(Rice & Ritchie 1995). 이를 통해 궁극적으로 UN은 자신과 그 정책에 대한 권위와 정당성을 강화할 수 있게 된다.

3) UN과 NGO 관계

제I장에서는 NGO의 특성에 기초한 NGO 개념을 살펴보았는데, 일부 특성에 대해서만 의견이 수렴되고 있을 뿐, 실제적인 측면에서는 상당한 의견의 차이를 확인할 수 있다. 더욱 실제적인 측면에서는 각국의 정부, 사회기관과 국제기관 등 공급자 논리에서 NGO가 무엇인가를 규정하면서 자신들의 이해와 부합된 NGO들의 목록을 제시한다. 관행과 규정을 중시하는 국제사회에서는 특히 그러하다고 볼 수 있다. 다분히 정치적 이해와 관련된 개념정의라 볼 수 있다. 국제기관 연구자 윌레츠(Willets 1998: 3-5)는 다음과 같은 특이한 국제적 관행의 기준에서 '정당한' NGO의 목록이 만들어지고 있다고 설명한다. 첫째는 '비영리적' 특성인데, 영리활동을 하는 기업과 산업체는 분명 NGO에 해당되지 않지만 기업과 산업의 집합적 이해증진을 위해 로비활동을 하는 기업연합, 산업연맹 등에 대해 UN기구들은 '정당한 NGO'로 인정한다. 둘째, 폭력에 가담하거나 정치적 전술로 폭력을 조장하는 활동을 하는 조직들은 NGO로 인정받지 못한다. 셋째, 기존의 정부를 대체하고 정권을 쟁취하는 목적을 가진 정당이나 다른 정치단체들이 제외되며, 마지막으로 국제기관들은 자신들의 이해를 충족시켜주거나 활동에 도움을 주는 조직들을 NGO로 인정한다.

특히 마지막 기준, 즉 국제기관들의 이해에 부합되는 조직들을 NGO로 인정하는 것은 분명 국제적 관례로 되어 있다. 사실 국제 NGO들은 오늘날 존재하는 주요 국제기구들을 탄생시켰던 주역이었다는 점을 주목해 볼 만하다. UN전문기구인 ILO, UNESCO, UNHCR 등이 대표적인 실례가 된다(Ghils 1992: 427).

UN 경제사회이사회

UN 경제사회이사회가 규정하는 NGO의 자격기준에는 위에서 지적한 비정부적, 비영리적, 비정치적, 비폭력적, 자원적(재정자립적), 공식적 특성의 기준에 앞서 다른 조건들을 앞세운다. 그것들은 "경제사회이사회의 업무영역과 관련된 문제에 관심을 가져야 한다"라는 것과 "UN의 목표와 목적에 부합된 목표와 목적을 가져야 한다"라는 것이 제1과 제2의 원칙으로 제시되며, 그밖에도 2년 이상의 활동 경험, 국가의 내정간섭을 금하는 UN 헌장 규정을 위배하지 않도록 활동할 것 등이 부수적인 기준들로 제시된다(UNHCR 2001: 4). 사실 UN의 경우 1970~93년 기간에 495건의 NGO 등록 지원을 받아 4%에 해당되는 단체들만이 공식적인 지위를 부여하지 않을 정도로 엄격한 기준을 제시한 것은 아니다(Willets 1998: 4).

이처럼 경제사회이사회를 NGO 창구로 하는 UN의 NGO 정책은 초기부터 NGO 개념에 확고한 규정을 갖지 않은 채 오늘날까지 혼란상을 유지해 왔다. 경제사회이사회에 등록된 NGO들의 목록에는 각종 의회의원들의 국제연맹뿐 아니라 Liberal International, Socialist International 등 국제정당협회들도 포함되어 있다(ECOSOC 2002).

ILO

국제노동기구(ILO)는 정부 대표, 노조 대표, 사용자 대표 등 삼자가 동등한 대표권을 갖는 삼자 체제를 제도화해 두고 있는 유일한 UN전문기구로, 많은 NGO들에게 협의적 지위를 인정하며 긴밀한 관계를 갖는다. ILO(2001)는 1897년 '노동보호에 관한 쭈리히 회담'을 비롯한 일련의 초국가적인 노동조합 운동들이 정부 대표들을 초청해서 국제노동법을 제정하고 국제노동사무실을 개설하도록 노력한 결과로 탄생되었다. 이 목적에 동의하는 각국의 노조 대표, 의원 대표, 학계, 정부 대표들이 일련의 회의를 거쳐 탄생된 국제 NGO가 국제노동입법연맹(IALL)이며, 이것이 1919년에 창설된 ILO의 전신이다. 이처럼 ILO는 UN 탄생 이전에 조직된 국제 NGO들의 조직이었으며, UN에서는 1946년에 전문기구의 지위를 갖게 되었다.

'일반적 협의'의 지위를 가진 NGO는 ILO 활동 대부분에 대해 중대한 이해를 갖고 있는 단체들로, 8개 NGO가 이 지위에 속하며, '지역적' 협의지위의 NGO로서 15개 사용자 및 노동자 단체가 이 지위를 획득하였다. 이들은 지역단위에서 전개되는 ILO 활동에 대한 각계의 이해를 광범위하게 대표할 수 있어야 한다. 그밖에 협의적 지위에 있지 않은 NGO라 하더라도 국제적인 사용자 또는 노동자 단체이거나, 특정 의제에 관련을 갖는 NGO라면 기본적으로 ILO의 파트너로 고려된다.

UNHCR

UNHCR의 창설 또한 국제 NGO들의 작품이었다. UNHCR은 국제적십자위원회(ICRC)와 적십자협회연맹 등 난민문제에 직접적인 관심을 가졌던 NGO 회의가 국제연맹으로 하여금 난민에 대한 관심을 갖도록 자극하여 1921년에 난민고등판무관실이 탄생되었고, 이것이 UN창설 후에는 UNHCR로 그 이름이 바뀐 것이다. UNHCR(2001: 1)은 "NGO 용어가 좋은 조직, 나쁜 조직, 비전문적 조직 등 무수한 조직들을 포함하는 것으로, 국제 NGO, 지역 NGO, 국내 NGO, 지방 NGO 등의 용어들도 모호하다"라고 지적한다. UNHCR에서 사용되는 용어들도 혼란스럽고 임의적이므로, 대안으로 "NGO는 그들의 실제적 또는 잠정적 질과 역량에 따라 평가되고 선별되고 지원되고 공조되어야 하는데, 핵심적인 기준은 난민들에게 확실히 기대되는 혜택이다"라며 실리적인 기준을 제시한다(p.1).

WHO

WHO(2001: 2-3)는 「WHO와 NGO의 관계에 관한 원칙」이라는 공식문서에서, NGO의 자격기준을 세 가지로 제시한다. 제1의 원칙이 "WHO 헌장의 정신, 목적 및 원칙에 부합되는 목표와 활동을 하며, 보건 또는 보건 관련에서 활동하고, 주된 관심사가 상업적 또는 이윤적 성격으로부터 자유로워야 한다"라고 명시하며, 제2의 기준은 조직의 구조와 활동무대가 국제적이어야 하며, 제3의 기준은 회칙, 본부 사무실 등의 '공식적' 특성에 관한 사항이다. WHO는 이런 '공식적' 기준에 적합한 조직들도 WHO와 일정 기간(보통 2년) 비공식적인 실무적 관계를 가진 다음, 공식적인 NGO로 등록하는 관례를 중시한다. WHO에 등록된 180개의 NGO들 가운데에는 보건, 의료 관련 NGO들이 주를 이루지만 노동조합 관련 NGO들은 하나도 없는 반면에 아프리카개발은행, 국제비즈니스전문여성연맹(IFBPW) 등 기업계 국제단체들과 각종 제약협회, 의사협회, 병원협회 등 특수 이익집단들이 NGO로 등록되어 있다.

EC, EU, World Bank, IMF, WTO

UN기구들뿐 아니라 주요 국제기관들도 NGO의 실체를 인정하며 NGO와 다양한 형태의 관계를 유지하고 있다. EC, EU, World Bank가 공식적인 관계를 발전시켰지만, 최근 NGO들의 심각한 도전을 받고 있는 IMF와 WTO는 비공식적인 관계유지 형태에 머물러 있다. IMF가 NGO와의 관계 개선에 관한 필요성을 인정하면서도 구체적인 정책을 도입하지 못한 실정이지만(Scholte 1998; Larsen 2000), WTO(1996)는 1996년 「NGO와의 관계에 필요한 가이드라인」에서 "WTO 활동과 관련하여 일반인의 인식을 제고시킬 수 있는 NGO의 역할을 인정하며, 이런 취지에서 투명성을 개선하고 NGO와의 커뮤니케이션을 진전시키는 데 합의한다"라고 규정한다. 또 가이드라인에는 "NGO 활동이 WTO의 활동과 관련된 사안이라는 것을 보여주어야 한다"라고 규정한다.

그럼에도 WTO는 NGO와의 협의적 관계를 비정례적인 특별한 상황에 제한하며 WTO 내부정보 중 일부의 비공개 원칙을 고수한다. NGO의 WTO 각료회의 참석은 WTO에 등록을 해서 인정을 받지만 거의 모든 NGO들과 기업, 농민, 소비자 대표 등 NGO보다는 CSO에 해당되는 조직들이 무수하다. 1999년 미국 시애틀 각료회의에 참가한 700여 NGO 명단에는 제조업, 수출업, 보험, 농산물, 종이, 철강, 콩 각종 산업 및 기업단체들뿐 아니라 미국의 보험업체, 전국주지사협회, 전국도시연합 등도 대거 포함되어 있다. 또 1998년 제2차 각료회의에는 152개 NGO가 등록해서 128개

NGO가 참석했는데, 기업 46개, 노동조합 21개로 가장 많고, 개발과 환경이 26, 22개, 농업인 NGO 3개, 소비자 NGO가 6개이다. 또 2001년 카타르 도하의 제4차 각료회의에는 647개 NGO가 WTO로부터 자격을 인정받아 공식 등록을 하였다.

4) UN-NGO 관계의 제도화

1990년대에 와서 UN의 활동에 참여하는 NGO들의 역할은 가히 '혁명적인' 발전을 이뤄냈다고 볼 수 있다. 그럼에도 NGO들이 UN총회 등에서 공식적인 활동을 하는 데는 여전히 많은 장애물들이 있다. 특히 개발도상국 NGO들은 UN이 개최하는 각종 국제회의에 참석하는 것조차도 쉽지 않은 일이며, 더구나 UN과 프로그램 파트너가 된다는 것은 실질적으로 많은 제약을 수반한다. UN사무차장이 공식적으로 제시한 자료에서도 개발도상국 NGO들의 참여는 매우 저조하다. UN공보국(DPI)에 등록된 NGO 1,550개 가운데 개발도상국 NGO들은 251개로 16%에 지나지 않으며, UN무역개발회의(UNCTAD)와 공식적인 관계를 맺고 있는 NGO들은 전체의 25%에 불과하다(UNPR 1999.10.26).

글로벌 거버넌스 위원회(CGG 1999) 역시 NGO들이 UN활동에 참여하는 데에는 뚜렷한 한계가 있다고 지적한다. 첫째, 시민사회와 NGO의 개념이 "불명확하고 심지어는 비일관적"이기 때문에 UN관리들 사이에도 기업, 언론, 지방정부 등을 포함시켜야 한다는 등 심각한 견해차이를 보이고 있다. 둘째, 많은 정부들이 최근에 NGO들의 접근을 대폭 확대한 데 대해 유보의 태도를 표명해왔다. 셋째, UN사무총장이 시민사회와 더 강력한 파트너십 제안을 했을 때, 총회의 개혁 실무팀은 경제사회이사회의 규정과 절차들을 다른 국가간 기관들에도 확대 적용할 수 있는지 또는 어느 정도까지 가능한지에 대한 문제에 합의하는 데 실패하였다. "총회가 권한을 갖고 있지 않은 안전보장이사회, 전문기구들 및 브레튼우즈 기관들에 똑같은 변화를 지시하는 데 대해서는 의견분열이 있었다. 그로 인한 교착상태가 지속되어 왔고 경제사회이사회 차원을 넘어서는 UN과 NGO 관계는 쉽지 않은 정치적 외면 상태에 있다."

바람직한 '글로벌 거버넌스'의 재창출을 위해서도 NGO의 위상 강화를 중심으로 하는 UN의 개혁이 이뤄져야 한다는 것이 글로벌 거버넌스 위원회(1999)의 평가이다. "일반적인 규칙으로, NGO들은 모든 회원국들에게 개방된 UN기관들의 모든 공식적인 회의에 접근할 수 있도록 허용되어야만 한다. 다만, 안전보장이사회와 같은 회원국의 제한된 기관의 경우 다른 회원국들도 접근의 권한을 갖지 못하므로 NGO들도 접근권한을 가질 수는 없다."

UN의 실질적인 '글로벌 거버넌스' 역할을 기대하기 위해서는 UN-NGO 파트너십이 제도화되어야 할 것이다. 지금의 '협의적' 관계를 '파트너십'으로 모색하는 과제가 남아 있는 것이다. UN 전문학자 윌레츠(Willetts 2000: 192)의 평가에 의하면, 지금의 '협의적 관계'는 NGO들이 자문을 주는 이차적인 역할에 지나지 않은 것이지 실질적으로 UN의 주요 정책결정에 참여하는 거버넌스의 파트너 역할을 하고 있는 것은 아니다. 일반적으로 경제사회이사회의 규정에 따라 NGO들이 활동하면서 1992년 리우 환경개발회담 이후로 획기적인 지위향상을 꾀할 수 있었지만, 정부 대표들에 버금가는 동등한 파트너로 인정받고 있는 것은 아니다.

그럼에도 윌레츠의 분석에서는 최근에 일부 획기적인 '파트너십' 진전이 있었고, 또 장차 이런 진전이 지속될 것으로 낙관해볼 만도 하다. 1996년 UN주거회담 또는 해비타트(Habitat) II가 역사적인 사례가 되는데, 이 회담에서 NGO들은 정부 대표들과 공식 석상에서 자리를 같이 하며 안건에 관한 수정에도 참여하며 또 예비위원회의 최종회의에서 중요한 참여자로 인정받기도 했다. 또 본회의에서는 매우 이례적인 절차가 채택되어 정부 대표들이 제1위원회에서 협의를 지속하는 가운데, NGO들을 포함한 기업, 지방정부 대표, 학자 등의 포럼이 비공식적인 포럼이 아니라 공식적인 제2위원회 회담으로 인정받기도 했다. 그래서 NGO들은 해비타트 어젠다 초안작업에 문안을 삽입하거나 개정하는 일에도 참여하며 역사상 최초로 자신들의 공식적인 지위를 인정받았다. 해비타트 II 회담은 NGO들이 정부 대표들과 '동등한 파트너'라는 의욕적인 내용을 선언문에 포함시키기도 했다. 그 후 UN-NGO 관계는 파트너십의 제도화를 모색하는 새로운 발전 단계로 진입했다고 볼 수 있다.

4. 글로벌 시민사회와 NGO

NGO의 활동은 국제사회에서도 크게 활성화되어 있다. 최근 노벨평화상 수상 단체를 보더라도 NGO들의 위세가 대단하다는 것을 알 수 있다. 과거에는 특정 인물이나 UN기관들이 수상했던 것과는 매우 대조적이다. 그만큼 국제사회에서 NGO들이 막중한 역할을 수행하는 위상을 갖춰가고 있다. 1999년 노벨평화상을 수상한 '국경없는 의사회'(MSF)는 세계 도처의 분쟁지역과 난민지역 등 인도적 구호를 필요로 하는 곳이면 어디나

언제든지 신속하게 의료진을 파견하는 글로벌 NGO이다. 또 1997년에 노벨평화상을 수상한 대인지뢰금지협약 국제운동(ICBL)은 23개국을 대표하는 350여 개의 인도적 NGO들과 무기감축 NGO들로 구성된 연합체로서, 인터넷, 팩스, 이메일 등 창의적인 기술과 방법을 동원하여 14개월만에 122개국이 대인지뢰금지 협약에 서명하도록 하는 큰 성과를 올렸다.

1) 글로벌 시민사회의 발전

지구촌은 일제히 '시민사회의 시대', 'NGO 시대'를 맞이하고 있는 것 같다. 지구촌 곳곳, 글로벌 차원에서 시민사회의 시대가 열리고 있다는 관찰과 보고들이 속속 축적되며, 학계의 이론화와 패러다임 논의로 발전되면서 이제 많은 지구촌 사람들이 자연스럽게 '글로벌 시민사회'를 얘기하고 있다.

'글로벌 시민사회' 논의는 글로벌 차원에서 고루 진행되고 있다. 그 얘기들은 서구에서 만들어낸 얘기로 머물러 있는 것이 아니라 동구권이나 아프리카 저개발 세계를 포함한 제3세계 어디서나 들려오는 같은 목소리이다. UN과 같은 국제회의장에서만 외치는 메아리에 그치는 게 아니라 세계 어느 지역, 국가, 지방에서도 토의되고 있는 일반적인 것이다. 또 특정 정파에 치우쳐 정치적 색깔을 내세우고 있는 게 아니라 보수파, 진보파, 중도파 등 정파의 울타리를 초월한다는 점을 주목해볼 수 있다.

그럼에도 지금의 시민사회에 대한 논의는 일방적인 긍정으로 생각하는 만큼 간단하거나 단순한 것은 아니다. 시민사회의 태동 또는 발전에 대한 배경과 의미 그리고 필요성에 대해서는 어떤 '철학적 합의'가 수렴되고 있는 것은 분명하지만, 시민사회의 건강성, 특히 국가 또는 정부에 대한 관계에서 시민사회의 위상과 역할, 그리고 각 정파의 정치적 의도와 기대 측면에 대해서는 상당한 '정치적 불협화음'이 잠재해 있다. 현실정치에서 제기되는 시민사회의 역할에 대해 그리고 시민사회가 추구하는 목표에 대해 회의를 갖고 비판하는 목소리도 만만치 않은 것이 사실이다. 특히 '주권'과 관련된 공공정책 사안들에 대한 정부와 시민사회 사이의 팽팽한 주도권 다툼의 경우, 많은 선진사회에서는 적절한 균형을 유지하며 공조와 파트너십으로 발전되는 국면이지만 제3세계 국가들에서는 '시민의 부재' 전통과 같은 정치문화적 요인 때문에도 국가에 대한 지나친 의존과 시민사회의 답보상태 내지는 오히려 민주화에 역행하는 추세마저 일고 있는 것도 사실이다.

'글로벌 거버넌스'에서 시민사회와 NGO의 역할은 결코 경시될 수 없지만, 지금 NGO의 역할은 정부와 UN 등 국제기관들과 파트너십 관계를 통해서만이 가능한 것으로 볼 수밖에 없다. 시민사회와 NGO가 어느 정도 '글로벌 거버넌스' 참여자로서 자격요건을 갖추고 있는가 하는 문제가 새로운 글로벌 어젠다가 되고 있다. 글로벌 거버넌스 위원회(1999)는 "정부와 국제기관 임원들이 자신들의 접근법을 재고할 필요성을 갖고 있듯이 NGO들도 고차적 수준의 통합성, 책무성, 투명성 및 공적 신뢰성을 유지해야만 한다"라고 강조한다. 글로벌 거버넌스 위원회(1995)는 "국제 공동체에 대한 주요 도전은 비국가 행위자들이 효과적인 글로벌 거버넌스에 기여하도록 능력을 부여해주고 진흥시키는 공공-민간 파트너십을 창출하는 것이다"라고 강조한다. 또 "UN이 현대의 세계에서 글로벌 거버넌스의 효과적인 도구가 되기 위해서는 글로벌 시민사회의 등장을 더 신중히 고려해야만 한다"라며 NGO와의 파트너십 정책을 제시하기도 한다.

또 글로벌 거버넌스 위원회(1999)는 1995년의 보고서, 『우리의 지구촌 이웃』(*Our Global Neighborhood*)이 발간된 이후의 지구촌은 시민사회 주도의 획기적인 변화들을 일으켜 놓았다며 다음과 같이 설명한다.

> 그 보고서의 출판 이후에 부각된 사건들로는 시민사회단체들이 대인지뢰와 국제형사재판소 협약에 대한 협정들이 성사되는 데 도움을 주는 역할을 했던 것과 같이 기본적으로 국가간 '법의 지배'를 확대시키는 권한행사에 상당한 기여를 했다는 것이다. 이런 성과들은 환경, 여성 및 인구에 관한 세계회담들과 같은 규범을 설정하는 세계회담에서 NGO들이 수행했던 역할에 의해 일찍이 강조되었던 글로벌 대의에 대한 시민사회의 서비스 능력을 확인시켜 주었다.
>
> 또 다른 차원에서는 자원단체들이 국가의 영역으로 간주되었던 안보 관련 분야를 포함한 많은 분야에서 국제적 목표를 실현하는 데 도움을 주는 실질적인 서비스를 맡아왔다. 그들은 갈등이 만연된 지역에서 일해왔고, 인권의 파수꾼 기능을 맡아왔으며, 인도주의적 구호를 전달했으며, 개발 프로젝트를 수행하며 보건과 교육 등 사회분야에서 개발의 진전을 이뤄냈다.

2) 글로벌 NGO의 역할

일반적으로 NGO는 국제사회에 다양한 방법으로 참여해서 적지 않은 영향력을 행사하는데, 이는 NGO가 갖고 있는 자원, 즉 전문지식과 여론동원능력, 그리고 실행능력 등을 통해 행사된다(Simmons 1998: 83).

글로벌 의제설정 역할

첫째, '의제설정' 역할을 꼽을 수 있다. '의제설정'이란 국제사회의 주요 관심사가 되는 문제에 대한 국제여론의 조성 또는 공론화의 과정이다. 여기에서 국제 NGO들은 정부나 국제기구 등의 정책결정자들이 시민사회가 요구하는 이슈에 관심을 갖도록 하고, 이를 의제로 설정하도록 하는 역할을 한다. 대표적인 실례가 국제대인지뢰금지캠페인(ICBL)으로, 세계 350여 NGO들이 연대해서 대인지뢰로 인한 피해의 심각성을 세계인들에게 알리고 이에 대한 세계적 관심을 촉구함으로써, 각국들이 이 협정에 서명하도록 만든 놀라운 공적을 세우기도 했다.

국제적 협력 창출 역할

둘째는 국제적 협력창출의 역할로, NGO는 새로운 국제조약이나 협약을 창출해내는 데 기여한다. 예컨대, 주요 인권 조약이나 협약들은 국제적 인권 NGO들의 활약으로 채택된 것이며, 다양한 환경 협약들도 그간 환경 NGO들의 활동으로 이룩된 성과라 할 수 있다.

정당성 부여 역할

셋째는 정당성 부여의 역할로, NGO는 공론화와 대중적 지지동원을 통해 정부나 국제기구의 결정 및 활동에 정당성을 부여함으로써 그 실효성을 증대시킨다. 많은 국가의 정부와 국제기구들이 NGO들과 정기적으로 협의하고 그 지지를 구하는 것도 NGO의 이런 기능 때문이라 볼 수 있다.

해결 역할

넷째는 문제해결의 역할이다. NGO는 정부나 국제기구와 협조를 통해 또는 독자적으로 어떠한 문제를 해결하기 위한 실질적인 활동을 전개한다. 예컨대, NGO들은 세계 도처에서 난민, 기아민을 위한 구호활동, 개발원조, 환경 및 인권감시 활동을 하고 있다.

갈등조정 역할

이상은 NGO의 일반적인 역할을 정리한 것에 불과하다. 인권옹호, 인도적 구호 등 전문 영역별로 더욱 구체적인 역할을 꼽아볼 수 있다. 인도적 구호활동을 하는 NGO들의 경우, 1) 조기 경보를 통한 문제예방 역할을 비롯해서, 2) 인권 모니터링, 3) 구호와 복구 등 현장활동뿐 아니라, 4) 중재를 통한 갈등조정 역할까지도 수행한다(Aall 1996: 7).

NGO들이 수행하는 '갈등조정'의 역할은 국제사회에서 NGO의 새로운 역할로 주목받고 있다. 어떻게 해서 이런 역할이 가능한가? 첫째는 어느 주체보다도 NGO가 그 국가 현지사정을 잘 알고 있다는 점이며, 둘째는 NGO들은 현지 주민에 밀착해서 활동하고 있다는 점, 셋째, NGO 현장 책임자들은 특유의 갈등조정 기술을 터득하고 있고, 넷째, 갈등조정 과정에서 발생될 수 있는 개인적인 위험부담을 잘 알고 이에 대처하고 있다는 점을 들고 있다(Aall 1996: 8).

정부와 비교되는 NGO 역할

그렇다면 국제사회에서 NGO는 국가(정부)를 대신하는 주도적 역할을 하는가? 클락(Clark 1995: 512-3)은 NGO가 국가보다 비교우위에 있는 측면들 몇 가지를 지적한다. 첫째, 정부는 국가안보를 최우선으로 해서 복합적인 기능들을 수행해야 하는 입장에 있지만 NGO들은 단일 현안 또는 문제에 집중해서 더욱 효과적인 성과를 올리고 있다. 둘째, 원칙에 기초하는 현안에 대해서는 정부가 정책 우선순위에서 다른 외교정책 사안에 종속시키거나 무시하는 경향이 있는 데 반해, NGO들은 행동으로 옮겨 실천하는 근본적인 차이가 있다. 셋째, 다양하며 경쟁적인 정책현안들을 다루는 정부의 입장과는 달리, 단일 또는 소수 현안에 전문적 활동을 하는 NGO들이 더욱 치밀한 행동으로 실적을 올리고 있다.

3) 글로벌 시민사회의 성장

지난 25년 기간에 걸쳐 글로벌 시민사회의 성장을 주목해볼 수 있다. UN 개발계획(UNDP 2016)은 글로벌 시민사회의 위상을 "미개발의 잠재력을 가진 글로벌 시민사회"라 평가한다. 아래에서는 글로벌 시민사회(NGO) 활동의 대표적인 사례를 UN과의 공조활동, 최빈국부채탕감 NGO 활동, 빈곤국 '자원의 저주'(resource curse) 극복의 글로벌 EITI 운동, '착취공장'(sweat shop)을 퇴출시키는 기업과의 공조활동을 차례로 살펴본다.

UN과의 글로벌 환경과 젠더 평등 활동

새천년에 들어서며 UN은 MDGs를 추진하며 각국 정부가 시민사회와 강력한 파트너십으로 빈곤, 보건, 교육 등 8대 목표 달성을 추진할 것을 요청하였다. 2005년 파리 원조개발 협정에서도 개발협력에서 시민사회의 강력한 역할을 강조했으며 이를 다시 2011년 부산 원조총회에서 확인하며, 정부와 시민사회와 기업 등의 삼각 파트너십 전략을 제시하였다. 또 2015~20년 기간에 추진되는 글로벌 '지속가능개발목표'(SDGs)에서도 시민사회의 공조적 역할을 충분히 활용할 것으로 강조하였다.

표 11-3 글로벌 기관들의 여성 포용 정책

1979년 UN의 모든 형태의 여성차별철폐 조약이 마련된 이후에도 시민사회의 젠더 평등 운동은 1995년 북경 글로벌 여성정상회담을 성공적으로 이끌며 정부들과 지역기관들과 글로벌 기관들이 젠더 평등 정책을 추진하게 만들었다. 2010년 〈UN 젠더 평등과 여성임파워먼트〉 위원회가 설치되어, UN 기관들에 산재된 젠더 평등과 여성 임파워먼트 기능을 통합해 추진하는 'UN 여성(UN Women)' 조직이 창설되어, 종합적이며 강력한 젠더 평등 정책을 추진한다. 또한 젠더 평등과 여성 임파워먼트가 규범적인 선언 이상으로 '권리기반 및 증거기반'(rights-based and evidence-based)의 성과를 생산하는 실천으로 진전되었다. 젠더 평등과 여성 임파워먼트 정책은 새천년개발목표(MDGs)뿐 아니라 새로운 지속가능개발목표(SDGs)에도 포함되어 추진되고 있다. MDGs를 통해 많은 개발도상국들이 교육과 보건 서비스 등 기본 욕구에서 젠더 평등과 여성 임파워먼트를 추진하도록 지원하고 권고했으며, 관련 국가, 국제기관들이 젠더 통계를 새로 만들어 젠더 평등 인식을 제고하는 효과를 생산할 수 있었다. 각종 통계에 남성에 비교된 여성의 교육, 보건, 수입 등 경제적, 사회적 관심사들이 글로벌 개발 이슈들로 부각될 수 있었다.

자료 UNDP 2016: 153.

표 11-4 시민사회와 여성의 참여

세계적으로 여성의 정치적 대표는 매우 취약하다. 2015년 각국 의회에서 여성 의원들이 22.5%를 차지해 남성의 대표성에 비해 매우 낮다. 정치, 공공영역의 대표성 문제를 해결하기 위한 시민사회의 역할은 여성 참여의 확대에 초점을 맞춰왔다. 먼저 UN에서 직원의 남녀 비율이 50:50이 되도록 압력을 행사해 시행중이며, 또 UN 온라인 자원봉사자 11,554명 중 여성이 59%로 참여율이 높다. 특히 NGO들은 여성 참여의 확대와 젠더 평등 이슈의 공론화에 상당한 주창 활동을 해온 결과, UN 등의 다자기관들이 젠더 평등 정책을 광범위하게 수용하고 있다. UN에는 '젠더 평등과 여성 임파워먼트' 위원회는 시민사회가 가장 중요한 역할을 한다는 입장에서, 여성과 시민사회 활동을 지원하는 자원을 증대시키고 있다. UNDP의 2014~17년 전략 보고서는 글로벌 여성 네트워크들과 시민사회의 주창 활동을 지지하며 이를 정책결정과 법적 개혁에 반영하는 중장기 전략을 제시하였다.

자료 UNDP 2016: 159.

UN 경제사회이사회(ECOSOC)는 UN 창설 이래로 NGO들과 공조적 관계를 유지해, 협의적 지위(일반, 특별 및 로스터)를 가진 NGO들이 1946년 41개 → 2017년 4,990개로 크게 늘었다. 협의적 지위를 가진 NGO 중 72%가 21세기 이후에 지위를 획득했고, 최근 2010~17년 기간에 절반 가량이 동참하였다(UN NGO Branch).[40]

특히 글로벌 환경 지속가능성에서 NGO 역할과 활동은 주목할 만하다. 1992년 리우 개발환경회담의 주체로 참여한 이래로 글로벌 환경과 기후변화 이슈들에서 국익에 발목이 잡힌 국가들의 경제적 행동을 압박해 글로벌 공공재화가 되는 환경을 지켜내는 지속가능한 환경 정책으로 이끌었다. NGO들은 세계 각지에서 정부들과 시민들과 더불어 환경 보전뿐 아니라 기후변화에 대한 적응과 완화에 공조적 역할을 맡으면서, 정부정책과 기업의 환경 실천을 모니터링하며 주창 역할도 동시에 수행한다. 2015년말에는 마침내 신기후협정이 타결되어 시행에 들어갔다.

글로벌 시민사회는 그간의 성과를 통해 성장 가능성을 가늠해볼 만하다. 이에 대해 UNDP(2016)는 지난 30여 년간 시민사회의 '젠더 평등' 운동이 UN 등의 다자기관들의 젠더 평등 정책의 추진을 강하게 압박해, 두드러진 성과를 낸 대표 사례로 평가한다(〈표 11-3〉, 〈표 11-4〉).

Jubilee 2000의 빈곤국 부채탕감 사례

Jubilee 2000의 글로벌 운동 이래 32개국이 국제협약에 따라 부채탕감의 혜택을 누렸지만, 아직도 67개국들이 긴박한 요청을 하고 있다. 빈곤

---

40 http://esango.un.org/civilsociety/displayConsultativeStatusSearch.do?method=-search&sessionCheck=false

■ **표 11-5** Jubilee 2000 글로벌 운동 이후 최빈국의 부채탕감 성과

2005년 글레니글스 협약 이후 최빈국(LDC)의 부채탕감은 부분적으로 시행되어 왔다. 그간 31개 LDC가 최빈국 중 채무가 많은 국가(Heavily Indebted Poor Countries: HIPC)로 분류되어, 2015년까지 880억불의 부채 탕감 혜택을 받았다. 부채탕감의 결과, LDC 31개국 빈곤퇴치에 투입된 지출금이 GDP 7% → 10% 이상 증가한 임팩트가 생산되었다. 2014년 기준, 31개 LDC 평균 부채는 GDP의 1/3 수준(개발도상국 전체 평균 43%)이다. 그런데 정부 재정수입에서 채무변제가 차지하는 비중이 20% 정도가 안정적인 재정운영인데 비해, LDC에 해당되는 방글라데시, 이디오피아, 모잠비크, 남수단, 탄자니아, 우간다, 예멘, 잠비아 등은 2017년까지 20~35%로 큰 부담을 모면하기 어렵다.

자료 UNDP, Human Development Report 2016.

국들의 부채는 대부분이 1970년대 국제 오일쇼크로 빚어진 것으로, 유가 상승으로 물가가 동반 상승해, 석유 수입에 의존하는 국가들은 부채로 에너지 수입을 할 수밖에 없었다. 이에 미국 등은 부당한 부채 증가에 대해 IMF의 조치를 요청해, 세계은행과 IMF가 최빈국들에게 저리로 융자를 제공해, 오일 위기를 대처하도록 지원했다.

그런데 최빈국들은 장기적인 국가개발의 전략보다는 단기적인 현금지급을 우선하는 급진적인 구조조정을 시행했다. 광산 등의 구조조정 요청에 따라 국유재산을 매각하는 민영화조치뿐 아니라 정부지출 축소도 포함되어, 기초 보건과 교육에 투입될 예산의 부족 사대가 발생했다. 그럼에도 이런 사회지출보다 해외부채를 우선 상환해야 했다.

세계은행과 IMF 등의 글로벌 거버넌스 실패에 대응하는 국제적 운동으로 Jubilee 2000이 등장하였다. 국제적 부채탕감 운동에 결정적인 계기는 UN이 주도한 2005년 G8회담의 글레니글스 '부채구제협정'이었다.

G8 지도자들은 글로벌 ODA 수준을 2010년까지 연간 500억 달러씩 높이고 세계 최빈국 50개국까지 부채를 청산해주기로 약속했다. 스코틀랜드 글레니글스 정상회담에 앞서 수개월 동안 전대미문의 Jubilee 2000 운동의 성과로 부채탕감이 이뤄진 것이다. NGO들은 모든 G8 국가들을 포함한 70개국에서 캠페인 활동을 전개했는데, 영국에서는 '빈곤투쟁을 위한 지구적 소명'(Global Call to Action Against Poverty)의 일부로, 다른 국가들에서는 '빈곤을 역사로 남기기'(Make Poverty History) 캠페인으로 진행되었다. 넬슨 만델라의 비중있는 부채탕감 메시지가 전달되었고, 이어 겔도프, 보노(Bono) 등의 유명인사들이 G8 국가들에서 일련의 '라이브 8' 콘서트를 진행해, 이를 20억 사람들이 시청했다. 캠페인은 3,800만인의 서명을 담은 청원서를 전달하기 위한 에딘버르(Edinburgh) 행진에 22만5천 명이 참여했다(http://www.jubileedebtcampaign.org.uk/).

EITI의 빈곤국 '자원저주'극복 사례

EITI는 "석유, 가스, 광물자원의 굿 거버넌스를 위한 글로벌 스탠다드"라며 스스로를 소개한다(https://eiti.org/). EITI 아이디어가 글로벌 차원에서 시행된 것은 2002년 요하네스버그의 〈UN 지속가능개발 세계정상회담〉에서 토니 블레어 영국 수상에 의해 가능했다. 그에 앞선 수년간 NGO와 기업 대표들은 개도국 정부의 자연자원 세입의 투명성이 결여된 심각한 문제에 대한 글로벌 차원의 대안 마련이 필요하다는 로비활동이 있었다. 그 움직임의 구체적인 운동이 〈Publish What You Pay〉 캠페인 조직이다. 1990년대 말 학계에서는 이른바 '자원 저주' 또는 '풍요의 패러독스'("Paradox of Plenty") 논의가 제프리 삭스, 조셉 스티글리츠, 테리 카랑, 폴 놀리어 등에 의해 저술되었다. 기자와 작가들도 채취산업의 부정부

그림 11-3 EITI 채취산업 투명성 가치사슬

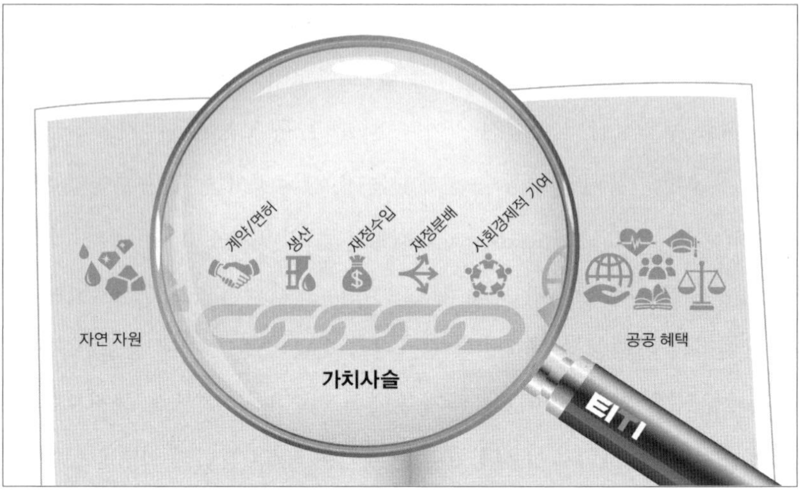

자료 EITI https://eiti.org/files/progressreport.pdf

패, 갈등, 관리 소홀 얘기들을 많이 쏟아냈다. 이 문제는 자연자원의 부가 다른 수출 분야의 경쟁력을 약화시킨다는 경제 현상으로 알려진 '더치 질병'(Dutch Disease) 이상의 문제로 발전되었다. 다른 문제들로는 엘리트들에 의한 자원 세입의 포탈, 세제 발전 장애, 지역과 지방의 긴장 고조 등이 그것들이다.

EITI 아이디어는 시민사회단체인 글로벌 위트니스(Global Witness)로 시작되다 조지 소로스(George Soros) 등이 참여해 〈Publish What You Pay〉 운동으로 발전되었다. 이 캠페인은 글로벌 위트니스의 1999년 보고서에 앙골라에서의 석유의 불투명한 관리문제에 초점을 맞추었다. 보고서는 석유 채취 기업들이 투명성과 정부 책무성 결여 문제를 안고 있는 앙골라와 여러 국가들에서 완전한 투명성 정책을 수용할 것을 결론으로 제시하였다.

이에 자원수출국 정부보다 다국적기업이 먼저 화답하였다. 2001년 석유회사 BP의 CEO 존 브라운(John Browne)은 캠페인에 동의하며 앙골라 정부에 지불한 금액을 문서로 발간하였고, 이에 앙골라 정부는 강력히 반발하고 나섰다. 브라운은 한 국가나 한 기업만으로 "지불한 금액을 공표"하는 것은 한계가 있으니 글로벌 차원에서 모든 기업들이 동참할 것을 호소하였다. 이에 따라 2002년 10월 블레어 수상의 지지 성명이 있었고, 영국 국제개발청은 시민사회, 기업, 정부 삼자 회의를 개최해, 리포팅 스탠다드를 개발할 것을 합의했다. 마침내 2003년 채취산업에서의 지불과 세입 투명성을 제고하는 '원칙들'에 합의하였다. 12개 조항의 원칙들은 자원의 투명한 관리의 필요성을 중시해, "지불과 세입의 공표에 대한 실행가능한 접근"이 필요하다고 발표하였다.

자원수출국 중 먼저 나이지리아, 아제르바이젠, 가나, 키르기즈스탄이 참여했고 이어서 페루, 콩고, 트리니다드 토바고 등이 동참했다. 동참하는 국가들과 기업들, NGO들은 2005년 런던에서 회의를 갖고 원칙들을 제시했으며, 2006년 오슬로 3차 글로벌 회담에서는 이 원칙들을 시행하는 국가들이 첫 번째 EITI 보고서를 준비하였다. 아제르바이젠과 나이지리아가 세입보고서를 제출하였다. 2007년에는 EITI 국제사무국이 오슬로에 개설되었고, EITI 규율들이 2009년 글로벌 도하 회담에서 발표되었으며, 2011년에는 수정된 규율들이 채택되었다.

앞서 제7장에서 살펴보았듯이 다국적기업의 CSR 발전단계가 기초와 관여 모델 단계를 지나 혁신 → 통합 → 전환 모델로 발전하는데 리더십의 역할이 핵심이다. BP의 CEO 존 브라운의 글로벌 리더십으로 세계적으로 유명한 글로벌 채취산업투명성본부(EITI)가 창설되어, 자원이 풍부한 빈곤국들이 자원의 저주로부터 해방될 수 있는 획기적인 전기를 맞았다(주성수,

김성현 2014: 64-5).

EITI 협력 국가들은 2018년 현재 51개국에 달하는데, EITI는 지속적으로 채취산업 투명성 가치사슬 자료를 공시하고 있다. 참고로 〈2013년 연례보고서〉에는 모잠비크는 2010년 채취산업 수입 6,500만 달러로 2009년에 비해 80% 증대했고, 가나는 2010년에 비해 2011년 채취산업 수입이 네 배 증대했으며, 잠비아는 2009~2010년에 50% 수입 증가를 올려, 전체 채취산업 수입은 7억5천만 달러에 달했다.

NGO와 다국적기업의 착취공장 퇴출 사례

NGO들과 UN 등 국제기관의 감시와 주창 활동도 글로벌 CSR을 변화시킨 결정적인 요인이다. 최근까지도 글로벌 이슈가 되는 '착취공장'사례와 연류된 다국적기업들의 글로벌 CSR 전략의 변화를 살펴볼 만하다(주성수, 김성현 2014: 29-30).

지금의 글로벌 CSR이 공급사슬에서 변화를 일으키게 된 것은 불과 몇 년 전의 일이었다. 저임금으로 노동자를 혹사시키는 세계의 착취공장들에서 근본적인 변화가 일어난 것은 전세계에 의류공장을 운영하는 거대 다국적 의류기업 Nike, Gap, Levi Strauss에서 찾아볼 수 있다(Frith 2005). 2004~5년 당시의 Nike와 Gap은 자신들의 제품을 공급하는 공급사슬에서 노동 착취가 있었다는 것을 처음으로 시인하면서, 책임있는 글로벌 CSR을 약속하고 나섰다. 그 전까지는 열악한 노동환경, 부당한 임금착취, 생산공장의 인권, 아동노동, 환경피해 등 UN 글로벌 컴팩트 원칙들이나 OECD의 다국적기업 가이드라인에 대한 자신들의 불법적인 또는 그릇된 행동에 대해 법정에서 부정으로 일관해왔던 관행과는 전혀 다른 획기적인 변화인 것이다.

■ **표 11-6** 착취공장을 퇴출시킨 NIKE, GAP, Levi Strauss

Nike는 2005년에 와서야 자신들의 실책을 인정하며, 새로운 기업시민정신을 제시하였다. Nike 설립자이자 회장인 필 나이트(Phil Knight)는 임금착취 주장에 대한 Nike의 대응이 적절하지 못했고, 세계적으로 Nike 공장 1/4 가량이 최소한의 노동, 인권, 환경 기준에 미달한 것을 투명하게 밝혔다. Gap 또한 2005년 〈사회적 책임 보고서〉에서 멕시코, 중국, 러시아, 인도 등지의 공급사슬 공장에서 아동노동을 포함한 열악한 노동조건과 환경 문제들을 비교적 투명하게 보여주는 용기를 보여주었다. 보고서에는 열악한 공급사슬 공급업자 136개 공장들과 계약취소를 감행했다며, 새로운 글로벌 공급사슬 경영 방침을 소개하였다. 블루진 기업 Levi Strauss 또한 착취공장 반대 캠페인을 추진하는 NGO들도 칭찬할 만큼 책임있는 기업으로 변모하였다. 2000년대 초까지 임금착취에 대해 무시하거나 무반응 전략을 일삼다 많은 비난을 받았었지만 지금의 Levi Strauss는 글로벌 노동복지를 선도하는 리더 기업으로 혁신적 변모를 하였다(OECD 2011; UNGC 2010).

자료 OECD 2011; UNGC 2010.

이런 변화의 결정적인 계기는 Oxfam, "No Sweat" 등 글로벌 CSR 감시 NGO들의 주창 활동으로 그릇된 기업의 착취와 불법행동에 대한 글로벌 고발이 진행되었기 때문이다. 또 경쟁사들이 앞다투어 새로운 글로벌 CSR 프로그램을 개시하는 것을 목격하면서 이들이 혁신의 길을 선택할 수밖에 없었던 배경도 주요 요인이다. 그럼에도 아직도 방어나 무시 자세를 취하는 기업들도 적지 않다는 것이 "No Sweat"의 조사결과로 나타난다 (http://www.nosweat.org.uk/).

또 글로벌 CSR을 홍보하고 모니터링을 하는 WBCSD, BSR 등 기업협의체들의 활동도 글로벌 CSR 기준마련과 모범사례 전파에도 큰 역할을 하였다. 또 유럽 등지에서는 소비자들의 소비행동의 변화도 큰 몫을 한 것으로 평가할 수 있다. 윤리적 소비, 공정무역 등의 새로운 소비운동과 소비문화의 발전도 기업의 CSR의 근본적 변화를 이끄는 주요 요인이라 볼 수 있다. 소비단체 등 NGO들의 전략적 변화도 주목할 만하다. 과거 소비자운동은 불매운동, 시위 등이 주류를 이루었지만, 이제는 기업들과 회의를 통해 기업의 변화를 유도하는 새로운 변화들이 진행되었다. 또한 학계에서는 새로운 글로벌 '지속가능한 공급사슬' 이론과 '공유가치창출'(CSV) 이론들이 제시되며 기업들을 설득하는 변화도 있었다. 실제로 Nestlé 등 일부 기업들은 이같은 이론과 철학으로 무장하는 새로운 CSR 전략을 수립하는 것이 점차 일반화된 추세가 되어 왔다.

코로나 백신 지적재산권 투쟁

코로나 팬데믹은 빈익빈 부익부를 심화시켰다. 팬데믹으로 지구촌 1억 6천만 명 이상이 빈곤층으로 전락한 반면에 세계 10대 부자들의 자산은 두 배로 불었다. 옥스팜(Oxfam 2022)은 이런 소득불평등 때문에 "코로나19는 더 치명적이고, 더 오래 지속되며, 생계에 더 많은 피해를 입히고 있다"고 강조한다. 백신을 접종했다면 수백만 명이 살아 남았을텐데, 백신 불균형으로 목숨을 잃어 세계적으로 여러 불평등을 악화시키고 있는 것이다.

코로나 백신 개발 소식과 동시에 글로벌 시민단체들은 가난한 국가들의 빈곤층을 배제하지 않는 백신의 균등한 제공을 외치고 나섰다. 대표적인 '피플 백신연대'(People's Vaccine Alliance)는 '백신 아파르트헤이트'(vaccine apartheid) 종식을 목표로 80여 의료전문가단체, 시민운동단체, 노벨상 수상자 등이 2020년 5월에 결성해, 글로벌 운동을 진행하며, 백신 아파르트헤이트 종식을 위한 5대 요구를 제시해왔다.[41] 2022년 중순까지 지구촌 70% 이상의 사람들의 백신 완료를 추구하는 WHO 목표 달성의 로드맵을 세워 이행하라는 것이다. 또 지구촌에 어디든 균등하게 백신과 치료약을 보급하는 목적으로 부국들이 공정한 재정지원을 뒷받침하라는 것이다. 특히 백신 관련 지적재산권 규정을 폐지해서 효과적인 백신생산을 하자는 요구도 포함되어 있다. 인도와 남아공의 WHO의 지적재산권 규정의 면제로 백신 생산을 높여야 한다는 것이다. 실제로 지난 수십 년간 인도와 남아공은 지적재산권 면제를 요구하며 빈곤층과 사회적 약자들의 생명을 살리는 복제약 생산에서 세계의 약국 역할을 해왔다.

인도와 남아공 WHO의 지적재산권 면제 운동은 글로벌 시민사회의 주류 운동이 되고 있다. 국제간호사연대(GNU)와 진보주의 인터내셔널(PI)이 주도한 간호사 연합조직은 일부 부자 나라들이 코로나19 백신 보급과 의료계 종사자의 건강에 핵심적인 백신 지적재산권의 효력 정지를 못하게 한다고 주장했다. 인도와 남아공이 제안한 백신 지재권 효력 유예를 격렬하게 방해하는 유럽연합과 영국, 노르웨이, 스위스, 싱가포르 등을 지목했다. 국경없는의사회(MSF), 옥스팜(Oxfam) 등 글로벌 시민단체들도 백신 지적재산권의 면제를 촉구해왔다. MSF는 약 100개국이 백신 지적재산권 면제를 지지하고 있다고 강조했다.

2022년 세계경제포럼은 '백신 평등' 어젠다를 이슈화시켰다. 포럼 발표자들은 "백신의 공평한 사용은 인도주의적 목적 때문만이 아니라, 현재 우리가 처한 전염병 국면에서 벗어나는 가장 좋은 방법"이기 때문이라고

---

41 https://peoplesvaccine.org/our-demands/

강조한다.[42] 마이클 라이언 세계보건기구(WHO) 비상대응팀장은, "세계 인구 절반 이상이 2회 접종을 받았지만 아프리카는 7%만이 접종을 했다"며, "백신을 공평하게 분배하는 것은 가장 취약한 사람들을 보호하는 것과 공중보건 비상사태를 해결하는 것 모두에서 효과가 있다"고 강조했다.

이상과 같이 글로벌 제약사들에 대한 글로벌 시민단체들의 지적재산권 면제 압력은 오랜 역사적 배경을 갖고 있다. 치명적인 AIDS의 확산의 경우가 풀뿌리 시민운동의 고무적인 사례를 남겼다. 잘 알려진 남아프리카공화국의 치료행동캠페인 사례를 비롯해, 우크라이나에서 일곱 명의 HIV 감염인 활동가들이 1999년 조직한 '우크라이나 HIV/AIDS 감염인 네트워크' 등 다양하다(주성수 2018: 374-5). 이 네트워크는 자조모임, 공공교육, 높은 수준의 로비 등 복합적 활동으로 HIV와 AIDS를 국가 보건 우선과제로 지정되게 했고, 치료를 위한 정부예산을 세 배 늘렸으며, 나아가 정부의 ARV 약 구매에 관한 '비공개 입찰' 결과를 포기하게 만들었다.

특히 세계무역기구(WTO)의 '무역 관련 지적재산권'(TRIPS: Trade Related Intellectual Property Rights) 논쟁이 지금의 코로나 백신 논쟁의 핵심이 된다. TRIPS는 글로벌 지적재산권 체계를 도입해, 최소 20년의 보호 기간을 가진 특허권을 비롯해, 다른 산업 디자인, 상표, 저작권, 지적재산권 등이 포함되어 있다. 거대 제약사들은 상당한 자금을 투입해 복제의약품의 도입을 최대한 길게 늦추기 위해 필사적으로 TRIPS 규정들을 방패로 삼고 있다. 이 때문에 특허 약품과 복제약의 가격은 엄청나게 차이가 난다. 연구개발 비용이 다른 산업에 견줘 높고, 약품 복제에 드는 비용은 매우 낮다. TRIPS

---

42 https://www.aa.com.tr/en/world/wef-panel-discusses-end-of-covid-pandemic-vaccine-equity/2478901

때문에 가장 심한 피해가 되는 사례가 HIV와 AIDS 등 '신종 질병'이며, 암과 천식 등 유병률이 높은 질병들에는 새로운 세대의 약품들이 필요한데, 그것들이 모두 특허 약품이다. 2015년 TRIPS 위원회는 최빈국에 대한 의약품 적용 면제 혜택을 2033년까지 연장할 것을 의결했다. 최빈국은 병행수입품에 대해서도 2021년까지 적용면제 혜택을 받았다(주성수 2018: 382). 또 2017년 WTO는 복제 의약품을 생산할 수 없는 저소득국가는 대신 복제품을 수입할 수 있도록 하는 TRIPS 조항을 추가했다.

글로벌 시민사회운동과 인도, 남아공의 WHO 등의 공조활동으로 코로나 백신 복제가 가능할지는 TRIPS 규정의 개정에 달려 있다. 코로나 치료약을 판매 중인 머크사처럼 제약사가 자발적으로 복제를 허용하지 않는 한, 제약사들의 수익 보장을 위한 지적재산권은 시민단체들의 사회운동만으로 면제 또는 폐지되기 어려운 글로벌 어젠다가 되고 있다.

참고 문헌

고경환 외, 2016. "나눔실태 2015." 한국보건사회연구원.

곽진영, 2000. "뉴거버넌스와 주요 이슈 · 행위주체." 김석준 외 공저, 『뉴 거버넌스 연구』.대영출판사, 226-78.

국정기획자문위원회, 2017. "문재인 정부 국정운영 5개년 계획."

국회입법조사처, 2014. 「사회적기업 지원제도의 문제점과 개선방안」.

김도종, 2005. 「한국의 민주화 이후 정치개혁에 대한 평가 및 향후 과제」, 국회연구용역.

김상균, 1993. "한국 복지정책의 당면과제." 한림과학원 편, 『복지국가의 현재와 미래』, 나남.

김상준, 2003. "시민사회 그리고 NGO-NPO 개념 - 공공성을 중심으로." 한국NGO학회 · 한국비영리학회 춘계 공동학술회의. 2003. 5. 23. 발제문, 9-22.

김선미, 2003. "정책과정에서의 NGO의 영향력과 분석모델." 『시민사회와 NGO』 제1권 1호, 83-110.

김현미, 2018. "직접행동주의와 페미니즘 정치, 그 이후." SDF 전문가포럼 발제문. 2018.10.5.

박영선, 2011. "87년 전후 한국 시민사회 관련 법질서의 특징과 국가의 대 시민사회 선택." 한양대 제3섹터연구소 세미나 발제문.

박원순, 2002. 『한국의 시민운동: 프로크루스테스의 침대』. 당대.

박홍순, 1995. "환경, 국제기구 및 국내정치: 새로운 패러다임을 향하여." 한국정치학회 환경관련 특별회의 발표논문모음집.

사회단체보조금 제도개선 전국네트워크, 2004. "2004년 사회단체보조금 전국실태 보고서"

시민사회발전위원회, 2019. "제3기 시민사회발전위원회 백서."
손원익, 2000. 「비영리법인 관련 세제의 선진화 방안」, 한국조세연구원.
손원익, 2013. 「성숙한 기부문화 확산을 위한 정책과제」, 2013 자원봉사 · 기부문화 컨퍼런스, 행정자치부.
손원익 · 박태규, 2013. 「공익법인 관리체계의 근본적 개선방안」, 한국조세재정연구원.
외교부, 2014. 『2014 외교백서』.
이선미, 2018. "개인 권력 시대의 함께 사는 문제." 〈새로운 상식, 개인이 바꾸는 세상〉 SDF 2018 연구보고서.
이현출, 2001. "거버넌스와 NGOs: 의약분업 사례를 중심으로." 『한국정치학회보』 35/3, 217-236.
일자리위원회, 2017. "사회적경제 활성화 방안."
장영주, 김경민, 2017. "물발자국(Water Footprint) 관리 현황과 개선과제." 국회입법조사처.
장하준, 2007. 『나쁜 사마리아인들』. 부키.
조현연, 조희연, 2001. "한국 민주주의의 이행." 조희연 편, 『한국 민주주의와 사회운동의 동학』. 나눔의 집, 279-298.
조희정, 2018. "깃발 내려, 나는 내가 대표한다." 〈새로운 상식, 개인이 바꾸는 세상〉 SDF 2018 연구보고서.
주성수, 1992. 『사회민주주의와 경제민주주의』. 인간사랑.
______, 2000. 『글로벌 가버넌스와 NGO』. 아르케.
______, 2002a. "서론: 시민사회와 지식인의 역할에 관한 이론적 고찰." 주성수 편저, 『한국 시민사회와 지식인』. 아르케, 13-41.
______, 2002b. "결론: 한국 시민사회의 발전과 지식인의 역할 과제." 주성수 편저, 『한국 시민사회와 지식인』. 아르케, 217-235.
______, 2002c. "정부와 NGO의 관계: 정부의 NGO 지원사업." 『한국행정연구』 20/1, 290-318.
______, 2003a. 『기업시민정신과 NGO』. 아르케.
______, 2003b. 『공공정책 가버넌스』. 한양대 출판부.
______, 2003c. 『사회복지정책』. 한양대 출판부.
______, 2003d. "참여 시대의 시민, 정부 및 NGO." 『시민사회와 NGO』 제1권1호, 1-17.
______, 2003e. "정부의 신뢰 위기와 NGO와의 파트너십 대안." 『한국행정연구』 24
______, 2004. 『NGO와 시민사회』, 한양대 출판부.
______, 2006. 『한국시민사회지표: CIVICUS 국제공동연구 한국보고서』 아르케.
______, 2008. 『아래로부터의 시민사회』 창비.
______, 2010. 「한국 시민사회지표 2008-2010: 참여 · 조직 · 가치 · 영향 · 환경」, 『시민사회와 NGO』, 8(1).

______, 2011. 『사회적경제 : 이론, 제도, 정책』, 한양대 출판부.

______, 2016. 『나눔문화: 기부, 자원봉사, 이웃돕기, 시민참여』, 한양대 출판부.

______, 2017a. 『한국시민사회사: 민주화기 (1987-2017) 』, 학민사.

______, 2017b. 『사회적경제와 사회적 임팩트 』, 한양대 출판부.

______, 2017c. 『전국 자원봉사 실태조사 및 활성화 방안 』, 행정안전부 연구용역.

______, 2017d. "한국 시민사회 30년(1987-2017)의 시민참여와 민주주의." 『시민사회와 NGO』, 15(1). 5-38.

______, 2017e. "정부와 시민사회의 재정적 관계 : 지원에서 공조로 패러다임 전환." 『시민사회와 NGO』, 15(2). 5-38.

______, 2018. 『글로벌 개발 거버넌스』, 한양대 출판부.

______, 2019. "개인화 시대의 생활민주화 : 촛불혁명 이후 미투운동과 갑질저항 사례." 〈시민사회와NGO〉 제17권 제1호(2019) 3-38.

주성수, 김성현, 2014. "글로벌 CSR 현황과 추진전략." 연구용역. 한국국제협력단.

주성수, 박영선, 2014. "서울시 공익지원사업 현황 분석." 서울시NPO지원센터.

주성수, 남정일, 이남석, 2003. 『한국 NGO 리포트 2002-2003』. 한양대 출판부.

주성수, 서영진, 2000. 『UN, NGO, 글로벌 시민사회』. 한양대 출판부.

참여연대, 2014. 『감시자를 감시한다』, 이매진.

日本内閣府 NPO. 2016. "日本{の特定非営利活動法人と米英独の非営利法人の制度比較."

Aall, P. 1996. "NGOs and Conflict Management", Washington D.C.: US Institute of Peace, *Peaceworks* No.5.

Advisory Panel. 2016. "On a Mission in UK Economy."

Alexander, J., Nank, R., and Stivers, C. 1999. "Implications of Welfare Reform: Do Nonprofit Survival Strategies Threaten Civil Society?" *Nonprofit and Voluntary Sector Quarterly*, December 1999, 28/4, 452-475.

Almond, G. and Verba, S. 1963. *Civic Culture*, Princeton: Princeton University Press.

Amnesty International. 2008. "South Korea: Policing the Candlelight Protests in South Korea."

Amnesty International. 2010. "Amnesty International Report 2009 : South Korea."

Amyot, S. Downing, R. and Tremblay, C. 2012. "Public Policy for the Social Economy: Building: a People-Centred Economy in Canada." in Rupert Downing, R. ed., Canadian public policy and the social economy. University of Victoria.

Anheier, H. and Salamon, L. 2000. "Non-profit institutions and the household sector." In United Nations, *Handbook of National Accounting*: New York.

Anderson, J. 2000. *Public Policy-Making*. 4th edition. (Holt: Rinehart & Winston)

Andeweg, R. and Irwin, G. 2002. *Governance and Politics in the Netherlands.* (New York: Palgrave)

Anheier, H., Glasius, M. and Kaldor, M. 2001. "Introducing Global Civil Society." In Anheier, H. et al. (eds) *Global Civil Society 2001*, pp.3-22. (Oxford: Oxford University Press)

Archer, C. 1998. "Nongovernmental Organization." In Schafritz, A. (ed) *International Encyclopedia of Public Policy and Administration*, pp.1504-6. (Boulder, CO: Westview Press)

Baehr, P. 1996. "Mobilization of the Conscience of Mankind: Conditions of Effectiveness of Human Rights NGOs." *UN University Lecture* No. 14.

Bang, H. and Dyrberg, T. 2000. "Governance, Self-representation and Democratic Imagination." In Saward, M. (ed) *Democratic Innovation: Deliberation, Representation and Association*, pp.146-157. (London: Routeledge)

Barber, B. 1998. *A Place for Us: How to Make Society Civil and Democracy Strong.* (New York: Hill & Wang)

Bellah, R. et al. 1996. *Habits of the Heart: Individualism and Commitment in American Life.* (Berkeley: University of California Press)

Benkler, Y. 2006. *The Wealth of Networks : How Social Production Transforms Markets and Freedom.* New Haven: Yale University Press.

Benkler, Y. 2011. *The Penguin and the Leviathan: The Triumph of Cooperation Over Self-interest.* New York: Crown Business.

Berger, P. and Neuhaus, R. 1996. *To Empower People: From State to Civil Society.* (Washington, D.C.: AEI Press)

Berman, E. 1997. "Dealing with Cynical Citizens." *Public Administration Review* *57*(2): 105-112.

Berry. J. 1999. *The New Liberalism: The Rising Power of Citizen Groups.* (Washington D.C.: Brookings Institution)

Billis, D. and Glennerster, H. 1998. "Human Services and the Voluntary Sector." *Journal of Social Policy* 27/1, 79-98.

Birchall, J. and Ketilson. L. 2009. "Resilience of the Cooperative Business Model in Times of Crisis." ILO.

Blair, H. 1998. "Civil Society and Building Democracy: Lessons from International Donor Experience." In Bernard, A., Helmich, H. and Lehning, P. (eds) *Civil Society and International Development*, pp.65-80. (Paris: OECD)

Booth, J. 1998. "Civil Society and Political Context in Central America." *The American Behavioral Scientist* 42/1, 33-46.

Bothwell, R. 1998. "Indicators of a Healthy Civil Society". In Burbidge, J. (ed) *Beyond Prince and Merchant: Citizen Participation and the Rise of Civil Society.* pp.249-262. (New York: Pact Publications)

Box, R. 1998. *Citizen Governance: Leading American Communities Into the 21st Century.* (Thousand Oaks, CA: Sage)

British Council, 1998. "The Nuts and Bolts of Civil Society: Some Relevant British Experience."

Burbidge, J. 1998. "Introduction." In Burbidge, J. (ed) *Beyond Prince and Merchant: Citizen Participation and the Rise of Civil Society*, pp.5-14. (New York: Pact Publications)

Butcher, J. 2015. "The third sector and government in Australia: Not-forprofit reform under Labor, 2007–13." Australian Journal of Political Science, 50:1, 148-163.

Callan, E. 2001. *Creating Citizens: Political Education and Liberal Democracy.* (Oxford: Oxford University Press)

Carroll, A. 1979. "A Three-dimensional Conceptual Model of Corporate Performamce." *Academy of Management Review* 4/4, 497-505.

Center for Nonprofit Research, 2011. "Japanese Civil Society at a Crossroad." Osaka University.

CGG(Commission on Global Governance). 1995. *Our Global Neighbor.*

CGG. 1999. "The Millennium Year and the Reform Process."

CGG. 2000. "Recent Developments".

Chambers, S. and Kymlicka, W. 2001. *Alternative Conceptions of Civil Society.* (Princeton: Princeton University Press)

Chandhoke, N. 2002. "The Limits of Global Civil Society." In Glasius, M. Kaldor, M. and Anheier, H. (eds) *Global Civil Society 2002*, pp.35-64. (London: London School of Economics & Political Science)

CIVICUS. 1999. "Civil Society and Good Governance." *CIVICUS World*, March/April 1999.

______, 2008a. "CSI Project Overview and Conccopt Note."

______, 2008b. "CSI Project Implementation Process."

______, 2016a. "Civic Space in Europe Survey."

______, 2016b. "The State of Civil Society Report."

______, 2017a. "The State of Civil Society Report."

______, 2017b. "People Power under Attack."

Clark, A. 1995. "Non-Governmental Organizations and their Influence on International Society." *Journal of International Affairs* 48/2, 507-525.

Clark, T. and Rempel, M. 1997. *Citizen Politics in Post-Industrial Societies.* (Boulder, CO: Westview Press)

Clark, A., Friedman, E. and Hochstetler, K. 1998. "The Sovereign Limits of Global Civil Society." *World Politics* 51, 1-35.

Clarke, G. 1998. "Non-Governmental Organizations and Politics in the Developing World." *Political Studies* 46/1, 36-52.

Clayton, R. and Pontusson, J. 1998. "Welfare State Retrenchment Revisited." *World Politics* 51/1, 67-98.

Clayton, A., Oakley, P. and Taylor, J. 2000. "Civil Society Organizations and Service Provision." *Civil Society and Social Movements Programme Paper* Number 2.

Cohen, J. and Arato, A. 1992. *Civil Society and Political Theory.* (Cambridge: MIT Press)

Coleman, J. 1990. *Foundations of Social Theory.* (Cambridge: Harvard University Press)

Compact Voice, 2011. "Big Society and the Compact." London.

Compact Voice, 2013. "Local Compact Survey results: briefing 4 – Payment by Results."

Compact Voice, 2015. "Annual Survey of Local Compacts."

Cordenillo, R. and Van Der Staak. 2014. "olitical Parties and Citizen Movements in Asia and Europe." International IDEA.

Coston, J. 1998. "A Model and Typology of Government-NGO Relationships." *Nonprofit and Voluntary Sector Quarterly* 27/3, 358-82.

Cox, R. 1998. "The Consequences of Welfare Reform: How Conceptions of Social Rights are Changing." *International Social Policy* 27/1, 1-16.

Crenson, M. and Ginsberg, B. 2002. Downsizing Democracy: *How America Sidelined Its Citizens and Privatized Its Public.* (Baltimore: Johns Hopkins University Press)

Crozier, M., Huntington, S. and Watanuki, J. 1975. *The Crisis of Democracy: Report on the Governability of Democracies to the Trilateral Commission.* (New York: New York University Press)

Dahl, R. 1994. *The New American Political* (Dis)Order. (Berkeley: Institute of Governmental Studies)

Dahrendorf, R. 1974. "Citizenship and Beyond: The Social Dynamics of An Idea." *Social Research* No.41, 673-701.

Dahrendorf, R. 1997. *After 1989: Morals, Revolution and Civil Society.* (New York:

St. Martin's Press)

Davenport, K. 2000. "Corporate Citizenship: A Stakeholder Approach for Defining Corporate Social Performance and Identifying Measures for Assessing it." *Business and Society* 39/2, 210-19.

Deacon, B. 1998. "Towards a Socially Responsible Globalization: International Actors and Discourses." GASPP, University of Sheffield, UK.

Deacon, B. 2000. "Globalization and Social Policy: The Threat to Equitable Welfare." UNRISD Occasional Paper 5.

Deakin, N. 2001. *In Search of Civil Society.* London: Palgrave.

Deloitte, 2015. "Driving Corporate Growth through Social Impact."

Deloitte, 2016. "In pursuit of impact : Mission-led businesses."

De Oliveira, M. and Tandon, R. 1994. "An Emerging Global Civil Society." In CIVICUS, *Strengthening Global Civil Society*, pp.1-17. (Washington, D.C.: Kurian Press)

Desai, M. and Said, Y. 2001. "The New Anti-Capitalist Movement: Money and Global Civil Society." In Anheier, H. et al. (eds) *Global Civil Society 2001*, pp.51-78. (Oxford: Oxford University Press)

Dilulio, J. 1998. "The Lord's Work: The Church and Civil Society." In Dionne Jr., E. (ed) *Community Works: The Revival of Civil Society in America*, pp.50-58. (Washington D.C.: Brookings Institution Press)

Dionne, Jr., E. 1998. "Introduction: Why Civil Society? Why Now?" In Dionne Jr., E. (ed) *Community Works: The Revival of Civil Society in America*, pp.1-16. (Washington D.C.: Brookings Institution Press)

Doucin, M. 2011. "Corporate Social Responsibility: Private Self-Regulation is Not Enough." The International Finance Corporation, A Global Corporate Governance Forum Publication 24.

Drucker, P. 1984. "The New Meaning of Corporate Social Responsibility." California Management Review, 26: 53-63.

Drucker, P. 1989. *The New Realities.* (New York: Harper & Row)

Dryzek, J. 2000. *Deliberative Democracy and Beyond.* (Oxford: Oxford University Press)

Eberly, D. 1998. *America's Promise: Civil Society and the Renewal of American Culture.* (Lanham: Rowman & Littlefield)

EC(European Commission). 2000a. "Concise Report of the Debates of the First Convention of Civil Society Organised at European Level."

______, 2000b. "Promoting the Role of Voluntary Organizations and Foundations

in Europe."
______, 2000c. "The Commission and Non-Governmental Organizations: Building a Stronger Partnership."
______, 2001a. "Social Economy on the European Agenda."
______, 2001b. "Social Economy(Cooperatives, mutuals, associations, foundations)."
______, 2011. "A Renewed EU strategy 2011-14 for Corporate Social Responsibility."
______, 2013a. "Social economy and social entrepreneurship."
______, 2013b. "How Companies Influence Our Society: Citizens'View" FLASH EUROBAROMETER 363.
______, 2014. "Social Innovation : A Decade of Changes."
______, 2016. "A Recipe Book for Social Finance." Luxembourg.
______, 2017. "Actions and Strategy for the Social Economy and Social Enterprises." Luxembourg.
______, 2019. "EU Services for Social Economy Actors in Europe and Beyond."
ECOSOC. 2002. "NGOs in consultative status with ECOSOC."
______, 2003. "Consultative Status with ECOSOC."
Edwards, M. 2000. "Civil Society and Global Governance." On the Threshold: The United Nations and Global governance in the New Millennium Symposium, Jan. 19-21, 2000, Tokyo, UN University.
______, 2001. "Introduction." In Edwards, M. and Gaventa, A, (eds) *Global Citizen Action*, pp.1-16. (Boulder, CO: Lynne Rienner).
Edwards, B. and Foley, M. 1998. "Civil Society and Social Capital beyond Putnam." *The American Behavioral Scientist* 42/1, 5-20.
Ehrenberg, J. 1999. *Civil Society: The Critical History of An Idea*. (New York: New York University Press)
EITI, 2013. "EITI Progress Report 2013."
Electoral Commission, 2014. "Charities and Campaigning." London.
Enderle, G. and Peters, G. 1998. A Strange Affair: *The Emerging Relationship between NGOs and Transnational Companies*. (UK: PricewaterhouseCoopers)
Etzioni, A. 1996. *The New Golden Rule: Community and Morality in a Democratic Society*. (New York: Basic Books)
Etzioni, A. 1998. *The Essential Communitarian Reader*. (Lanham: Rowman & Littlefield)
Etzioni, A. 2001. *Next: The Road to the Good Society*. (New York: Basic Books)
Euchner, C. 1996. *Extraordinary Politics*. (Boulder, CO: Westview Press)

EVPA, 2016. "A Practical Guide to Venture Philanthropy and Social Impact Investment."

Fernando, J. and Heston, A. 1997. "NGOs between States, Markets, and Civil Society." *ANNALS of American Academy of Political and Social Science*. No.554, 8-17.

Fiorina, M. 1999. "Extreme Voices: A Dark Side of Civic Engagement." In Skocpol, T. and Fiorina, M. (eds) *Civic Engagement in American Democracy*, pp.395-425. (Washington, D.C.: Brookings Institution Press)

Foley, M. and Edwards, B. 1996. "The Paradox of Civil Society." *Journal of Democracy* 7/3, 38-52.

Frith, M. 2005."The Ethical Revolution Sweeping through the World's Sweatshops." Independent.

Fukuyama, F. 1995. *Trust: The Social Virtues and the Creation of Prosperity*. (New York.: Free Press)

_____, F. 2000. "Social Capital and Civil Society." *IMF Working Paper* No.00/74.

Gallup International. 1999. "Millennium Survey."

Gallup International. 2003. "Trust in Institutions."

Galston, W. 2000. "Civil Society and the 'Art of Association'." *Journal of Democracy* 11/1, 64-70.

Gellner, E. 1994. *Conditions of Liberty*: Civil Society and Its Rivals. (London: Hamish Hamilton)

Geneva 2000. 2000. "Visible Hands: Taking Responsibility for Social Development."

Ghils, P. 1992. "International Civil Society: International Non-Governmental Organizations in the International System." *International Social Science Journal* No.133, 417-431.

Gidron, B. Kramer, R. & Salamon, L. 1992. *Government and the Third Sector: Emerging Relationships in Welfare States*. (San Francisco: Jossey-Bass)

Glasius, M. and Kaldor, M. 2002. "The State of Global Civil Society: Before and After September 11." In Glasius, M. Kaldor, M. and Anheier, H. (eds) *Global Civil Society 2002*, pp.3-34. (London: London School of Economics & Political Science)

Goldstone, J. 2003. "Introduction: Bridging Institutionalized and Noninstituionalized Politics." In Goldstone, J. (ed) *States, Parties, and Social Movements*. (Cambridge: Cambridge University Press_

Gordenker, L. and Weiss, T. 1996. "Pluralizing Global Goverance: Analytical Approaches and Dimensions." In Weiss, T. and L. Gordenker, (eds) *NGOs, the United Nations, and Global Goverance*, pp.17-49. (Boulder, Co.: Lynne Rienner)

Gray, J. 1998. *False Dawn: The Delusions of Global Capitalism*. (New York: The New Press)

Greider, W. (1992) *Who Will Tell the People?* (New York: Simon & Schuster)

Gribben, C., Pinnington, K., and Wislon, A. 2001. "Overview." In Gribeen et al. (eds) *Government as Partners: The Role of Central Government in Developing New Social Partnership*, pp.5-26. (Copenhagen: Copenhagen Center)

Habermas, J. 1991. *The Structural Transformation of the Public Sphere*. Translated by Thomas Burger. (Cambridge: MIT Press)

Hall, D. 1987. "A Historical Overview of the Private Non-profit Sector." In Powell, W. (ed) *The Nonprofit Sector: A Research Handbook*. (New Haven: Yale University Press)

Harbeson, J. 2002. "Assessing Civil Society Performance." In McMahon, E. and Sinclair, T. (eds) *Democratic Institution Performance*, pp.27-38. (Westfort, CO: Praeger)

Hayward, J. 1995. *The Crisis of Representation in Europe*. (London: Frank Cass)

_____, 1996. *Elitism, Populism, and European Politics*. Oxford: Clarendon Press.

He, B. 2002. "Civil Society and Democracy." In Carter, A. and Stokes, G. (eds) *Democratic Theory Today*, pp.203-227. (Cambridge: Polity Press)

Hefner, R. 1998. "Civil Society: Cultural Possibility of a Modern Ideal." *Society* 35/3, 16-27.

Hilson, C. 2002. "New Social Movements: the Role of Legal Opportunity." *European Journal of Public Policy* 9/2, 238-55.

Hirschman, A. 1970. Exit, Voice and Loyalty (Cambridge, MA: Harvard University Press)

Hirst, P. 1994. *Associative Democracy*. (Cambridge: Polity Press)

HM Government. 1998. "Compact on Relations between Government and the Voluntary and Community Sector."

_____, 2010. "The Compact on Relations between Government and Civil Society."

Hopkins, A. 1992. *The Law of Tax Exempt Organizations*. (New York: Wiley)

Howard, M. 2003. *The Weakness of Civil Society in Post-Communist Europe*. (Cambridge: Cambridge University Press)

Hrebenar, R. 1997. *Interest Group Politics in America*. 3rd edition. (New York: M.E. Sharpe)

Human Resources and Skills Development Canada, 2009. "Voluntary Sector Initiative Impact Evaluation:Lessons Learned from the Voluntary Sector Initiative (2000-2005)."

Hundewadt, E. 1995. "The Role of Voluntary Associations (NGOs) in a Democratic Society." In Schramm, J. (eds) *The Role of Non-Governmental Organizations in the New European Order*, pp.7-12. (Baden-Baden: Nomos Verlagsgesellschaft)

Huntington, S. 1968. *Political Order in Changing Societies*. NY: Yale University Press.

______, 2000. "Forward." In Pharr, S. and Putnam, R. (eds) *Disaffected Democracies*. (Princeton: Princeton University Press)

Hyden, G. 1998. "Building Civil Society at the Turn of the Millennium." In Burbidge, J. (ed) *Beyond Price and Merchant: Citizen Participation and the Role of CivilSociety*, pp.17-46. (New York: Pact Publications)

Ibarra, P. 2003. "The Social Movements: From Promoters to Protagonists of Democracy." In Ibarra, P. (ed) *Social Movements and Democracy*, pp.1-19. (New York: Palgrave)

ILO. 2011. "Manual on the Measurement of Volunteer Work."

Inglehart, R. 1977. *The Silent Revolution*. (Princeton: Princeton University Press)

______, 1999. "Postmodernization Erodes Respect for Authority, but Increases Support for Democracy." In Norris, P. (ed) *Critical Citizens: Global Support for Democratic Government*, pp.236-256. (Oxford: Oxford University Press)

Institute on Governance. 2003. "About Us." (www.iog.ca/about.html)

IPCC(Intergovernmental Panel on Climate Change), 2014. *Climate Change 2014: Impacts, Adaptation, and Vulnerability*. Part A. Cambridge: Cambridge University Press.

______, 2018. *Global Warming of 1.5°C*.

Janike, M. 1996. "Democracy as a Condition for Environmental Policy Success." In Lafferty, W. and Meadowcroft, J. (eds) *Democracy and the Environment: Problems and Prospects*, pp.71 85. (Cheltenham: Edward Edgar)

Janoski, T. 1998. *Citizenship and Civil Society*. (Cambridge: Cambridge University Press)

Jayadev, A. 2010. "Global Governance and Human Development: Promoting Democratic Accountability and Institutional Experimentation." Global Policy Forum.

Jordan, G. 1998. "Politics without Parties: A Growing Trend?" *Parliamentary Af-*

fairs 51/3, 314-328.

Judge, A. 1996. "Interacting Fruitfully with Un-Civil Society."

Kahn, U. 1999. "European Local Democracy." In Kahn, U. (ed) *Participation beyond the Ballot Box*, pp.1-22. (London: UCL Press)

Kalisch, D., Aman, T. and Buchele, L. 1998. *Social and Health Policies in OECD Countries: A Survey of Current Programmes and Recent Developments.* (Paris: OECD)

Kamat, S. 2003. "NGOs and the New Democracy." *Harvard International Review* 25/1, 65-69.

Kaviraj, S. and Khilnani, S. 2001. *Civil Society: History and Possibilities.* (Cambridge: Cambridge University Press)

Kell, G. and Ruggie, G. 1999. "Global Markets and Social Legitimacy: The Case of the 'Global Compact'." Paper Presented at an International Conference: Governing the Public Domain beyond the Era of the Washington Consensus? Toronto, Canada. Kettl, D. (2000) "The Transformation of Governance: Globalization, Devolution, and the Role of Government." *Public Administration Review* 60/6, 488-497.

Kimball, J. 1997. "NGOs Make An Important Contribution to Policy Development." *Public Management Forum* 3/3, OECD. (www.oecd.org/puma/sigmaweb)

King, C. and Stivers, C. 1998. "Introduction: The Anti-Government Era." In King, C. and Stivers, C. (eds) *Government Is Us: Public Administration in an Anti-Government Era*, pp.3-18. (Thousand Oaks: Sage)

Koopmans, R. 1996. "New Social Movements and Changes in Political Participation in Western Europe." *West European Politics* 19/1, 28-50.

Korten, D. 1990. Getting the 21st Century: *Voluntary Action and Global Agenda.* West (Hartford, Conn.: Kumarian Press)

Kramer, R., Lorentzen, H., Melief, M., and Pasquinelli, S. 1993. *Privatization in Four European Countries: Comparative Studies in Government-Third Sector Relationships.* (New York.: M.E. Sharpe)

Krut, R. 1997. "Globalization and Civil Society: NGO Influence in International Decision-Making."

Lindblom, C. 1977. *Politics and Markets: The World's Political-Economic Systems.* (New York: Basic Books)

Lindblom, C. and Woodhouse. 1993. *Policy-Making Process.* 3rd edition.

Lohmann, R. 1992. *The Commons: New Perspectives on Nonprofit Organizations and Voluntary Action.* (San Fancisco: Jossey-Bass)

Lowi, T. 1979. *The End of Liberalism*. (New York: Norton)

MacDonald, L. 1997. *Supporting Civil Society: The Political Role of NGOs in Central America*. (New York: St. Martin's)

Maloney, W. 1999. "Contracting Out the Participation Function." In van Deth, J., Maraffi, M., Newton, K, and Whiteley, P. (eds) *Social Capital and European Democracy*, pp.108-119. (London: Routeledge)

Maloney, W. and Jordan, G. 1997. "The Rise of Protest Businesses in Britain." In van Deth, J. ed., *Private Groups and Public Life: Social Participation, Voluntary Associations and Political Development in Representative Democracies*, pp.107-124. (London: Routeledge)

Manor, J. 1999. "Civil Society and Governance: A Concept Paper." Institute of Development Studies, University of Sussex, UK.

Marschall, M. 1999. "From States to People: Civil Society and Its Role in Governance." In CIVICUS., *Civil Society at the Millennium*, pp.167-178. (West Hartford, CO: Kumarian Press)

Marshall, T. 1964. *Class, Citizenship, and Social Development*. (London: Doubleday)

Mathews, D. 1999. *Politics for People*. 2nd edition. (Urbana, Il.: University of Illinois)

Mathews, J. 1997. "Power Shift." *Foreign Affairs* 76/1, 50-66.

Mayor-Schonberger, V. and Hurley, D. 2000. "Globalization and Communication." In *Conference on The Internet and Governance*. John F. Kennedy School of Government, Harvard University. May 30, 2000.

Mbogori, E. and Chigudu, H. 1999. "Civil Society and Government: A Continuum of Possibilities." In CIVICUS, *Civil Society at the Millennium*, pp.109-122. (West Hartford, CO: Kumarian Press)

Mendell, M. and R. Nogales. 2009. "Social Enterprises in OECD Member Countries: What are the Financial Streams", in Noya (ed.), *The Changing Boundaries of Social Enterprises*, OECD, Paris.

Merrien, F. 1998. "Governance and Modern Welfare State." *International Social Science Journal* No.155, 57-67.

Michalski, W., Miller, R., and Stevens, B. 2001. "Governance in the 21st Century: Power in the Global Knowledge Economy and Society." In OECD, *Governance in the 21st Century*. pp.7-26. (Paris: OECD)

Mirvis, P. 2006. "Stages of Corporate Citizenship. A Developmental Framework." Center for Corporate Citizenship. Boston College.

_____, 2008. "Stages of Corporate Citizenship." Center for Corporate Citizenship. Boston College.

Murphy, D. and Bendell, J. 1999. "Partners in Time? Business, NGOs and Sustainable Development." *UNRISD Discussion Paper* No. 109.

Naidoo, K. and Tandon, R. 1999. "The Promise of Civil Society." In CIVICUS, *Civil Society at the Millennium*, pp.1-16. (West Hartford, CO: Kumarian Press)

Najam, A. 1996. "Understanding the Third Sector: Resiviting the Prince, the Merchant and the Citizen." *Nonprofit Management and Leadership* 7(2).

Natsios, A. 1996. "NGOs and the UN System in Complex Humanitarian Emergencies: Conflict or Cooperation?" In Weiss, T. and Gordenker, L. (eds) *NGOs, the United Nations, and Global Goverance*, pp.67-81 (Boulder, CO: Lynne Rienner)

NGO Panel. 2001. "Global Compact with Corporations: 'Civil Society' Responds."

Nonprofit Finance Fund. 2015. "2015 State of the Nonprofit Sector Survey."

_____, 2018. "The State of the Nonprofit Sector."

Nonprofit Times. 1996. "Business Better Than Government At Problem Solving." (October 1996).

Norris, P. 1999a. "Introduction: The Growth of Critical Citizens." In Norris, P. (ed) *Critical Citizens: Global Support for Democratic Government*, pp.1-27. (Oxford: Oxford University Press)

_____, 1999b. "Institutional Explanations for Political Support." In Norris, P. (ed) *Critical Citizens: Global Support for Democratic Government*, pp.217-235. (Oxford: Oxford University Press)

_____, 1999c. "Conclusions: The Growth of Critical Citizens and its Consequences." In Norris, P. (ed), *Critical Citizens: Global Support for Democratic Government*. pp.257-272. (Oxford: Oxford University Press)

_____, 2002. *Democratic Phoenix: Reinventing Political Activism*. (Cambridge: Cambridge University Press)

North-South Institute. 2000. "Civil Society: The Development Solution?"

Nye, J. 1999. "Information Technology and Democratic Governance." In Kamarck, E. and Nye, J. (eds) *democracy.com? Governance in a Networked World*, pp.1-18. (Hollis, NH: Hollis Publishing)

O'Brien, R., Goetz, A., Scholte, J. and Williams, M. 2001. *Contesting Global Governance: Multilateral Economic Institutions and Global Social Movements*. (Cambridge: Cambridge Press)

O'Connell, B. 1994. *People Power: Service, Advocacy, Empowerment*. (New York:

Foundation Center)

O'Connell, B. 1996. "A Major Transfer of Government Responsibility to Voluntary Organizations? Proceed with Caution." *Public Administration Review* 56/3, 222-5.

O'Connell, B. 1999. *Civil Society: The Underpinnings of American Democracy.* (Hanover, NH: University Press of New England)

ODI. 1999. "Global Governance: An Agenda for the Renewal of the United Nations?" Overseas Development Institute, UK.

OECD. 1993. *Non-Governmental Organizations and Governments: Stakeholders for Development.* I. Smillie and H. Helmich eds. (Paris: OECD)

OECD. 1996. "Globalisation: What Challenges and Opportunities for Governments?" OECD (1997) "Final Draft of the Ad Hoc Working Group on Participatory Development and Good Governance."

OECD. 1998. "Impact of the Emerging Information Society on the Policy Development Process and Democratic Quality."

______, 1999. *Stakeholders: Governemnt-NGO Partnerships for International Development.* I. Smillie and H. Helmich eds. (Paris: OECD)

______, 2000. *Government of the Future.* (Paris: OECD)

______, 2003. "Corporate Responsibility: About."

______, 2011. "How DAC members work with civil society." Paris.

______, 2011."Social & Environmental Sustainability in the Supply Chain", OECD Roundtable on Corporate Responsibility.

______, 2012. "Partnering with CSOs" Paris.

______, 2013. *Society at a Glance.* Paris.

______, 2015. How Is Life?. Paris.

______, 2017. "Fixing Globalization: Time for All." Paris.

Offe, C. 1985. "New Social Movements: Challenging the Boundaries of Institutional Politics." *Social Research* No.52, 817-868.

Olivo, C. 2001. *Creating A Democratic Civil Society in Eastern Germany.* (New York: Palgrave).

Ortiz, I. et al. 2013. "World Protests 2006-2013." Working Paper, Initiative for Policy Dialogue and Friedrich-Ebert-Stiftung.

Oxfam. 2022. *Inequality Kills.*

Paine, E. 2000. "The Road to the Global Compact."

Peters, G. 1996. *American Public Policy.* (New Jersey: Chatham House Publishing)

Peters, G. and Pierre, J. 1998. "Governance without Government." *Journal of Public*

Administration Research and Theory 8/2, 223-243.

Pierson, P. 2000. *The New Politics of the Welfare State.* (Oxford: Oxford University Press)

Porter, M. and Kramer, M. 2006. "Strategy & Society: The Link Between Competitive Advantage and Corporate Social Responsibility." Harvard Business Review, December 2006.

Putnam, R. 1993a. *Making Democracy Work: Civic Traditions in Modern Italy.* (New Jersey: Princeton University Press)

______, 1993b. "The Prosperous Community: Social Capital and Public Life." *The American Prospect* No.13, 35-36.

Putnam, R. 1995. "Bowling Alone: America's Declining Social Capital." *Journal of Democracy* No.61, 65-78.

Putnam, R. 2000. *Bowling Alone: The Collapse and Revival of American Community.* (New York: Touchstone Book)

Putnam, R. Pharr, S. and Dalton, R. 2000. "Introduction: What's Troubling the Trilateral Democracies?" In Pharr, S. and Putnam, R. (eds) *Disaffected Democracies*, pp.3-27. (Princeton: Princeton University Press)

Quarter, J. and Mook, L. 2010. "An Interactive View of the Social Economy." *Canadian Journal of Nonprofit and Social Economy Research* 1/1, 8-22.

Ray, M. 2002. *The Changing and Unchanging Face of U.S. Civil Society.* (New Brunswick, NJ: Transaction Publishers)

Rhodes, R. 2003. "What is New about Governance and Why does it Matter?" In Hayward, J. and Menon, A. (eds) *Governing Europe*, pp.61-73. (Oxford: Oxford University Press)

Rice, A. and Ritchie, C. 1995. "Relationship Between Intergovernmental Organizations and the United Nations."

Richards, D. and Smith, M. 2002. *Governance and Public Policy in the UK.* (New York: Oxford University Press)

Rifkin, J. 1995. *The End of Work: The Decline of the Global Labor Force and the Dawn of the Post-Market Era.* (New York: Basic Books)

Rifkin, J. 1996. "A New Social Contract." *ANNALS of AAPSS*, No.544, 16-26.

Robinson, M. 2019."How Can Finance and Industry Step up to Meet the Challenge of Climate Change? In Social Market Foundation (ed), *How Sustainable Finance Can Tackle the Climate Emergency.* pp.12-14.

Rogovsky, N. 2000. "Corporate Community Involvement Programmes: Partnerships for Jobs and Development." ILO.

Roper, J. 2002. "Government, Corporate or Social Power? The Internet as a Tool in the Struggle for Dominance in Public Policy." *Journal of Public Affairs* 2/3, 113-124.

Rosenblum, N. 2016. *Good Neighbors : Democracy in Everyday Life*. New Jersey: Princeton University Press.

Rosenblum, N. and Post, R. 2002. *Civil Society and Government*. (Princeton: Princeton University Press)

Rutherford, B. 1997. "Civil (Dis)Obedience and Social Development in New Policy Agenda." International Development Research Center.

Salamon, L. 1994. "The Rise of the Nonprofit Sector." *Foreign Affairs* 73/4. 109-122.

______, 1995. *Partners in Public Service*. (Baltimore: Johns Hopkins University Press)

Salamon, L. 2006. *UN Nonprofit Handbook Project*. Baltimore: The Johns Hopkins University Center for Civil Society Studies.

Salamom. L. 2010. "Putting the Civil Society Sector on the Economic Map of the World." *Annals of Public and Cooperative Economics* 81:2.

Salamon, L and Anheier, H. 1996. *The Emerging Nonprofit Sector: An Overview*. (London: Manchester University Press)

______, 1997. "Toward a Common Definition." In Salamon, L. and Anheier, H. (eds) *Defining the Nonprofit Sector*, pp.29-50. (Manchester: Manchester University Press)

Salamon, L. et al. 1999. *Global Civil Society: Dimensions of the Nonprofit Sector*. (Baltimore: Johns Hopkins University Press)

______, 2000. "The Nonprofit Sector: For What and for Whom?" *Working Paper* of Johns Hopkins Comparative Nonprofit Sector Project.

Salamon, L., W. Sokolowski and R. List. 2004. "Global Civil Society: An Overview" Johns Hopkins Center for Civil Society Studies, Baltimore,

Salamon, L., and Geller, S. 2008. "Nonprofit America : A Force for Democracy?" Center for Civil Society. Baltimore: Johns Hopkins University.

Salamon, L., Geller, S., Newhouse, C. 2012. "What Do Nonprofits Stand for? Renewing the Nonprofit Value Commitment." Center for Civil Society. Baltimore: Johns Hopkins University.

______, 2013. "*The State of Global Civil Society and Volunteering*." Baltimore: Johns Hopkins Center for Civil Society Studies.

Salamon, L. and Sokolowski,W. 2014. "The third sector in Europe: Towards a consensus conceptualization", Brussels: European Union.

Salamon, L. and Sokolowski, W. 2016. "The Size and Scope of the European Third Sector," European Union. Brussels: Third Sector Impact.

Sandel, M. 1996. *Democracy's Discontent: America in Search of a Public Philosophy.* (Cambridge: Harvard University Press)

Schambra, W. 1998. "All Community Is Local: The Key to America's Civic Renewal." In Dionne Jr., E. (ed) *Community Works: The Revival of Civil Society in America*, pp.44-49. (Washington D.C.: Brookings Institution Press)

Schechter, D. 2000. *Sovereign State or Political Communities? Civil Society and Contemporary Politics.* (Manchester: Manchester University Press)

Schmitter, P. 1993. "Some Propositions about Civil Society and the Consolidation of Democracy." (Institut fur Hohere Studien)

Scholte, I. 1998. "The IMF Meets Civil Society." *Finance & Development* 35/3, 42-45.

Schramm, J. 1995. "Introduction." In Schramm, J. (eds) *The Role of Non-Governmental Organizations in the New European Order*, pp.1-12. (Baden-Baden: Nomos Verlagsgesellschaft)

Seary, B. 1998. "The Early History." In Willetts, P. (ed) *The Conscience of the World: The Influence of Non-Governmental Organizations in the United Nations System*, pp.15-30. (Washington, D.C.: Brookings Institution)

Seligman, A. 1992. *The Idea of Civil Society.* (New York: Free Press)

______, 1998. "Between Public and Private." *Society* 35/3, 28-36.

Shils, E. 1997. *The Virtue of Civility: Selected Essays on Liberalism, Tradition, and Civil Society.* Edited by Steven Crosby. (Indianapolis, IN: Liberty Fund)

SIIT(Social Impact Investment Taskforce). 2014. "Impact Investment : The Inivisible Heart of Markets."

Simmons, A. 1998. "Learning to live with NGOs." *Foreign Policy* No.112, 82-84.

Singer, H. and Griffith-Jones, S. 1994. *New Patterns of Macro-Economic Governance.* UNDP Occasional Paper10.

Sirianni, C. and Friedland, L. 2001. *Civic Innovation in America: Community Empowerment, Public Policy, and the Movement for Civic Renewal.* (Berkeley, CA: University of California Press)

Skocpol, T. 1998. "Do Not Blame Big Government." In Dionne, E. (ed) *Community Works: The Revival of Civil Society in America*, pp.37-43. (Washington D.C.: Brookings Institution Press)

______, 1999a. "Making Sense of the Civic Engagement Debate." In Skocpol, T. and Fiorina, M. (eds) *Civic Engagement in American Democracy*, pp.1-23. (Washington, D.C.: Brookings Institution Press)

______, 1999b. "Recent Transformation of Civic Life." In Skocpol, T. and Fiorina, M. (eds) *Civic Engagement in American Democracy*, pp.489-509. (Washington, D.C.: Brookings Institution Press)

______, 2003. *Diminished Democracies: From Membership to Management in American Civic Life.* (Norman, OK: University of Oklahoma Press)

Smith, J. 1998. "Global Civil Society?" *American Behavioral Scientist* 42/1, 93-107.

Smith, S. 1993. "The New Politics of Contracting: Citizenship and the Nonprofit Role." In Ingram, H. and Smith, S. (eds) *Public Policy for Democracy*, pp.198-221. (Washington, D.C.: Brookings Institution)

Snavely, K. and Desai, U. 2001. "Mapping Local Government-Nongovernmental Organization Interactions." *Journal of PublicAdministration Research and Theory* 11/2, 245-267.

Social Development Canada, 2004. "The Voluntary Sector Initiative: Process Evaluation."

Social Economy Europe. 2016. "Annual Report 2015."

Somers, M. 2001. "Romancing the Market, Reviling the State: Historicizing Liberalism, Privatization, and the Competing Claims to Civil Society." In Crouch, C., Elder, K. and Tambini, D. (eds) *Citizenship, Markets and the State*, pp.23-48. (Oxford: Oxford University Press)

Soros, J. 1997. "The Capitalist Threat." *Atlantic Monthly* 279/2, 45-55.

Stoker, G. 1998. "Governance as Theory: Five Propositions." *International Social Science Journal* No.155, 17-28.

Strange, S. 1996. *The Retreat of the State.* (Cambridge: Cambridge University Press)

Sullivan, W. 1999. "Making Civil Society Work: Democracy as a Problem of Civic Cooperation." In Fullinwider, R. (ed) *Civil Society, Democracy, and Civic Renewal*. pp.31-54. (Lanham: Rowman & Littlefield)

Symank, R. 2017. "Assessing the Accrediation Practice of the United Nations Committee on NGOs." DESA NGO Branch,

Tapscott, D. and Agnew, D. 1999. "Governance in the Digital Economy." *Finance & Development* 36/4, 34-37.

Tarrow, S. 1994. *Power in Movement: Social Movements and Contentious Politics.* (Cambridge: Cambridge University Press)

Tarrow, S. 1996. "Making Social Science Work across Space and Time: A Critical Reflection on Robert Putnam's Making Democracy Work." *American Political Science Review*, 90/1, 389-397.

Trembley, S. 2012. "Advancing the Social Economy: International Perspectives." in

Downing, R. ed., *Canadian public policy and the social economy*. University of Victoria.
UK National Audit Office. 2009. "Financial relationships with third sector organisations."
_____, 2012. "Central Government's implementation of the national Compact."
_____, 2015. "Central Government's implementation of the national Compact: a follow-up."
UK Department of Treasury. 2004. "Exploring the role of the third sector in public service delivery and reform."
United Nations(UN). 2003. "Handbook on Non-Profit Institutions in the System of National Accounts."
UNDP. 1993. *Human Development Report* 1993.
_____, 1997. "Governance for Sustainable Development: Glossary of Key Terms."
_____, 1998a. "UNDP and Governance: Experiences and Lessons Learned."
_____, 1998b. "Reconceptualising Governance."
_____, 1999. *Human Development Report* 1999.
_____, 2000a. *Human Development Report* 2000.
_____, 2000b. "UNDP and Governance: Experiences and Lessons Learned."
_____, 2016. 2016 *Human Development Report*.
UNDPI. 2002. "NGOs and UNDPI."
UNGA(UN General Assembly). 1999. "View of Member States, members of the specialized agencies, observers, intergovernmental and non-governmental organizations."
UNGC, 2010. "Supply Chain Sustainability"
UNRISD. 2000. "The Role of Civil Society in Policy Formulation and Service Provision." Report of the UNRISD Geneva 2000 Seminar, New York.
UNSG(UN Secretary General). 1994. "General Review of Arrangements for Consultations with Non-Governmental Organizations."
_____, 1998. "Arrangements and Practices for the Interaction of Non-Governmental Organizations in All Activities of the United Nations System."
_____, 2003. "UN System and Civil Society: An Inventory and Analysis of Practices."
Urban Institute, 2015. "The Nonprofit Sector in Brief 2015."
Utting, P. 2016. " Mainstreaming Social and Solidarity Economy: Opportunities and Risks for Policy Change." UN Inter-Agency Task Force on SSE(UNTFSSE).
Vakil, A. 1997. "Confronting the Classification Problem: Toward a Taxonomy of

NGOs." *World Development* 25/2, 2057-2070.

Van Til, J. 1988. *Mapping the Third Sector: Voluntarism in a Changing Social Economy.* (New York: Foundation Center)

_____, 1998 "Voluntary Action." In Schafritz, A. (ed) *International Encyclopedia of Public Policy and Administration*, pp.2349-2358. (Boulder, CO: Westview Press)

_____, 2000. *Growing Civil Society: From Nonprofit Sector to Third Space.* (Bloomington: Indiana University Press)

Verba, S., Schlozman, K., and Brady, H. 1995. *Voice and Equality: Civic Voluntarism in American Politics.* (Cambridge: Harvard University Press)

Walzer, M. 1998. "The Idea of Civil Society." In Dionne, E. (ed) *Community Works: The Revival of Civil Society in America*, pp.129-143. (Washington D.C.: Brookings Institution Press)

Warren, M. 2001. *Democracy and Association.* (Princeton: Princeton University Press)

WBCSD. 2001. "Corporate Social Responsibility."

Weiss, T. 1998. "International NGOs, Global Governance, and Social Policy in the UN System." *GASPP Occasional Paper* No. 3. (www.stakes.fi/gaspp)

Weiss, T, Carayannis, T. & Jolly, R. 2009. "The "third" United Nations," in *Global Governance* 15, pp.123-142.

WHO. 2001. "Principles Governing Relations between the World Health Organization and Nongovernmental Organizations."

Wigglesworth, R. and Kendall, J. 2000. "The Impact of the Third Sector in the UK: The Case of Social Housing." *Civil Society Working Paper* 9. Institute of Civil Society, (London: London School of Economics and Political Science)

Willets, P. 1998. "Introduction." In Willets, P. (ed) *The Conscience of the World: The Influence of Non-Governmental Organizations in the UN System*, pp.1-14. (Washington, D.C.: Brookings Institution)

_____, 2000. "From 'Consultatibe Arrangements' to 'Partnership': The Changing Status of NGOs in Diplomacy at the UN." *Global Governance* 6, 191-212.

Wilson, A. 2000. "Making Community Investment Work." ILO. (www.ilo.org)

WOCSOC. 1999. "Building Global Governance Partnerships." Montreal, Canada: World Civil Society Conference.

Wolch, J. 1990. *The Shadow State: Government and Voluntary Sector in Transition.* (New York.: Foundation Center)

Woods, N. 1999. "Good Governance in International Organizations." *Global Gover-*

nance 5, 39-61.

World Bank. 1997. *Handbook on Good Practices for Laws Relating to Non-Governmental Organizations.* Washington, D.C.

______, 2000a. "Working Together: The World Bank's Partnership with Civil Society."

______, 2000b. "World Bank- Civil Society Relations, Fiscal 1999 Progress Report."

______, 2000c. "Consultation with Civil Society Organizations."

______, 2000d. "NGO/Civil Society."

______, 2006. "Beyond Corporate Social Responsibility: The Scope for Corporate Investment in Community Driven Development."

______, 2012. "Civil Society Engagement Review."

World Economic Forum, 2016. "Social Innovation: A Guide to Achieving Corporate and Societal Value."

WTO(World Trade Organization). 1996. "Guidelines for Arrangements on Relations with Non-Governmental Organizations."

Wuthnow, R. 1991. *Between States and Markets: The Voluntary Sector in Comparative Perspective.* (Princeton: Princeton University Press)

Zadek, S. et al. 2001. "The New Economy of Corporate Citizenship." In Zadek et al. (eds) *Perspectives on the New Economy of Corporate Citizenship*, pp.13-32. (Copenhagen: The Copenhagen Centre)

찾아보기

【ㄱ】

가치사슬(value chain) 331~2, 532, 534

갑질 79~82, 459

개인화(individualization) 79~80, 447~8

개혁입법 7, 66~7, 71, 73, 301

거버넌스 5, 7, 27, 60~3, 65, 70, 74, 113~4, 124, 133~5, 151, 163, 170~1, 228~9, 233~4, 236, 241, 258, 274, 283, 295~7, 300~1, 304~6, 318, 323~5, 346, 352~3, 359~60, 362, 366~71, 373~80, 383, 386, 390, 393~5, 398, 405, 422, 428~9, 450, 453, 472~5, 478, 480~1, 483~4, 486~96, 500, 508, 510, 519~20, 523~4, 530~1

겔너(Gellner) 103

결과기반지불(pay by result : PbR) 254

결사민주주의(Associative Democracy) 93, 95~6

결사체 38~9, 41, 47, 51, 57, 95, 104, 110~3, 117~8, 120, 141, 147~8, 154~5, 166, 168~74, 179, 200~1, 229, 260, 270, 272, 316, 433, 453~5

결사체 혁명 49, 59~60, 443, 478~9

경제민주주의(economic democracy) 8, 124, 318

경제사회이사회(ECOSOC) 23, 48~9, 181, 183, 186~7, 479, 491, 503~5, 511~3, 515~6, 520, 529

고별국가 94, 97~8

공공경제 154~5

공공영역 64, 104, 109, 113, 119, 133, 143~5, 192, 273, 475, 482, 498, 528

공공서비스 54, 103, 110, 141, 168~9, 176, 253, 259, 266, 275~8, 291, 372, 379, 387, 389, 397, 401~3, 407, 418, 444, 447

공공정책 70, 74, 90, 100, 114, 116, 134, 166, 178, 185, 187, 191, 271, 287~90, 292~3, 304, 319, 321, 350, 366, 376, 378~9, 384~7, 401, 422, 431, 439, 451, 496, 523
공동생산(coproduction) 286
공동체 7, 22, 24~5, 37, 40~1, 49, 54, 56, 76, 78, 82, 88, 91, 95~6, 99~100, 105~6, 109~10, 113, 115~6, 118~9, 131, 135~6, 138~40, 151, 163, 166, 176, 179, 189, 192, 194, 198~9, 213, 219, 221, 224, 248, 268, 272, 274~5, 297, 307, 314, 316, 328, 362, 377, 402, 405~6, 458, 480, 488, 492, 508, 523
공동체주의 93, 96, 98, 106~8, 116, 118~9, 131, 176, 272
공론의 장 104, 191~2, 429
공유가치창출(CSV) 343, 350~2, 354, 536
공익 6, 21~2, 24~5, 29, 31, 45, 47, 56, 58, 63, 72, 96, 100, 123, 141, 144~5, 166~72, 184~5, 188~90, 195, 215~7, 219, 224, 294, 313, 321, 326, 328, 357~8, 361~2, 390, 400, 402, 426, 431, 436~7, 447, 457, 462~5, 467~9, 481, 498~9
공익단체 89, 170, 185
공익법률운동 294, 303
공익법인 188~90, 213, 219~20, 224, 436
공익소송 74, 294
공익증진을 위한 시민사회발전법 190, 468
공익추구 비즈니스(mission-led business: MLB) 357, 359, 361
공정무역(fair trade) 28, 53, 330~1, 501, 535
관변단체 171, 460~3, 467
국제 NGO(INGO) 45, 48, 68, 229, 375, 482, 488, 504~5, 511, 515~7, 525
국제NPO분류(ICNPO) 26, 179, 197, 225
국제노동기구(ILO) 25, 47~8, 501, 516
국제법 173, 437
국제연맹 46~8, 516~7
국제형사재판소(ICC) 68, 395, 481, 508, 524
권력이동(power shift) 334, 367, 370~2
권익주창(advocacy) 74~5, 90, 101, 110~1, 114, 163, 167, 172, 179, 185, 191, 193, 195, 199, 201, 287, 289, 293, 379~80, 389, 395, 397, 399, 434~5, 437~41, 445~52, 454~5, 478, 484
그람시(Gramsci) 107~8
그림자 국가(shadow state) 141, 145~6, 446~7
글로벌 거버넌스 61, 63, 352~3, 375, 380, 394, 472~3, 478, 483, 486~9, 491~4, 508~9, 520, 523, 530
글로벌 거버넌스 위원회(CGG) 62, 368, 383, 393~5, 472, 488~9, 519~20, 523~4
글로벌 공공재화 493~4, 496, 529
글로벌 기업시민정신 501
글로벌 시민사회 36, 59, 61, 64, 204,

225, 229, 370, 472, 474~8, 486, 521~3, 527, 529
글로벌 컴팩트(global compact) 337~8, 496~7, 499~502, 534
글로벌 회담 50, 506, 508~11, 513, 533
기드론 등(Gidron et al.) 132, 274, 276
기업경제 154~5
기업시민정신 313, 334~6, 338, 343~8, 499, 501
김대중(대통령) 66~7, 70, 72~3, 290, 300~1, 459, 461, 463~4
김영삼(대통령) 66~7, 70, 72~3, 290, 300~1, 459, 461, 463

【ㄴ】
남미 38~41, 59, 66, 87, 110, 112~4, 130, 315, 344, 478, 489, 495
내부고발자(whistle blower) 383
네오토크빌주의(neo-Tocquevillean-ism) 109~11
노동의 종말 94, 97~8
노동조합 23~4, 45, 52, 72, 81, 148, 166~7, 170, 199, 270, 318, 456, 501, 504, 516~7, 519
노리스(Norris) 92
노무현(대통령) 66~7, 71~3, 76, 293, 300~1, 459, 461, 464
노박(Novak) 314
노조 24, 42, 45, 65, 76, 89, 91, 104, 114, 144~5, 149, 152, 167, 171~2, 174, 196, 228~9, 270, 302, 318~9, 336, 342, 390, 399, 427, 497, 500, 504, 510, 516

【ㄷ】
다국적기업 152, 155, 322, 346, 348, 351, 353~4, 370, 375, 377, 488, 490, 496~8, 501~2, 533~4
다렌도르프(Dahrendorf) 41, 116
다알(Dahl) 458
다원주의(pluralism) 39, 81, 87~93, 95, 98, 109~11, 113, 174~5, 278~80, 282, 301, 308, 450, 483
대의민주주의 42, 77~8, 95, 114, 192, 266, 308, 376, 422~5, 427~31
대중경제 154~5
독일 46, 57, 91, 142, 152, 188, 206, 247, 257, 268, 277, 284, 320, 340
동구 29, 38~41, 51, 59~61, 66, 87, 110, 112~4, 130, 147, 314~5, 353, 432, 472~3, 478, 482, 488, 522
동독 40
드럭커(Drucker) 351
디지털 디바이드 347, 486, 500
디킨(Deakin) 104~6, 141, 146, 446

【ㄹ】
로비활동 89, 183, 187, 196, 199, 201, 209, 326, 394~5, 398~9, 438, 441~2, 450~1, 497, 510, 515, 531
로젠블럼(Rosenblum) 80, 82
로크(Locke) 38, 107~8, 268
루소(Rousseau) 115
리우 UN환경개발회담(UNCED) 501~2
리후킨(Rifkin) 97, 194
린드블럼(Lindblom) 133~4, 317

【ㅁ】
마르크스(Marx) 38, 107, 268
마샬(Marshall) 269
마을공동체 7, 24, 219, 221, 224
마티우즈(Mathews) 370~1
만하임(Karl Mannheim) 130~1
문재인(대통령) 73, 78
물발자국 333
미국 5, 9, 26, 29, 40, 45~6, 56, 61, 65, 71, 76, 88, 90, 92~3, 97, 99, 101~2, 108, 112, 114, 117, 119, 132, 142, 164~5, 178, 185, 191, 197, 211, 213, 215~8, 222, 247~9, 251~2, 257, 261, 269~70, 273~4, 276, 278, 282, 284, 288~94, 300, 302~3, 306, 317~8, 320~1, 338, 348, 362, 372, 389, 407~8, 424~5, 433~4, 436, 438~41, 444~5, 447, 449~57, 460, 465, 485, 489~91, 495~8, 503~5, 507, 518, 530
미국 민주주의 269, 439~40, 453
미투(MeToo) 79~82
민영화 122, 177, 283, 291, 312, 372, 374, 530
민족주의 91, 105~6
민주주의 5, 8~9, 39~42, 63~5, 73, 76~82, 87~9, 91~3, 95~6, 99, 101, 103, 106, 109~10, 114~7, 123~4, 174~5, 192~3, 229, 238~40, 242~4, 268~70, 301, 308, 315, 317~8, 376, 386, 398, 423~5, 427~36, 439~40, 443, 447~9, 453~8, 475, 481, 489, 498
민주주의 결핍(democratic deficit) 425
민주항쟁 6, 59, 66~7, 69, 73, 76~7, 112, 300, 459, 463, 467
민주화 40~2, 61, 65~7, 71~3, 77~82, 87, 110, 112, 114, 122, 130, 147, 192~3, 222, 229, 242, 281, 292, 298, 301, 314~5, 334, 367, 369, 371~2, 374~5, 433, 441, 448, 454, 461, 472, 482, 523
밀(J.S.Mill) 115, 268

【ㅂ】
바버(Barber) 96, 107~9, 272, 315
바우어(Bauer) 142
바이스(Weiss) 181
박근혜(대통령) 70~3, 76~7, 102, 301, 459, 461, 464~6
반 틸(Van Til) 86, 93, 98, 142~3, 443, 449
반국가주의(antistatist) 39~40, 108
반세계화 5, 92
버바(Verba) 88, 455~7
법률적 기회(legal opportunity) 295, 303~7
베리(Berry) 185, 289, 321
벤처 필랜스로피(venture philanthropy) 168~9, 257, 260
벤클러(Benkler) 79~81
보수주의 90~1, 96, 103, 105~6, 108~11, 119, 272~4, 439~40
보스웰(Bothwell) 274, 327
복지국가 6, 8, 39, 42, 45, 50~4, 60, 74, 92, 97, 108~9, 120, 144, 208~9, 266~7, 277, 288, 292, 374, 424, 447,

472~3
볼딩(Boulding) 133~4
분권화(decentralization) 6, 105, 269, 284, 367, 369, 371~3, 375, 378, 380
브라운(John Browne) 533
브래튼(Bratton) 179
블랙리스트 70, 102, 231, 246, 301, 464~6
비영리민간단체지원법 70, 165, 276, 290, 292, 459~60, 462, 467~8
비영리법인 31, 74, 213, 218~21, 224, 436, 459
비영리섹터(nonprofit sector) 8, 20~1, 26, 28~9, 36, 132, 215~7, 247~9, 410, 419, 433, 445~6, 449~50
빌리스(Billis) 135, 137~8, 141

【ㅅ】

사적 민주주의(private democracy) 443, 447
사회 파트너십 74, 271, 274, 326
사회개발정상회담 472, 474
사회공헌 28, 187, 313, 326, 329~30, 334~8, 340~1, 343, 349, 358
사회기업가정신(social entrepreneurship) 94, 256, 262, 328
사회목적조직(SPO) 31, 169, 255~7, 357
사회민영화(social privatization) 122, 177
사회민주주의(social democracy) 8, 115~6, 448
사회복지 44, 53, 60, 71, 75, 78, 91, 171, 195, 216~7, 219, 277, 288, 385, 439, 444, 447, 457, 479
사회섹터(social sector) 414
사회연대경제(Social and Solidarity Economy: SSE) 154
사회운동 40, 51~2, 66, 87, 90, 92~3, 98, 101, 110, 113~4, 144~5, 163, 169, 266, 295, 299~300, 316, 370, 376~7, 424, 434, 439~40, 454, 476, 488
사회임팩트 투자 155
사회자본(social capital) 42, 88, 93~4, 98~101, 109~11, 123, 134, 192, 194, 296, 425, 431, 475~6
사회적 가치(social value) 9, 56, 122, 231, 236, 247, 250, 261~2, 352, 391, 400~1, 403, 406~7, 416
사회적가치법 7, 362~3
사회적경제(social economy) 6~8, 24, 26, 28~30, 32, 40, 42~3, 50~8, 73~4, 78, 94, 98~9, 120~4, 140~1, 145~6, 150~6, 197, 200, 205, 213, 218~9, 221~2, 251, 259~61, 328, 358, 406, 416
사회적 금융 251, 257
사회적기업 6, 24, 29~32, 43, 53, 58, 74, 151~6, 219, 221~4, 251, 259~61, 330, 348, 358, 363, 465
사회적 배제(social exclusion) 53~4, 58
사회적 임팩트 55, 58, 168, 247, 250~1, 255~6, 260~1, 343, 350, 359~61, 363, 402, 409, 412, 414
사회적 임팩트 파트너십 법 413~4
사회적 책임 25, 155, 251, 312~3, 322, 329, 334~8, 342~3, 345, 351~2, 354,

360~2, 501~2, 535
사회적협동조합 6, 31~2, 223~4
사회혁신 9, 124, 251, 261, 400, 407~9, 413, 415
사회혁신기금 407~8, 413
산업혁명 43, 45~6
상업화 141, 434, 443~5, 448~50
상조모임 120, 191, 201
상조회 29~31, 43, 57, 146, 154, 166, 198~200, 207~8
샐러먼(Salamon) 26, 29, 59~60, 122, 176, 179, 191, 210, 247, 278, 289, 328, 397, 433, 441, 443~5, 455, 473, 475, 478, 483
샐러먼과 앤아이어(Salamon & Anheier) 179, 181, 185~6, 197, 281
생활민주주의 80, 82
생활민주화 79~82
성과지불(pay for success) 31, 410~1, 414
세계가치관조사(World Values Survey) 92, 234, 237
세계경제포럼(WEF) 499
세계기업위원회(WBCSD) 336
세계은행 62, 164~7, 173, 182, 184, 196, 198, 270, 282, 284, 351, 392, 395, 435, 437, 474, 483~6, 489~90, 496, 530
세계화 6, 56, 61~3, 68, 92, 144, 298, 303, 322, 324, 334, 366~7, 369~75, 424, 448, 472, 476, 478, 481, 483, 486~9, 491, 493~5
센(Amartya Sen) 449
셀리그만(Seligman) 113
소득불평등 56, 235, 455
소로스(Soros) 314~5, 532
소머스(Somers) 113, 133~4
소액대출 31~2, 465
솔리다리티(Solidarity) 40
수표책 회원(cheque-book member) 451
슈미터(Schmitter) 433
스미스(Smith) 112
스웨덴 56, 136, 206~7, 318, 320, 340
스카치폴(Skocpol) 86, 90, 99, 101, 273, 434~5, 439~40, 452~5
스트렌지(Strange) 97, 370
스티글리츠(Stiglitz) 474, 531
시민 6~7, 21, 24~5, 31, 33, 38~9, 41, 45~7, 58, 60, 63~7, 69~70, 74, 76~8, 82, 88, 91, 94~6, 101, 103~6, 108~10, 113~20, 122~3, 137, 144, 147~8, 152, 164, 166, 170~3, 175, 179, 181, 184~5, 187, 191~6, 199, 207, 222, 224, 226~8, 232~3, 235, 237~41, 248~51, 266, 269, 271~5, 287~8, 290~1, 302~3, 308~9, 312, 314, 316~9, 321, 323~6, 334, 337, 340, 344~7, 349~50, 362, 366, 369~73, 376~9, 382, 385, 387, 390~3, 395~7, 422~7, 429~31, 433~4, 436, 439~42, 445, 447~58, 460, 468, 473, 476, 478, 480~2, 494, 514, 523, 529
시민공화주의자 110
시민권(citizenship) 5, 41, 50, 54, 56, 101, 105, 110, 115~7, 123, 156, 174,

189, 198, 217, 269, 433, 436, 454
시민단체(citizen group) 164, 185, 217, 237~41, 291~2, 300, 319, 321, 370, 384, 394, 430~1, 452, 463, 465
시민문화(civic culture) 88, 291, 326
시민민주주의(Civic Democracy) 88, 99, 269
시민불복종 428
시민사회 5~9, 20~6, 28~9, 32~3, 36~43, 47, 52~5, 57, 59~71, 73~6, 79, 82, 86~90, 93~120, 122, 128~36, 139~42, 145~55, 160~1, 164~6, 168~70, 172~3, 176, 178~9, 183, 190~6, 200, 204~5, 207, 210, 213~4, 218~22, 224~37, 240~2, 244~7, 250~1, 254~8, 260, 266~76, 287, 289, 291~3, 299~301, 312, 314~7, 325~6, 328, 334, 357~8, 367, 370~1, 373, 376~7, 348, 381, 383~4, 391, 393, 395, 397, 399~402, 406~7, 413~6, 418~9, 422, 427~9, 431~4, 436~41, 443, 445, 449~50, 452~6, 458~60, 463~4, 466~9, 472~8, 480~6, 500, 511, 519, 522~5, 527~9, 533
시민사회단체 7, 47, 60, 63, 65, 67, 70~1, 74~6, 80~1, 89~90, 115, 187, 193, 225, 231, 269, 300, 335, 372, 375, 377, 429, 459~60, 462~5, 467, 479, 481, 524, 532
시민사회발전위원회 237, 241
시민사회연구소 22, 25, 29, 167, 247
시민사회지표(Civil Society Index) 204, 225~6, 230, 232, 242, 300, 391
시민성(civility) 38, 89, 108, 118~9
시민운동 54, 63, 66, 74, 97, 194, 222, 290, 292~4, 300, 303~4, 308, 327, 450, 455, 458, 481, 490
시민참여 25, 38, 54, 64~5, 76~8, 93~5, 100~1, 110~1, 114, 121, 191~3, 225~8, 232~4, 248, 269, 273, 290, 303, 366, 377~8, 386, 408, 429, 440~1, 443, 449~50, 452, 455, 457~8, 482
시민혁명 5, 76~8, 301
시비쿠스(CIVICUS) 63, 115, 165, 191, 391, 394, 481
시장 5~9, 21, 25, 41~2, 51, 53~4, 60, 79, 96~7, 103~6, 108~9, 111~2, 115, 117, 120~2, 129~36, 141, 143~7, 150, 152~4, 161, 168, 176~8, 187, 191~3, 213, 238, 240, 248, 250~1, 256~7, 259, 261, 267~8, 270, 283~4, 287, 313~7, 324, 332, 334, 347~8, 350, 356, 360~1, 369~71, 374, 396, 398~9, 418, 432, 445, 447~8, 453, 466, 474~6, 479, 483, 486~7, 490, 496, 499
시장실패 54, 60, 177, 443, 473
신공공관리(new public management) 97, 374
신뢰 55, 82, 94, 101, 103, 111, 118, 133~4, 140, 177, 179, 194, 231, 236~40, 244~5, 248~9, 271, 281, 286~7, 296, 299, 301~2, 309, 318~22, 325, 339, 344, 350, 385, 394, 416, 423~5, 427, 433~4, 495, 501, 523

신보수주의(neoconservatism) 94, 97, 103, 277, 372, 424, 497~8
신사회운동(new social movement) 90~2, 122, 303, 306~7, 322, 441, 451~2
신자유주의(neoliberalism) 39~40, 53, 56, 62, 94, 97, 145, 318, 323~5, 418~9, 448~9, 474, 483~4, 497~8
신자유주의 합의 472, 474~6
신조합주의(neocorporatism) 42
실즈(Shils) 107~8, 118

【ㅇ】

아담 스미스 268
알몬드와 버바(Almond & Verba) 88
언론 41, 67, 74, 81, 101, 148~9, 162, 196, 226, 275, 302~3, 308, 318, 320~1, 324~6, 344, 383, 392~3, 397, 424, 426, 441~2, 451, 497~8, 510, 519
에드워즈(Edwards) 38, 109, 112~3, 316, 399, 474~5, 482, 485
에치오니(Etzinoi) 96, 118~9, 133, 176
엘리트 88, 90, 116, 147~9, 170~2, 298, 380, 425, 432, 452, 454, 532
여론 67, 77, 101, 296~7, 299, 302~3, 308, 319, 321, 344, 384, 425~7, 484, 510, 524~5
여성단체 70, 149, 166, 170~2, 185, 199, 290
역사제도주의(historical-institutionalism) 99, 101
연방국세청(IRS) 164
영국 9, 22, 24, 32, 46, 57, 61, 88, 108, 136, 141, 146, 164~5, 181, 183~4, 188~90, 197, 204, 206, 213~5, 253~5, 257, 261, 289, 291, 307, 320, 340, 358~60, 372, 378, 400~1, 407, 414~6, 424, 431, 436, 460, 491, 497, 501, 531, 533
오커넬(O'Connell) 191, 272, 381, 443~6
오페(Offe) 92
워싱톤 합의(Washington consensus) 59, 474~5, 478
용역국가 123, 176, 282
월저(Walzer) 88, 90, 104~5, 272
월치(Wolch) 146, 446
위그린(We Green) 330~1
위축된 민주주의(diminished democracy) 440, 454
유럽 28~9, 32~3, 40, 42~7, 51~3, 55~6, 59~60, 64~5, 90, 92~3, 98, 110, 112, 116, 120~3, 132, 146, 168, 174, 177~8, 183, 200, 207, 209, 223, 242~7, 258, 268~9, 303, 305~6, 309, 328, 331, 333, 335, 340, 350~1, 424, 440, 457, 478~9, 485, 495, 535
윤리강령 236, 337, 344, 353, 394, 497, 501~2
윤리적 소비 53, 250, 330~1, 335, 535
의제 21(Agenda 21) 510
이명박(대통령) 70~3, 102, 300~1, 459, 461~2, 464~6
이슈 네트워크(issue network) 297, 377
이익집단 45, 87, 89, 91~2, 96, 131, 148~9, 167, 172, 185, 217, 270, 292,

297~8, 302, 305, 307, 316, 321, 366, 377~8, 385~6, 390, 425~6, 431, 433, 450, 458, 518
이익집단 자유주의(interest group liberalism) 89
이탈리아 44, 95, 206, 257, 340, 485
일본 165, 188~90, 211, 232~7, 276, 281, 320, 424, 485, 496
일출효과(spillover effect) 389
임팩트 투자 155, 204, 251, 255~6, 259~62
잉글하트(Inglehart) 370

【ㅈ】

자본주의 104~5, 193, 267~8, 312, 315, 317, 352
자원봉사 24~5, 27, 29~31, 59, 72, 75, 78, 93, 96~7, 110, 116, 121, 123, 137~8, 142~3, 171, 178, 180, 186, 193, 195~6, 201, 207~8, 210~1, 222, 224, 228~9, 245, 250, 259, 349, 391, 402~5, 408, 417, 448, 450~1, 453, 460, 478, 528
자원섹터 97, 132, 137~40, 145~6, 164, 181, 289, 416~8, 443~4
자원섹터 실패 60, 397, 443~4, 473
자원의 저주(resource curse) 527, 533
자유주의(liberalism) 39, 89, 92, 96, 103~4, 106~8, 119, 272, 454
자유지상주의(libertarian) 107~8
자율성 110, 151, 267, 271, 275, 284, 316, 328, 389, 393~4, 416, 443, 445, 447, 468, 496, 498
자조집단 29, 145, 149, 191, 198, 201
자치권력(empowerment) 163, 175, 191, 196, 269, 271, 318, 373, 376, 380, 398, 446, 448
재노스키(Janoski) 103, 143~4
재단 7, 23~4, 29, 31~2, 57, 59, 97, 110, 120, 141, 143, 153~5, 163, 166, 171~2, 194, 198~201, 216~9, 257~8, 260, 262, 281, 294, 328, 453, 478, 497~8
저항정치(protest politics) 92, 377
전문가 25, 76, 167, 171~2, 178, 195~6, 215, 237~41, 276, 345, 376, 378, 397, 426, 440~1, 450~4, 458, 482, 498, 509~10
정당 31, 41, 88, 91, 93, 106, 111, 114, 144~5, 147~9, 155, 166, 180, 187, 196, 198, 228, 294, 297, 299~300, 308, 366, 377, 390, 415, 423, 425~7, 435~7, 515~6
정당성(legitimacy) 155~6, 172~6, 182, 308, 386, 390~1, 428~9, 474, 486, 493, 495, 514, 525
정부 5~7, 21~3, 26~7, 31~2, 38, 42~4, 47~9, 51~5, 57~8, 60, 62~78, 80, 82, 89~90, 92~5, 97~8, 100~3, 109, 114~8, 120~3, 128, 130~2, 134~5, 137~8, 141~3, 145, 151~6, 163~6, 168~72, 174, 176~8, 180~2, 184~7, 191~3, 195, 198, 200, 207~9, 212, 218, 220~3, 230~1, 235~8, 240~1, 243~7, 249~51, 253~7, 259, 266, 269, 271~302, 305~9, 312, 315, 317~28,

334, 341~2, 349, 353~4, 357~8, 361, 366~7, 369~75, 377~419, 422~6, 428~31, 433~4, 436~53, 458~69, 473, 475, 480~1, 483~4, 486, 488~9, 492, 495~6, 498, 500, 503~10, 513~6, 519~21, 523, 525~33
정책 거버넌스(policy governance) 70, 74, 295~7, 301, 304, 366, 386
정책 네트워크 297, 374, 488
정책결정 49, 63, 71, 93, 100, 115~6, 166, 178~9, 186, 191~2, 231, 276, 278, 284~5, 290, 293, 302, 319, 366, 369, 371~3, 375, 378~84, 386~7, 391~2, 429, 451, 457~8, 475, 482, 492~5, 499, 507, 511, 520, 525, 528
정책공동체(policy community) 297
정책과정 71, 100, 289, 292~3, 295~6, 307~9, 318, 322, 366, 372, 378~9, 384, 386, 393, 426, 433
정책집행 71, 291, 305~6, 366, 378, 387
정체성(identity) 37, 104~5, 110~1, 186, 275, 284, 377, 389, 433, 441, 443, 448, 450
정치문화 88, 91, 523
정치사회 67, 96, 135, 145, 147~9, 429
정치적 기회 구조 295~8
정치참여 91, 110, 164, 435, 456
정치체제 73, 91, 272, 298~9, 316, 433~4, 450
정통성(legitimacy) 282, 294, 301, 376~7, 384, 390, 397~8, 428~9, 433, 447, 475, 483, 491, 494, 498
제3세계 40~1, 60, 87~8, 90, 92, 112~4, 116, 130, 147, 168, 181, 183, 193, 281, 283~4, 312, 315, 330, 427, 433, 457, 472~3, 522~3
제3섹터(third sector) 5, 7~8, 21~2, 24~6, 29, 31~3, 36~7, 43, 93, 97, 99, 112, 128, 130~2, 136~43, 178~80, 187, 194, 204~10, 212, 219, 232, 250, 274, 276~87, 289, 316, 375, 397, 416, 444, 447, 449
제3의 길 40, 273, 419
제3자 정부 123, 177, 278~9, 282~4, 289, 444
제도적 다원주의(institutional pluralism) 278~80, 282, 301, 308
주창(voice) 6~7, 23, 32, 39, 69, 74~5, 78, 90, 92, 96, 101, 105~6, 110~1, 114, 116, 163, 167, 171~2, 179, 185, 191, 193, 195~6, 198~9, 201, 209~11, 217, 228, 273~4, 287, 289, 293, 379~80, 389, 395, 397, 399, 402, 416, 424, 434~43, 445~52, 454~5, 478, 481, 484, 508, 528~9, 534~5
준정당 41, 114, 300, 427
준정부조직(quango) 198, 445~6
중간결사체 147, 270
중개조직 118, 201, 269~71
중국 61, 371, 432~3, 490, 493, 495~6, 535
중도의 길 96, 119, 476
중세 36, 38~9, 43~4, 161
지식인 40~1, 47, 301~2, 424, 440~1, 451, 488
지역기반조직(CBO) 166, 169, 270

지역사회 7, 24, 31, 54, 56, 58, 63, 71, 74~5, 90, 124, 139, 149, 153, 155, 164, 171, 177, 183, 190, 213, 215, 217, 260, 273, 291, 312~3, 328~30, 336~9, 345, 347~52, 359, 361~3, 377~8, 387, 390, 392, 402, 407~11, 415, 439~40, 447~8, 452~3, 455, 482
직접행동 79~82, 91, 207~9, 297, 303, 305, 322, 428, 450

【ㅊ】
착취공장(sweat shop) 527, 534~5
참여민주주의 42, 87~8, 95, 192~3, 266, 308, 376, 422~3, 427~30, 434, 440
책무성(accountability) 65, 70, 116, 167, 266, 276, 346, 360, 362, 366, 381~2, 390, 393~7, 400, 402, 418, 430, 459, 474, 501, 523, 532
철의 삼각(iron triangle) 89
촛불집회 70, 76~8, 222, 300~1, 465
총선시민연대 67, 295, 299
최소의 국가(minimal state) 374

【ㅋ】
캐나다 53, 183, 210~2, 257, 368, 415~6, 434
커뮤니케이션 파워(communicative power) 192
코르텐(Korten) 482
코른하우저(Kornhauser) 88
코스튼(Coston) 274, 278~81, 308
코헨과 아라토(Cohen & Arato) 90, 135, 147~8
콜만(Coleman) 100
크렌슨과 긴스버그(Crenson & Ginsberg) 291, 443, 447
클린턴(Clinton) 119, 438

【ㅌ】
타로우(Tarrow) 297
터너(Turner) 370
토크빌(Tocqueville) 38, 42, 88, 99, 107~9, 112, 269~70
퇴장(exit) 105~7
투명성 5, 177, 191, 236, 246, 276, 331~2, 345, 362, 378~9, 381~3, 393~7, 400, 430, 459, 468, 491, 500~1, 518, 523, 531~4

【ㅍ】
파트너십 40, 49, 54~5, 74~5, 110, 147, 150, 207, 209, 253, 258, 271, 274, 278, 282, 286~7, 301, 312, 322, 326~8, 335, 347, 375, 400~1, 404, 407~8, 410, 413~5, 419, 444, 468~9, 475, 484, 486, 496, 499, 513, 519~21, 523, 527
퍼거슨(Ferguson) 38, 267
페스토프(Pestoff) 135~6
페어폰(Fairphone) 330~1
포드재단 294
포스트모던 69, 90~2, 98, 122, 288, 299, 322, 366~7, 370, 374, 439
포퍼(Karl Popper) 314
포퓰리스트(populist) 39
폴라니(Karl Polanyi) 130~1

폴란드 39~41, 110, 206, 340
풋남(Putnam) 42, 94, 100~1, 109~10, 192, 425
프랑스 46, 51~2, 57, 99, 206, 211, 244, 284, 340
프리드만(Friedman) 131, 344
피오리나(Fiorina) 434

【ㅎ】
하버마스(Habermas) 42, 91, 133~4, 143, 192
한국 5~7, 9, 33, 41, 57, 59, 65~9, 71~7, 79, 92, 112, 114, 122, 124, 165, 171, 189~90, 193, 197, 213, 218~22, 224, 226~9, 231~7, 242, 261~2, 276, 281, 288, 290, 292, 294, 299~301, 303~4, 306~8, 319~22, 327~8, 331, 333, 337, 348, 351, 363, 385~6, 390, 427~8, 441, 452, 457, 459~61, 465~6, 485, 489~90, 500
합리적 선택 99~100
행정소송 294, 304~6
허스트(Hirst) 95~6
허시만(Hirschman) 105
헌팅톤(Huntington) 424
헤겔(Hegel) 38, 107~8, 268
헤프너(Hefner) 88, 103, 272
협동조합 23~4, 26, 28~32, 43, 51~2, 55~7, 72, 74, 78, 140, 152, 154~5, 166, 183, 198, 200, 207~8, 213, 215, 219, 221~4, 251, 358
호주 211~2, 415, 418~9
홉즈(Hobbes) 38, 268
화이트리스트 70, 102, 464, 466~7
환경개발회담 62, 520
환경단체 24, 67, 70, 166, 185, 198, 228, 234, 237, 290, 305, 436, 440, 451, 457
환경소송 305, 451
환경운동 73, 90~1, 245, 273, 290, 293~4, 305~6, 440, 451, 457
효율성 51, 94, 98, 176~7, 235, 275, 281, 284, 287, 333, 372~4, 384, 387~8, 444, 483
후쿠야마(Fukuyama) 94, 268, 270, 315, 431

【abc】
ACNC 419
B Corp 361~3
B Team 258~9
BP 346, 533
BRICS 493, 495
CGG(Commission on Global Governance) 63, 368, 383, 393~4, 489, 491, 519
Charities Act 189~90, 213, 436
CIC(Community Interest Company) 213, 215, 359
Compact 22, 255, 400~1, 404, 406~7, 414~6, 418~9, 468, 496
CSO(Civil Society Organization) 21, 23~5, 29, 43, 148, 161~2, 165~8, 170, 196, 198~9, 213, 300, 401~6, 484~5, 499, 518
CSR 331, 344, 347~54, 360~1, 502,

533~6
CSV(Creating Shared Value) 332, 343, 350~4, 358, 536
EC 38, 55, 57~8, 112, 116, 120~1, 123~4, 140, 181, 183, 191~2, 200~1, 215, 251, 315, 336~7, 340~2, 350~1, 427, 429, 518
EITI(Extractive Industry Transparence Int'l) 527, 531~4
EU 9, 25, 29, 31, 42, 57~8, 123~4, 154, 162, 196, 200, 204~10, 246, 261, 309, 320, 340~1, 369, 404, 407, 518
FAO 68, 163
G7 489, 495~6
G8 256, 261, 530~1
G20 261, 493
GATT 491, 496
GRI(Global Reporting Initiative) 500, 502
ICBL 481, 508, 522, 525
ICNPO 26, 29, 179, 197, 220, 225
ILO 25, 48, 55, 163, 501, 503, 515~6
IMF 63, 474, 483, 489~90, 493, 495, 518, 530
INGO(International NGO) 45~8, 168~9, 478~9, 482
ISO 26000 502
Jubilee 2000 529~31
MBO 168~70
MDG(millennium development goals) 50, 156, 527~8
MLB(mission-led business) 357~62
NCVO 22, 32, 136, 181, 213~4, 400, 460
NGO 8, 21, 23~5, 29, 31, 36, 41, 43~5, 47~50, 62~3, 65~71, 89, 91, 93, 95, 101, 113~4, 116~7, 122, 131~2, 135, 145, 148~9, 154~5, 160~9, 170~8, 181~7, 191, 193, 195~7, 199~201, 229, 245~7, 266, 269~70, 274, 276, 280~2, 284, 287~93, 295~9, 302~8, 312~3, 315, 318~31, 334, 336~8, 342, 344, 347~8, 354, 366~7, 370~3, 375, 377~81, 383~400, 422~3, 427~32, 434~41, 444~52, 457~8, 473, 476~88, 490, 496~7, 499~529, 531, 533~6
NGO위원회 69, 505
NGO협의회(CONGO) 505
NPI(Non-profit institution) 26~7, 29~32, 161, 197~8, 206~8, 210~2, 218
NPO(Non-profit Organization) 23~6, 44, 161, 164~5, 168, 179, 183, 188~90, 197, 216~7, 225, 411, 436
Oxfam 167, 331~2, 535
PBO(Public Benefit Organization) 168~70
PbR(pay by result) 253~5
Publish what you pay 531~2
SDG(Suatainable Development Goals) 50, 156, 355, 357, 527~8
SPO(Social Purpose Organization) 168~9, 255, 257~8, 357
sweat shop 527
UN 21~8, 30, 48~50, 61~3, 68~9, 114, 162~3, 166~7, 181~3, 186~7, 197,

210, 218, 309, 322, 336, 338, 353, 355~6, 392, 417, 474, 476~7, 479~80, 487~93, 496~523, 527~31, 534
UNDP 62, 114, 163, 165~6, 194, 196, 270, 373, 380, 382, 483, 487, 490, 493, 498, 500, 510, 527~30
UNESCO 163, 515
UNHCR 186, 499, 515, 517
UN사무총장 61, 68, 476, 486~7, 498, 510, 519
UN인간환경회의(UNCHE) 506
UN헌장 23, 48~9, 162~3, 503~5, 513, 515
UN환경개발회담(UNCED) 501~2, 510
USAID 5, 114, 282
VO(Voluntary Organization) 161, 164~5, 168, 201
VPO(Venture Philanthropy Organization) 168~9, 258
WFN(Water Footprint Network) 333
WHO 163, 498, 517
World Bank 169, 173~7, 182, 199, 349~51, 395, 397, 435, 437, 484~5, 518
WTO 186, 303, 309, 491~2, 496, 518~9

주성수 한양대학교 공공정책대학원 교수(1989~2019)로 재직한 이후 지금은 명예교수로, 학술지 〈시민사회와 NGO〉 편집위원장으로 있다. 시민사회에서는 1992년 경실련 사회복지위원회와 강동송파 경실련 공동대표, 1995년 한국자원봉사포럼 총무, 1996년 한국대학사회봉사협의회 전문위원, 1998년 공동모금회(사랑의열매) 기획위원, 1999년 KOPION 자문위원, 2007년 아시안프렌즈 이사로 활동을 이어오고 있다. 2013년에는 서울시NPO지원센터 운영위원장, 2018년 국무총리실 시민사회발전위원회 법제도 분과위원장으로 일했다. 지금은 국가자원봉사진흥위원회 위원, 복지대타협(전국시장군수구청장협의회) 자문위원장, 성동구 사회적경제위원회와 지역사회보장협의체 위원장으로 활동하고 있다. 대학에서는 1997년에 제3섹터연구소를 창설해 2019년까지 열두 명의 연구교수들과 함께 국내외 시민사회와 사회적경제 연구에 집중하는 20여 년의 시간을 가졌다. 또한 1차(2004~2006)와 2차(2008~2010)에 걸쳐 글로벌 시민사회연대 네트워크 CIVICUS의 48개국 글로벌 시민사회지표 조사분석에 한국 대표로 연구활동을 진행했다. 주요 저서로는 『민주주의 대 민주주의』(2005), 『아래로부터의 시민사회』(2008), 『사회적경제와 사회적 임팩트』(2017), 『사회적경제 : 이론, 제도, 정책』(2010, 2019 개정), 『사회적경제 접근법을 활용한 민간협력』(2016, KOICA), 『한국 시민사회사: 민주화기(1987-2017)』(2017), 『글로벌 개발 임팩트 투자』(2020) 등이 있다.

시민사회, 제3섹터,
비영리섹터, 사회적경제 [개정판]

펴낸날 2020년 5월 15일 개정판 1쇄 ● 2022년 5월 15일 개정판 2쇄

지은이 주성수 ● **펴낸이** 김우승

펴낸곳 한양대학교출판부 ● **출판등록** 제4-7호(1972.2.29)

주소 서울 성동구 왕십리로 222 ● **전화** 02.2220.1432-4 ● **팩스** 02.2220.1435

홈페이지 press.hanyang.ac.kr ● **이메일** presshy@hanyang.ac.kr

본문디자인 오은애 ● **편집** 김민지 ● **표지** 안광일 ● **인쇄** 네오프린텍

정가는 뒤표지에 있습니다. 잘못된 책은 구입하신 곳에서 교환해드립니다.

ISBN 978.89.7218.683.0 (93330)